# A SENTINELA ISOLADA

o cotidiano da colônia militar de Santa Teresa (1854-1883)

Editora Appris Ltda.
1.ª Edição - Copyright© 2024 do autor
Direitos de Edição Reservados à Editora Appris Ltda.

Nenhuma parte desta obra poderá ser utilizada indevidamente, sem estar de acordo com a Lei nº 9.610/98. Se incorreções forem encontradas, serão de exclusiva responsabilidade de seus organizadores. Foi realizado o Depósito Legal na Fundação Biblioteca Nacional, de acordo com as Leis nºs 10.994, de 14/12/2004, e 12.192, de 14/01/2010.

Catalogação na Fonte
Elaborado por: Dayanne Leal Souza
Bibliotecária CRB 9/2162

| | |
|---|---|
| B891s 2024 | Brüggemann, Adelson André A sentinela isolada: o cotidiano da colônia militar de Santa Teresa (1854-1883) / Adelson André Brüggemann. – 1. ed. – Curitiba: Appris, 2024. 362 p. ; 23 cm. – (Coleção Ciências Sociais – Seção História). Inclui referências. ISBN 978-65-250-7167-1 1. Colonização militar. 2. Colônia militar de Santa Teresa. 3. Homens livres e pobres. 4. Trabalho. 5. Cotidiano. 6. Século XIX. I. Brüggemann, Adelson André. II. Título. III. Série. CDD – 355.1 |

Livro de acordo com a normalização técnica da ABNT

**Appris** editora

Editora e Livraria Appris Ltda.
Av. Manoel Ribas, 2265 – Mercês
Curitiba/PR – CEP: 80810-002
Tel. (41) 3156 - 4731
www.editoraappris.com.br

Printed in Brazil
Impresso no Brasil

ADELSON ANDRÉ BRÜGGEMANN

# A SENTINELA ISOLADA

o cotidiano da colônia militar
de Santa Teresa (1854-1883)

CURITIBA, PR
2024

# FICHA TÉCNICA

| | |
|---|---|
| EDITORIAL | Augusto Coelho |
| | Sara C. de Andrade Coelho |

COMITÊ EDITORIAL

Ana El Achkar (Universo/RJ)
Andréa Barbosa Gouveia (UFPR)
Antonio Evangelista de Souza Netto (PUC-SP)
Belinda Cunha (UFPB)
Délton Winter de Carvalho (FMP)
Edson da Silva (UFVJM)
Eliete Correia dos Santos (UEPB)
Erineu Foerste (Ufes)
Fabiano Santos (UERJ-IESP)
Francinete Fernandes de Sousa (UEPB)
Francisco Carlos Duarte (PUCPR)
Francisco de Assis (Fiam-Faam-SP-Brasil)
Gláucia Figueiredo (UNIPAMPA/ UDELAR)
Jacques de Lima Ferreira (UNOESC)
Jean Carlos Gonçalves (UFPR)
José Wálter Nunes (UnB)
Junia de Vilhena (PUC-RIO)

Lucas Mesquita (UNILA)
Márcia Gonçalves (Unitau)
Maria Aparecida Barbosa (USP)
Maria Margarida de Andrade (Umack)
Marilda A. Behrens (PUCPR)
Marília Andrade Torales Campos (UFPR)
Marli Caetano
Patrícia L. Torres (PUCPR)
Paula Costa Mosca Macedo (UNIFESP)
Ramon Blanco (UNILA)
Roberta Ecleide Kelly (NEPE)
Roque Ismael da Costa Güllich (UFFS)
Sergio Gomes (UFRJ)
Tiago Gagliano Pinto Alberto (PUCPR)
Toni Reis (UP)
Valdomiro de Oliveira (UFPR)

| | |
|---|---|
| SUPERVISORA EDITORIAL | Renata C. Lopes |
| PRODUÇÃO EDITORIAL | Sabrina Costa |
| REVISÃO | Bruna Fernanda Martins |
| DIAGRAMAÇÃO | Bruno Ferreira Nascimento |
| CAPA | Mariana Brito |
| REVISÃO DE PROVA | Bruna Santos |

## COMITÊ CIENTÍFICO DA COLEÇÃO CIÊNCIAS SOCIAIS

DIREÇÃO CIENTÍFICA **Fabiano Santos (UERJ-IESP)**

CONSULTORES

Alícia Ferreira Gonçalves (UFPB)
Artur Perrusi (UFPB)
Carlos Xavier de Azevedo Netto (UFPB)
Charles Pessanha (UFRJ)
Flávio Munhoz Sofiati (UFG)
Elisandro Pires Frigo (UFPR-Palotina)
Gabriel Augusto Miranda Setti (UnB)
Helcimara de Souza Telles (UFMG)
Iraneide Soares da Silva (UFC-UFPI)
João Feres Junior (Uerj)

Jordão Horta Nunes (UFG)
José Henrique Artigas de Godoy (UFPB)
Josilene Pinheiro Mariz (UFCG)
Leticia Andrade (UEMS)
Luiz Gonzaga Teixeira (USP)
Marcelo Almeida Peloggio (UFC)
Maurício Novaes Souza (IF Sudeste-MG)
Michelle Sato Frigo (UFPR-Palotina)
Revalino Freitas (UFG)
Simone Wolff (UEL)

Para meus pais e sobrinhos.

# AGRADECIMENTOS

Este livro tem suas raízes na dissertação de mestrado apresentada em 2013 na Universidade Federal de Santa Catarina. Sua realização foi possível graças ao empenho coletivo e ao inestimável apoio de pessoas dedicadas e importantes instituições.

Em primeiro lugar, expresso minha sincera gratidão ao Programa de Pós-Graduação em História da Universidade Federal de Santa Catarina, que ofereceu o ambiente acadêmico e os recursos indispensáveis para o desenvolvimento desta pesquisa.

Agradeço de modo especial ao meu orientador, Prof. Dr. Paulo Pinheiro Machado, cuja orientação e questionamentos criteriosos pavimentaram o caminho deste trabalho. Sou muito grato aos membros da banca de avaliação, Profª. Drª. Janice Gonçalves, Profª. Drª. Beatriz Gallotti Mamigonian e Prof. Dr. Antônio Marcos Myskiw, cujas leituras atentas e sugestões valiosas enriqueceram de modo considerável esta investigação.

Registro também minha gratidão ao Tribunal de Justiça de Santa Catarina, meu local de trabalho, pela constante valorização do saber e pela oportunidade de conciliar minhas atividades profissionais e acadêmicas. Aos colegas da Divisão de Documentação e Memória do Judiciário e do Museu do Judiciário Catarinense, que foram uma fonte contínua de apoio e incentivo ao longo dos anos, deixo meu agradecimento especial.

Às instituições arquivísticas e aos profissionais que facilitaram o acesso a documentos fundamentais, expresso meu reconhecimento. Destaco, com estima, o Arquivo Público do Estado de Santa Catarina (APESC), o Instituto Histórico e Geográfico de Santa Catarina (IHGSC), o Arquivo Histórico Municipal de São José, o Arquivo Histórico do Exército (AHEx) e o Arquivo Nacional (Brasil).

Minha gratidão também vai aos amigos que estiveram sempre ao meu lado em momentos decisivos: Michael Paul Beppler, Sirlei E. Hoeltz, Liane Maria Martins, Elisiana Trilha Castro e Clarisse Blauth. Um agradecimento especial à minha irmã, Giseli Brüggemann, cuja presença constante e sugestões preciosas trouxeram ainda mais clareza ao conteúdo deste livro.

Por fim, ao amigo Cláudio Trindade, cujo talento não apenas criou a capa deste livro, mas também me presenteou com referências de arte e literatura que foram fonte de inspiração, registro meu mais profundo apreço.

A todos que, de forma direta ou indireta, contribuíram para a realização deste trabalho, expresso minha sincera gratidão.

# APRESENTAÇÃO
## Colônia militar de Santa Teresa: um antro de vícios rodeado por bugres?

Este livro tem origem na dissertação de mestrado *A sentinela isolada: o cotidiano da colônia militar de Santa Thereza (1854-1883)*, defendida por Adelson André Brüggemann no Programa de Pós-Graduação em História da Universidade Federal de Santa Catarina, em 2013, sob orientação do Prof. Dr. Paulo Pinheiro Machado. Com a dissertação, foi dada contribuição decisiva para a compreensão de tema até então pouco explorado na historiografia sobre Santa Catarina, que, na forma de livro, poderá alcançar público mais amplo.

Trata-se de estudo minucioso, solidamente apoiado em documentos do período abordado, que envolveu acurado levantamento de documentos em diferentes instituições custodiadoras de acervos (Arquivo Histórico do Exército, Arquivo Público do Estado de Santa Catarina, Arquivo Histórico Municipal de São José, Instituto Histórico e Geográfico de Santa Catarina), sem contar a mobilização de documentação pública disponível online, como relatórios de presidentes da província e de ministros. Com isso, dá-se a conhecer um conjunto expressivo de documentos alusivos à criação e regulamentação das colônias militares no Brasil e, no que tange à colônia militar de Santa Teresa, à sua instalação e gestão, suas diretrizes, suas atividades regulares e seu ambiente tumultuoso.

Como salientado pelo autor, no Brasil imperial as colônias militares se constituíram em verdadeiro sistema. Não obstante suas singularidades, as componentes desse sistema atrelavam-se à preocupação com o controle e a ocupação do território, de modo a fixar população e gerar, a partir disso, produção econômica expressiva, além de garantir a segurança dos novos moradores e daqueles que residissem ou circulassem em seu entorno. Em Santa Catarina, a colônia militar de Santa Teresa, instalada em 1854 no caminho entre São José e Lages, deveria oferecer proteção à circulação de pessoas e mercadorias naquela área, com a devida cobrança de impostos. Mais especificamente, caberia dar segurança às pessoas afinadas com a lógica imperial de dominação, ocupação e exploração do território, o que excluía aquelas que afrontassem a ordem vigente — eventuais salteadores, contrabandistas e, com destaque, grupos indígenas pré-existentes à colônia militar e ao próprio caminho.

Ciosos de seus modos de viver, os grupos indígenas identificados como "botocudos" (atualmente, como Xokleng ou Laklãnõ) e, na documentação pesquisada, assinalados de forma genérica como "gentios", "selvagens" e "bugres", afirmaram de forma continuada sua insatisfação com a presença da colônia militar de Santa Teresa e com o movimento de indivíduos e tropas na estrada entre São José e Lages. Os documentos pesquisados são povoados por relatos de ataques indígenas que resultaram em ferimento ou morte de pessoas, assim como roubo de animais e de materiais diversos das residências dos colonos. Tais ações não cessaram nem mesmo frente ao aumento de colonos, cujo número, nos anos iniciais da década de 1880, variou entre 500 e 600 pessoas. Veja-se que, em ofício datado de 8 de outubro de 1887, dirigido ao Ministro dos Negócios da Guerra, o major Antônio Ernesto Gomes Carneiro se referiu aos "bugres que infestam estas paragens e cometem frequentes assassinatos e depredações", compreendidos, ainda naquele momento, como um perigo concreto.

A colônia militar cumpria, portanto, apenas uma missão de defesa? Em comentário destacado no livro, o viajante estrangeiro Robert Avé-Lallemant, tendo passado pela colônia militar de Santa Teresa em 1858, com perspicácia a definiu como "um grande agrupamento humano reunido para a defesa e para o ataque"... O olhar do viajante, externo à colônia militar, percebe sua função potencialmente ativa em confrontos.

A mediação das tensões, no interior das cercas da colônia militar e nos arredores de seus limites, era, em princípio, tarefa de seu diretor, a quem cabia fazer valer o regulamento. Além do diretor, o assistente e o médico completavam a equipe responsável pela gestão da colônia, composta por militares na condição de oficiais. Mas o isolamento, as muitas e diferentes tarefas cotidianas (que obrigavam uma mesma pessoa a realizar patrulhamento e a cultivar lotes), as normativas a serem cumpridas e as consequências em caso de descumprimento pressupunham, para o bom funcionamento desse pequeno mundo, projeções ideais de comportamento dos seus integrantes; projeções que se revelaram distantes do perfil de boa parte dos colonos que viveram essa experiência. Em momentos em que o exercício do controle se revelava frágil, o diretor da colônia podia, inclusive, recorrer a castigos corporais (desde que autorizado pelo presidente da província, que o supervisionava). Esses vários elementos acentuam a proximidade da colônia militar daquilo que o sociólogo Erving Goffman caracterizou como "instituição total" — uma instituição em que todas as ações da vida são realizadas no mesmo local, em situação de internamento, estritamente reguladas e vigiadas, sob o controle de uma autoridade que pode recorrer à punição dos sujeitos, impondo o sofrimento tanto psíquico como físico[1]. Outros paralelos, sem dúvida, podem ser estabelecidos com as discussões de Michel Foucault sobre a "sociedade disciplinar", sobretudo em *Vigiar e punir*[2].

---

[1] GOFFMAN, Erving. *Manicômios, prisões e conventos*. São Paulo: Perspectiva, 2010. p. 17-18 e 29. A primeira edição em inglês é de 1961.

[2] FOUCAULT, Michel. *Vigiar e punir*: nascimento da prisão. 4. ed. Petrópolis: Vozes, 1986. A primeira edição em francês é de 1975.

O diretor da colônia militar era o principal produtor e disseminador de informações sobre aquela instituição, o que obriga a ler, nas entrelinhas dos ofícios, relatórios e mapas estatísticos mensais, as tensões e os jogos de poder entre controladores (o próprio diretor, mas também o presidente da província e ministros) e controlados (soldados-colonos, colonos civis e demais indivíduos alcançados pelo regulamento da colônia e normativas a ela associadas). Pode-se perguntar: quanto contêm de elementos retóricos as invectivas de alguns diretores contra colonos, tropeiros e indígenas, de modo a atenuar dificuldades pessoais, inabilidades ou até mesmo preconceitos de classe e racismo dos oficiais? Mais além dos impropérios, o que pode ser vislumbrado dos sujeitos com que se batem os diretores? A colônia se resumia a um antro de vícios rodeado por bugres?

Soldados-colonos foram indicados como "viciosos, vadios e preguiçosos"; algumas de suas companheiras chegaram a ser apresentadas como "mulheres da rua, libertas que já haviam sido escravas, faltas de moralidade, infiéis e crapulosas": eis as severas descrições de alguns dos integrantes da colônia militar de Santa Teresa, feitas pelo tenente-coronel João Francisco Barreto, um de seus diretores. Contidas em correspondência do diretor com o Ministro dos Negócios da Guerra (em 1863) e com o presidente da província (em 1864), essas considerações negativas foram reiteradas por Barreto, com variações, na documentação por ele gerada enquanto esteve à frente da colônia militar. Naquele período, no qual a população da colônia flutuou entre uma e duas centenas de pessoas, predominavam as pessoas pardas e pretas, com prevalência das primeiras. Mera coincidência? Note-se que o mesmo diretor, em 1861, solicitou ao presidente da província o envio de colonos alemães que não encontrassem lugar em outras das colônias estrangeiras da província. Embora não constasse explicitamente como um de seus objetivos, vê-se que o ideal de embranquecimento da população, presente em vários dos projetos imigrantistas do século XIX, se imiscuía na governança dessa colônia.

Como indicado no livro, desde 1883 os soldados-colonos estavam ausentes da colônia militar de Santa Teresa. Concebidas como instituições provisórias que deveriam evoluir para colônias civis e, em seguida, para povoações autônomas, na década de 1890 quase todas as colônias militares foram emancipadas, sendo extintas, em 1913, as duas restantes (uma no Paraná, outra no Rio Grande do Sul). Suas trajetórias históricas não muito longas, mas intensas, são ricas para refletir sobre questões que não se prendem apenas ao seu período de existência, mas persistem, tais como o acesso à terra, o lugar social de homens e mulheres livres pobres, os direitos dos povos indígenas e as formas de exercício da violência de Estado — entre tantas outras, trazidas por novas leituras que, tendo a colônia militar de Santa Teresa como principal referência, ora podem se iniciar.

**Prof.ª Dr.ª Janice Gonçalves**
Departamento de História da UDESC

*A História não é somente uma questão de fato; ela exige imaginação que penetre o motivo da ação, que sinta a emoção já sentida, que viva o orgulho ou a humilhação já provada. Ser desapaixonada é perder alguma verdade vital do fato; é impedir-se de reviver a emoção e o pensamento dos que lutaram, trabalharam e pensaram*[3].

*[...] "para onde estamos indo?" – não importava que eu, erguendo os olhos, alcançasse paisagens muito novas, quem sabe menos ásperas, não importava que eu, caminhando, me conduzisse para regiões cada vez mais afastadas, pois haveria de ouvir claramente de meus anseios um juízo rígido, era um cascalho, um osso rigoroso, desprovido de qualquer dúvida: "estamos indo sempre para casa"*[4].

---

[3]  ABREU, J. Capistrano de. *Caminhos antigos e povoamento do Brasil*. Belo Horizonte: Itatiaia; São Paulo: Editora da USP, 1988. p. 8.

[4]  NASSAR, Raduan. *Lavoura Arcaica*. São Paulo: Cia das Letras, 1998.

# PREFÁCIO
## A sentinela e os caminhos para a serra

Quem hoje viaja de Florianópolis a Lages vislumbra um caminho de difícil construção, principalmente do longo trecho que segue da cidade de Águas Mornas até Bom Retiro. A subida da serra é longa, entrecortada de trechos íngremes e pequenos vales de rios caudalosos e acachoeirados. Era uma grande barreira física que foi contornada e vencida com muitos sacrifícios. A construção da colônia militar de Santa Teresa, a partir de meados do século XIX, foi um ponto de virada na consolidação dessa importante linha de comunicação.

Originalmente, esse caminho foi aberto ainda no século XVIII, o que é relatado em outro livro de Adelson André Brüggemann (*Ao Poente da Serra Geral*, Editora da UFSC, 2008), mas as poucas comunicações e o baixo comércio entre as vilas de Lages e Desterro fizeram esse caminho, que era uma estreita picada, ser alvo da resistência indígena e fechado pelo crescimento natural das matas na primeira metade do século XIX. A formação territorial de Santa Catarina esteve por muito tempo bloqueada pela barreira da Serra Geral. Sendo uma província principalmente litorânea, onde os primeiros núcleos de colonização se estabeleceram a partir de Laguna, Desterro e São Francisco, a comunicação com o planalto foi uma constante preocupação da administração colonial portuguesa e, depois, do governo da Corte do Rio de Janeiro. Por decisão do Rei João VI, em Alvará de 1820, o município de Lages foi transferido da Capitania de São Paulo para Santa Catarina, imaginando um melhor socorro à vila serrana, pois era uma pequena povoação inserida de forma ainda instável em território dominado por indígenas coroados (como eram chamados os atuais Kaingang). A descida da serra era majoritariamente ocupada por indígenas chamados na época de Botocudos (atualmente denominados Laclanô-Xokleng), linguisticamente aparentados aos Coroados, mas mais resistentes aos contatos dos colonizadores.

A implantação da rede de colônias militares do Império seguiu um conjunto estratégico de preocupações que o atual livro levanta em relatórios e documentos oficiais. Em primeiro lugar, era necessário se colocar colônias militares em regiões próximas a zonas de fronteiras disputadas por países vizinhos. É o que ocorre com a construção do arco estratégico de colônias ao longo das províncias próximas dos países platinos, como as colônias de Alto Uruguai (no Rio Grande do Sul), Chapecó, Chopim e Foz do Iguaçu (na então Província do Paraná) e Miranda e Dourados, no sul do Mato Grosso. Eram regiões ermas, territórios indígenas onde o aparelho de Estado operava com muita dificuldade. Importante lembrar que as fronteiras com os países vizinhos ainda não eram consolidadas, várias disputas ainda eram correntes, como a região do rio Apa, disputada com o Paraguai na divisa com o Mato Grosso, ou a região de Palmas (chamada de Misiones pelos argentinos, que compreende vasto território entre os rios Iguaçu e Uruguai).

O padrão de ocupação territorial brasileiro manteve uma certa continuidade com o antigo padrão português. A marcha para o oeste não foi um conjunto contínuo de avanço e colonização, tal como ocorreu com o oeste norte-americano estudado por Frederick Turner. A construção da América portuguesa foi estendida com a formação de fortins ou feitorias de vanguarda. Tal como ocorreu com a fundação dos fortes portugueses de Colônia do Sacramento, Corumbá, Príncipe da Beira, Soure e Macapá nos atuais Uruguai, Mato Grosso do Sul, Rondônia, Pará e Amapá. Essas edificações, com reduzidos efetivos militares, serviram de vanguardas-limites que tinham às suas costas enormes territórios indígenas – chamados de fundos territoriais por Robert de Moraes – que só foram efetivamente dominados nos séculos seguintes.

Outras colônias militares serviram de integração viária interna, para a regularização de caminhos e como medida de segurança interna, na vigilância de territórios "infestados de inimigos da ordem", como afirmou o General Couto de Magalhães. Essas funções de integração viária implicavam na construção e manutenção de caminhos, na construção de portos fluviais na Amazônia, no combate a resistência de grupos indígenas e quilombolas. A construção de caminhos era um conjunto complexo de tarefas. Como os mapas existentes eram muito imprecisos, a introdução de colônias militares acelerou o longo processo de esquadrinhamento geográfico do interior do país, fazendo com que muitas vezes os imaginados traçados de conexão entre diferentes regiões fossem redesenhados tendo em vista o acúmulo de informações empíricas dos praticantes do território: tropeiros, viajantes e militares. Nesse estudo da colônia militar de Santa Teresa fica evidente que a construção de variantes da estrada de Desterro a Lages foi o resultado de um conjunto de experiências práticas acumuladas pelos construtores desse caminho, tendo em vista as particularidades do meio físico-geográfico e as frequentes limitações em pessoal e orçamento. Dessa maneira, as colônias militares tinham, ao mesmo tempo, funções internas e externas, tanto ligadas a regularização das fronteiras e limites como em ser elementos importantes para a presença do aparelho de Estado nos sertões.

Sendo o resultado de uma pesquisa abrangente e relevante para entender não só a colônia de Santa Teresa, mas Santa Catarina e o Estado Imperial brasileiro do século XIX, neste livro o autor reflete diferentes dificuldades políticas e orçamentárias que esse projeto enfrentou. Chama a atenção a precariedade geral do conjunto do projeto de colônias militares. Seu orçamento foi reduzido, os efetivos militares deslocados para sua construção sempre foram numericamente diminutos. Os soldos e recursos, quando chegavam, eram com meses e até anos de atraso. Os Ministérios do Império (a partir de 1860, o Ministério da Agricultura) e da Guerra viviam um jogo de empurra, entendendo que as colônias militares não eram parte de suas precípuas finalidades. No entanto, em que pese as queixas dos diretores de colônias, presidentes de província e demais autoridades, as colônias militares cumpriram com os objetivos fundamentais de domínio territorial planejados pelos governantes.

No entanto, para que determinados objetivos pudessem virar realidade, houve um conjunto de homens e mulheres que se envolveram nesta obra. Aqui este livro mostra importantes e inéditas contribuições. Em primeiro lugar, as colônias militares eram formadas por soldados e suas famílias. Formou-se uma estrutura muito peculiar, baseada na figura do soldado-colono. Os soldados recebiam lotes de terras que poderiam variar de 100 a 200 braças quadradas (o equivalente a 4,8 a 19,3 hectares) dependendo do tamanho de suas famílias. Tinham a obrigação de prestar serviços gerais à colônia (construção de obras na sede, demarcação de novos lotes, manutenção de estradas etc.) em três dias por semana, ficando os outros dias dedicados ao trabalho de seus lotes. Como os soldos e etapas (diárias) prometidos pelo governo frequentemente atrasavam, os soldados que não possuíam famílias corriam sérios riscos para sua subsistência. Nesse sentido, havia uma combinação entre o trabalho compulsório dos soldados nas obras públicas com a condição camponesa de subsistência no lote rural. Era como se fosse um campesinato compulsório.

Adelson André Brüggemann reconstrói impasses e conflitos do cotidiano da colônia de Santa Teresa, mostrando a dificuldade de manutenção dos militares no local, a ausência de interesse dos colonos europeus nos primeiros anos, e a forte presença nacional e negra dos contingentes da colônia, tal como era a maior parte das tropas do exército naquele período. Os conflitos com tropeiros e indígenas são múltiplos e complexos, sendo diferentes contextos reconstruídos com maestria. Em diferentes momentos a leitura é secundada por fontes de época, como relatórios militares, correspondência de diretores, mapas e planilhas elaborados no século XIX que apresentam passos trilhados na localização da colônia e construção de caminhos.

O presente livro é uma versão adaptada para publicação da dissertação de mestrado de Adelson. Porém, sua linguagem direta e didática faz com que sua escrita seja isenta de vícios acadêmicos, adequada à leitura de um amplo público, sem perder em profundidade de análise. Boa leitura!

Florianópolis, 13 de abril de 2024.

**Prof. Dr. Paulo Pinheiro Machado**
Departamento de História da UFSC

# SUMÁRIO

**INTRODUÇÃO**........................................................**27**

## 1

## A URDIDURA DE UMA GRANDE TEIA.........................**41**
O SISTEMA DE COLÔNIAS MILITARES NO PERÍODO IMPERIAL BRASILEIRO

1.1 Um imenso território a ser controlado.......................... 41

1.2 Populações que buscavam sobreviver longe do litoral.....................43

1.3 A formação de uma elite brasileira, seus projetos e a composição de um novo Estado: embates entre poderes regionais e central.....................46

1.4 Políticas de defesa: a Guarda Nacional e o Exército brasileiro.................52

1.5 O sistema de colonização militar brasileiro e as contribuições de José Vieira Couto de Magalhães............................................................54

    1.5.1 O conceito de colonização militar e suas origens.....................56

    1.5.2 Objetivos e funções que deveriam cumprir as colônias militares brasileiras...61

    1.5.3 Implantação das colônias militares.................................75

1.6 O funcionamento do sistema de colonização militar brasileiro............79

    1.6.1 A administração das colônias militares brasileiras.....................79

    1.6.2 Regulamentos e disciplina militar..................................80

    1.6.3 Os diretores das colônias militares.................................82

    1.6.4 Os presidentes de província e suas funções no sistema de colonização militar...........................................................85

    1.6.5 As colônias militares e a Corte no Rio de Janeiro....................87

    1.6.6 A manutenção financeira do projeto................................90

    1.7 Principais fragilidades do sistema de colonização militar brasileiro.....91

    1.7.1 Problemas com as comunicações e o povoamento das colônias......92

    1.7.2 Problemas com a agricultura.......................................95

1.8 A extinção do sistema de colonização militar: um debate sobre sua existência e cumprimento de suas finalidades................................97

## 2

## AOS PÉS DO TROMBUDO.....................................103
A COLÔNIA MILITAR DE SANTA TERESA

2.1 A abertura de um caminho para o interior de Santa Catarina...........105

2.2 Primeiros projetos de colonização nas margens do caminho para Lages ..106

2.3 Melhorias no caminho e a colonização do território.....................110

2.4 O projeto de instalação da colônia militar de Santa Teresa..............113

2.5 A criação da colônia militar de Santa Teresa ..........................120

2.5.1 As origens do nome da colônia......................................123

2.5.2 O regulamento da colônia..........................................125

2.6 À procura de um lugar para estabelecer a colônia: os primeiros tempos em Santa Teresa........................................126

## 3

## VISLUMBRES DE UM "DEMÔNIO COM ASAS CORTADAS" ...131
AS PESSOAS QUE VIVIAM NA COLÔNIA MILITAR DE SANTA TERESA

3.1 O Exército durante o período imperial brasileiro .........................132

3.2 Alguns indícios a respeito das pessoas que viviam na colônia...........144

3.3 Os moradores das colônias militares ..................................149

3.4 Os mapas do pessoal da colônia e as relações nominais...............152

3.5 Os relatórios de serviços feitos na colônia.............................166

3.6 Os pedidos de terra e a mobilidade dos colonos.......................171

3.7 Entradas e saídas: o movimento de pessoas na colônia.................181

3.8 A trajetória de vida de militares que trabalharam na colônia ...........201

**4**

## OS AFAZERES DE UMA COLÔNIA MILITAR ................... **213**
ENTRE OS DEVERES DE ESTADO E A MANUTENÇÃO DA VIDA

4.1 As primeiras atividades realizadas na colônia ........................... 215

4.2 Entre os colonos e o presidente de província: os diretores de colônia.... 222

4.3 Outros oficiais na colônia militar ........................................237

4.4 As atividades realizadas pelos colonos ...............................243

    4.4.1 Serviços prestados para a colônia ............................... 246

        4.4.1.1 Roçagem .................................................. 247

        4.4.1.2 Retirada de madeira........................................ 249

        4.4.1.3 Consertos de estradas......................................251

        4.4.1.4 Policiamento, segurança da colônia e defesa contra os ataques indígenas ....................................................... 253

        4.4.1.5 Construção de prédios públicos e oficinas (engenhos, atafonas e olaria) ........................................ 260

        4.4.1.6 O serviço de correio ....................................... 264

        4.4.1.7 Outros serviços realizados pelos colonos ..................... 267

    4.4.2 Serviços realizados nas propriedades dos colonos ................ 268

        4.4.2.1 Plantações................................................ 268

        4.4.2.2 Criação de animais ........................................ 272

        4.4.2.3 Construção de casas........................................273

        4.4.2.4 Comércio .................................................274

**5**

## OS MELHORES FIOS DE UMA TRAMA........................**279**
AS RELAÇÕES INTERPESSOAIS NA COLÔNIA MILITAR DE SANTA TERESA

5.1 O cheiro bugre tão temido: as pessoas que viviam para além das cercas da colônia militar de Santa Teresa....................................... 282

5.2 O convívio entre os moradores da colônia militar de Santa Teresa .......311

## CONSIDERAÇÕES FINAIS ..................................... **333**

## REFERÊNCIAS ............................................. **339**

## FONTES DE PESQUISA ..................................... **345**
Fontes manuscritas ........................................... 345

    Instituto Histórico e Geográfico de Santa Catarina – IHGSC ........... 345

    Arquivo Público do Estado de Santa Catarina – APESC ............... 349

    Arquivo Histórico Municipal de São José ......................... 349

    Arquivo Histórico do Exército ................................. 350

    Arquivo Nacional ........................................... 351

Fontes impressas ............................................ 352

    Coleção de leis ............................................. 352

    Relatórios do Ministério da Guerra ............................. 353

    Relatórios do Ministério do Império ............................ 354

    Relatórios e Falas provinciais ................................. 355

Periódicos .................................................. 359

Fontes bibliográficas ......................................... 359

Fontes iconográficas ......................................... 360

# INTRODUÇÃO

De costas para o antigo cemitério, à altura do quilômetro 426 da rodovia SC-350, despontam algumas casas e uma igreja sobre uma pequena península fluvial do rio Itajaí do Sul. Ao fundo, as montanhas da Serra Geral, em seus variados tons de verde, delineiam o horizonte. No interior do município de Alfredo Wagner, em Santa Catarina, ainda se preservam indícios de uma colônia militar do século XIX, estabelecida ao longo de um antigo caminho de tropas. Essas marcas, silenciosas, evocam fragmentos de uma história que poucos conhecem.

Diferente das fortalezas e dos fortes construídos na América Portuguesa, que ainda persistem na paisagem contemporânea, as colônias militares do século XIX, estabelecidas após a Independência do Brasil, desapareceram quase por completo. As fortificações foram, em sua maioria, construídas nas extremidades do território — próximas ao mar e às margens dos rios — e, em alguns casos, permaneceram distantes dos atuais centros urbanos. As colônias militares, planejadas para proteger e incentivar a colonização no interior do Brasil, muitas vezes evoluíram para bairros urbanos ou pequenas cidades ao longo do tempo. Identificá-las nesse cenário tornou-se uma tarefa complexa.

A pesquisa em arquivos é um passo fundamental nesse processo. Muitos mapas e plantas guardam pistas sobre a localização exata das colônias militares. Aqueles que buscam entender as transformações das paisagens interiores não devem desconsiderar a relevância desse sistema de colonização. O surgimento de diversas cidades no interior do país e a consolidação de grandes rotas terrestres estão, por exemplo, diretamente relacionadas ao projeto de colonização militar no Brasil.

Em Santa Catarina, essa dinâmica não foi diferente. A existência de pequenas cidades e da importante rodovia que liga Florianópolis a Lages, a BR 282, foi possibilitada, entre outros fatores, pela instalação da colônia militar de Santa Teresa nas margens do caminho que conectava o litoral ao planalto, em meados do século XIX. Assim, a história dessa colônia e os acontecimentos que se desenrolaram naquele caminho, desde o final do século XVIII, entrelaçam-se com frequência.

Durante o século XIX, nos meses mais quentes do ano, os tropeiros conduziam grandes caravanas ao longo do caminho entre a Ilha de Santa Catarina e a vila de Lages. Esse itinerário tornava-se um vibrante corredor de comércio, repleto de animais e mercadorias a caminho do litoral da província. Contudo, quando chegavam os meses frios e chuvosos, o movimento diminuía consideravelmente, transformando aquela rota em um espaço mais silencioso e isolado.

A partir de 1853, esses deslocamentos passaram a ser registrados em documentos elaborados pelos trabalhadores da colônia militar de Santa Teresa. Os relatórios mensais do movimento do caminho fornecem informações sobre os tropeiros que conduziam o gado para o litoral, a quantidade de animais transportados e os dias em que passavam pela colônia. Os principais testemunhos produzidos na colônia são os mapas do movimento do caminho e as guias de pagamento do imposto cobrado pelos animais que passavam pela barreira instalada naquele local. Esses mapas fazem reviver o movimento do caminho. Por meio deles é possível conhecer o nome e o número de pessoas que o utilizavam em seus deslocamentos, aqueles tropeiros que pagavam os impostos, aqueles que não pagavam, a quantidade de animais que era transportada para o litoral, as mercadorias que eram transportadas para Lages etc.

Vários vestígios do funcionamento desse caminho permanecem nos arquivos associados aos documentos da colônia. Ao examiná-los, o contato com os eventos da colônia torna-se inevitável. Entre os documentos, destacam-se informações sobre o cotidiano dos soldados do Exército brasileiro que residiam na colônia, levando à emergência de novas questões sobre essa comunidade.

Antes da instalação de Santa Teresa, o caminho entre a Ilha de Santa Catarina e a vila de Lages foi aberto nos últimos anos do século XVIII. O objetivo da coroa portuguesa era proteger a Ilha de Santa Catarina e inibir invasões estrangeiras, como a que ocorreu em 1777 pelos espanhóis. Através dessa rota, os portugueses planejavam enviar reforços militares por terra para defender as terras próximas à ilha.

Nos primeiros projetos do caminho, já estavam definidos os locais para a instalação de duas colônias militares: uma próxima à Ilha de Santa Catarina e outra mais distante, situada nos limites entre as capitanias de Santa Catarina e de São Paulo. Essas colônias deveriam dar suporte às tropas do Exército português em caso de ataques ao litoral. Contudo, durante o período colonial brasileiro, o projeto de criação dessas colônias nas margens do caminho não foi concretizado.

Após a Independência, em 1822, esses projetos foram retomados. O caminho, que havia sido abandonado por alguns anos, ganhou nova importância[5]. O caráter militar de defesa das posses portuguesas na região platina e seus arredores foi superado. A ligação entre o litoral e o planalto catarinense adquiriu, nos primeiros anos do Império brasileiro, uma nova configuração, destacando as possibilidades de comércio entre o interior e o litoral.

Neste cenário de transformação e valorização do caminho para a economia da província de Santa Catarina, o projeto das colônias militares planejadas nos últimos anos do século XVIII foi revitalizado pelo Governo. A primeira colônia foi criada nos primeiros anos do período imperial, com a che-

---

[5] Uma obra fundamental sobre a constituição das redes de caminhos e de estradas em Santa Catarina foi lançada pelo professor Alcides Goularti Filho em 2022: GOULARTI FILHO, Alcides. *Caminhos, estradas e rodovias em Santa Catarina*. São Paulo: Hucitec, 2022.

gada de colonos alemães no Brasil. O local escolhido para a instalação da colônia de imigrantes alemães, em 1829, era o mesmo projetado no século anterior. Essa colônia recebeu o nome de São Pedro de Alcântara e tinha como objetivo fomentar o povoamento ao redor do caminho para Lages, além de oferecer apoio aos que utilizavam essa rota para alcançar o litoral ou o planalto catarinense.

Por outro lado, o projeto da colônia mais afastada do litoral foi concretizado apenas nos primeiros anos da segunda metade do século XIX, com colonos militares. Essa colônia, denominada colônia militar de Santa Teresa, foi criada em 1853. Naquele momento, o caminho apresentava considerável movimento de pessoas e mercadorias entre o planalto e o litoral da província de Santa Catarina. A instalação dessa colônia deveria cumprir duas funções principais: proteger os usuários do caminho e arrecadar impostos sobre as mercadorias que eram transportadas por ele. O cumprimento desses objetivos provocou eventos que se tornaram relevantes para a compreensão do processo histórico de Santa Catarina e da formação da cultura catarinense.

A produção historiográfica sobre a colônia militar de Santa Teresa é escassa. O principal estudo sobre o tema é um artigo do professor Walter F. Piazza, publicado na revista do Instituto Histórico e Geográfico de Santa Catarina[6]. Nos livros de história, poucas páginas abordam essa colônia. As obras de Piazza — *Santa Catarina: sua história*[7], *A colonização de Santa Catarina*[8] e, em coautoria com a professora Laura Machado Hübener, *Santa Catarina: história da gente*[9] — apresentam poucas informações sobre o cotidiano da colônia, não ultrapassando quatro páginas cada uma.

A produção agrícola da colônia militar é abordada no livro *Caminhos da integração catarinense*[10], do engenheiro civil

---

[6] PIAZZA, Walter F. A colônia militar Santa Teresa. *Revista do Instituto Histórico e Geográfico de Santa Catarina*, 3.ª fase, n. 2, 1980.

[7] PIAZZA, Walter F. *Santa Catarina*: sua história. Florianópolis: Lunardelli, 1983.

[8] PIAZZA, Walter F. *A colonização de Santa Catarina*. 2. ed. Florianópolis: Lunardelli, 1988.

[9] PIAZZA, Walter F.; HÜBENER, Laura Machado. *Santa Catarina*: história da gente. Florianópolis: Ed. Lunardelli, 1997.

[10] WERNER, Antônio Carlos. *Caminhos da integração catarinense*. Do caminho das tropas à rodovia BR 282: Florianópolis-Lages. Florianópolis: Ed. do Autor, 2004.

Antônio Carlos Werner. Essa obra contém um anexo dedicado à colônia, onde se destacam os relatórios dos presidentes de província. No entanto, as observações feitas por Werner são bastante semelhantes com aquelas feitas pelo historiador Walter F. Piazza.

Na obra *A colonização de Santa Catarina*[11], Piazza apresenta uma tabela sobre a evolução populacional da colônia. Nesse mesmo livro, ele afirma que, "por ser uma colônia militar, sujeita a regime especial, apresenta um crescimento populacional insignificante, em razão, também, da sua posição geográfica"[12]. Quanto aos serviços prestados pela colônia, o historiador assegura que "puderam tropas e tropeiros, com relativa segurança, alcançar os pontos terminais de suas viagens, tendo, a meio caminho, aquele punhado de soldados a protegê-los"[13].

Assim como no caso de Santa Teresa, a literatura sobre colônias militares na historiografia brasileira permanece limitada[14]. No início da década de 1970, dois trabalhos importantes sobre o tema foram produzidos. O historiador norte-americano David Lyle Wood dedicou-se ao assunto e, em 1972, defendeu uma tese de doutorado referente às colônias militares brasileiras. O título, *Abortive panacea: brazilian military settlements, 1850 to 1913*[15], sugere que o tema deva ser tratado como um "remédio" com efeitos malsucedidos.

Baseado em ampla documentação do período, Wood analisou todo o sistema de colônias militares brasileiro. Suas

---

[11] PIAZZA, *op. cit.*, p. 145.

[12] *Ibid.*, p. 145.

[13] *Ibid.*, p. 146.

[14] Na última década, importantes avanços foram feitos nos estudos sobre a colonização militar no Brasil, com destaque para a obra organizada por Vanin e Tedesco (2024), *As Sentinelas dos Sertões: as colônias militares do Império do Brasil*. Essa coletânea, resultado de esforços colaborativos de diversos pesquisadores, investiga em profundidade a complexa rede de colônias militares estabelecidas durante o Segundo Reinado. Ao reunir um conjunto diversificado de estudos, os organizadores oferecem uma visão abrangente que revisita colônias já conhecidas e revela experiências menos exploradas.
A coletânea enfatiza a importância dessas colônias não apenas para a defesa territorial, mas também para o controle social e a integração dos territórios ao projeto imperial. Esses temas estão diretamente relacionados ao desenvolvimento da colônia militar de Santa Teresa, foco de análise nesta obra. Assim, a contribuição de Vanin e Tedesco se mostra essencial para aprofundar a compreensão das multifacetadas relações entre militares, civis e as políticas territoriais do período, ampliando significativamente o escopo das discussões historiográficas sobre a colonização militar no Brasil.

[15] WOOD, David Lyle. *Abortive panacea*: Brazilian military settlements, 1850 to 1913. 1972. Tese (Doutorado, Ph.D.) – Salt Lake City: University of Utah, 1972.

pesquisas foram realizadas no Arquivo Nacional, no Instituto Histórico e Geográfico Brasileiro e no Arquivo do Exército, todos no Rio de Janeiro. Entre os documentos analisados, destacam-se as coleções de leis do império brasileiro, os relatórios dos ministérios da Agricultura, Comércio e Obras Públicas, dos Negócios do Império, da Marinha e da Guerra, além da *Revista do Exército Brasileiro* e correspondências das presidências de província e autoridades militares. Embora a interpretação desses documentos não seja aprofundada e a maioria tenha sido usada para confirmar que o plano do governo imperial de instalar colônias militares no território brasileiro fracassou, o estudo de Wood é relevante por sistematizar informações fundamentais para compreender o conjunto de colônias militares no Brasil.

No mesmo ano de 1972, a historiadora Maria Apparecida Silva defendeu sua tese de doutorado na Universidade de São Paulo, focando na colônia militar de Itapura, instalada no interior da província de São Paulo, na margem esquerda do rio Tietê, em meados do século XIX[16]. Maria Apparecida destacou a formação do núcleo urbano de Itapura — suas características arquitetônicas e o arruamento —, a administração da colônia, a organização social da instituição militar e as principais dificuldades enfrentadas pelos colonizadores que lá se estabeleceram.

Trabalhos mais recentes também abordam temas relacionados à colonização militar no Brasil, com destaque para a obra de Antônio Marcos Myskiw[17], os artigos da professora Maria Luiza Ferreira de Oliveira[18] e os estudos dos pesquisadores Arthur Roberto Germano Santos[19] e Rafael Ramos Campos[20]. Essas pesquisam enriquecem o debate e abrem

---

[16] SILVA, Maria Apparecida. *Itapura* – estabelecimento naval e colônia militar (1858-1870). 1972. 160f. Tese (Doutorado em História) – FFLCH, Universidade de São Paulo, São Paulo, 1972.

[17] MYSKIW, Antônio Marcos. *A fronteira como destino de viagem*: a colônia militar de Foz do Iguaçu (1888/1907).2009. Tese (Doutorado em História) – Universidade Federal Fluminense: Niterói, 2009.

[18] OLIVEIRA, Maria Luiza Ferreira de. As colônias militares na consolidação do Estado Nacional, 1850-1870. In: Anais [...] XXVI Simpósio Nacional de História - ANPUH. São Paulo, julho 2011.

[19] SANTOS, Arthur Roberto Germano. Fronteira e formação do Estado: colonização militar em meados do oitocentos a partir de uma província do Norte. In: Anais [...] XXVI Simpósio Nacional de História – ANPUH. São Paulo, julho 2011.

[20] CAMPOS, Rafael Ramos. A atuação militar da colônia militar de São Pedro de Alcântara no Maranhão oitocentista. In: Anais [...] 35.º Encontro Anual da Associação Nacional de Pós-Graduação e Pesquisa em Ciências Sociais (ANPOCS). São Luís, 2011.

caminho para novas investigações sobre aspectos significativos da história do Brasil.

Com base nas descobertas desses estudiosos, esta obra pretende fornecer novas informações sobre o processo de colonização no sul do país, destacando os principais aspectos do cotidiano da colônia militar de Santa Teresa, situada no interior da província de Santa Catarina na segunda metade do século XIX. Serão destacadas as experiências de alguns soldados do Exército brasileiro e de seus familiares, que cumpriram, por algum tempo, os objetivos do poder público de expandir as áreas de colonização e reforçar a economia interna da província. O recorte temporal contempla os anos de 1854 a 1883. Embora esses limites não reflitam a existência da colônia, que perdurou por mais algumas décadas, é importante notar que, a partir de 1883, não havia mais colonos militares em Santa Teresa.[21].

Para desenvolver este estudo foram imprescindíveis os documentos sob guarda do Instituto Histórico e Geográfico de Santa Catarina e do Arquivo Público do Estado de Santa Catarina. Também foram fundamentais os relatórios dos ministérios do Império e da Guerra e Falas dos presidentes de província, consultados na página de internet do Projeto de Imagens de Publicações Oficiais Brasileiras, do *Center for Research Libraries*. Além desses, foram importantes para a pesquisa os acervos do Arquivo Histórico Municipal de São José, composto pelos fundos provenientes da arrecadação das rendas da Coletoria Estadual de São José, cuja documentação apresenta significativas informações acerca dos escravos e da colonização alemã no município, bem como balancetes e correspondências recebidas e enviadas da colônia de Santa Teresa. No Arquivo Histórico do Exército, no Rio de Janeiro, foi encontrado um número considerável de documentos relativos à colônia. No entanto, muitos desses documentos também estavam presentes nos arquivos catarinenses.

No Instituto Histórico e Geográfico de Santa Catarina, ao consultar envelopes com documentos do século XIX e

---

[21] WERNER, *op. cit.*, p. 328.

transcrever maços inteiros de manuscritos, o clima tenso da colônia se tornava palpável. Os moradores viviam com o medo constante de ataques indígenas contra o povoado. Há registros que relatam a descoberta de vestígios que indicavam a presença de indígenas botocudos — os Xokleng — nas matas próximas às suas casas. Nesses momentos de tensão, os colonos que habitavam áreas mais afastadas da quadra central abandonavam suas residências e buscavam abrigo nas casas de conhecidos ou em prédios do governo.

Contudo, além dos indígenas botocudos, outros viajantes também passavam pela colônia. O movimento de tropeiros, especialmente nos meses de verão, agitava todo o povoado. Durante essas passagens, os administradores da colônia impunham a cobrança de impostos sobre todos os animais que utilizavam o caminho entre as vilas de São José e Lages.

Mais distantes dessas atividades – da proteção dos viajantes e da cobrança de impostos –, ou seja, mais afastados do caminho entre o litoral e o planalto da província de Santa Catarina, os colonos cultivavam a terra, construíam suas casas, seus engenhos, derrubavam a floresta, adoeciam, bebiam, enfim, sobreviviam de diversas maneiras no interior de Santa Catarina, reclusos em uma colônia militar.

Os relatórios mensais do diretor da colônia fornecem detalhes importantes a respeito das pessoas que viviam lá. Desses relatórios foi possível constatar que a maior parte da população da colônia era considerada parda. Cabe acrescentar que, nesses documentos são descritos os trabalhos realizados pelos soldados nas lavouras, nas reformas de suas casas, na colheita de frutas etc. São esses relatórios que apresentam os riscos – de acordo com o ponto de vista dos oficiais do Exército que redigiam os documentos – que corriam os soldados e seus familiares devido à falta de um padre na colônia – risco de se tornarem incivilizados, como os indígenas botocudos, por exemplo –, as doenças mais comuns, os nascimentos, as mortes e a composição dos colonos. Nessas partes são fornecidas características tais como: província de origem, idade, cor da pele, quantidade de familiares etc.

Conforme os relatórios analisados, as colônias militares, apesar das recorrentes dificuldades de manutenção, sobreviveram durante todo o período imperial e contribuíram para a criação de novos núcleos de povoamento e para a expansão das áreas dedicadas à agricultura[22]. O pesquisador Rafael Ramos Campos afirma que essas colônias buscavam controlar grupos sociais marginalizados, como pobres livres, quilombolas e etnias indígenas, presentes nas comunidades locais. O objetivo era integrar esses grupos às estruturas burocráticas provinciais e imperiais, que estavam dispersas pelo império. Assim, essas instituições foram estabelecidas para centralizar as decisões do Estado imperial brasileiro[23].

No entanto, é importante ressaltar que, em todos os acervos pesquisados, há uma escassez de documentos relacionados às colônias militares durante a Guerra do Paraguai (1864-1870), o que limita a compreensão de seu papel nesse período. A falta de manuscritos desse período pode ser explicada pelo seguinte excerto do relatório do ministro da Guerra, Visconde de Camamu, do ano de 1865:

> As colônias existentes algum progresso tem tido, e de cada uma delas vos falaria se não fosse as circunstâncias atuais que têm retardado a remessa dos necessários esclarecimentos sobre todas elas, sendo atrasados os que existem na secretaria de estado.
>
> Nem é de admirar que de janeiro para cá fosse esse trabalho interrompido, porque a urgência do serviço de guerra absorve toda a atenção dos presidentes, que deviam esclarecer o governo nesse e noutros pontos, de que por um momento podemos prescindir para acudir ao reclamo da honra e dignidade nacionais[24].

---

[22] ALVES, Cláudia. Formação militar e produção do conhecimento geográfico no brasil do século XIX. *Scripta Nova. Revista electrónica de geografía y ciencias sociales*. Barcelona: Universidad de Barcelona, v. X, n. 218, p. 60.

[23] CAMPOS, Rafael Ramos. A atuação militar da colônia militar de São Pedro de Alcântara no Maranhão oitocentista. *In: Anais [...]* 35.ª Encontro Anual da Associação Nacional de Pós-Graduação e Pesquisa em Ciências Sociais (ANPOCS). São Luís, 2011.

[24] BRASIL. Ministério da Guerra. Ministro José Egydio Gordilho de Barbuda, Visconde de Camamu. *Relatório do ano de 1864*. Rio de Janeiro: Tipografia Universal de Laemmert, 1865, p. 20.

Mesmo assim, a documentação levantada permite pensar em um trabalho de microanálise. Quanto aos procedimentos adotados, esses registros serão objeto de análise quantitativa (envolvendo tratamento estatístico dos dados, em particular aqueles encontrados nos mapas do movimento do caminho entre Desterro e Lages, mapas mensais do pessoal e de doenças, relações nominais dos habitantes da colônia, mapa estatístico-patológico das moléstias tratadas na colônia e mapas da produção agrícola) e qualitativa (análise dos documentos consultados e transcritos, a partir de referenciais teórico-metodológicos que permitam explorar as informações contidas nessas fontes). As correspondências entre o diretor da colônia e o presidente de província são as mais comuns.

Os historiadores Michel de Certeau e Maria Odila Leite Dias oferecem contribuições valiosas para a compreensão de certos aspectos da história da colônia. Seus estudos sobre o cotidiano são fundamentais para uma interpretação mais apurada dos documentos analisados. Ao explorar as experiências do dia a dia e as práticas sociais, a documentação preservada em diferentes arquivos revela nuances que muitas vezes escapam a análises mais tradicionais, proporcionando, assim, um entendimento mais profundo e diversificado do passado. Michel de Certeau, na obra *A invenção do cotidiano*, definiu duas importantes categorias de comportamentos sociais: a estratégica e a tática. A primeira diz respeito à ordem dominante, que se manifesta por seus sítios de operação (escritórios, quartéis-generais etc.) e por seus produtos (leis, linguagem, rituais, discursos etc.). O comportamento tático, por outro lado, descreve as ações dos indivíduos dispersos no espaço, capazes de formarem agrupamentos para responder a uma necessidade. Desse modo, os comportamentos estratégicos são aqueles capazes de produzir e impor, enquanto as táticas permitem apenas utilizar, manipular e alterar algo. Nos documentos levantados, as ações dos diretores da colônia (confecção das escalas de trabalho, aprisionamento dos infratores, ordens impostas etc.) poderão ser interpretadas, de acordo com Michel de Certeau, como estratégias, ao passo que as fugas, assaltos, assassinatos, bebedeiras e desavenças entre os colonos militares poderão ser entendidas, nesse contexto, como táticas.

Maria Odila Leite Dias, no artigo "Hermenêutica do quotidiano na historiografia contemporânea", revela que "o estudo do cotidiano abarca uma frente ampla de áreas multidisciplinares e envolve uma estratégia de questionamentos e de crítica da cultura"[25]. Por outro lado, importa destacar, nesta obra, os modos possíveis para a reconstituição da experiência vivida. Sobre as transformações nesse campo de pesquisa e os possíveis resultados nos estudos do cotidiano, Maria Odila Leite Dias defende que a história das experiências cotidianas desafia as ideologias dominantes e suas representações, desmontando os discursos normativos do passado e abrindo novas vias para o conhecimento. Ao reexaminar a historiografia tradicional e integrar pesquisas específicas, revelam-se novos horizontes e perspectivas, permitindo uma compreensão renovada das experiências ao longo do tempo[26].

Quanto aos modos de resistência, aspecto relevante para a interpretação do cotidiano dos colonos militares que residiram naquela colônia, durante a segunda metade do século XIX, Maria Odila Leite Dias argumenta que "o conceito de resistência à hegemonia do poder subentende a historicidade de práticas e estratégias de sobrevivência à margem do processo de dominação"[27], e que essas práticas aparecem nas entrelinhas da documentação produzida pelo poder.

Combinados aos conceitos e categorias descritos, os referenciais teórico-metodológicos da micro-história também contribuirão para as análises realizadas nesta obra. De acordo com Jacques Revel, "a abordagem micro-histórica se propõe enriquecer a análise social, tornando suas variáveis mais numerosas, mais complexas e também mais móveis"[28]. Assim, os comportamentos e a experiência social dos sol-

---

[25] DIAS, Maria Odila Leite. Hermenêutica do Cotidiano na historiografia contemporânea. *Projeto História. Trabalhos da memória*, São Paulo, n. 17, nov. 1998, p. 224.

[26] *Ibid.*, p. 238.

[27] *Ibid.*, p. 253.

[28] REVEL, Jacques (org.). *Jogos de escalas*: a experiência da microanálise. Tradução de Dora Rocha. Rio de Janeiro: Editora Fundação Getúlio Vargas, 1998. p. 22.

dados reclusos na colônia militar de Santa Teresa poderão ganhar destaque, uma vez que a micro-história é inseparável de uma reconstituição do vivido, e seu método permite uma análise das condições da experiência social, restituídas em sua máxima complexidade[29]. Nos documentos selecionados, serão sublinhados os acontecimentos e as estratégias de atuação das pessoas que viviam na colônia e lutavam para sobreviver nas margens de um caminho no interior da província de Santa Catarina.

Para alcançar os objetivos propostos, tornando mais claras a reconstrução e a interpretação dos dados presentes na documentação, esta obra será dividida em cinco capítulos. Para contextualizar a instalação da colônia militar de Santa Teresa, o primeiro capítulo abordará a rede de colônias militares instaladas no território brasileiro durante o século XIX. A tessitura do texto terá como base os decretos que criaram as colônias militares brasileiras, os relatórios dos ministros do Império (até o ano de 1861) e dos ministros da Guerra no tocante às colônias militares. Desses documentos serão destacadas as funções que deveriam cumprir essas colônias e salientados certos aspectos do Exército brasileiro.

O segundo capítulo apresentará as circunstâncias de instalação da colônia militar no interior da província de Santa Catarina. Nesta seção, serão narrados os primeiros anos de funcionamento da colônia. Os relatórios mensais confeccionados pelo diretor de Santa Teresa, e enviados ao presidente da província, serão os principais documentos para o texto.

No terceiro capítulo, será investigada a composição da população da colônia militar. Por meio dos relatórios dos diretores, será investigada a origem dos soldados, de qual província eles eram provenientes, a faixa etária, cor de pele etc. O principal objetivo dessa parte será o de descrever os colonos militares e os seus familiares. Os mapas populacionais, os relatórios mensais dos serviços feitos na colônia, os ofícios do diretor e os pedidos de terra serão os documentos mais utilizados na escrita do capítulo.

---

[29] Ibid., p. 22.

Os trabalhos desempenhados pelos soldados serão analisados no quarto capítulo. O que esses soldados faziam nos dias em que dedicavam o seu tempo aos trabalhos para o Governo (construção de prédios públicos, manutenção de caminhos, limpeza da praça central da colônia, defesa da colônia etc.)? E nos outros dias, o que faziam? Cuidavam de suas plantações? Construíam suas casas? Portanto, o que se torna mais evidente, com base na leitura dos documentos acessados, são as formas de organização e administração da colônia, como a hierarquia e os trabalhos prestados ao Governo. O regulamento da colônia, junto aos relatórios mensais dos serviços realizados, será utilizado na análise do tema proposto para esta parte do texto.

Por fim, o último capítulo narrará episódios que ilustram o convívio entre os colonos e suas interações com pessoas de fora da colônia. Serão abordados os principais pontos de tensão entre os colonos militares e os não colonos, bem como suas relações com os usuários do caminho e os habitantes das áreas circundantes. A base documental para este capítulo será composta pelos ofícios enviados pelo diretor da colônia ao presidente da província.

# 1

# A URDIDURA DE UMA GRANDE TEIA

## O sistema de colônias militares no período imperial brasileiro

### 1.1 UM IMENSO TERRITÓRIO A SER CONTROLADO

Desde os primeiros anos de colonização no continente americano, as amplas extensões do território impuseram dificuldades aos administradores da coroa portuguesa e, mais tarde, aos do império brasileiro. O ministro de Guerra Luís Alves de Lima e Silva (futuro Duque de Caxias), em relatório alusivo ao ano de 1861, fornece indícios disso e defende uma solução: o estabelecimento de colônias militares no Brasil. Nas palavras do Ministro de Guerra,

> Em um país vastíssimo como o nosso, em muitos pontos inteiramente baldo de população civilizada; em outros apenas habitado por selvagens; limítrofe, além disso, com estados em idênticas senão menos lisonjeiras condições, o estabelecimento de colônias militares não é só uma conveniência administrativa, é também uma medida política de reconhecida necessidade[30].

---

[30] BRASIL. *Relatório do ano de 1861 apresentado à Assembleia-geral legislativa na 2.ª sessão da 11.ª legislatura.* Luís Alves de Lima e Silva, Marquês de Caxias, ministro da Guerra. Rio de Janeiro: Tipografia Universal de Laemmert, 1862, p. 28.

Mesmo incipiente no Brasil, essa alternativa demonstra mudanças no modo como se administrava o território. Nos séculos XVI, XVII e XVIII, o espaço que se governava era aquele que deveria ser defendido e preservado. Na América portuguesa, nesse período, os principais esforços governamentais foram dedicados a proteger as grandes porções de terras conquistadas contra as invasões estrangeiras. Protegendo o litoral e as margens de grandes rios, defendia-se todo o sertão. Assim, constituiu-se, naquele período, um sistema de defesa nas bordas do território brasileiro[31], com fortificações construídas em quase todo o litoral e, mais a oeste, nas margens de rios navegáveis, como, por exemplo, o Forte de Taquari, no interior do Rio Grande do Sul, a Fortaleza do Príncipe da Beira, no território de Rondônia, o Forte de São Francisco Xavier de Tabatinga e o Forte de São José da Barra do Rio Negro, no Amazonas e, por fim, o Forte de São Joaquim, no estado de Roraima.

Porém, nas últimas décadas do século XVIII, o ato de governar ultrapassou os limites impostos pela defesa do território. Era necessário, a partir daquele momento, administrar também a população que vivia nesse espaço. Então, foram desenvolvidos alguns mecanismos que permitiriam conservar e aumentar a população[32]. Surgiram novos problemas e, para solucioná-los, foram elaborados novos mecanismos e saberes para governar todo o território[33]. É nessa perspectiva que se acentuam os anseios de conhecer o sertão brasileiro. Naquele momento, "o espaço deixa de ser aquilo que deve ser fechado e se torna aquilo que deve ser aberto, trazido à luz do conhecimento"[34].

Nos primeiros anos do século XIX, o conceito de governar, até então bastante relacionado à noção de ordenar, conservar e defender territórios, mudou bastante. As pequenas vilas isoladas, protegidas por fortalezas, não eram mais o ponto central de interesse do governo. O modo como o território brasileiro até então era administrado impunha limites bastante

---

[31] SALOMON, Marlon. *O saber do espaço*. Ensaio sobre a geografização do espaço em Santa Catarina no século XIX. 2002. Tese (Doutorado em História) – UFSC, Florianópolis, 2002, p. 14.

[32] *Ibid.*, p. 14-15.

[33] *Ibid.*, p. 15.

[34] *Ibid.*, p. 15.

curtos ao aumento da população e grandes extensões de terra permaneciam desconhecidas. As vilas e pequenas cidades, espalhadas, de preferência, na porção oriental, permaneceram, por mais de um século, como pontos independentes, desconectados e fechados em si. Mas, durante o século XIX, esses núcleos populacionais desarticulados cederam lugar para uma estrutura de vilas e de cidades interdependentes, abertas e interconectadas com outras localidades. Os territórios ocupados e povoados deveriam formar um conjunto[35].

Para compreender essas mudanças na administração do território, é necessário considerar que, na primeira metade do século XIX, o Brasil realizou importantes alianças externas e enfrentou fortes rebeliões internas. As ameaças de ataques por mar, como foram concretizadas no período colonial por franceses, holandeses e espanhóis, diminuíram[36]. Os esforços dedicados à defesa militar do litoral tornaram-se cada vez mais escassos. No entanto, as rebeliões provinciais que marcaram aquele período exigiam medidas governamentais mais eficazes. Caso contrário, o território brasileiro poderia se dividir em várias partes, como na América espanhola.

## 1.2 POPULAÇÕES QUE BUSCAVAM SOBREVIVER LONGE DO LITORAL

Durante o século XIX, a população brasileira de homens livres pobres aumentou. Esses homens foram caracterizados pelo constante movimento em direção ao interior do país, desde o período colonial, tempo em que se buscava ouro e se espraiavam as fazendas de criação de gado e agricultura de subsistência. Esses movimentos se intensificaram "à medida que as bases econômicas no século XIX se diversificaram com a produção do café, cacau, algodão e borracha"[37], assegurando as condições necessárias para a ampliação das fronteiras agrícolas e a exploração de novas riquezas.

---

[35] *Ibid.*, p. 106.

[36] SODRÉ, Nelson Werneck. *História militar do Brasil*. 2. ed. São Paulo: Expressão Popular, 2010. p. 95.

[37] CAVALCANTI, Helenilda; GUILLEN, Isabel. *Atravessando fronteiras*: movimentos migratórios na história do Brasil.

A propósito, o aumento dessa população, sobretudo no interior, fez com que o governo imperial buscasse minimizar os problemas provocados pela falta de mão de obra em regiões mais próximas do litoral. Esses problemas, de acordo com a crença das elites governantes, seriam ocasionados, sobretudo, em virtude do fim do tráfico de escravos. Como solução, o governo brasileiro definiu duas estratégias: a Lei de Terras (1850)[38] e o incentivo à imigração. A Lei de terras transferia as terras devolutas para o controle do Estado. Isso impediu que grandes extensões de terra no interior fossem transformadas em propriedades privadas por meio da posse, e que novas propriedades só se formariam mediante a compra de terras. Assim, as terras devolutas eram transformadas em monopólio do Estado e os homens livres pobres, os quais teriam sérias dificuldades para adquirir suas terras, permaneceriam dependentes dos grandes proprietários.

Dessa maneira, o governo brasileiro, mais presente em regiões litorâneas durante as primeiras décadas do século XIX, precisava, a partir de então, planejar novos mecanismos que controlassem toda a população que se espalhava pelo interior. Delineado pelo governo imperial de Dom Pedro II (1840-1889), o projeto que previa a instalação de colônias militares no Brasil ilustra bem esse cenário de mudanças na forma de governar. O estabelecimento de uma rede de colônias militares e presídios foi um dos meios de penetração, de domínio e de povoamento de uma grande extensão de terras[39] (ver Quadro 1). Com isso, as colônias militares tornavam-se um instrumento da centralização política do Império brasileiro, pois, conforme esse projeto, seria submetido um número maior de pessoas ao controle da Corte no Rio de Janeiro: o comando das colônias militares estava relacionado à presidência das províncias, e estas, vinculadas à Corte na capital do império, sem intermediários entre as diferentes esferas.

---

[38] BRASIL. *Coleção das Leis do Império do Brasil de 1850*. Rio de Janeiro: Tip. Nacional, 1851. Lei n. 601, de 18 de setembro de 1850.

[39] WOOD, David Lyle. *Abortive panacea*: Brazilian military settlements, 1850 to 1913. 1972. Tese (Doutorado em História, Ph.D.) – Salt Lake City: University of Utah, 1972, p. 1.

Quadro 1 — Colônias militares criadas no período imperial brasileiro, por província:

*Alagoas*

· Colônia Leopoldina. Criada em 9 de novembro de 1850 (Decreto 729). Inaugurada em fevereiro de 1852.

*Espírito Santo*

· Colônia Guandu. Dezembro de 1857.

*Maranhão*

· Colônia São Pedro de Alcântara do Gurupi. Criada em 26 de novembro de 1853 (Decreto 1.284). Inaugurada em março de 1855.

*Mato Grosso*

· Colônia Brilhante (São José de Monte Alegre). Criada em 10 de março de 1855 (Decreto 1.578).

· Colônia Nioac (São João de Antonina). Criada em 10 de março de 1855 (Decreto 1.578). Inaugurada em 1860.

· Colônia Dourados. Criada em 26 de abril de 1856 (Decreto 1.754). Inaugurada em 1861.

· Colônia Miranda. Inaugurada em 1859.

· Colônia São Lourenço (Lamare). Inaugurada em 1859.

· Colônia Taquary. Inaugurada em novembro de 1862.

· Colônia Itacayú. Inaugurada em 1871.

· Colônia Conceição de Albuquerque. Inaugurada em junho de 1872.

· Colônia Piquiri. Inaugurada em 1880.

*Minas Gerais*

· Colônia Urucu. Criada em 14 de fevereiro de 1854 (Decreto 1.331).

*Pará*

· Colônia Santa Teresa do Tocantins. Criada em 23 de janeiro de 1849. Inaugurada em outubro de 1849.

· Colônia Pedro II. Fundada em abril de 1840 e reestabelecida em julho de 1850.

· Colônia São João do Araguaya. Inaugurada em julho de 1850.

· Colônia Óbidos. Criada em 8 de abril de 1854 (Decreto 1.363).

*Paraná*

· Colônia Nossa Senhora da Conceição do Jatahy. Criada em 2 de janeiro de 1851 (Decreto 751). Inaugurada em agosto de 1855.

· Colônia Chopim. Criada em 16 de novembro de 1859 (Decreto 2.502). Inaugurada em dezembro de 1882.

· Colônia Iguaçu. Criada em 1889.

*Pernambuco*
- Colônia Pimenteiras. Criada em 9 de novembro de 1850 (Decreto 729). Inaugurada em 1852.

*Rio Grande do Sul*
- Colônia Caseros. Criada em 16 de novembro de 1859 (Decreto 2.504).
- Colônia Alto Uruguai. Criada em 31 de maio de 1877 (Decreto 2.706).

*Santa Catarina*
- Colônia Santa Teresa. Criada em 8 de novembro de 1853 (Decreto 1.266). Inaugurada em janeiro de 1854.
- Colônia Chapecó. Criada em 16 de novembro de 1859 (Decreto 2.502). Inaugurada em março de 1882.

*São Paulo*
- Colônia Avanhandava. Criada em 23 de março de 1858 (Decreto 2.126). Inaugurada em fevereiro de 1860.
- Colônia Itapura. Criada em 26 de junho de 1858 (Decreto 2.200). Inaugurada em maio de 1859.

## 1.3 A FORMAÇÃO DE UMA ELITE BRASILEIRA, SEUS PROJETOS E A COMPOSIÇÃO DE UM NOVO ESTADO: EMBATES ENTRE PODERES REGIONAIS E CENTRAL

Os estudos referentes à independência do Brasil e à construção do Estado Nacional acentuam, com frequência, que esses acontecimentos foram uma imposição para as elites das diversas regiões que compunham a América portuguesa. As interpretações sobre esse período apresentam as elites regionais como portadoras de um projeto localista, ao passo que a elite nacionalizada, acomodada no interior do governo central, procurava estabelecer sua hegemonia sobre todo o território por meio de um Estado em vias de centralização[40].

Essa é a visão da historiadora Maria Odila Leite Dias quando afirma que, nas primeiras décadas do século XIX, a coroa portuguesa planejou uma ampla rede de abasteci-

---

[40] DOLHNIKOFF, Miriam. Elites regionais e a construção do Estado Nacional. *In*: JANCSÓ, I. (org.). *Brasil*: Formação do Estado e da Nação. Estudos Históricos. São Paulo/Ijuí: Hucitec/Unijui, 2003.

mento que surgiu, acima de tudo, nos arredores da cidade do Rio de Janeiro. Junto a isso, foram implementadas pela coroa políticas específicas que promoveram a abertura de estradas que melhorassem as comunicações entre todas as regiões brasileiras. Essas medidas, além de contribuírem com a centralização do poder e a resolução de conflitos sociais espalhados pelo Brasil, deveriam estimular o povoamento do interior do território, com a doação de sesmarias e o incentivo à imigração estrangeira. Para essa autora, os políticos da época estavam cientes da insegurança causada por tensões internas, sociais e raciais, além da fragmentação e regionalismos que impediam o surgimento de uma consciência nacional forte o suficiente para fomentar um movimento revolucionário capaz de reconstruir a sociedade. Havia manifestações de nativismo e pressões de interesses locais, mas a verdadeira "consciência nacional" surgiria com a integração das diversas províncias, imposta pela nova Corte no Rio de Janeiro entre 1840 e 1850, alcançada através da luta pela centralização do poder[41].

Observa-se, portanto, um enraizamento da interiorização da estrutura administrativa brasileira, tornando-se um país bastante heterogêneo mesmo após a independência em 1822. Nesse período, a elite brasileira buscou forjar um nacionalismo ao seu modo, representado por D. Pedro I, que deveria ser um personagem centralizador, "principalmente no sentido de arregimentação de forças políticas, pois proviria, em grande parte, daquela experiência a imagem do Estado nacional que viria a se sobrepor aos interesses locais"[42]. Nesse contexto, é necessário destacar, de acordo com Maria Odila Leite Dias, em particular entre os anos 1838 e 1870, o trabalho desempenhado pelos chamados "ilustrados brasileiros", os quais foram "absorvidos na engrenagem maior de uma política de Estado [...] [e] na construção do novo Império dos trópicos"[43].

A Constituição de 1824, outorgada pelo Imperador D. Pedro I, estabeleceu as bases fundamentais da estrutura

---

[41] Ibid., p. 17.
[42] Ibid., p. 37.
[43] Ibid., p. 33.

política e do funcionamento do Império. Esse conjunto de leis definia como forma de governo uma monarquia constitucional e hereditária, bem como estabelecia o voto censitário e determinava a divisão político-administrativa do império em províncias e a separação do poder político em quatro instâncias, quais sejam: Poder Executivo (Imperador e ministros de Estado); Poder Legislativo (senadores, deputados-gerais e provinciais); Poder Judiciário (magistrados, juízes e tribunais); e Poder Moderador.

Com o fim do Primeiro Reinado, em face da abdicação de D. Pedro I em 1831, o Império brasileiro enfrentou um dos períodos mais conturbados de sua história política. Nos anos que se seguiram à abdicação eclodiu uma série de revoltas em várias províncias[44]. Durante o período regencial (1831-1840), marcado por uma política administrativa que concedia maior autonomia às províncias, foram estabelecidas importantes reformas de caráter liberal: criação da Guarda Nacional (1831); aprovação do Código do Processo Criminal (1832); e promulgação do Ato Adicional de 1834[45].

Marco importante das medidas descentralizadoras do período regencial, o Ato Adicional firmou importantes modificações na Constituição de 1824: transformou os Conselhos Gerais em Assembleias Legislativas Provinciais; instituiu uma regência una, eletiva e temporária; e suprimiu o Conselho de Estado.

Contudo, as revoltas regenciais, que ameaçavam a unidade territorial e a ordem social fundamentada nas relações escravistas de produção, culminaram no descontentamento de importantes membros do grupo dos liberais moderados em relação às reformas descentralizadoras daquele período. Com isso, o movimento qualificado como Regresso Conservador ganhou força e lançou as bases de um projeto que previa a realização de reformas que permitiriam "ampliar a área de controle centralizado e reduzir a do indivíduo, como condição

---

[44] A Cabanagem (Pará, 1835-1840), a Sabinada (Bahia, 1837-1838), a Balaiada (Maranhão, 1838-1840) e a Farroupilha (1835-1845).

[45] PINTO, Clarice de Paula Ferreira. O Visconde do Uruguai e o Regresso Conservador: A política de centralização na construção do Estado Imperial. *In: Anais [...]* XV Encontro Regional de História da Anpuh-Rio.

da própria preservação deste"[46]. O Regresso Conservador, por meio da Lei de Interpretação do Ato Adicional, da reforma do Código do Processo Criminal e do restabelecimento do Conselho de Estado, instituiu as bases para a centralização política do Segundo Reinado[47].

A unidade do território da ex-colônia portuguesa, sob um único governo, para o historiador José Murilo de Carvalho[48], teria sido obra de uma elite cuja trajetória e formação lhe dava uma perspectiva ideológica que a diferenciava das elites regionais, comprometidas com seus interesses materiais e locais. O fortalecimento de uma elite da Corte, sediada no Rio de Janeiro, foi materializada por meio da imposição de um regime centralizado que, por vezes, neutralizava as demandas regionalistas das elites provinciais.

Em contrapartida, Ilmar Rohloff de Mattos[49] identifica a construção do Estado brasileiro como resultado da ação de uma classe senhorial, articulada em torno da coroa, de modo especial no período compreendido entre o Regresso Conservador e a década de 1850. À medida que construía o Estado, essa classe senhorial constituía-se como elite dirigente. Esse autor destaca a importância do papel desempenhado por uma elite condensada no governo central, "a elite saquarema", única portadora de um projeto nacional, capaz de construir o Estado e impor uma direção, submetendo os grupos regionais, portadores de projetos localistas. Essa elite, formada por políticos conservadores do Rio de Janeiro, estava ligada aos interesses dos grandes proprietários de terras e de escravos da economia cafeeira do Vale do Paraíba fluminense. Dessa maneira, os saquaremas, por intermédio da concordância de opiniões, conseguiram também a adesão dos liberais ao projeto político de centralização do Estado imperial.

Assim, coube a esse grupo o esforço para unificar os interesses dos grandes proprietários de terras e escravos

---

[46] MATTOS, Ilmar Rohloff de. *O tempo saquarema*: a formação do Estado Imperial. São Paulo: Hucitec, 1987. p. 134.

[47] PINTO, *op. cit.*

[48] CARVALHO, José Murilo de. *A construção da ordem*: a elite política imperial. *Teatro de sombras*: a política imperial. 3. ed. Rio de Janeiro: Civilização Brasileira, 2007.

[49] MATTOS, *op. cit.*

com os desejos da burocracia estatal. O projeto de centralização política e administrativa do Regresso Conservador foi, portanto, conduzido por importantes personalidades da elite política e cultural brasileira, vinculadas aos grandes proprietários de terras e ao aparelho estatal[50]. A propósito, como perceberam Maria Odila Leite Dias e Ilmar Rohloff de Mattos, a centralização política e o comando administrativo do Império representados pelo Rio de Janeiro seriam efeitos do movimento conservador de 1841, também conhecido como Regresso.

Mas, para a historiadora Miriam Dolhnikoff[51], a unidade e a construção do Estado foram possíveis graças a um arranjo institucional que foi resultado dos embates e negociações entre as várias elites regionais que deveriam integrar a nova nação. Diferente das afirmações de José Murilo de Carvalho e de Ilmar Rohloff de Mattos, a autora acredita que as elites regionais se constituíram também em elite política, cujo desejo de autonomia não era sinônimo de uma suposta miopia localista, mas sim que estava acoplado a um projeto político que acomodava as reivindicações regionais em um arranjo nacional[52].

A articulação entre a elite dirigente nacional e os grupos regionais deu origem a uma estrutura institucional que garantiu a coesão do território. Essa organização permitiu que cada parte mantivesse sua autonomia sob a direção do governo central. Assim, as elites regionais assumiram a responsabilidade pela condução do novo Estado nacional. As mudanças implementadas nesse período fortaleceram o governo central em vários aspectos e impactaram significativamente essa autonomia, embora não a eliminassem. Essa autonomia foi crucial para evitar as rebeliões separatistas. Além disso, permitiu que os grupos regionais se engajassem na construção do Estado e viabilizassem seu desenvolvimento material, pois os governos provinciais autônomos podiam alcançar as localidades mais distantes.

---

[50] PINTO, *op. cit.*

[51] DOLHNIKOFF, *op. cit.*

[52] *Ibid.*

Ao contrário de uma oposição entre elite dirigente nacional e grupos regionais, prevaleceu uma organização institucional que garantiu a articulação das várias partes do território em um todo, preservando a autonomia de cada uma delas, sob direção do governo central, de modo que as elites regionais se responsabilizaram pela condução do novo Estado nacional. As mudanças introduzidas nessa ocasião, com o fortalecimento do governo central em certos aspectos, alteraram faces importantes dessa autonomia, mesmo que isso não significasse o seu fim. Somente com essa autonomia seria possível afastar as rebeliões separatistas, comprometer os grupos regionais com a construção do Estado e viabilizá-lo em termos materiais, uma vez que os governos provinciais autônomos poderiam alcançar as mais distantes localidades.

Embora a autonomia regional tenha sofrido alterações de acordo com as transformações da conjuntura política, ela prevaleceu a partir de 1834. Isso porque, no modelo consagrado a partir da década de 1830, e mantido depois do Regresso Conservador, a autonomia convivia com um centro cuja força era suficiente para garantir a unidade. Somente assim é que se pode atribuir a esse regime características federalistas, considerando que o federalismo é um arranjo institucional adotado como estratégia de construção do Estado, cuja principal característica é a coexistência de dois níveis autônomos de governo (regional e central), definidos pela Constituição.

Enquanto o centro assumia a responsabilidade do governo nacional, as instâncias regionais respondiam pelos assuntos locais. Do mesmo modo, os grupos regionais tinham capacidade de interferir nas decisões do centro, mediante sua participação em uma das duas câmaras que compunham o parlamento[53].

A historiadora Maria de Fátima Gouvêa[54], ao escrever sobre esse tema, considera que o estabelecimento da província como nova unidade político-administrativa foi uma das maiores inovações introduzidas pelo novo arranjo governativo

---

[53] *Ibid.*

[54] GOUVÊA, Maria de Fátima. Política provincial na formação da monarquia constitucional brasileira: Rio de Janeiro, 1820-1850. *Almanack Brasiliense*, São Paulo, IEB – USP, n. 7, maio 2008.

configurado pelo Império do Brasil. A província tornou-se, então, o novo elo institucional capaz de interligar o centro político administrativo às diversas esferas locais que juntos iam compondo, pouco a pouco, o novo Estado[55].

Em resumo, pode-se observar que a historiografia referente ao império brasileiro confirma o caráter bastante centralizado da monarquia constitucional brasileira. Por um lado, vários foram os elementos que restringiram, em meio ao Regresso, a autonomia regional e local em todo o país. Mas, por outro, a teia de interesses e de instituições regionais que articularam a trama política e administrativa era bastante ampla e complexa[56]. A implantação de um sistema de colonização militar, espraiado pelo interior do Brasil, como parte de uma política de defesa, se constrói nesse contexto.

## 1.4 POLÍTICAS DE DEFESA: A GUARDA NACIONAL E O EXÉRCITO BRASILEIRO

Como se vê, a política imperial brasileira foi muito mais complexa e sofisticada do que o simples favoritismo e clientelismo geridos na cidade do Rio de Janeiro. O debate suscitado pela historiadora Maria de Fátima Gouvêa procura construir uma nova abordagem acerca da dinâmica política que deu vida à monarquia brasileira no século XIX. A análise desenvolvida por ela busca verificar o papel das conexões que interligaram os diferentes grupos espalhados no interior da província, tanto em relação ao governo provincial quanto à sede do governo imperial instalada na corte do Rio de Janeiro.

O Ato Adicional de 1834 tornou-se um dos principais elementos que contribuiu com a instituição de mecanismos de poder centralizado e alicerçado na sede imperial da monarquia, mantendo inalterado o processo demasiado concentrado pelo qual era procedida a nomeação dos presidentes provinciais. A Lei de Interpretação do Ato Adicional, aprovada em

---

[55] *Ibid.*

[56] *Ibid.*

1841, que restabeleceu o Conselho de Estado, veio, enfim, suprimir a relativa autonomia estabelecida pela legislação de 1834, na medida em que retirou a capacidade de nomeação dos oficiais de justiça e fazenda do âmbito dos governos provinciais[57]. Entretanto, Miriam Dolhnikoff acredita que o Regresso Conservador tenha sido uma revisão centralizadora circunscrita à esfera da Justiça e não alterou pontos importantes do arranjo liberal, com caráter descentralizador.

Em face do poder centralizado, a Guarda Nacional[58], forjada como instrumento militar das classes dominantes provinciais e força auxiliar do Exército, teve suas condições de funcionamento alteradas. O Exército brasileiro se destinava, até então, às operações contra inimigos externos, ao passo que a Guarda Nacional, criada como reforço ou complemento do Exército, se destinava às operações contra inimigos internos. Porém, em 1874, foi determinado que a Guarda Nacional fosse convocada somente em caso de luta externa, o que muito modificava as finalidades dessa organização[59].

Embora o Exército brasileiro tenha diminuído o seu efetivo e orçamento após a Guerra do Paraguai, essa instituição foi fortalecida e ganhou novas funções durante o período imperial, em particular a partir da década de 1850, na Guerra contra Oribe e Rosas. Desse modo, ainda que sejam considerados outros fatores que estiveram envolvidos na concretização do sistema de colonização militar brasileiro (poder centralizado, extinção do tráfico negreiro, Lei de terras e política indigenista), é necessário levar em conta, também, o fortalecimento do Exército durante a segunda metade do século XIX.

Assim, torna-se relevante, para o estudo das colônias militares, pensar também em dois períodos distintos das políticas externas do Império brasileiro. O primeiro: de 1830 a 1850, quando os interesses do governo estavam voltados,

---

[57] *Ibid.*

[58] A Guarda Nacional, criada em 1831, era uma organização permanente que cumpria seus serviços ordinários dentro e fora dos municípios, em destacamentos à disposição dos juízes de paz, criminais, presidentes de províncias e ministro da Justiça (SODRÉ, *op. cit.*, p. 152).

[59] *Ibid.*, p. 162.

a princípio, para a questão do tráfico intercontinental de escravos. O segundo (e que mais importa nesta obra): entre 1850 e 1870, quando as preocupações do governo imperial estavam mais voltadas para os vizinhos platinos e para a definição das fronteiras ocidentais do Brasil[60].

## 1.5 O SISTEMA DE COLONIZAÇÃO MILITAR BRASILEIRO E AS CONTRIBUIÇÕES DE JOSÉ VIEIRA COUTO DE MAGALHÃES

A obra *Memória sobre colônias militares nacionais e indígenas*[61], de José Vieira Couto de Magalhães[62], resultado de um de seus trabalhos realizados em comissões de inspeção, publicada em 1875, merece destaque nos estudos dedicados à colonização militar no Brasil. Nessa obra, o autor registrou suas observações referentes ao projeto de reformulação das colônias militares – Lei n.º 2.277, de 24 de maio de 1873.

Couto de Magalhães foi um político influente, presidiu três províncias, fundou colônias militares na região do Araguaia e transitava com facilidade entre os ministros e políticos da corte no Rio de Janeiro. A leitura de sua obra deve levar em conta a posição ocupada por ele na corte e, também, que o seu trabalho foi publicado em um momento que ele se considerava adversário político dos ministros da Guerra e da Agricultura, para os quais escreveu suas reflexões a respeito das colônias militares. Para confrontar as

---

[60] SALLES, Ricardo. *Guerra do Paraguai*: escravidão e cidadania na formação do exército. Rio de Janeiro: Paz e Terra, 1990. p. 43.

[61] MAGALHÃES, José Vieira Couto de. *Memória sobre as colônias militares, nacionais e indígenas*. Rio de Janeiro: Tipografia da Reforma, 1875.

[62] José Vieira Couto de Magalhães (Diamantina, 1.º de novembro de 1837 — Rio de Janeiro, 14 de setembro de 1898) foi um político, militar, escritor e folclorista brasileiro. Formou-se em Direito pela Faculdade de Direito de São Paulo, em 1859, doutorando-se na mesma área em 1860. Era membro do Instituto Histórico e Geográfico brasileiro. Couto de Magalhães conhecia bem o interior do Brasil. Foi conselheiro do Estado e deputado por Goiás e Mato Grosso, foi presidente das províncias de Goiás, de 8 de janeiro de 1863 a 5 de abril de 1864, Pará, de 29 de julho de 1864 a 8 de maio de 1866, Mato Grosso, de 2 de fevereiro de 1867 a 13 de abril de 1868, e São Paulo, de 10 de junho a 16 de novembro de 1889, presidência que ocupava quando foi proclamada a república. Foi ele quem iniciou os estudos folclóricos no Brasil, publicando *O selvagem* (1876) e *Ensaios de antropologia* (1894), entre outros. Fundou em 1885 o primeiro observatório astronômico do estado de São Paulo, na sua chácara em Ponte Grande, às margens do rio Tietê.

informações fornecidas pela obra de Couto de Magalhães, os relatórios dos ministérios da Guerra e do Império serão, com frequência, utilizados[63]. Também são úteis a Coleção de Leis do Império do Brasil, na qual encontra-se a legislação pertinente às colônias militares e relatórios dos presidentes de província, dos quais foram extraídas informações relativas a determinadas colônias militares.

Esses documentos indicam que, no despertar da década de 1850, o Governo Imperial, com o intuito de fortalecer a sua presença em todo o território brasileiro, criou um sistema de colônias militares. Essas deveriam ser instaladas de modo estratégico ao longo da fronteira ocidental brasileira e nas principais rotas comerciais que permitiam o deslocamento de pessoas e de mercadorias entre o litoral e o interior do país. Para Ricardo Salles, a década de 1850 foi um período significativo, caracterizado pela expansão da cafeicultura e pela maior integração com o mercado global. Essa fase também testemunhou o fortalecimento das relações internas entre as diversas regiões do país e a criação de um aparato administrativo essencial para o funcionamento do Estado imperial. Além disso, surgiram novas demandas típicas de uma nação e um Estado em formação, acompanhadas por uma diversificação social. Em síntese, todo esse processo de consolidação da sociedade imperial levou à complexidade crescente do aparelho econômico[64].

Diversos fatores políticos influenciaram a aprovação do projeto de implantação das colônias militares. O comércio de escravos, em meados do século XIX, enfrentava sérias ameaças. Um dos principais objetivos desse sistema era garantir

---

[63] Esses documentos, acessíveis no site http://www.crl.edu/brazil/ministerial, relatam as principais atividades dos ministérios ao longo de um ano e eram apresentados à Assembleia Geral Legislativa. Todos os relatórios eram assinados pelos ministros responsáveis. Antes de expor os dados do ano que se encerrava, os ministros escreviam um preâmbulo, em dois ou três parágrafos curtos, destacando os principais feitos do ministério e fazendo reivindicações. Nessa seção, também eram comuns justificativas para a prioridade dada a determinados temas em detrimento de outros. Após o preâmbulo, os relatórios eram organizados por temas, como: Conselho Supremo Militar e de Justiça; Comissão de Melhoramentos do Material do Exército; Corpo de Transportes; Arsenais de Guerra e Depósitos de Artigos Bélicos; Laboratórios Pirotécnicos; Escola Militar; Observatório Astronômico; Quartéis; Arquivo Militar e Oficina Litográfica; Presídios e Colônias Militares; Hospitais Militares, entre outros. Além dessas seções, os relatórios incluíam anexos. A parte final era quase toda dedicada a mapas de pessoal, legislações do ministério e informações adicionais.

[64] SALLES, *op. cit.*, p. 40.

o "emprego e a disciplina dos libertos remissos ao trabalho", conforme os projetos de extinção da escravatura no Brasil[65]. Em províncias como São Paulo, onde havia uma grande quantidade de escravos, era necessário deslocar os libertos ociosos dos centros urbanos e obrigá-los a trabalhar em estabelecimentos sob disciplina militar. Assim, as colônias militares instaladas em áreas remotas tornavam-se adequadas para essa finalidade[66].

Desse modo, torna-se evidente que a extinção do tráfico de escravos e o fim da escravidão geravam preocupações ao Governo imperial, especialmente em relação à manutenção da ordem nas cidades brasileiras. O aumento no número de homens livres, pobres e sem trabalho era visto pelas elites governantes como uma ameaça. Com o fim da escravidão, havia a intenção de remover esses indivíduos dos centros urbanos, pois as autoridades acreditavam que sua presença poderia causar distúrbios e prejuízos.

### 1.5.1 O CONCEITO DE COLONIZAÇÃO MILITAR E SUAS ORIGENS

Os presídios e as colônias militares pertenciam ao mesmo sistema e foram fundadas com objetivos semelhantes. O ano de 1850 marca o ponto inicial do programa governamental de colonização militar no império brasileiro. Sobre o conceito de colônia militar, José Vieira Couto de Magalhães, em 1875, o definiu nos seguintes termos:

> Sendo o fim principal do exército defender o estado contra os ataques de inimigos externos ou internos, só serão militares as colônias criadas: ou com o fim de proteger comunicações em linhas táticas, ou que se destinarem às indústrias agrícolas, como a criação de gado e cavalhada em lugares onde, por outro meio, se não possam conseguir esses artigos de que dependem uma das mais importantes funções de um exército, que é a sua mobilidade.

---

[65] OURIQUE, Jacques. Esboço topográfico da colônia militar de Itapura. *Revista do Exército Brasileiro*, Rio de Janeiro: Tip. da Revista do Exército Brasileiro, ano 4, 1885, p. 274.

[66] *Ibid.*, p. 274.

As colônias que puderem atingir a estes dois fins serão muito proveitosas, não só como elemento de defesa, mas como elemento de riqueza[67].

Para esclarecer melhor a definição do conceito, Couto de Magalhães destacou as finalidades que uma colônia militar deveria cumprir. Para ele,

> As colônias militares são uma instituição empregada por todos os povos que tiveram grandes territórios a defender e povoar desde os fenícios, gregos e romanos até nossos dias.
>
> Foi por meio delas que os ingleses criaram núcleos de populações cristãs no interior das Índias, os Russos no interior da Ásia, na América e no Sul da própria Rússia, os franceses na África, os portugueses e espanhóis ali e na América.
>
> Além do meio de fazer estradas de ferro para desertos (meio que não está ao nosso alcance) a colônia militar é o único de que dispomos para dirigir população para lugares desabitados. A experiência do tempo do domínio português o prova. Os presídios e registros militares (eram os nomes antigos) foram fundados com um destes quatro fins:
>
> 1.º Impedir que os espanhóis ultrapassassem os limites de suas fronteiras.
>
> 2.º Impedir incursões de selvagens contra nossas populações.
>
> 3.º Criar núcleos de população ao longo do sertão, naqueles lugares onde uma solução de continuidade entre as populações podia impedir que o centro do governo se comunicasse com as extremidades.
>
> 4.º Impedir o extravio dos direitos que a metrópole percebia sobre ouro e diamantes[68].

O governo imperial, na década de 1850, vislumbrava grandes progressos com a decisão de estabelecer colônias

---

[67] MAGALHÃES, 1875, p. 13.

[68] *Ibid.*, p. 14-15.

militares em todo o território brasileiro. Como notou David Wood, os defensores desse plano argumentavam que esse modelo de colonização seria um poderoso corretivo capaz de resolver o vasto espectro de doenças sociais, econômicas e políticas do Brasil[69]. Para o presidente de província Francisco José de Souza Soares de Andréa, as colônias militares eram indispensáveis para a ocupação e posse do território ao longo das fronteiras, para a proteção das estradas e rios navegáveis, para forçar para o interior a civilização e a obediência de tribos selvagens que ocupavam grandes porções de terra e, por fim, para impor respeito sobre a população dispersa por amplas regiões[70].

O conceito de colônias militares, apropriado pelo governo imperial brasileiro, foi, talvez, copiado da Europa[71]. Alguns projetos governamentais seguiram o modelo romano de colônias militares[72], ao passo que outros mencionavam as colônias militares da Áustria, da Croácia e da Eslovênia como valiosos modelos a serem reproduzidos. De acordo com Carlos Henrique Oberacker Júnior, o ministro Luís José de Carvalho e Melo (1823-1825) ocupou-se do tema referente à criação de colônias agro militares em território brasileiro, as quais garantiriam a defesa das fronteiras com as repúblicas hispano-americanas. Por conta disso, o ministro solicitou a Teles da Silva (ministro do Brasil em Viena) que lhe enviasse informações a respeito desse tipo de colônia no império Austro-Húngaro, e

> Em 29-6-1825 Teles da Silva enviou de Viena ao Ministro o livro de Karl Hetzinger "Fronteiras Militares", escrevendo: "pela ideia que tenho dessas colônias me parecem um estabelecimento de militares que são ao mesmo tempo agricultores [...], o que será muito vantajoso na nossa querida pátria [...]", pois "o esgrimir com uma mão a espada não impede a outra de guiar o arado"[73].

---

[69] WOOD, *op. cit.*, p. 3.

[70] *Ibid.*, p. 4.

[71] *Ibid.*, p. x.

[72] *Ibid.*, p. 2.

[73] OBERACKER Jr., Carlos Henrique. *Jorge Antônio von Schaeffer*. Criador da primeira corrente emigratória alemã para o Brasil. Porto Alegre: Editora Metrópole, 1975. p. 96.

Ao defender o projeto de colonização militar brasileiro, Couto de Magalhães, em 1875, sustentou que "assim procederam os povos em todos os tempos, e ainda modernamente: a Inglaterra na Índia, a Rússia e a Áustria na Ásia, a França na África etc.[74]" Ele reiterou que:

> As colônias e presídios militares são uma previdente instituição administrativo-militar que nos legaram os portugueses, cujo bom senso em matéria de administração interna não pode sinceramente ser posto em dúvida.

> Aqueles que ponderarem que se não coloniza com o exército, eu ponderarei que a experiência da Índia inglesa, da América inglesa e russa, da Argélia, e mesmo a nossa, provam exatamente o contrário[75].

Os projetos do inglês M. Gladstone, membro do segundo gabinete do primeiro-ministro Robert Peel (1841-1846), que criou um esquema de colônias militares na Austrália, e os projetos de Landemann, (1841) para a Argélia francesa, também foram consultados. Experimentos belgas com colônias-prisões, as práticas de colonização inglesa na Índia, América do Norte e fronteira da Ásia com a Rússia foram da mesma maneira considerados. Portugal também usou estabelecimentos similares, tanto que, em fins do século XVIII, a coroa portuguesa planejou a instalação de duas colônias militares no interior do território da capitania de Santa Catarina.

Embora as autoridades brasileiras tenham decidido adotar esse método de colonização em 1850, algumas tentativas nesse sentido foram realizadas na década anterior. No ano de 1840, o presidente da província do Pará, João Antônio de Miranda, formulou o primeiro plano de colonização militar no Império brasileiro. Naquele ano foi criada a colônia militar de Pedro II, em território disputado entre o Brasil e a Guiana Francesa. E, em 1848, o presidente da província do Rio Grande do Sul, Francisco José de Souza Soares de

---

[74] MAGALHÃES, 1875, p. 4.
[75] Ibid., p. 12.

Andréa – que possuía longa experiência na repressão de revoltas provinciais tais como a Cabanagem, no Pará, a Farroupilha, no Rio Grande do Sul e Juliana, em Santa Catarina –, em seu relatório enviado à Assembleia Provincial, previa no orçamento da província gastos com o ensaio de colônias militares e agrícolas e instrumentos para os colonos[76]. No mesmo documento, esse presidente publicou um regulamento para esse tipo de colonização que continha 32 artigos. O regulamento, contudo, foi datado em 28 de novembro de 1845 e foi escrito no Palácio do Governo da Bahia, quando Francisco José de Souza Soares de Andréa era presidente dessa província.

Na província do Pará foi criada a colônia militar de Santa Teresa do Tocantins. Nas palavras do presidente dessa província, Jerônimo Francisco Coelho, vê-se que:

> Por Aviso Imperial de 29 de janeiro do corrente ano me foi ordenado o estabelecimento de um presídio militar no rio Tocantins, como meio auxiliador a bem da navegação do dito rio e de nossas comunicações comerciais com a província limítrofe de Goiás [...] Resolvi desde logo anexar ao presídio, que se houvesse de fundar, uma colônia militar e uma missão, com meio de fazer povoar aqueles ermos lugares, de modo que os viajantes, no árduo e perigoso trajeto de tão extensa navegação possam ter um ponto onde repousarem ou refazerem-se para continuação da viagem. A mesma povoação, uma vez fundada, servirá também como de estação e ponto de partida para empreender com menos trabalho as convenientes explorações e obras de melhoramentos precisos na destruição dos obstáculos naturais[77].

---

[76] RIO GRANDE DO SUL. *Aditamento feito ao relatório que, perante a Assembleia Provincial do Rio Grande de São Pedro do Sul, dirigiu o Exmo. vice-presidente da província em 4 de março de 1848, pelo Exmo. presidente da província e comandante do exército em guarnição, Francisco José de Souza Soares de Andréa.* Porto Alegre: Tip. do Commercio, 1848.

[77] PARÁ. *Fala dirigida pelo Exmo. Sr. Conselheiro Jeronimo Francisco Coelho, presidente da província do Pará, à Assembleia Legislativa Provincial na abertura da segunda sessão ordinária da sexta legislatura no dia 1.º de outubro de 1849.* Pará: Tip. de Santos & filhos, 1849, p. 137.

E, por fim, é preciso frisar que o principal marco regulatório do sistema de colonização militar brasileiro se deu por meio do § 5.º, do artigo 11, da Lei n.º 555, de 15 de junho de 1850[78].

## 1.5.2 OBJETIVOS E FUNÇÕES QUE DEVERIAM CUMPRIR AS COLÔNIAS MILITARES BRASILEIRAS

Cada colônia militar instalada no território brasileiro deveria atender a pelo menos um propósito. Desse modo, suas configurações foram diversas e não houve apenas uma versão de colônia militar no império brasileiro. Algumas colônias eram instaladas para defender parte das fronteiras, outras eram destinadas à catequização dos indígenas, outras tinham como finalidade a manutenção de mão de obra para a economia imperial, outras eram projetadas para tornar mais seguros os caminhos que iam para o interior, e ainda havia aquelas que eram destinadas à consolidação do povoamento de uma determinada região do país.

Em 1871, o Ministério da Guerra ainda buscava adotar nas colônias militares o sistema mais adequado para a defesa das fronteiras, proteção dos rios e catequese dos indígenas[79]. Isso faz pensar no caráter de constante transformação e de adaptação dos modelos existentes de colônias militares no território brasileiro e em outros continentes. O governo imperial desejou, por décadas, auxílio na exploração dos territórios desconhecidos, bem como o estabelecimento e a manutenção de áreas fronteiriças disputadas. Os defensores do sistema de colônias militares afirmavam que, em casos de distúrbios civis e/ou agressões estrangeiras, as colônias poderiam servir como bases de suporte para as forças governamentais, fornecendo comida para as tropas, animais para o transporte e reforços humanos.

---

[78] BRASIL. Ministério do Império. *Relatório do ano de 1850 apresentado a Assembleia Geral Legislativa, pelo Ministro e Secretário de Estado dos Negócios do Império, Visconde de Mont'Alegre*. Rio de Janeiro: Tip. Nacional, 1851, p. 26.

[79] BRASIL. Ministério da Guerra. Ministro José Maria da Silva Paranhos, Visconde do Rio Branco. *Relatório do ano de 1871*. Rio de Janeiro: Tipografia Universal de Laemmert, 1872, p. 60.

Os limites incertos das fronteiras brasileiras também preocupavam os governantes. Disputas sobre a exata localização de partes da fronteira, de tempos em tempos, ameaçavam tornar-se guerra. Para alguns oficiais do Exército brasileiro, a instalação dessas colônias era o meio efetivo para estabelecer e defender o território questionado pelos países vizinhos. De acordo com o ministro da Guerra Visconde de Rio Branco (José Maria da Silva Paranhos), em 1870, o propósito essencial, se não exclusivo, das colônias militares era estabelecer a melhor defesa da fronteira terrestre, em lugares ainda isolados e pouco explorados[80].

Pouco antes, nos últimos meses de 1864, o início da Guerra do Paraguai incentivou a reabertura de um caminho na margem esquerda do rio Paraná e a criação da colônia militar de Foz do Iguaçu. Para o Ministério da Guerra, a reabertura do caminho, a uma determinada distância da margem brasileira do rio Paraná, e a criação de um estabelecimento militar nessa região evitariam possíveis invasões dos soldados de Solano Lopes. Essa colônia também poderia servir como porto para o deslocamento de tropas e de material bélico para as frentes de combate[81]. A propósito, como bem percebeu o historiador Antônio Marcos Myskiw, a reabertura desse caminho "possibilitaria, além de fornecer proteção aos limites territoriais do Paraná com o Paraguai, povoar a fronteira e defender os lavradores contra os 'continuados e sempre impunes assaltos dos selvagens'"[82].

Assim sendo, disputas internacionais também impulsionaram a criação de colônias militares. Para alcançar a fronteira com o Paraguai, por exemplo, as forças brasileiras precisavam navegar por rios, pois não existia comunicação terrestre entre o litoral brasileiro e aquela fronteira. Para manter a comunicação com o interior e socorrer os viajantes que transportavam cargas no rio Brilhante, o governo, na

---

[80] BRASIL. Ministério da Guerra. Ministro José Maria da Silva Paranhos, Visconde do Rio Branco. *Relatório do ano de 1870*. Rio de Janeiro: Tipografia Universal de Laemmert, 1871, p. 33.

[81] BRASIL. Ministério da Guerra. Ministro José Egydio Gordilho de Barbuda, Visconde de Camamu. *Relatório do ano de 1864*. Rio de Janeiro: Tipografia Universal de Laemmert, 1865, p. 19-20.

[82] MYSKIW, Antônio Marcos. *A fronteira como destino de viagem*: a colônia militar de Foz do Iguaçu (1888/1907). 2009. Tese (Doutorado em História) – Universidade Federal Fluminense: Niterói, 2009, p. 82.

década de 1850, promoveu a instalação de duas colônias nas margens do rio (colônia de Brilhante e colônia Nioac), pelo qual era possível alcançar a referida fronteira. A colônia de Jatahy também ajudou a socorrer as comunicações junto desses cursos, já que "estava interligada a uma ampla rede de rios navegáveis rumo ao norte, noroeste e oeste, aproveitável em parte com a navegação de vapores de pequeno calado e em parte por canoas grandes"[83]. Oficiais do Exército brasileiro no Rio de Janeiro, atentos à manutenção das comunicações com a província de Mato Grosso, instalaram colônias nas margens de um antigo caminho aberto pelos bandeirantes no século XVIII, por meio da província de São Paulo, ao longo do rio Tietê, Paraná e outros rios. Com isso foram criadas as colônias de Itapura e Avanhandava em 1858[84].

Essas colônias também serviriam como garantia contra as injustas pretensões de absorção de territórios e como poderosa ajuda no cultivo de um bom relacionamento com as nações vizinhas, além de auxiliarem o progresso da indústria e do comércio brasileiro[85]. Esses locais também eram considerados pontos avançados ao longo da linha de defesa do território, tornando-se bases estratégicas de operações[86], nas quais os colonos não defenderiam somente a integridade do Império, mas também as suas propriedades[87].

Ao que tudo indica, os maiores esforços na concretização desse sistema estiveram mais voltados para a defesa de determinados pontos da fronteira ocidental brasileira. De acordo com o mapa a seguir, é possível perceber certa concentração de colônias nas regiões Sul e Centro-Oeste. Não à toa, essas duas regiões, durante o século XIX, tornaram-se palco de importantes conflitos que envolveram o Brasil e países vizinhos.

---

[83] MYSKIW, *op. cit.*, 2009, p. 87.

[84] WOOD, *op. cit.*, p. 127-128.

[85] BRASIL. Ministério da Guerra. *Relatório apresentado à Assembleia Geral Legislativa pelo ministro e secretário de Estado dos Negócios da Guerra Marquês de Caxias*. Rio de Janeiro: Tipografia Universal de Laemmert. 1862 (referente ao ano de 1861), p. 28.

[86] BRASIL. Ministério da Guerra. *Relatório apresentado à Assembleia Geral Legislativa pelo ministro e secretário de Estado dos Negócios da Guerra Marquês de Caxias*. Rio de Janeiro: Tipografia Universal de Laemmert. 1862 (referente ao ano de 1861), p. 27.

[87] BRASIL. Ministério da Guerra. Ministro Polidoro da Fonseca Quintanilha Jordão. *Relatório do ano de 1862 apresentado à Assembleia Geral Legislativa*. Publicado em 1863. Rio de Janeiro: Tipografia Universal de Laemmert, p. 27.

Mapa 1 – Localização das colônias militares brasileiras

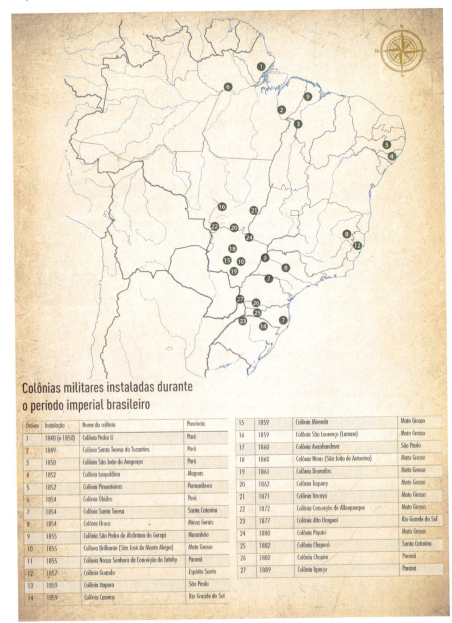

Fonte: mapa baseado em Wood, *op. cit.*, p. XIII

Em outro mapa, do século XIX, é possível perceber, com clareza, os motivos mais recorrentes utilizados pelas autoridades brasileiras na justificativa de instalação de uma colônia militar. É importante notar que algumas colônias atendiam a mais de uma função, como, por exemplo, a colônia militar de Dourados, na então província de Mato Grosso. O mapa a seguir revela que essa colônia estava localizada na fronteira ocidental do império; nas proximidades de um rio; e instalada em uma região habitada pelos indígenas Coroados, conferindo segurança em região fronteiriça e controlando as populações indígenas.

Mapa 2 – Detalhe da localização de colônias militares nas províncias de Mato Grosso e Paraná

Fonte: Carta do Império do Brasil. Reduzida no Arquivo Militar em conformidade da publicada pelo coronel Conrado Jacob de Niemeyer em 1846, e das especiais das fronteiras com os estados limítrofes organizadas ultimamente pelo conselheiro Duarte da Ponte Ribeiro. Rio de Janeiro, 1873

Com o emprego de pequenos contingentes de soldados-colonos em locais estratégicos por todo o Império, os oficiais do Exército brasileiro acreditavam resolver alguns dos seus principais problemas, de modo especial o recrutamento de soldados[88] e o controle das fronteiras. Portanto, o governo imperial

---
[88] Como as colônias militares auxiliariam no controle das pessoas que viviam ou transitavam pelo interior do Brasil, e porque formariam contingentes de homens – soldados-colonos e seus filhos – próprios para o serviço do Exército brasileiro, essas seriam transformadas, com a passagem do tempo, em lugares propícios para o recrutamento militar.

acreditava que, quando as colônias militares fossem instaladas ao longo das fronteiras internacionais, elas se tornariam a primeira linha de defesa do país e defenderiam a integridade do Império quando surgissem disputas com os estados vizinhos[89].

Por outro lado, a existência dessas colônias poderia fazer as tribos indígenas recuarem mais para o interior, ou contribuiriam com os contatos que conduziriam os indígenas para a pacificação e civilização. A colônia militar de Jatahy, na província do Paraná, serve como exemplo. De acordo com o ministro do Império, em seu relatório de 1852:

> O importante aldeamento do Jatahy, a cargo do barão de Antonina, na nova via de comunicação para Mato Grosso, já muito numeroso recebeu no ano passado o aumento de mais duzentos índios Caiuás, que para serem transportados com os seus 5 caciques dos sertões da margem direita do Paraná, onde estavam embrenhados, foi mister mandar abrir uma picada de 36 léguas à margem dos rios Tibagi e Paranapanema, vindo em canoas toda a bagagem, mulheres e crianças, e por terra os índios mais robustos[90].

Para Couto de Magalhães, na obra *O selvagem*[91], de todo o território brasileiro "quase duas terças partes [...] não podem ainda hoje ser pacificamente povoadas por famílias cristãs, porque estão expostas às correrias sanguinolentas dos selvagens"[92]. De acordo com o mesmo autor, a conquista e a pacificação da população indígena tornariam possível não "somente a posse real da maior parte do território do império; conseguiríamos também um milhão de braços aclimados, e os únicos que se prestam às indústrias, que por muitos anos serão as únicas possíveis no interior – as extrativas e pastoris"[93].

---

[89] BRASIL. Ministério da Guerra. Ministro José Egydio Gordilho de Barbuda, Visconde de Camamu. *Relatório do ano de 1864*. Rio de Janeiro: Tipografia Universal de Laemmert, 1865, p. 19-20.

[90] BRASIL. *Relatório do ano de 1852 apresentado à Assembleia-Geral Legislativa na 1.ª sessão da 9.ª legislatura.* Francisco Gonçalves Martins, ministro do Império. Rio de Janeiro: Tip. Nacional, 1853, p. 34.

[91] Trata-se de uma obra realizada a pedido do governo imperial para servir de instrumento para a criação de um corpo de intérpretes para a domesticação das populações indígenas brasileiras.

[92] MAGALHÃES, José Vieira Couto de. *O selvagem*. Rio de Janeiro: Tipografia da Reforma, 1876. p. VIII.

[93] *Ibid.*, p. VIII.

Para tanto, nas colônias militares, como notou Couto de Magalhães, deveriam existir intérpretes que auxiliariam os trabalhos de pacificação das populações indígenas. A relação existente entre as colônias militares e a pacificação de populações indígenas é reforçada pelo seguinte excerto:

> A ideia de utilizar nossas colônias militares como auxiliares do povoamento dos sertões, para nelas se colocarem intérpretes que falando as línguas das populações selvagens circunvizinhas lhes facilitariam as relações com os mesmos selvagens, encontrou eco no seio do gabinete e, nomeadamente, nos dois conspícuos varões, por cujas pastas correm estes negócios: os da Agricultura e o da Guerra[94].

Contudo, a pacificação dessas populações não somente geraria novos contingentes de mão de obra para a economia imperial, mas também reduziria as possibilidades de revoltas indígenas. Como alegou Couto de Magalhães,

> [...] o fato da existência desse milhão de braços ocupando e dominando a maior parte do território do Brasil, podendo irromper para qualquer lado contra as populações cristãs, é um embaraço para os progressos do povoamento do interior, e é um perigo que crescerá na proporção em que eles forem ficando mais apertados: a questão pois não versa só sobre a utilidade que podemos tirar do selvagem; versa também sobre os perigos e despesas que faremos, se não cuidarmos agora de amansá-los[95].

Também chama a atenção nesse texto a referência quanto à possibilidade de utilização da mão de obra indígena. O que se coloca em relevo na obra *O selvagem* é a grande quantidade de populações indígenas que ocupavam o interior do país e não eram utilizadas pelo mercado de trabalho. Algumas autoridades brasileiras previam que as colônias militares

---

[94] *Ibid.*, p. XIV.
[95] *Ibid.*, p. XXVII.

iriam contribuir com a resolução dos problemas relativos à possibilidade de escassez de mão de obra no Brasil. Em 1850, pressionados a extinguir o tráfico escravo, a carência de trabalhadores poderia se tornar, com o passar dos anos, bastante crítica, como acreditavam as elites governantes. O governo imperial desejava, com esses estabelecimentos, e com a administração da justiça, levar a lei e a ordem para áreas interioranas e fronteiriças. Desse modo, pretendia-se transformar os indígenas hostis, fugitivos da justiça e outros elementos marginais da sociedade em cidadãos produtivos, submetendo-os ao regime militar.

Em relação às atividades econômicas, o estabelecimento de um sistema de colônias militares também poderia auxiliar o governo imperial no combate aos quilombos e na captura de seus habitantes, que deveriam ser devolvidos aos seus donos. Ao mesmo tempo, os considerados fora da lei também poderiam ser forçados a bater em retirada ou seriam capturados.

Apesar de cada colônia militar ter o próprio foco de interesse, duas considerações principais inspiraram a promoção desse sistema no Brasil. Um dos objetivos era o estratégico e o outro era o econômico. Acreditava-se que essas colônias poderiam auxiliar a pacificação do interior por meio do policiamento das estradas, rios e florestas, livrando-os de indígenas hostis, escravos fugitivos, bandidos e outros elementos incômodos para o controle da sociedade. Por esse motivo as colônias militares deveriam ser instaladas em pontos-chave ao longo de rotas comerciais (caminhos e rios) e vias terrestres estratégicas, consolidando sistemas de comunicação, encorajando e protegendo o tráfego comercial.

Os escravos fugitivos e a sensação de insegurança que eles despertavam nas pessoas que moravam no interior, também preocupava as autoridades imperiais e, acima de tudo, nas províncias do Nordeste. Congregados em quilombos, esses fugitivos pilhavam famílias e vilas isoladas. A proteção dessas famílias e vilas poderia ser realizada por meio da instalação de colônias militares, como ocorreu no Maranhão. O governo do Rio de Janeiro, por exemplo, criou um conjunto de colônias que formaria uma barreira contra as pilhagens de escravos, bem como suas fugas[96]. Mas outros tipos considerados fora da lei eram preocupantes. Muitos criminosos escapavam da justiça e desapareciam no interior das florestas que cobriam boa parte do território.

Dessa maneira, para o ministro da Guerra, Jerônimo Francisco Coelho, as colônias militares estavam mais voltadas para a segurança interna do território brasileiro. Em seu relatório, de 1857, recomendava que:

> O fim destas fundações, como sabeis, varia conforme a necessidade, que as aconselha. Entre nós a sua adoção não tem, como em outros países, por origem, certas necessidades especiais, que lhes imprimem o caráter essencialmente agrícola, ou industrial e artístico, ou penitenciário, ou filantrópico; não se trata, por meio delas, de combater o pamperismo, nem de moralizar e utilizar os vagabundos e os desregrados, nem mesmo (como fim principal), o de aumentar os produtos do solo. O de que se trata é estabelecer núcleos de povoações em lugares remotos centrais e despovoados, onde só a princípio podem resistir às privações, e permanecer como colonos, indivíduos habituados à obediência passiva, adquirida pelos severos hábitos da disciplina militar. A escolha desses pontos é, por via de regra, em nossas fronteiras ou em alguns centros, onde se tem acumulado vagabundos e malfeitores, que ameaçam a segurança e a propriedade dos habitantes dos povoados mais próximos. Tais colônias, portanto, têm o caráter pronunciadamente militar, e embora nelas entre o elemento agrícola, ainda assim são mais que tudo colônias policiais, de segurança e de defesa, que garantem ao mesmo tempo no futuro o infalível desenvolvimento de povoações[97].

Antes disso, em 1850, em outro relatório, mas do Visconde de Mont'alegre, ministro do Império, há referência às colônias militares nos seguintes termos:

---

[96] WOOD, *op. cit.*, p. 8.

[97] BRASIL. Ministério do Império. *Relatório do ano de 1857 apresentado a Assembleia Geral Legislativa na 2.ª Sessão da 10.ª Legislatura.* Ministro e Secretário de Estado dos Negócios do Império Jerônimo Francisco Coelho. Rio de Janeiro: Tipografia Universal de Laemmert, 1858, p. 45.

Uma outra espécie de colonização era igualmente reclamada pelas circunstâncias peculiares do nosso país, suas longínquas e extensas fronteiras e seus rios e sertões situados à imensa distância dos lugares povoados; foi também providenciada esta espécie pelo § 5.º do art. 11 da Lei n. 555 de 15 de junho próximo passado, que autorizou o Governo a estabelecer onde convier colônias e presídios militares[98].

Esse mesmo ministro descreveu as características consideradas por ele as mais relevantes a respeito das colônias militares existentes naquele ano. Desse relato chama a atenção a localização dessas colônias e a relação que elas mantinham com locais de passagem e espaços que garantiriam as comunicações com o interior do território. De acordo com o Visconde de Mont'alegre:

> Na província do Pará tinha-se estabelecido com o intento de proteger a navegação para a de Goiás, pelo rio Araguaia, a colônia militar de Santa Teresa do Tocantins [...]. A facilidade com que os facinorosos, quer na província das Alagoas, quer na de Pernambuco se subtraíam à ação da justiça, embrenhando-se nas matas que cobre uma grande parte do território de ambas, determinaram o governo a mandar fundar naquelas matas duas colônias militares, uma no território da província das Alagoas, outra no de Pernambuco [...]. Mandou-se também fundar na província de S. Paulo uma colônia militar no porto do rio Tibagi, na sua confluência com o Arroio Jatahy; é destinada esta colônia a proteger os povoadores da nova via de comunicação entre aquela província e a de Mato Grosso, e é de esperar que sendo muito frequentada esta nova carreira, atentas as vantagens que têm sobre as existentes, se transforme bem depressa a colônia ali fundada em uma bela povoação.
>
> Estabeleceram-se finalmente na província de Goiás dois presídios militares à margem do rio Araguaia [...]. É fácil de

---

[98] BRASIL. *Relatório do ano de 1850 apresentado à Assembleia-Geral Legislativa na 3.ª sessão da 8.ª legislatura.* Visconde de Mont'alegre. Rio de Janeiro: Tip. Nacional, 1851, p. 26.

avaliar a importância destes estabelecimentos, atendendo-se a que só por este meio se pode vencer uma das maiores dificuldades que se opõe à franca navegação daquele rio para a província do Pará, qual a de não encontrarem os viajantes em tão longo e difícil trajeto nenhum apoio e proteção[99].

Em razão dos projetos de colonização do território brasileiro e, em consequência, o movimento mais intenso de pessoas e de mercadorias por vastas extensões de terra, o ministro do Império, Francisco Gonçalves Martins, em 1852, relatou que:

> Na província de Pernambuco fundou-se também já a colônia militar de Pimenteiras; e posto que muito em começo afirma o presidente da província que já é de utilidade, porque em comunicação com a colônia Leopoldina tem animado algumas pessoas a se irem estabelecer nas matas de Jacuípe, e serem assim delas desalojados os malfeitores que outrora as infestavam[100].

Outro ministro do Império, o marquês de Olinda, ao redigir relatório referente ao ano de 1857, informou que:

> Levou-se a efeito o estabelecimento de uma dessas colônias [militares] na estrada que segue da cidade da Constituição, na província de S. Paulo, à vila de Sant'Anna do Parnaíba, na de Mato Grosso. O seu fim é não só prestar facilidades e segurança aos viandantes, mas também auxiliar o serviço do correio, para o qual se destinou parte dos colonos [...][101].

---

[99] BRASIL. *Relatório do ano de 1850 apresentado à Assembleia-Geral Legislativa na 3.ª sessão da 8.ª legislatura*. Visconde de Mont'alegre. Rio de Janeiro: Tip. Nacional, 1851, p. 27.

[100] BRASIL. *Relatório do ano de 1852 apresentado à Assembleia-Geral Legislativa na 1.ª sessão da 9.ª legislatura*. Francisco Gonçalves Martins, ministro do Império. Rio de Janeiro: Tip. Nacional, 1853, p. 37.

[101] BRASIL. *Relatório apresentado à Assembleia-Geral Legislativa na 2.ª sessão da 10.ª legislatura*. Marques de Olinda, ministro e secretária de Estado dos Negócios do Império. Rio de Janeiro: Tip. Universal de Laemmert, 1858, p. 37.

Assim como ocorreu na província de São Paulo, a colônia militar de Santa Teresa, em Santa Catarina, concretizou, em meados do século XIX, um projeto gestado no século XVIII. A historiadora Maria Apparecida Silva, em sua análise sobre a colônia militar de Itapura, no interior da província de São Paulo, estabeleceu conexões entre o surgimento dessa colônia, na década de 1850, e os anseios das autoridades portuguesas do final do século XVIII, ressaltando as continuidades entre os dois projetos. Para a autora, era clara a urgência de assegurar o controle português na região ocidental de São Paulo. O plano de povoar as áreas consideradas desabitadas do Tietê não se extinguiu com a morte de Morgado de Mateus. Ao assumir a administração da capitania, o capitão-general Antônio Manuel de Mello Castro e Mendonça reavaliou a ideia de colonizar as margens do Tietê e do rio Paraná. Os objetivos, desta vez, estavam em sintonia com os do plano inicial de colonização: oferecer apoio aos viajantes rumo a Cuiabá e Mato Grosso, facilitar as operações do real serviço e garantir uma comunicação ágil e eficiente com as fronteiras, bem como sua defesa[102].

Nesse contexto, Maria Apparecida sublinha a persistência dos esforços portugueses para consolidar sua presença nas regiões ocidentais do Brasil, evidenciando uma visão estratégica por parte dos líderes coloniais da época. A continuidade dos planos de colonização, mesmo após a morte de Morgado de Mateus, reflete a necessidade de um sistema de apoio logístico e de segurança que favorecesse não apenas a expansão territorial, mas também a proteção das rotas de acesso aos interioranos. Essa abordagem revela uma clara consciência da importância de assegurar as fronteiras e garantir a comunicação entre diferentes regiões, elementos cruciais para a manutenção do domínio colonial e, posteriormente, do Império brasileiro.

As colônias militares deveriam fornecer suporte para novas áreas de colonização. Quanto aos aspectos econômicos, acreditava-se que essas colônias iriam estimular o povoamento do interior. Como resultado, o governo exploraria os recursos

---

[102] SILVA, Maria Apparecida. *Itapura* – estabelecimento naval e colônia militar (1858-1870). São Paulo, 1972. 160f. Tese (Doutorado em História) – FFLCH – Universidade de São Paulo, p. 5.

naturais do território, em particular o solo, ao mesmo tempo em que se animaria e se expandiria o comércio e a indústria, melhorando as comunicações e transportes para o interior[103].

Assim, entre 1850 e 1861, enquanto as colônias foram administradas pelo Ministério do Império, os aspectos econômicos desse projeto eram realçados. Autoridades nacionais enfatizavam os atrativos agrícolas para áreas férteis que necessitavam de desenvolvimento. Ao construir estradas e consolidar rotas fluviais, essas autoridades acreditavam que as colônias militares deveriam promover o crescimento da população em locais que não haviam sido colonizados e atrairiam para a sociedade cristã e civilizada muitos homens que ainda percorriam e habitavam as vastas áreas recobertas pelas florestas. Com esse propósito o governo imperial criou, por exemplo, os presídios militares nas margens do rio Araguaia, os quais seriam "pontos militares destinados a proteger e auxiliar a navegação deste rio; atrair população para suas margens; e a chamar, com o auxílio da catequese, os índios à civilização"[104].

A necessidade de introduzir pequenos proprietários de terra em todo o território brasileiro era amplamente reconhecida. Contudo, a ocupação das terras no interior apresentava-se como um desafio devido aos altos riscos envolvidos. Assim, alguma forma de proteção governamental tornava-se indispensável. Para o governo, a solução desse impasse residia nas colônias militares, que poderiam fornecer a salvaguarda necessária para os novos colonos que se instalariam no interior, incentivando, assim, os projetos de imigração.

Couto de Magalhães ressaltou que o potencial da população nacional, que deveria ter sido utilizado de forma produtiva, transformou-se em um fardo para os proprietários de terras, cujas propriedades eram invadidas por aqueles considerados "agregados". No vasto território brasileiro, as terras não eram oferecidas de maneira adequada aos seus habitantes; mesmo quando disponíveis, estavam em condições

---

[103] BRASIL. Ministério do Império. Ministro Sérgio Teixeira de Macedo. *Relatório do ano de 1858 apresentado a Assembleia Geral Legislativa na 3.ª Sessão da 10.ª Legislatura.* Rio de Janeiro: Tipografia Universal de Laemmert, 1859, p. 91.

[104] BRASIL. *Coleção das Leis do Império do Brasil de 1851.* Rio de Janeiro: Tip. Nacional, 1852. Artigo 1.º, Decreto 750, 2 de janeiro de 1851, p. 1.

que dificultavam seu uso eficaz por aqueles sem capitais ou com recursos limitados.

Na primeira metade do século XIX, na província de Minas Gerais, Couto de Magalhães observou que mais de 60 mil homens ficaram desempregados devido ao fechamento de extensas áreas de mineração e não conseguiam se integrar ao setor agrícola, pois não havia terras apropriadas para a prática da agricultura. A questão que se colocava, então, era: por que não buscavam as terras férteis das matas? Para ele, a resposta estava na ausência de núcleos de apoio estabelecidos pelo governo, sem os quais a migração se tornava inviável. Essa falta de suporte significava que muitos poderiam sucumbir antes mesmo de conseguir produzir ou, em um cenário ainda mais alarmante, ser vítimas de ataques de povos nativos.

Nesse contexto, a criação de colônias militares mostrava-se essencial, pois oferecia a infraestrutura necessária para a ocupação dessas áreas. Além de garantir segurança, essas colônias serviam como bases para o desenvolvimento econômico e social, permitindo que a população se estabelecesse e prosperasse em um país que, de outra forma, continuaria a perder seu potencial humano e territorial[105].

Embora fossem os braços nacionais a maior preocupação de Couto de Magalhães, nem todas as colônias militares eram compostas só por brasileiros. Para a colônia militar de Urucu, na província de Minas Gerais, foram remetidos em junho de 1858, por exemplo, "164 colonos belgas e holandeses"; e "os seus primeiros povoadores foram colonos oriundos da ilha da Madeira, que valiosos serviços ali têm feito"[106]. Ainda, na província do Espírito Santo, no mesmo ano, foi instalada uma nova colônia militar no porto de Souza, nas margens do rio Doce, na confluência do rio Guandu, local em que o governo tratou "de estabelecer uma colônia de estrangeiros e nacionais"[107].

---

[105] MAGALHÃES, 1875, p. 11.

[106] BRASIL. Ministério do Império. *Relatório do ano de 1858 apresentado a Assembleia Geral Legislativa na 3.ª Sessão da 10.ª Legislatura*. Ministro e Secretário de Estado dos Negócios do Império Sérgio Teixeira de Macedo. Rio de Janeiro: Tipografia Universal de Laemmert, 1859, p. 92.

[107] BRASIL. Ministério do Império. *Relatório do ano de 1858 apresentado a Assembleia Geral Legislativa na 3.ª Sessão da 10.ª Legislatura*. Ministro e Secretário de Estado dos Negócios do Império Sérgio Teixeira de Macedo. Rio de Janeiro: Tipografia Universal de Laemmert, 1859, p. 92.

Do mesmo modo, certos veteranos do Exército brasileiro, libertos, indígenas e condenados por pequenos crimes estavam entre os segmentos da sociedade brasileira que o governo pretendia empregar nessas colônias. Aliás, pessoas desempregadas, consideradas um estorvo nas cidades daquele período, também poderiam ser inseridas na vida econômica do Império ao se instalarem nas colônias militares. A essas, o governo também planejou adicionar soldados que, por algum motivo, eram julgados incapazes/inválidos para os serviços, mas que não haviam concluído seu tempo de serviço. Aposentados também foram empregados nesses estabelecimentos.

### 1.5.3 Implantação das colônias militares

O governo brasileiro pretendia que as colônias militares se tornassem, no futuro, cidades espalhadas pelo interior do território. Instruções governamentais definiram a localização mais adequada das colônias. A corte no Rio de Janeiro prescrevia o tamanho e os pré-requisitos ambientais para a instalação de uma colônia: solo fértil e salubre, facilidade de comunicações e meios de transportes eram indispensáveis[108].

Os regulamentos coloniais instruíam os diretores a realizarem uma cerimônia formal de instalação quando tivessem um lugar apropriado para a colônia. Porém, com frequência, a implantação definitiva de certas colônias era prejudicada pelas condições ambientais. Mais de um estabelecimento no Brasil (Colônia de Urucu, em Minas Gerais; Colônia Santa Teresa do Tocantins e Colônia Santa Teresa, em Santa Catarina) foi transferido de lugar pelos menos uma vez.

Quanto ao lugar escolhido para o estabelecimento da colônia militar de Santa Teresa do Tocantins, na província do Pará,

---

[108] BRASIL. *Coleção de Leis do Império do Brasil de 1849*. Rio de Janeiro: Tip. Nacional, 1849. Artigo 2, Decreto n. 662, p. 219.

Era o lugar enxuto e arejado, e por sua elevação ao abrigo das cheias do rio, fértil e com suficiente provisão de caça, peixe e frutos silvestres e alimentares [...] tendo apenas decorrido pouco mais de um mês, eis que nos fins de novembro, com o aparecimento do primeiro repiquete das águas do rio, foi a colônia subitamente assaltada de uma mortífera epidemia de febres; muitos a ela sucumbiram, especialmente mulheres e crianças. Os que escaparam, ficaram em estado tal de prostração que pararam todos os trabalhos. [...] A epidemia foi terrível, mas felizmente passageira e abrandou tão depressa cessou o repiquete e baixaram as águas. As esperanças já iam renascendo quando no princípio de janeiro do corrente ano, ainda achando-se convalescente a maior parte dos colonos, sobreveio segundo assalto da epidemia, tão fatal como o primeiro, e logo depois terceiro assalto em dias do mês de março. Achando-se então a nascente colônia já diminuída de um terço dos indivíduos que a compunham, sendo infalível a total aniquilação dos sobreviventes, que se viam no último estado de prostração, quase moribundos, sucumbidos e de todo esmorecidos, força foi nesta triste extremidade abandonar o ponto[109].

Essas mudanças causavam sérios transtornos. Durante o deslocamento de uma colônia revelavam-se vários inconvenientes a ponto de despertar consternação e descontentamento entre os colonos, doenças endêmicas, muitas vezes mortíferas, tal como a cólera, varíola e doenças pulmonares[110].

Os regulamentos coloniais, na maior parte das vezes, designavam uma légua quadrada para o núcleo urbano, mas o tamanho da área rural variava. As terras não mapeadas eram fontes de constantes irritações em um bom número de colônias. Na colônia de Santa Teresa, por exemplo, dizia o presidente da província de Santa Catarina:

---

[109] PARÁ. *Relatório feito pelo conselheiro Jeronimo Francisco Coelho, presidente da província e entregue ao 1.º vice-presidente em exercício, Ângelo Custodio Corrêa, no dia 1.º de agosto de 1850.* Pará: Tip. de Santos & filhos, 1850, p. 17-18.

[110] WOOD, *op. cit.*, p. 88.

O diretor declara-se na impossibilidade de decidir as questões de limites dos lotes coloniais, visto que do arquivo não consta a planta da colônia! Daí as frequentes questões que atropelam continuamente ao diretor e ao governo, por não estarem os posseiros com o seu direito certo, graças a medições não feitas ou não executadas devidamente.

Torna-se pois necessário que o engenheiro militar, levantando outra planta, demarque novamente os respectivos limites.

Este serviço pode vir a prejudicar algumas posses já adquiridas, mas firmará por uma vez o direito de cada um[111].

Temas relacionados à posse da terra são comuns na documentação das colônias militares. Associado a isso encontram-se informações sobre as condições das moradias dos colonos. No início, o governo incentivou a construção de casas precárias acreditando que esse arranjo temporário poderia ser rapidamente substituído. As ordens governamentais declaravam que, quando os colonos chegassem na colônia, eles deveriam erigir casas temporárias[112]. As instruções sugeriam que os colonos construíssem a casa primeiro, seguida pela capela, depois as barracas (que deveria incluir uma forte cadeia) e, por último, casas para o capelão, para o subdiretor, a enfermaria e os armazéns. O governo proporcionou planos para cada uma dessas construções[113]. Porém, a maior parte dos colonos nunca melhorou a natureza provisória de suas casas. O presidente da província de Santa Catarina, por exemplo, descrevia, em 1862, as casas da colônia de Santa Teresa da seguinte forma: casas cobertas de palha e de fraca construção[114].

---

[111] SANTA CATARINA. *Relatório apresentado a Assembleia Legislativa da província de Santa Catharina na 1a sessão de sua 26a legislatura pelo presidente, Dr. Francisco José da Rocha, em 21 de julho de 1886*, p. 145. Desterro, Tip. do Conservador, 1886.

[112] WOOD, *op. cit.*, p. 91.

[113] BRASIL. *Coleção das Leis do Império do Brasil de 1851*. Rio de Janeiro: Tip. Nacional, 1852. Artigo 25 e 34, Decreto n. 820, p. 250.

[114] SANTA CATARINA. *Relatório do presidente da província de Santa Catarina, o conselheiro Vicente Pires da Mota, apresentado à Assembleia Legislativa Provincial na 1.ª sessão da 11.ª legislatura*. Santa Catarina, Tip. Desterrense de J.J. Lopes, 1862, p. 26.

A qualidade dessas edificações era, em alguns casos, o resultado de atritos entre oficiais e colonos[115]. Alguns oficiais enxergavam o descuido com as construções como parte do caráter tolerante dos colonos. Ainda assim, outros fatores entraram em jogo. A insuficiência ou a completa ausência de carpinteiros e pedreiros contribuía para essa situação.

A maior parte das colônias era isolada e por esse motivo era difícil obter materiais de construção mais resistentes. Cal para a argamassa, por exemplo, era escassa. Pregos e outras ferragens também eram complicados de se conseguir. Nas colônias em que não havia serraria, as tábuas tinham de ser importadas com grandes gastos ou falquejadas com dificuldades. Na maior parte dos casos a falta de dinheiro obrigava os colonos a empregarem materiais menos custosos em suas construções[116].

Porém, chama a atenção as grandiosas intenções projetadas para a rede de colônias militares. O governo imperial projetou, em meados do século XIX, uma espécie de cordão, uma cadeia de colônias ao longo de quase toda a extensão das fronteiras terrestres do Brasil, bem como na proximidade de todos os maiores rios e principais caminhos do interior[117]. Contudo, a enormidade da tarefa empreendida pelo governo imperial brasileiro, aliado às deficiências de recursos disponíveis, dificultou determinadas ações governamentais neste empreendimento. As colônias militares, ao contrário do que havia sido planejado, mantiveram-se, por bastante tempo, dependentes dos recursos públicos. O financiamento governamental e a mão de obra eram sempre insuficientes. O isolamento dos mercados tornava a maioria das colônias inviável do ponto de vista econômico. Os esforços para melhorar as comunicações quase sempre fracassaram. Com pouco pessoal e abastecimento escasso, de tempos em tempos sujeitas a doenças e desastres naturais, as colônias revelaram-se pouco atrativas para potenciais colonos, tanto para os militares quanto para os civis.

---

[115] WOOD, *op. cit.*, p. 92.

[116] *Ibid.*, p. 93.

[117] Como pode ser observado no Mapa 1.

## 1.6 O FUNCIONAMENTO DO SISTEMA DE COLONIZAÇÃO MILITAR BRASILEIRO

O funcionamento do sistema de colonização militar no Brasil imperial revela-se em uma complexa rede administrativa e de responsabilidades fragmentadas, refletindo as dificuldades de gestão enfrentadas pelas colônias militares. A partir de meados do século XIX, essas colônias foram estabelecidas em locais estratégicos, com o propósito de promover a ocupação territorial e a defesa das fronteiras. No entanto, sua administração exigia uma coordenação sólida, desafio frequentemente frustrado pela descentralização e pela inexperiência burocrática. Desvendar essa estrutura passa por compreender as atribuições dos diretores, a autoridade dos presidentes de província e os vínculos mantidos com a corte no Rio de Janeiro.

### 1.6.1 A ADMINISTRAÇÃO DAS COLÔNIAS MILITARES BRASILEIRAS

A sorte das colônias militares brasileiras estava intimamente associada com a eficácia da burocracia governamental que as administrava. O isolamento da maior parte das colônias exigiu o funcionamento de uma máquina administrativa que deveria garantir um fluxo constante de dinheiro e de material para as colônias. Contudo, o tempo revelou fraquezas em todos os níveis do governo. Uma falha era a excessiva descentralização combinada com a imprecisão na definição das esferas de responsabilidade. É comum encontrar nos relatórios dos ministros da Guerra a reclamação de que as colônias não deveriam ser responsabilidade desse ministério. A inexperiência governamental com a colonização e a falta de empenho dos oficiais do Exército brasileiro (sobretudo dos diretores das colônias) promoveu o agravamento da situação.

A administração das colônias militares deslocou-se, em diferentes tempos, em torno de um ou mais ministérios. De 1850 a 1861 o Ministério do Império era o principal responsável pelas colônias. Depois de 1855, o ministério delegou esta obrigação para seu subsidiário, o Departamento de Terras Públicas e Colonização. No entanto, a autoridade desse departamento sobre as colônias militares nunca foi completa. Os ministérios da Marinha e da Guerra, ao mesmo tempo, controlaram certos aspectos da operação colonial. Após 16 de fevereiro de 1861, por meio do decreto n.º 2.747[118], o Imperador transferiu a responsabilidade principal pelas colônias para o Ministério da Guerra.

### 1.6.2 Regulamentos e disciplina militar

A Corte no Rio de Janeiro controlava a emissão de regulamentos coloniais, instruções para os presidentes de província e prescrições para os habitantes das colônias. Essas instruções integravam um conjunto de decretos e decisões reais que governavam as colônias militares. A base desse corpo legal era o decreto n.º 662, de 22 de dezembro de 1849, por meio do qual o Imperador aprovou a proposta de regulamentação para as colônias militares na província do Pará[119]. No ano seguinte, o governo imperial autorizou, por meio da Lei n.º 555, a colonização militar por todo o Império[120]. O decreto n.º 820, de 12 de setembro de 1851, fez emendas nas leis anteriores, ao aprovar o regulamento da colônia militar Leopoldina, estabelecida na província de Alagoas[121].

As colônias militares criadas até o ano de 1855 estavam sujeitas a essa legislação (uma lei e dois decretos). Contudo, por conta das particularidades de cada colônia, o Departamento de Terras Públicas e Colonização criou, em 1855, um código mais flexível para possibilitar melhorias em cada colônia

---

[118] BRASIL. *Coleção de Leis do Império do Brasil – 1861.* Rio de Janeiro: Tip. Nacional, 1862. Decreto n. 2.747, de 16 de fevereiro de 1861.

[119] BRASIL. *Coleção de Leis do Império do Brasil de 1849.* Rio de Janeiro: Tip. Nacional, 1849. Decreto n. 662, p. 219-222.

[120] Ver artigo 11, Seção 5, Lei n.º 555, de 15 de junho de 1850. BRASIL. *Coleção das Leis do Império do Brasil de 1850.* Rio de Janeiro: Tip. Nacional, 1851, p. 54.

[121] BRASIL. *Coleção das Leis do Império do Brasil de 1851.* Rio de Janeiro: Tip. Nacional, 1852. Decreto n. 820, p. 242-250.

com o seu próprio regulamento. Isso fica bastante claro no relatório do Ministério do Império, referente ao ano de 1854:

> Tendo, pois, somente de informar-vos que não podendo ser aplicáveis todas as disposições dos decretos e regulamentos, que regem as primeiras colônias militares, a todas as que se tem fundado, porque circunstâncias especiais das localidades exigem muitas vezes providências peculiares, tem feito o governo acompanhar a fundação de algumas das novas colônias de instruções [ilegível][122].

Como visto antes, em meados do século XIX, as fronteiras brasileiras eram locais ameaçadores. Em certos ambientes, os colonos eram desafiados pela natureza e pelos indígenas. Era, de fato, impossível viver isolado no interior, era necessário ficar em grupo para sobreviver. Sem a colaboração dos vizinhos, os recém-chegados tinham poucas chances de subsistir. Quase nunca um indivíduo sem ajuda aceitaria o desafio de viver longe de áreas povoadas. Para a elite governante, a disciplina militar era o único meio pelo qual o domínio dos sertões do país poderia ser realizado.

Portanto, aos defensores dessas colônias, somente homens acostumados ao regime militar é que poderiam consolidar esse projeto. Isso porque, devido ao isolamento geográfico que as caracterizavam, seus moradores, muitas vezes, estariam desprotegidos dos perigos dos sertões[123]. Embora o governo preferisse soldados e ex-soldados como colonos, a corte do Rio de Janeiro recomendou aos diretores coloniais para não praticarem uma postura militar rígida, sugerindo que eles usassem moderação, em particular onde os colonos civis estavam envolvidos. O regime das colônias militares brasileiras procurou ser mais relaxado. Quando se disciplinava um colono, um comandante deve-

---

[122] BRASIL. Ministério do Império. *Relatório do ano de 1854 apresentado a Assembleia Geral Legislativa na 3.ª Sessão da 9.ª Legislatura*. Ministro e Secretário de Estado dos Negócios do Império Luiz Pedreira do Couto Ferraz. Rio de Janeiro: Tipografia Universal de Laemmert, 1855.

[123] BRASIL. *Coleção de Leis do Império do Brasil de 1850*. Rio de Janeiro: Tip. Nacional, 1851. Artigo 13, decreto n.º 729, de 9 de novembro de 1850, p. 229; e BRASIL. *Coleção de Leis do Império do Brasil de 1858*. Rio de Janeiro: Tip. Nacional, 1859. Artigo 41, decreto n.º 2.125, p. 158.

ria usar não mais que um prudente castigo ou pequena punição corporal.

Com o objetivo de atrair a população civil, a organização militar dessas colônias era um arranjo temporário. Na proposta desse sistema, cada colônia deveria ser emancipada quando as circunstâncias necessárias fossem alcançadas. Pelos atos que criaram e regulamentaram o sistema de colônias militares, seus regimes militares poderiam ser abolidos e um governo civil estabelecido[124]. Os planos traçados para essas colônias previam a sua emancipação como um processo gradual: para cada três habitantes que desenvolvessem renda independente e que paravam de receber a ração, ou um salário do governo, o número de colonos militares de primeira classe poderia ser reduzido, até permanecerem apenas 25 soldados em cada destacamento. Esses poderiam permanecer na colônia, provendo proteção policial, até que esses assentamentos fossem de todo convertidos em colônias civis[125]. Enquanto isso, o diretor permaneceria no comando.

### 1.6.3 OS DIRETORES DAS COLÔNIAS MILITARES

O diretor era responsável pela manutenção da ordem e da disciplina na colônia. Nenhuma pessoa poderia tornar-se um colono sem seu consentimento[126]. Como um agente centralizador, ele deveria matricular todos os residentes em seu distrito, precisando declarar a respeito de cada colono a sua idade, local de nascimento, profissão, estado civil, número de filhos e data do alistamento. O diretor também deveria fazer apontamentos referentes ao cumprimento, ou não, de suas ordens, registrando essa informação em um livro especial

[124] BRASIL. *Coleção de Leis do Império do Brasil de 1849*. Rio de Janeiro: 1849, Tip. Nacional. Artigo 20, Decreto n. 662, p. 221; BRASIL. *Coleção de Leis do Império do Brasil de 1850*. Rio de Janeiro: Tip. Nacional, 1851. Artigo 13, decreto n. 729, p. 229; BRASIL. *Coleção de Leis do Império do Brasil de 1858*. Rio de Janeiro: Tip. Nacional, 1858. Artigos 41 e 42, decreto n. 2.125, p. 158.

[125] BRASIL. *Coleção de Leis do Império do Brasil de 1858*. Rio de Janeiro: Tip. Nacional, 1858. Artigo 58, decreto n. 2.125, p. 160.

[126] BRASIL. *Coleção de Leis do Império do Brasil de 1850*. Rio de Janeiro: Tip. Nacional, 1851. Artigo 15, decreto n. 729, p. 230; BRASIL. *Coleção de Leis do Império do Brasil de 1858*. Rio de Janeiro: 1858. Tip. Nacional. Artigo 45, decreto n. 2.125, p. 159.

para os colonos. Registraria, inclusive, todos os nascimentos, mortes, casamentos, deserções e qualquer coisa merecedora de menção[127]. Era ele quem regulamentava a chegada e a saída de colonos e concedia permissão para eles partirem da colônia[128].

O governo imperial advertia aos diretores para não serem permissivos quanto à saída de algum colono que poderia ser propenso a desertar[129]. Sujeito à aprovação do presidente de província, o diretor estava autorizado a expulsar qualquer residente da colônia que se tornasse turbulento, desordeiro, viciado ou, que por conta do seu comportamento, se tornasse perigoso à paz e moralidade da colônia[130]. Estranhos ao estabelecimento poderiam permanecer não mais que três dias sem a permissão do diretor[131].

Por outro lado, o diretor deveria distribuir o trabalho militar da colônia. O sétimo parágrafo, do artigo 7.º, do decreto n.º 2.125, assim determinava ao diretor:

> Distribuir o serviço militar da colônia de modo que nem os colonos fiquem privados de desfrutarem os dias, que permite o Art. 11 do Regulamento de 9 de novembro de 1850, e nem venha a sofrer a polícia do distrito da mesma colônia. Haverá, porém, exercícios gerais nos últimos oito dias dos meses de junho e dezembro de cada ano, que não poderão ser deferidos senão com a aprovação do Presidente de Província[132].

---

[127] BRASIL. *Coleção de Leis do Império do Brasil de 1858*. Rio de Janeiro: Tip. Nacional, 1858. Artigos 7 e 56, decreto n. 2.125, p. 153 e 160.

[128] BRASIL. *Coleção de Leis do Império do Brasil de 1850*. Rio de Janeiro: Tip. Nacional, 1851. Artigo 15, decreto n. 729, p. 230.

[129] BRASIL. *Coleção das Leis do Império do Brasil de 1851*. Rio de Janeiro: Tip. Nacional, 1852. Artigo 68, Decreto 750, p. 13.

[130] BRASIL. *Coleção de Leis do Império do Brasil de 1850*. Rio de Janeiro: Tip. Nacional, 1851. Artigo 14, decreto n. 729, p. 229; BRASIL. *Coleção de Leis do Império do Brasil de 1858*. Rio de Janeiro: Tip. Nacional, 1858. Artigos 7 e 40, decreto n. 2.125, p. 152 e 158.

[131] BRASIL. *Coleção de Leis do Império do Brasil de 1849*. Rio de Janeiro: Tip. Nacional, 1849. Artigo 23, decreto n. 662, p. 221; BRASIL. *Coleção das Leis do Império do Brasil de 1851*. Rio de Janeiro: Tip. Nacional, 1852. Artigo 55, Decreto 750, p. 11.

[132] BRASIL. *Coleção de Leis do Império do Brasil de 1858*. Rio de Janeiro: Tip. Nacional, 1858. Artigo 7, decreto n. 2.125, p. 152. Ver também: BRASIL. *Coleção das Leis do Império do Brasil de 1851*. Rio de Janeiro: Tip. Nacional, 1852. Artigo 3, decreto n. 820, p. 244.

Enquanto isso, o decreto n.º 729, de 9 de novembro de 1850, em seu artigo 11, determinava que:

> Os colonos, enquanto não preencherem o tempo de serviço, serão obrigados ao serviço militar e aos trabalhos na colônia somente em três dias da semana, tendo os outros três inteiramente livres para se empregarem no gênero de vida que mais lhes convenha; ficarão porém sujeitos a exercícios gerais duas vezes por ano por espaço de oito dias em épocas marcadas nos regulamentos. Estes exercícios não poderão ser deferidos senão quando assim o exigirem os trabalhos da colônia, e os interesses agrícolas dos mesmos colonos, devendo sempre preceder aprovação do Presidente da Província[133].

As instruções permitiam aos diretores distribuir o trabalho respeitando-se o direito que os colonos tinham de três dias por semana para desempenharem atividades em suas propriedades. Contudo, esse direito poderia ser concedido em semanas sucessivas ou interpoladas, dependendo da conveniência para o serviço público e para os interesses dos colonos[134]. Nos dias em que os trabalhos eram dedicados à colônia, entre outras tarefas, os colonos trabalhavam na olaria, como ferreiro e carpinteiro, como carroceiro, vaqueiros, cuidando dos animais da nação, carregando pedras, água, além de suas obrigações militares[135]. Muitos desses trabalhos estavam relacionados com a construção e manutenção de prédios públicos e estradas. Outras tarefas envolviam o cultivo e colheita de campos comunais[136].

Os diretores das colônias deveriam requisitar instruções dos seus presidentes de província quando as leis referentes

---

[133] BRASIL. *Coleção de Leis do Império do Brasil de 1850*. Rio de Janeiro: Tip. Nacional, 1851. Artigo 11, decreto n. 729, p. 229.

[134] BRASIL. *Coleção de Leis do Império do Brasil de 1858*. Rio de Janeiro: Tip. Nacional, 1858. Artigo 7, decreto n. 2.125, p. 152; BRASIL. Coleção das Leis do Império do Brasil de 1851. Rio de Janeiro: Tip. Nacional, 1852. Artigo 3, decreto n. 820, p. 244.

[135] WOOD, *op. cit.*, p. 98.

[136] BRASIL. *Coleção das Leis do Império do Brasil de 1851*. Rio de Janeiro: Tip. Nacional, 1852. Artigo 13, decreto 750, p. 4.

às colônias não versavam sobre determinada matéria[137]. O decreto n.º 1.363, de 8 de abril de 1854, que criou uma colônia militar na vila de Óbidos, na província do Pará, ratifica essa conduta:

> [...] [o presidente] fará acompanhar as suas providências das instruções que forem precisas para o regime interno e econômico da colônia, para a sua polícia e andamento regular dos trabalhos, seguindo no que for aplicável e não estiver prevenido nas presentes instruções, as disposições dos Regulamentos que baixaram com os decretos n. 662 de 22 de dezembro de 1849, n. 729 de 9 de novembro de 1850, e n. 820 de 12 de setembro de 1851[138].

### 1.6.4 OS PRESIDENTES DE PROVÍNCIA E SUAS FUNÇÕES NO SISTEMA DE COLONIZAÇÃO MILITAR

O presidente de província, nomeado pela coroa, era a chave de conexão entre a administração central no Rio de Janeiro e as colônias militares localizadas dentro de suas jurisdições. O governo imperial concedeu determinadas funções ao presidente de província em relação a essas colônias. Era permitido certo grau de liberdade de decisão aos presidentes e, em geral, a Corte no Rio de Janeiro aprovava essas decisões. Para exemplificar a função exercida pelos presidentes de província, nas colônias militares, durante o século XIX, servem os decretos n.º 1.363, de 8 de abril de 1854, que criou uma colônia militar na vila de Óbidos, na província do Pará[139], e n.º 2.125, de 13 de março de 1858, que

---

[137] Nesse caso, é exemplar o decreto que aprovou e mandou executar nos presídios Leopoldina e Santa Isabel o regulamento para os presídios militares fundados à margem do rio Araguaia na província de Goiás. Na mesma coleção de leis, o decreto n.º 751, de 2 de janeiro de 1851, criou uma colônia militar no porto do Arroio Jatahy na sua confluência com o rio Tibagi, na comarca de Curitiba da província de São Paulo. Ver: BRASIL. *Coleção das Leis do Império do Brasil de 1851*. Rio de Janeiro: Tip. Nacional, 1852. Artigo 71, Decreto 750, 2 de janeiro de 1851, p. 14.

[138] BRASIL. *Coleção de Leis do Império do Brasil de 1854*. Rio de Janeiro: Tip. Nacional, 1854. Artigo 13, decreto n. 1.363, p. 143.

[139] *Idem*.

aprovou o regulamento da colônia militar de Santa Teresa, na estrada que comunicava a vila de São José e de Lages, na província de Santa Catarina[140].

Uma das tarefas do presidente de província era escolher onde as colônias seriam instaladas. Ele era responsável pela seleção do local mais apropriado, demarcação dos seus limites, mapeamento e divisão da colônia em lotes[141]. Os oficiais do Exército sob sua jurisdição poderiam ser, por pouco tempo, alocados nas colônias[142]. De acordo com o regulamento colonial editado pela coroa, depois de um colono requerer o título de terras ao governo, o presidente de província tinha o poder de conceder o título das terras que o colono ocupava. Ou seja, era o presidente que detinha o poder sobre a concessão de títulos de terra e sua transferência.

O pessoal de cada colônia era subordinado ao presidente de província. Sujeito à aprovação da administração central, o presidente nomeava e suspendia os oficiais, selecionando os homens que formavam os destacamentos militares nas colônias. Se não havia tropas regulares suficientes para o serviço nesses estabelecimentos, ele poderia preencher o destacamento realizando contrato com qualquer cidadão disposto a servir como membro da Guarda Nacional.

A responsabilidade do presidente não era circunscrita ao pessoal arregimentado para as colônias, ela se estendia sobre os colonos civis. O presidente também selecionava, ou pelo menos aprovava a seleção de pessoas admitidas como colonos. Ele sempre determinava o cumprimento do tempo que os colonos deveriam ser subsidiados. Por esse motivo, antes de algum colono ser expulso da colônia, era necessária a sua aprovação. A ele era, do mesmo modo, indispensável

---

[140] BRASIL. *Coleção de Leis do Império do Brasil de 1858*. Rio de Janeiro: Tip. Nacional, 1858. Artigo 59, decreto n. 2.125, p. 161.

[141] Ver: BRASIL. *Coleção de Leis do Império do Brasil de 1849*. Rio de Janeiro: Tip. Nacional, 1849. Artigo 2, Decreto n. 662, p. 219; BRASIL. *Coleção das Leis do Império do Brasil de 1851*. Rio de Janeiro: Tip. Nacional, 1852. Artigo 2, Decreto 750, 2 de janeiro de 1851, p. 2; e BRASIL. *Coleção de Leis do Império do Brasil de 1850*. Rio de Janeiro: Tip. Nacional, 1851. Artigo 4, decreto n. 729, de 9 de novembro de 1850, p. 227.

[142] BRASIL. *Coleção de Leis do Império do Brasil de 1850*. Rio de Janeiro: Tip. Nacional, 1851. Artigo 4, decreto n. 729, de 9 de novembro de 1850, p. 228.

pedir autorização no caso de algum colono, ao ter cumprido o seu tempo de serviço, querer permanecer na colônia[143].

Com as colônias estabelecidas e os colonos instalados, o presidente continuava a supervisionar a economia desses assentamentos. Ele tinha o poder de tomar ações necessárias para proteção e regulação das colônias. Desse modo, a presidência da província era uma figura chave na administração das colônias militares brasileiras porque detinha conhecimento e era responsável pela manutenção das comunicações entre as colônias e as demais localidades. Toda correspondência passava por suas mãos e, no mínimo uma vez a cada três meses, ele tinha de franquear, sem custos, a condução de gêneros e garantir meios de livre trânsito entre as colônias[144].

### 1.6.5 As colônias militares e a Corte no Rio de Janeiro

Em geral, o Ministério do Império era responsável pelos assuntos econômicos, enquanto os negócios militares recaíam sobre o Ministério da Guerra. Porém, o ministro de Guerra Marquês de Caxias, por exemplo, em 1862, acreditava que o governo havia cometido um erro ao transferir a responsabilidade principal das colônias militares para o seu ministério. Ele recomendava que o Ministério da Agricultura, Comércio e Obras Públicas era mais bem preparado para suprir as necessidades das colônias e que a força militar poderia ser somente esperada para proteger os colonos de agressões exteriores ou desordens civis[145].

Outros ministros concordavam com a opinião do Marquês de Caxias. Para o ministro da Guerra Polidoro da Fonseca Quintanilha Jordão:

---

[143] BRASIL. *Coleção das Leis do Império do Brasil de 1851*. Rio de Janeiro: Tip. Nacional, 1852. Artigo 17, decreto n. 820, p. 248.

[144] BRASIL. *Coleção de Leis do Império do Brasil de 1849*. Rio de Janeiro: Tip. Nacional, 1849. Artigo 26, decreto n. 662, p. 222.

[145] BRASIL. *Relatório do ano de 1861 apresentado à Assembleia-geral legislativa na 2.ª sessão da 11.ª legislatura*. Luís Alves de Lime e Silva, Marquês de Caxias, ministro da Guerra. Rio de Janeiro: Tipografia Universal de Laemmert, 1862, p. 39.

Na fundação de tais estabelecimentos não predominou um pensamento essencialmente militar em relação à defesa do País, sendo criadas com o fim principal de formar núcleos de população em pontos desertos, a fim de promover-se o desenvolvimento da lavoura e facilitar a catequese e civilização dos indígenas; tanto mais quanto forma geralmente estabelecidas em pontos centrais julgados aptos para satisfação de tais necessidades.

Ora, correndo pelo ministério da agricultura, comércio e obras públicas tudo quanto diz respeito à agricultura e à catequese e civilização dos índios, parece justo que por conta desse ministério corra igualmente a administração das atuais colônias militares, que não passam de colônias agrícolas civis. Além de que muito difícil me parece que será o desenvolvimento e prosperidade de tais colônias com pessoal tirado do exército, pelo pouco apreço que dão as praças que obtêm suas baixas à concessão da data de terras, quando têm completado o tempo de serviço a que são obrigadas, favor, cuja efetividade, raro são os que solicitam.

Quanto às colônias fundadas nas fronteiras do Império, essas sim podem ser convertidas em estabelecimentos propriamente militares. Com regulamentos convenientes e apropriados, tornar-se-ão centros de população militar e agrícola: servirão de atalaias do País em relação aos povos limítrofes e poderão prestar relevantes serviços, em caso de necessidade, como pontos avançados das linhas de defesa, tornando-se os colonos ao mesmo tempo defensores da sua propriedade e da integridade do Império[146].

Os argumentos desse ministro, voltados, acima de tudo, para a questão de terras, o que justificaria retirar do Ministério da Guerra a responsabilidade sobre as colônias militares, indicam também alguns aspectos da relação entre os soldados do Exército brasileiro e esses estabelecimentos. Destaca-se desse texto a informação de que poucos soldados solicitavam a posse de terras quando concluíam o tempo de

---

[146] BRASIL. Ministério da Guerra. Ministro Polidoro da Fonseca Quintanilha Jordão. *Relatório do ano de 1862 apresentado à Assembleia Geral Legislativa*. Rio de Janeiro: Tipografia Universal de Laemmert, 1863, p. 27.

serviço. Ou seja, é clara a vontade dos soldados de deixarem esses estabelecimentos quando possível. Isso sugere que a maior parte dos soldados do Exército brasileiro que serviram nas colônias eram obrigados a trabalhar nesses lugares.

É interessante atentar-se para o momento em que esses relatórios foram escritos: pouco antes de eclodir a Guerra do Paraguai. Na sua concepção, esses estabelecimentos deveriam promover a defesa do território brasileiro contra tentativas de invasão por países vizinhos. A transferência de responsabilidade sobre as colônias para o Ministério da Guerra, em 1861, se devia, em parte, às ameaças paraguaias e ao desejo do Império de se apossar de territórios limítrofes ainda não bem demarcados. Ao que tudo indica, porém, os ministros de Guerra daquele período não queriam responsabilizar-se por essas colônias. Como disse o próprio ministro da Guerra José Marianno de Mattos:

Do Ministério do Império passaram estas [colônias militares] para o da Guerra, na ocasião em que se criou a secretaria e ministério de agricultura, comércio e obras públicas, quando a este ministério ultimamente criado deveriam tais colônias pertencer.

Com efeito, a repartição das terras públicas, que a seu cargo tem o auxílio e proteção à agricultura, melhor providenciaria sobre colônias, que de **militares só têm o nome**, sem dúvida por alguns pequenos destacamentos que nelas existam.

Se transferirdes para aquele ministério a inspeção das colônias militares, de certo prosperarão elas, dirigidas pela repartição, que em relações se acha com os interesses rurais, que melhor os conhece do que o Ministério da Guerra, ocupado e atento sempre aos muitos objetos concernentes à disciplina, armamento e instrução do exército.

[...] Mas, como vos digo, o Ministério da Guerra não é o competente para ocupar-se com regulamentos de colônias, distribuição de terras e outros objetos, para que se criou um ministério especial[147].

---

[147] BRASIL. *Relatório do Ministro e Secretário de Estado dos Negócios da Guerra José Marianno de Mattos*. Rio de Janeiro: Tipografia Universal de Laemmert, 1864 (referente ao ano de 1863), p. 19-20. Grifo no original.

De fato, mais tarde, durante a Guerra do Paraguai, o Ministério da Guerra ignorou os assuntos relativos às colônias militares. Isso explicaria a escassez de documentos desse período, tanto nos arquivos do estado de Santa Catarina quanto nos arquivos do Exército e Nacional, no Rio de Janeiro.

## 1.6.6 A MANUTENÇÃO FINANCEIRA DO PROJETO

O financiamento das colônias foi bastante confuso. Os dois ministérios (da Guerra e do Império) preocupavam-se com os gastos desse empreendimento. Os gastos estritamente militares, pagos pelo Ministério da Guerra eram os seguintes: salários, ração dos soldados-colonos ainda na ativa e os benefícios militares do diretor. Os gastos com capelão, escrivão, implementos, ferramentas e transportes e a ração dos membros da família dos soldados eram pagos pelo Ministério do Império. Esses fundos eram passados por meio do tesouro provincial antes de chegar às colônias, e quase nunca eram considerados adequados ou suficientes para a manutenção desses estabelecimentos. Havia uma disparidade entre os fundos requisitados pelos administradores das colônias e as quantidades alocadas pelo governo.

Mas, além de financiar as colônias, a administração central também realizava outras funções. Com certa frequência, por exemplo, o governo imperial nomeava equipes de inspeção[148] com o propósito de manter a Corte no Rio de Janeiro informada sobre o progresso de todas as colônias. Logo após sua criação, o Departamento de Terras Públicas e Colonização recomendou que as colônias militares existentes fossem inspecionadas, no mínimo, uma vez ao ano[149]. Essa proposta, porém, não fora implementada. Quando em 1861 o Ministério da Guerra tornou-se responsável por essas colô-

---

[148] Como ocorreu em julho de 1864, em fevereiro de 1865 e em agosto de 1875 na colônia militar de Santa Teresa. Acervo: APESC. Fundos: Correspondências do Ministério da Guerra para o Presidente da Província (1864 e 1865); Registro dos presidentes de província para os diretores de colônias (1873/1874). Folha 174v-175.

[149] WOOD, *op. cit.*, p. 30.

nias, nos primeiros relatórios desse ministério destacava-se a falta de dados concernentes a esses estabelecimentos.

## 1.7 Principais fragilidades do sistema de colonização militar brasileiro

No Brasil, alguns benefícios do plano de colonização militar, a curto prazo, foram mais difíceis de medir. Parte do governo demonstrou-se decepcionado com esse sistema porque os resultados alcançados nos primeiros anos não cumpriram bem os objetivos do projeto. Foram muitos os fatores para essa impressão.

A partir da década de 1870, em particular após a Guerra do Paraguai, o Exército brasileiro enfrentou grandes mudanças. As colônias militares, relacionadas ao Exército, tornaram-se alvo de trabalhos que pretendiam reformar o sistema de colonização. As inspeções realizadas nas colônias militares passavam a ter caráter de avaliação. Dependendo dos resultados alcançados, elas deveriam receber mais investimentos ou seriam suprimidas.

Expressando essa visão, o Visconde de Pelotas, em seu relatório de 1879, informou que:

> Em virtude da autorização conferida ao Governo, para dar novo plano aos Presídios e Colônias Militares, suprimindo ou criando os que julgasse convenientes, foi nomeada, por Aviso de 26 de outubro de 1876, uma comissão, composta do Marechal de Campo Henrique de Beaurepaire Rohan, como presidente, do Brigadeiro Barão de Caruaru (hoje falecido), do diretor da Repartição Fiscal e do Brigadeiro honorário Dr. José Vieira Couto de Magalhães, a fim de apresentar um plano de organização uniforme para todas as colônias e presídios, tendo em vista as alterações aconselhadas pela prática[150].

---

[150] BRASIL. Ministério da Guerra. Ministro Visconde de Pelotas. *Relatório do ano de 1879 apresentado à Assembleia Geral Legislativa.* Rio de Janeiro: Tip. Nacional, 1880, p. 24.

Os problemas mais recorrentes na documentação da época são referentes à falta de caminhos adequados para as colônias e os parcos resultados da atividade agrícola.

### 1.7.1 PROBLEMAS COM AS COMUNICAÇÕES E O POVOAMENTO DAS COLÔNIAS

A existência do sistema de colônias militares manteve-se sustentada, em especial, sobre as seguintes bases: protegia as comunicações terrestres e a população que vivia no interior (ou que iria viver), fortalecendo as fronteiras brasileiras e a economia imperial. Sobre isso, Couto de Magalhães não exagerou quando afirmou que:

> Se entendermos que as colônias militares tem por fim por um lado proteger comunicações interiores ou a população nas regiões de nossas fronteiras, e, por outro lado impelir que os selvagens ataquem populações cristãs, veremos que esta instituição ao passo que é militar tanto quanto tem por fim a defesa e segurança das fronteiras ou a segurança do cidadão que habita o interior, por outro lado é eminentemente econômica, porque promove a utilização de terrenos que sem elas nunca serão povoados, ou serão em período muito remoto e com muitas dificuldades[151].

Em defesa das colônias militares e presídios, o Marquês de Olinda, em 1857, disse que, "se eles não têm produzido todos os benefícios que a sua criação prometia, prestam, todavia, utilidade que se não pode desconhecer"[152]. Sua opinião fica mais clara quando exemplifica determinados acontecimentos, como:

> O devassamento das matas do Jacuípe e a segurança de que já ali se goza, são vantagens que se devem às colônias de

---

[151] MAGALHÃES, 1875, p. 3.

[152] BRASIL. Ministério do Império. *Relatório do ano de 1857 apresentado a Assembleia Geral Legislativa na 2.ª Sessão da 10.ª Legislatura*. Ministro e Secretário de Estado dos Negócios do Império Marquês de Olinda. Rio de Janeiro: Tipografia Universal de Laemmert, 1858, p. 37.

Pimenteiras e de D. Leopoldina, apesar das dificuldades com que têm lutado e lutarão ainda.

A navegação de Goiás à capital da província do Pará pelo Araguaia e Tocantins, facilitada e protegida pelas colônias Santa Bárbara, Santo Antônio, Santa Cruz e Santa Leopoldina, se é ainda contrariada por grandes embaraços e perigos, força é confessar que se faz muito mais livremente depois do estabelecimento destas colônias[153].

A política imperial reconheceu que estradas adequadas eram um pré-requisito para o progresso econômico de suas colônias militares. O acesso aos bons mercados poderia encorajar os colonos a produzir um excedente exportável e, assim, poderiam tornar-se autossuficientes. As instruções recomendavam que a localização das colônias deveria ter fácil acesso aos mercados e rotas comerciais. Os diretores coloniais deveriam abrir comunicações com regiões já povoadas, encorajando alguns colonos a se estabelecerem em lugares estratégicos, como junto de caminhos para auxiliarem na manutenção das rotas abertas[154]. Oficiais do Exército procuravam cumprir com suas ordens construindo estradas para o interior do território, mas boa parte dessas foi abandonada com o passar dos anos.

A impossibilidade de comunicação adequada e segura com outras áreas povoadas colocava em risco a existência de algumas colônias. No caso da colônia militar de Itapura, na província de São Paulo,

A falta de caminhos também será um duro golpe na colônia que só possuía acesso pelo rio em percurso longo e penoso, os picadões que deveriam ligar Lençóis a Avanhandava e daí até Itapura iniciaram-se mas nunca foram finalizados, tor-

---

[153] Idem.

[154] BRASIL. *Coleção de Leis do Império do Brasil de 1850*. Rio de Janeiro: 1851, Tip. Nacional. Artigo 22, decreto n. 729, p. 231; BRASIL. *Coleção das Leis do Império do Brasil de 1851*. Rio de Janeiro: 1852, Tip. Nacional. Artigo 34, decreto n. 820, p. 250.

nando as duas colônias inacessíveis por terra em particular Itapura, mais distante e isolada[155].

Em muitas instâncias, sem a assistência de empreiteiros civis, nem a ajuda especial de comissões de engenheiros do Exército, os quais poderiam solucionar o dilema do transporte por estradas bem construídas, os colonos enfrentaram dificuldades na manutenção dos caminhos que já estavam abertos. A colônia militar de Santa Teresa, na província de Santa Catarina, exemplifica essa situação. O presidente da província, Adolpho de Barros Cavalcanti de Albuquerque Lacerda, em 1868, reclamava que aquela estrada era, ainda, apenas apropriada para cargueiros, homens a pé ou em lombo de cavalo[156]. E para compreender melhor a situação das colônias militares na segunda metade do século XIX, o relatório desse presidente de província fornece alguns indícios:

> Quase nenhum progresso tem tido a colônia; e pouco poderá fazer enquanto não receber população conveniente e não for melhorada a péssima estrada pela qual se comunica com a capital.

> Criada com o intuito de ir povoando a estrada geral de Lages e facilitar por esse modo as relações com o interior da província, de sua existência se há colhido por certo algum proveito em semelhante sentido; mas o seu desenvolvimento está ainda bem longe de corresponder ao que sem dúvida se esperava e de satisfazer plenamente os fins que se tiveram em vista.

> Não penso, entretanto, que convenha extingui-la. Creio antes de tudo aconselha a sua sustentação e aumento, fácil aliás de conseguir, mediante a introdução oportuna de suficientes

---

[155] GHIRARDELLO, Nilson. Estabelecimento naval e colônia militar do Itapura, ápice do pensamento urbanístico-militar do império brasileiro. *In: SHCU 1990* - Seminário de História da Cidade e do Urbanismo, v. 9, n. 2, 2006.

[156] SANTA CATARINA. *Relatório apresentado à Assembleia Legislativa Provincial de Santa Catharina, na sua sessão ordinária, e ao 1o vice-presidente, comendador Francisco José de Oliveira, por ocasião de passar-lhe a administração o presidente Adolpho de Barros Cavalcanti de Albuquerque Lacerda no ano de 1868.* Rio de Janeiro, Tip. Nacional, 1868. Anexo D.

braços e a realização de certas reformas que a experiência aconselha[157].

Mesmo que a colônia de Santa Teresa tenha cumprido os seus principais objetivos – o de povoar as margens do caminho para Lages e facilitar as relações entre o litoral e o interior da província de Santa Catarina –, o seu desenvolvimento precisava de pessoas adequadas aos projetos de colonização e de melhores estradas. A agricultura nessa colônia, assim como em outras, dependia bastante desses fatores.

## 1.7.2 PROBLEMAS COM A AGRICULTURA

Além de almejar o povoamento e a proteção do território brasileiro, o governo imperial projetou a criação das colônias militares para fortalecer e expandir a agricultura no país. As autoridades imperiais desejavam que, a cada nova colônia instalada em algum ponto do interior, as possibilidades de exploração de vastas porções de solo virgem fossem confirmadas e obtivessem sucesso. Porém, o triunfo por elas realizado dependeria de um trabalho cuidadoso. Os agentes do governo procuraram terras férteis, em lugares acessíveis. Eles encorajavam os colonos a tornarem-se lavradores e os diretores instigavam o uso dos últimos métodos de cultivo. Contudo, poucos projetos foram realizados. Treinados como soldados, ou carentes de habilidades agrícolas, ou por outras razões, muitos colonos demonstraram ser lavradores ineficazes.

A agricultura deveria ser a principal atividade econômica na maioria das colônias. Embora o governo permitisse que os colonos cultivassem diversos tipos de produtos, o foco era incentivar o aumento das safras de itens mais rentáveis, como café, algodão, anil, baunilha, fumo, trigo e cacau[158].

---

[157] SANTA CATARINA. *Relatório apresentado à Assembleia Legislativa Provincial de Santa Catharina, na sua sessão ordinária, e ao 1o vice-presidente, comendador Francisco José de Oliveira, por ocasião de passar-lhe a administração o presidente Adolpho de Barros Cavalcanti de Albuquerque Lacerda no ano de 1868*. Rio de Janeiro, Tip. Nacional, 1868, p. 24-25.

[158] BRASIL. *Coleção das Leis do Império do Brasil de 1851*. Rio de Janeiro: Tip. Nacional, 1852. Artigo 11, Decreto 750, p. 4.

As orientações dos diretores buscavam promover melhorias nos métodos de plantio e no processamento dos produtos agrícolas[159]. Os colonos que se distinguissem como lavradores deveriam ser recompensados[160]. No entanto, o desenvolvimento agrícola nas colônias foi lento, e, em algumas, a autossuficiência nunca foi alcançada.

Os diretores acusavam os colonos de indolentes e, em geral, desconhecedores dos métodos agrícolas. Na maior parte dos documentos sobre os primeiros anos da colônia militar de Santa Teresa persiste a reclamação quanto aos colonos preguiçosos, atribuindo a preguiça aos hábitos viciosos herdados da vida nos quartéis e sua falta de experiência com a agricultura[161].

Ainda assim, o difícil acesso às colônias desencorajou o desenvolvimento comercial e agrícola desses assentamentos. Durante uma visita à colônia de Santa Teresa, em 1858, o médico alemão Robert Avé-Lallemant ficou impressionado com a produção agrícola daquela colônia. Em seu relato escreveu que, enquanto as estradas da província permanecessem no estado precário em que se encontravam, a colônia não poderia desfrutar de crescimento significativo e sempre iria depender de ajuda externa. Os administradores brasileiros também reconheciam aquela necessidade. Em 1886, por exemplo, a colônia militar de Santa Teresa vendeu pequenas quantidades de farinha de mandioca, milho, açúcar, toucinho e couro[162]. Porém, o valor de suas exportações quase nunca excedia as somas gastas para a importação de produtos[163].

---

[159] BRASIL. *Coleção das Leis do Império do Brasil de 1851*. Rio de Janeiro: Tip. Nacional, 1852. Artigo 3, decreto n. 820, p. 243; BRASIL. Coleção de Leis do Império do Brasil de 1858. Rio de Janeiro: Tip. Nacional, 1858. Artigo 7, decreto n. 2.125, p. 152.

[160] BRASIL. *Coleção das Leis do Império do Brasil de 1851*. Rio de Janeiro: Tip. Nacional, 1852. Artigo 12, Decreto 750, p. 4.

[161] SANTA CATARINA. *Fala que o presidente da província de Santa Catarina, João José Coutinho, dirigiu à Assembleia Legislativa Provincial no ato da abertura de sua sessão ordinária em o 1.º de março de 1857*. Rio de Janeiro, Tip. Imp. e Const. de J. Villeneuve e C., 1857, p. 30; SANTA CATARINA. *Relatório do presidente da província de Santa Catarina, Francisco Carlos de Araújo Brusque, apresentado à Assembleia Legislativa Provincial na 1.ª sessão da 10.ª legislatura*. Rio de Janeiro, Tip. do Correio Mercantil, 1860, p. 18.

[162] SANTA CATARINA. *Relatório apresentado a Assembleia Legislativa da província de Santa Catarina na 1.ª sessão de sua 26.ª legislatura pelo presidente, Francisco José da Rocha, em 21 de julho de 1886*. Desterro, Tip. do Conservador, 1886, p. 146.

[163] SANTA CATARINA. *Relatório do presidente da província de Santa Catarina, o conselheiro Vicente Pires da Mota, apresentado à Assembleia Legislativa Provincial na 1.ª sessão da 11.ª legislatura*. Santa Catarina, Tip. Desterrense de J.J. Lopes, 1862, p. 27.

Ao que tudo indica, o funcionamento das colônias militares parece ter desapontado as expectativas de uma parte dos oficiais brasileiros. Em meio a discussões, que procuravam diagnosticar os problemas das colônias e prescrever uma solução, o governo iniciou algumas investigações, as quais, em parte, conduziram à extinção do sistema de colônias inteiro[164].

## 1.8 A EXTINÇÃO DO SISTEMA DE COLONIZAÇÃO MILITAR: UM DEBATE SOBRE SUA EXISTÊNCIA E CUMPRIMENTO DE SUAS FINALIDADES

O sistema de colônias militares no Brasil foi uma alternativa para o governo imperial que pretendia conhecer e povoar o interior do território brasileiro. Porém, com o passar dos anos, alguns oficiais do Exército começaram a manifestar seu descontentamento quanto à economia das colônias[165]. A Guerra do Paraguai encobriu as necessidades das colônias e reduziu suas energias por conta dos soldados, dinheiro e material que foram desviados para o campo de batalha, o que agravou ainda mais a situação de alguns desses assentamentos.

Apesar disso, nem mesmo depois do fim da guerra as condições das colônias militares mudaram muito. Aos poucos, as autoridades brasileiras tornaram-se insatisfeitas com a eficácia das colônias militares, antes mesmo de algumas delas completarem 10 anos de existência. O ministro do Império, Luiz Pedreira do Coutto Ferraz, em 1857, lamentava que, em geral, as colônias não produziam os benefícios desejados[166]. O relatório do presidente da província de Santa Catarina, em 1862, classificava a colônia de Santa Teresa como atrasada[167]. O regime militar empregado nas colônias, associado com o

---

[164] WOOD, *op. cit.*, p. 137.

[165] *Ibid.*, p. 145.

[166] BRASIL. Ministério do Império. *Relatório do ano de 1856 apresentado a Assembleia Geral Legislativa na 1.ª sessão da 10.ª legislatura*. Ministro Luiz Pedreira do Couto Ferraz. Rio de Janeiro: Tipografia Universal de Laemmert, 1857, p. 31.

[167] SANTA CATARINA. *Relatório do presidente da província de Santa Catarina, o conselheiro Vicente Pires da Mota, apresentado à Assembleia Legislativa Provincial na 1.ª sessão da 11.ª legislatura*. Santa Catarina: Tipografia Desterrense de J.J. Lopes, 1862, p 26.

isolamento e a exposição a vários riscos, desencorajava nacionais e estrangeiros a irem para esses locais como colonos civis. A pequena população que vivia nessas colônias não era economicamente produtiva porque eles eram segregados da corrente principal do comércio e da economia[168].

Alguns oficiais do Exército brasileiro tentaram restaurar o sistema de colônias militares. Porém, cresciam interesses divergentes dentro do Ministério da Guerra. O alto escalão desse departamento resistiu à ideia de receber a responsabilidade pelo que muitos consideravam ser estabelecimentos estratégicos. Esse grupo de autoridades argumentava que somente colônias estabelecidas junto das fronteiras internacionais deveriam ser mantidas porque nenhuma das outras seria relevante. Contudo, havia outro grupo de autoridades que acreditava na função vital das colônias militares, situadas junto de estradas, para o desenvolvimento estratégico do interior. Simpatizantes desse pensamento defenderam a preservação e do fortalecimento de toda a rede de colônias[169].

O Ministério da Guerra fez sua primeira tentativa de reforçar a existência das colônias militares em 1862. Com a adequação dos regulamentos, essas colônias poderiam tornar--se centros de população militar e agrícola, além de atenderem como sentinelas nacionais em relação aos povos vizinhos. Elas deveriam fornecer, em casos de necessidade, serviços relevantes como pontos avançados junto da linha de defesa. Os colonos deveriam tornar-se, ao mesmo tempo, defensores de suas propriedades e da integridade do Império[170].

No entanto, o aumento das hostilidades com o Paraguai atrasou muito a reorganização das colônias militares brasileiras[171]. A legislatura daquele período ampliou as permissões para reorganizar o sistema de colonização militar pelo

---

[168] WOOD, *op. cit.*, p. 147.

[169] *Ibid.*, p. 147.

[170] BRASIL. Ministério da Guerra. Ministro Polidoro da Fonseca Quintanilha Jordão. *Relatório do ano de 1862 apresentado à Assembleia Geral Legislativa.* Rio de Janeiro: Tipografia Universal de Laemmert, 1863, p. 27.

[171] WOOD, *op. cit.*, p. 149.

decreto n.º 2.706, de 31 de maio de 1877[172]. Esse dispositivo legal autorizou o Ministério da Guerra a suprimir e a criar colônias militares que julgasse conveniente.

O debate sobre o futuro da colonização militar no Brasil tornou-se mais agitado durante os anos de 1880[173]. Foram feitas novas inspeções nas colônias existentes. Essas investigações deveriam levar em conta a história de existência das colônias, determinar o estado atual delas e depois definir as razões para seu estado de decadência, além de propor um plano de reorganização[174].

Porém, a falta de perspectivas de um futuro melhor e próspero desencorajou muitos homens livres pobres a viverem nas colônias militares brasileiras. A exposição desses lugares aos perigos do interior e a disciplina militar também contribuíram para isso. Poucos habitantes das colônias desenvolveram relações fortes com o estabelecimento no qual viviam e, como resultado, ofereceram poucas contribuições para o desenvolvimento do sistema, como veremos no caso da colônia militar de Santa Teresa. Quanto aos oficiais, alguns envolviam-se, de fato, com o sistema de colônias mas, o desenvolvimento de suas tarefas era somente temporário. Outros colonos, de qualquer classificação, eram relutantes em fixar raízes, visto que o governo não cumpria muitas de suas promessas.

Mas, por outro lado, Couto de Magalhães acreditava que:

A colônia militar, promovendo a população e consequente indústria em terras centrais, é um instrumento de progresso e riqueza, que não será perdido para o futuro, criando valores onde eles não existem, e facilitando solo a sem-número de braços que já o não possuem.

---

[172] BRASIL. *Coleção das Leis do Império do Brasil de 1877*. Rio de Janeiro: Tip. Nacional, 1878. Artigo 3, decreto n. 2.706, p. 10.

[173] WOOD, *op. cit.*, p. 153.

[174] BRASIL. Ministério da Guerra, ministro Carlos Affonso de Assis Figueiredo. *Relatório do ano de 1882 apresentado à assembleia geral legislativa na 3.ª sessão da 18.ª legislatura*. 1883, p. 31; BRASIL. Ministério da Guerra, ministro Thomaz José Coelho d'Almeida. *Relatório do ano de 1887 apresentado a assembleia geral legislativa na 3.ª sessão da 20.ª legislatura*. 1888, p. 6-7.

Foi por meio desta instituição que povoamos partes muito importantes do nosso interior, das quais algumas estão hoje convertidas em florescentes cidades.

Por meio delas catequizamos no Pará milhares de índios que, de bárbaros que eram, foram a princípio excelentes soldados, e depois extratores de produtos naturais, que no vale do Amazonas, representam hoje muitos mil contos.

Estes fatos provam que, mesmo em nosso País, essa instituição não foi estéril nos tempos passados[175].

Para esse autor, a missão principal das colônias militares não era o de colonizar, mas sim de tornar possível a colonização do interior do país[176]. E, nesse sentido, os resultados alcançados pelas colônias militares não frustraram as autoridades do século XIX, como acredita David Wood, cuja análise do sistema manteve-se bastante associada aos discursos presentes nos relatórios dos ministros da Guerra e do Império. De fato, o conjunto de colônias militares tornou possível o conhecimento, controle, exploração e povoamento de grandes extensões de terra no interior do Brasil.

Apesar das tentativas de reorganização do sistema, as colônias militares tiveram seu desfecho no ano de 1913. Nesse ano, enfim, o governo brasileiro extinguiu as últimas colônias existentes em seu território[177]. Embora seu final estivesse anunciado desde 1888, o fim do governo imperial, no ano seguinte, suspendeu por mais alguns anos o término das colônias. O novo governo abandonou depressa esse sistema. A lei 39 A, aprovada em 30 de janeiro de 1892, autorizou o governo a emancipar todas as colônias militares, exceto aquelas localizadas nas proximidades das fronteiras[178]. O decreto n.º 360, três anos depois, emancipou quase todo o conjunto de colônias militares[179].

---

[175] MAGALHÃES, 1875, p. 4-5.

[176] Ibid., p. 11.

[177] Decreto n. 10.024, de 29 de janeiro de 1913, pelo qual foram emancipadas as duas últimas colônias militares existentes no Brasil: a de Iguaçu, no Estado do Paraná, e a do Alto Uruguai, no Rio Grande do Sul.

[178] BRASIL. Coleção das leis da República dos Estados Unidos do Brasil. Rio de Janeiro: Imprensa Nacional, 1893. Artigo 18, Lei n. 39 A, p. 46.

[179] BRASIL. Coleção das leis da República dos Estados Unidos do Brasil. Rio de Janeiro: Imprensa Nacional, 1895. Artigo 5, Lei n. 360, p. 110.

É necessário compreender esse grande projeto inserindo-o no conjunto de experimentos realizados na América portuguesa, por mais de três séculos, explorando e colonizando territórios cuja imensidão ultrapassava, em muito, a escala até então vivenciada pelos portugueses no continente europeu. As tentativas foram as mais variadas: primeiro o parcelamento das terras (capitanias hereditárias), depois a defesa do território por meio da instalação de fortalezas ao longo da faixa litorânea, mais tarde a constituição de vilas e a fixação de colonos vindos do continente europeu. O relevo brasileiro, o curso dos rios, a presença de grandes barreiras naturais (cadeias de montanhas próximas ao litoral, quedas d'água que inviabilizavam a navegação de rios), a floresta densa, a presença de diferentes populações indígenas, tudo isso se impôs, ao longo dos séculos, como desafios a serem superados pela administração portuguesa na América e, mais tarde, pela administração imperial brasileira durante o século XIX.

Por fim, o conhecimento das perspectivas e faces da colonização militar no império brasileiro – o que esse tipo de colonização teve de relação com a política indigenista, com a Lei de Terras e com a abolição da escravatura, por exemplo – serve de lastro para que possamos conhecer melhor a colônia militar de Santa Teresa, instalada no interior de Santa Catarina, em meados do século XIX. Sendo assim, a partir desse ponto, a análise do cotidiano dessa colônia manterá relações claras com todo o sistema de colonização militar brasileiro descrito neste capítulo.

# 2

# AOS PÉS DO TROMBUDO
## a colônia militar de Santa Teresa

Embora exemplos de colônias militares possam ser encontrados em quase todo o território brasileiro, a colônia de Santa Teresa, implantada no interior da província de Santa Catarina em meados do século XIX, assume o papel central desta narrativa. Para compreender melhor as condições que levaram à sua criação, é preciso recuar no tempo e explorar o contexto específico em que surgiu. O caminho entre a Ilha de Santa Catarina e a vila de Lages[180] orientará essa jornada, servindo de fio condutor para o entendimento da escolha do local, da origem do nome da colônia e dos regulamentos que definiram seu funcionamento.

O mapa a seguir, datado de 1872, oferece uma visão singular do território catarinense, com uma orientação voltada do oceano Atlântico em direção ao interior, em vez da usual orientação para o norte. Essa perspectiva destaca a geografia de Santa Catarina a partir do litoral, permitindo ao observador acompanhar o caminho até a colônia militar de Santa Teresa, assim como o conjunto de colônias situadas entre a Serra Geral e o litoral catarinense. À direita e acima da colônia, nota-se ainda a inscrição "Alojamento dos índios", que reforça a complexidade do cenário de ocupação na região.

---

[180] Em diferentes partes da documentação levantada, esse mesmo itinerário recebe denominações diversas: caminho entre a Ilha de Santa Catarina e a vila de Lages; caminho Desterro a Lages; e caminho entre São José e Lages.

Mapa 3 – Província de Santa Catarina, 1872

Fonte: Rivierre et al. Mapa topográfico de parte da província de Santa Catarina. Rio de Janeiro, 1872

Detalhe do mapa

## 2.1 A ABERTURA DE UM CAMINHO PARA O INTERIOR DE SANTA CATARINA

Para João José Coutinho, que governava Santa Catarina em 1859, as obras mais importantes de toda a província eram aquelas realizadas no caminho entre São José e Lages. Naquela época, por exemplo, toda a carne de gado que se consumia na Capital da província, nos municípios de São José, de São Miguel e de Porto Belo era procedente de Lages[181].

Esse caminho havia sido aberto em fins do século XVIII, quando a capitania de Santa Catarina estava sob a administração do governador José Pereira Pinto. A parte do caminho que ficava entre a Guarda Velha do Imaruí, próximo à Ilha de Santa Catarina, e o morro do Trombudo – na divisa entre as capitanias de Santa Catarina e São Paulo[182] – foi construída por Antônio José da Costa e Antônio Marques Arzão[183]. Os serviços tiveram início em 14 de novembro de 1788. Dois anos se passaram e, em 6 de dezembro de 1790, os trabalhos de abertura do caminho entre a Ilha de Santa Catarina e a vila de Lages, que ainda pertencia à capitania de São Paulo, foram concluídos.

O caminho permaneceu em condições de uso até fins do ano de 1799. Embora a administração da capitania de Santa Catarina mantivesse o propósito de consolidar aquele itinerário, ao longo do último decênio do século XVIII, não foram implantados novos núcleos populacionais nas margens do caminho. Desse modo, tropeiros e viajantes que utilizavam essa rota, estavam mais vulneráveis e, com frequência, sofriam ataques

---

[181] SANTA CATARINA. *Relatório apresentado ao vice-presidente da província de Santa Catarina, Esperidião Eloy de Barros Pimentel, pelo presidente João José Coutinho*. Desterro: Tipografia de J. J. Lopes, 1859, p. 10.

[182] No atual município catarinense de Alfredo Wagner.

[183] Antônio José da Costa nasceu em 1751, na vila de Nossa Senhora do Desterro da Ilha de Santa Catarina, e morreu na mesma vila em 1817. Era filho de colonos vindos do arquipélago dos Açores. Seguiu a carreira militar e quando morreu ocupava o cargo de coronel de milícias de Desterro (Cf. COSTA, 1982, p. 217). Em relação ao capitão Antônio Marques Arzão, sabe-se que nasceu em 1730, foi juiz ordinário da Vila de Lages nos anos de 1772, 1784, 1793 e 1797, e que, em 1775, andava à procura de minas de pedras preciosas nos sertões da capitania de Santa Catarina e São Paulo. Cabral afirma que, em 1792, esse capitão recebeu uma sesmaria de três léguas por uma, no lugar que denominou Bom Retiro (atual município catarinense de Bom Retiro, próximo de Lages), onde havia vastos campos, tendo-lhe concedido o regente da vila de Lages, o capitão-mor Bento Amaral Gurgel Annes (Cf. CABRAL, 1970, p. 356).

das populações indígenas – relacionadas ao grupo indígena Xokleng, que habitavam toda a região que o caminho cruzava.

O espaço entre a Ilha de Santa Catarina e a vila de Lages guardava, naquele período, uma série de perigos. Não bastassem os ataques indígenas, o relevo dessa região era bastante acidentado, o que dificultava muito as viagens entre um ponto e outro. Eram constantes os desafios para ultrapassar desfiladeiros, regiões alagadiças e florestas fechadas. Como resultado, os comerciantes da vila de Lages, assim como os criadores de gado daquela região, deixaram de utilizar esse caminho e passaram a palmilhar o percurso que conectava a vila de Lages à vila de Laguna, no litoral sul da capitania de Santa Catarina, pelo vale do rio Tubarão. Nesse mesmo período foram retirados os destacamentos militares que deveriam proteger os viajantes que percorriam o caminho entre as vilas de São José e Lages. Com isso, nas primeiras décadas do século XIX, esse caminho quase desapareceu: as poucas pessoas que escolhiam esse percurso, entre o litoral e o planalto, enfrentavam sérias dificuldades para vencer o processo de recomposição da natureza naquela região.

## 2.2 PRIMEIROS PROJETOS DE COLONIZAÇÃO NAS MARGENS DO CAMINHO PARA LAGES

No período colonial, a implantação de um sistema militar exigiu a composição de estruturas de comunicação eficientes entre os diversos pontos do território brasileiro. O projeto de abertura de um caminho para a vila de Lages, por exemplo, era peça importante de um sistema de defesa do território, pelo qual seria possível que tropas do exército português, vindas de outras capitanias brasileiras, alcançassem a Ilha de Santa Catarina por terra e a defendessem de invasões estrangeiras.

Entretanto, esse caminho também precisava ser protegido. Era necessário fortalecer determinados pontos desse itinerário. De acordo com Licurgo Costa, o governador José

Pereira Pinto, em correspondência ao Vice-rei Dom Luiz de Vasconcelos e Souza, em 14 de setembro de 1787, esclareceu que:

> Logo que chegou o sobredito Alferes [Antônio José da Costa], e me informou individualmente do que tinha executado e observado, eu vi a necessidade de pôr um destacamento nas margens do Rio de Santa Clara; pois, guardando a saída da picada, assim como já estava a entrada, ficava cabalmente acautelada a fuga de desertores e criminosos, que por aquela parte se quisessem evadir[184].

As guarnições que deveriam ser dispostas ao longo do caminho demonstram que a administração portuguesa não estava preocupada apenas com as ameaças externas, mas, sobretudo, com a circulação interna de vassalos e mercadorias que poderiam não pagar impostos. Se, por um lado, a abertura desse caminho possibilitava a proteção da ilha de ataques estrangeiros, por outro, também tornava possível aos contrabandistas e criminosos fugitivos chegarem até a ilha sem grandes dificuldades[185].

No século XVIII, verificou-se que a falta de freguesias ao longo do caminho para a vila de Lages seria um dos principais fatores para o abandono daquele itinerário. Sem esses núcleos de povoamento, os viajantes não encontravam lugar para descansar e passar as noites. Em carta remetida à Rainha D. Maria I, a Câmara de Nossa Senhora do Desterro da Ilha de Santa Catarina solicitou ordem para fundar duas freguesias naquele caminho e esclareceu que a falta de comércio entre a Ilha de Santa Catarina e a vila de Lages decorria do fato de os caminhantes não encontrarem pousos pela estrada[186].

As duas freguesias deveriam ser instaladas ao longo do caminho e seriam compostas por casais portugueses vindos do arquipélago dos Açores, assim como acontecera anos antes no

---

[184] COSTA, Licurgo. *O Continente das Lagens* – sua História e Influência no Sertão da Terra Firme. Florianópolis: Fundação Catarinense de Cultura, 1982. p. 202.

[185] BRÜGGEMANN, Adelson André. *Ao poente da Serra Geral*: a abertura de um caminho entre as capitanias de Santa Catarina e São Paulo no final do século XVIII. Florianópolis: Editora da UFSC, 2008. p. 110.

[186] *Ibid.*, p. 146.

litoral das capitanias de Santa Catarina e Rio Grande do Sul. Apesar disso, o projeto não foi concretizado e a Câmara de Nossa Senhora do Desterro da Ilha de Santa Catarina já contava seus prejuízos, que naquele momento ainda podiam ser recuperados, caso tivesse a contribuição da metrópole. O provedor e escrivão da Fazenda Real da Ilha de Santa Catarina, Manuel José Ramos, em 31 de julho de 1790, listou as melhorias que poderiam ser alcançadas com a abertura do caminho para a vila de Lages. Dentre elas, já destacava o povoamento das margens do caminho, o cultivo das terras e a cobrança de impostos[187].

Em uma certidão da Câmara da vila de Lages, de 12 de julho de 1797, foram declaradas as vantagens da implantação de duas freguesias nas paragens do caminho para a Ilha de Santa Catarina. Nesse documento confirmou-se que:

> [...] são indispensavelmente necessárias, ao menos duas povoações mais, com freguesias estabelecidas nas paragens, que parecem mais convenientes, atentas as dimensões e distância do terreno. [...] Do cume da serra, onde confinam os limites de Lages com a Ilha de Santa Catarina, até o centro dos sertões dilatados, que os gentios estão povoando [...]. E sendo daqui mais fácil e breve para a Ilha de Santa Catarina, cujo porto é importantíssimo pela comodidade da sua barra, a exportação das carnes secas, boiada, courama etc., daqui se podem conduzir em cargas pelo caminho que se abriu para a mesma Ilha (se este se conservar aberto e limpo e se povoar, não como atualmente se acha) já se vê a vantagem que terá Vossa Majestade[188].

O historiador Oswaldo Cabral, em sua obra *História de Santa Catarina*, apontou que o governador catarinense Manoel Soares de Coimbra (1791-1793) pretendia criar duas freguesias ao longo do caminho para a vila de Lages. O projeto desse governador mencionava o nome das duas freguesias: Castelo Melhor e Resende. Estas deveriam ser povoadas por soldados casados. De acordo com o mesmo autor, o sucessor

---

[187] *Ibid.*, p. 111.

[188] MAFRA, Manuel da Silva. *Exposição histórico-jurídica por parte do Estado de Santa Catarina sobre a questão de limites com o Estado do Paraná*. Rio de Janeiro: Imprensa Nacional, 1899. p. 277.

de Coimbra no governo da capitania de Santa Catarina, João Alberto Miranda Ribeiro, reforçou a ideia de criação dessas freguesias junto ao governo do Rio de Janeiro. No entanto, essas deveriam ser povoadas por militares que se dedicariam à agricultura e às tarefas bélicas, não apenas para afugentar os indígenas que habitavam o interior da capitania, mas também para defendê-la dos ataques espanhóis[189].

Em 1820, em meio a protestos dos governos de Santa Catarina e Rio Grande do Sul sobre os limites da capitania de São Paulo na região Sul, a vila de Lages foi incorporada à administração catarinense, conforme determinação da coroa portuguesa[190]. Com isso, o caminho entre a Ilha de Santa Catarina e a vila de Lages ganharia um novo sentido: ligaria duas povoações da capitania de Santa Catarina.

Como notou o historiador Walter Piazza[191], o primeiro presidente da província de Santa Catarina, João Antônio Rodrigues de Carvalho, em 1824, demonstrava preocupação com a colonização do interior do território nas proximidades do caminho para Lages. Esse presidente alegou que não bastava abrir uma estrada para Lages, pois ela não se conservaria aberta, caso não se povoasse e se cultivasse as terras entre o Imaruí e o Trombudo. De início, era necessário estabelecer duas povoações em distâncias proporcionais e em lugares adaptados. Desse modo, o presidente solicitou à Sua Majestade dois destacamentos de tropa que iriam iniciar duas colônias militares.

Em 1829 criou-se nas margens desse caminho, nas proximidades do rio Imaruí, uma colônia civil com imigrantes alemães: a colônia de São Pedro de Alcântara. Embora não fosse militar, essa colônia, por muitas vezes durante o século XIX, recebeu como moradores ex-soldados e ex-oficiais alemães dos batalhões de mercenários estrangeiros do Exército brasileiro[192].

---

[189] CABRAL, Oswaldo R. *História de Santa Catarina*. 2. ed. Florianópolis: Laudes, 1970. p. 85.

[190] BORGES, Nilsen C. Oliveira. *Terra, gado e trabalho*: sociedade e economia escravista em Lages, SC (1840-1865). 2005. Dissertação (Mestrado em História) – UFSC, Florianópolis, 2005, p. 44.

[191] PIAZZA, Walter F. A colônia militar Santa Teresa. *Revista do Instituto Histórico e Geográfico de Santa Catarina*, 3ª fase, n. 2, 1980, p. 6.

[192] A segunda colônia prevista desde os primeiros projetos para o caminho seria instalada em 1853, com colonos militares, e se chamaria colônia militar de Santa Teresa, objeto desta obra.

## 2.3 MELHORIAS NO CAMINHO E A COLONIZAÇÃO DO TERRITÓRIO

Durante o ano de 1833, o presidente da província de Santa Catarina, Feliciano Nunes Pires, impulsionou os trabalhos de melhoria do caminho. E, na década de 1840, a administração da província de Santa Catarina decidiu alterar o traçado dessa rota: deixava-se de investir no traçado que passava pela colônia alemã de São Pedro de Alcântara, e que seguia o curso do rio Imaruí, e dedicavam-se esforços, cada vez maiores, no novo traçado do caminho pelo vale do rio Cubatão até o morro da Boa Vista.

Mapa 4 – Traçados do caminho entre Desterro e Lages e suas colônias

Fonte: Jannasch, R. *Karte von Santa Catharina und Paraná*: nach den neuesten quellen. Berlin, [1900?]

O presidente da província de Santa Catarina, José Mariano de Albuquerque Cavalcante, expressava, em 1836, preocupação caso não houvesse alguma proteção aos povoadores do interior da província, porque ninguém iria querer povoá-la. Por conta disso, ele julgava urgente a instalação de dois postos em lugares propícios da estrada para Lages, ao lado dos quais poderiam permanecer seguros os novos povoadores[193]. No ano seguinte, o presidente José Joaquim Machado de Oliveira discorreu acerca da lei n.º 23, de 12 de agosto de 1833, que prescrevia sobre o estabelecimento de duas povoações em lugares adequados, na estrada de Lages. Esse mesmo presidente afirmou também que essas povoações trariam "as máximas vantagens de assegurar aquele trajeto tão arriscado pelos acometimentos dos bugres"[194].

No decurso da década de 1850, período em que o novo traçado já estava consolidado, as condições de uso do caminho ainda eram ruins. Mas, de acordo com o presidente de província, João José Coutinho:

> Quando em 1850 tomei conta da administração da província, a parte da Boa Vista a Lages, que não era campos, era apenas trilhos feitos por galhos e unhas de animais, e as 7 léguas da Boa Vista ao Neves [no atual município de Águas Mornas, traçado que seguia o rio Cubatão] pelos muitos e íngremes morros e mau estado dos lugares varginosos, eram de tal natureza que muitos tropeiros preferiam a antiga estrada com a qual se não tinha dispêndio real desde 1841[195].

E, em 1859, a administração da província de Santa Catarina mantinha, ainda, importantes investimentos com o objetivo de preservar aquele caminho em boas condições. Por isso, conforme João José Coutinho:

---

[193] SANTA CATARINA. *Relatório do presidente da província de Santa Catarina, José Mariano de Albuquerque Cavalcanti, na abertura da 2.ª sessão da 1.ª Legislatura Provincial, em 5 de abril de 1836.* Cidade do Desterro: Tipografia Provincial, 1836, p. 8.

[194] SANTA CATARINA. *Falla do senhor José Joaquim Machado de Oliveira, presidente da província de Santa Catarina, na abertura da 3.ª sessão da 1.ª legislatura provincial, em 1.º de março de 1837.* Cidade do Desterro: Tipografia Provincial, 1837, p. 11.

[195] SANTA CATARINA. *Relatório apresentado ao Vice-presidente da província de Santa Catarina, Esperidião Eloy de Barros Pimentel, pelo presidente João José Coutinho.* Desterro: Tipografia de J. J. Lopes, 1859, p. 12.

Desejando concluir os trabalhos até o fim de dezembro, tratei de empreitar com diversos indivíduos os precisos reparos [...] com José Francisco Xavier, Eduardo José de Souza, José Joaquim Soares e João Felippe Scholetti [...]. Foi tratado a 1$600[196] réis por braça os serviços feitos nos lugares varginosos fazendo-se de um e outro lado da estrada valas de 6 palmos de boca, 5 de profundidade e 3 no fundo [...]. A parte que da colônia de Santa Isabel vem a foz do rio dos Bugres, foi contratada a 7$000[197] por braça, em razão das dificuldades, pois tem a estrada na maior parte dos lugares de passar por pedras, rochedos e grotas, que devem ser entulhadas e quebradas aquelas e fazer-se muralhas em alguns pedaços[198].

Referente aos trechos do caminho que ficavam mais próximos de Lages, o presidente da província, quando esteve na freguesia de Santo Amaro, contratou serviço para roçar e fazer pequenos reparos desde as restingas do rio Canoas até Bom Retiro, as quais haviam sido abertas por José Coelho d'Avila[199].

Eis o contexto de instalação da colônia militar no interior de Santa Catarina: paisagens naturais e pouco povoadas, cortadas por um caminho que exigia manutenção periódica e condições seguras aos seus usuários. Embora existissem, desde 1829, colônias civis de imigrantes europeus nas margens do caminho, a colônia militar reaparecia, em meados do século XIX, nos planos governamentais de Santa Catarina como alternativa para solucionar parte dos problemas relacionados ao povoamento nos arredores do caminho para Lages e impulsionar a economia da província, fosse pelo acréscimo na quantidade de deslocamentos que transportavam mercadorias entre o interior e o litoral, fosse pela possibilidade de cobrança de impostos àqueles que utilizassem o caminho.

---

[196] Um conto e seiscentos mil réis.

[197] Sete contos.

[198] *Ibidem*, p. 13.

[199] *Ibidem*, p. 15.

## 2.4 O PROJETO DE INSTALAÇÃO DA COLÔNIA MILITAR DE SANTA TERESA

Em Santa Catarina, a colônia militar de Santa Teresa tornou-se o primeiro núcleo de povoamento militar instalado no interior da província. A maior parte dos documentos dessa colônia encontra-se nos arquivos do Estado de Santa Catarina e revela semelhanças com outras colônias militares estabelecidas no território brasileiro.

Por muitos anos, a administração da província de Santa Catarina tentou solucionar os problemas relacionados à falta de segurança nos arredores do caminho para Lages. Em 1838, por exemplo, o presidente da província, João Carlos Pardal, relatou três ataques indígenas naquela parte do território: um em Bom Retiro, outro em Caldas da Imperatriz e outro no vale do rio Itajaí. No mesmo relatório, o presidente afirmou que haviam sido criadas duas Seções de Pedestres no caminho para Lages. Uma dessas seções foi instalada nas proximidades do Trombudo, ponto intermediário entre o litoral e a vila de Lages[200].

Em 1851, o ministro do Império, em seu relatório, teceu comentário sobre as possibilidades de catequese e de civilização das populações indígenas na província de Santa Catarina. Nas palavras do Visconde de Mont'alegre:

> São alguns tão ferozes que não há meio de domesticá-los, e seu aparecimento deixa sempre vestígios indeléveis de suas depredações, crueldade e rapina; tais são entre outros os que habitam os sertões da província de Santa Catarina, onde até hoje se não pôde formar um só aldeamento; ainda no ano próximo passado agravaram eles as atrocidades de que vos dei conta no relatório anterior, acometendo por duas vezes uma casa no lugar da Boa Vista, que completamente saquearam, assassinando um escravo[201].

[200] SANTA CATARINA. *Discurso pronunciado pelo presidente, o brigadeiro João Carlos Pardal, na abertura da Assembleia Legislativa da Província de Santa Catharina na 1.ª sessão ordinária da 2.ª legislatura provincial, em 1.º de março 1838*. Cidade do Desterro: Tipografia Provincial, 1838, p. 25.

[201] BRASIL. *Relatório do ano de 1851 apresentado à Assembleia-Geral Legislativa na 4.ª sessão da 8.ª legislatura*. Visconde de Mont'alegre, ministro do Império. Rio de Janeiro: Tipografia Nacional, 1852, p. 19.

Mesmo assim, em 1853 as margens da estrada para Lages eram pouco habitadas e os tropeiros que a utilizavam eram muitas vezes atacados por grupos indígenas. A ameaça era mais crítica nas regiões menos habitadas, ou que já haviam sido abandonadas pelos moradores, o que tornava a viagem entre a Ilha de Santa Catarina e a vila de Lages bastante perigosa. Os comerciantes e viajantes que possuíam interesse naquele caminho solicitavam ajuda ao presidente da província. A criação de uma colônia ao longo da estrada tornava-se uma medida urgente. Os perigos dessa região eram os principais motivos para a escassez de povoamento das margens do caminho, ou do abandono dos moradores dessa região. Desse modo, sugere-se que as solicitações e constantes reclamações encaminhadas ao presidente da província orientaram a criação da colônia militar de Santa Teresa.

De acordo com Henrique Boiteux, no início do ano de 1852 o governo resolveu "criar uma colônia militar no sertão, próxima à Serra Geral, junto à estrada geral, em terras devolutas, a fim de proteger os moradores e o trânsito da mesma estrada, contra a incursão de silvícolas, e servir de centro e núcleo de população"[202]. O capitão João de Souza Mello Alvim ficaria encarregado da medição e da demarcação dos lotes no local escolhido para a colônia.

O capitão, assim que retornou da cidade do Rio de Janeiro, em 22 de abril de 1852, com o auxílio do 2.º tenente de engenheiros Rosa e Gama e do prussiano Hermann Lepper, organizou as turmas de exploração e, no dia 9 de maio, deu início aos trabalhos. Contudo, as atividades de exploração foram logo suspensas devido às chuvas intensas que marcaram aqueles meses[203].

Em novembro daquele mesmo ano, o capitão João de Souza Mello Alvim explorou parte do território da província de Santa Catarina, ao sul dos campos da Boa Vista, nas proximidades da futura colônia militar, com o intuito de abrir uma estrada pela margem do rio dos Bugres. Em janeiro de

---

[202] BOITEUX, Henrique. *Santa Catarina no Exército*. Vol. 2. Rio de Janeiro: Biblioteca Militar, 1942. p. 96.
[203] *Ibid.*, p. 96.

1853 teve início a abertura dessa estrada – nas margens da qual, em 1860, fundou-se a colônia alemã de Teresópolis. Em junho de 1853, depois de ter explorado, na altura da localidade de Morro Chato – onde mais tarde foi instalada a colônia militar filial à de Santa Teresa –, um novo desvio do caminho entre as vilas de São José e Lages, continuou os trabalhos de medição dos lotes na colônia militar[204].

O mapa a seguir, datado de 1867 e organizado pelo engenheiro Pedro Luiz Taulois, destaca a localização das diversas colônias existentes no território de Santa Catarina. Chamam a atenção as linhas tracejadas que representam os caminhos que conectavam as regiões da província. Partindo da Ilha de Santa Catarina, na porção continental, dois trajetos se dirigem ao interior: um segue pelo rio Maruim e o outro pelo rio Cubatão. Ambos se encontram na Boa Vista e, de lá, seguem em direção à colônia militar de Santa Teresa, antes de atravessarem a Serra Geral e o Morro do Trombudo.

---

[204] *Ibid.*, p. 97.

Mapa 5 – Localização da colônia militar de Santa Teresa e os traçados do caminho entre São José e Lages, 1867

Fonte: Arquivo Histórico do Exército, Rio de Janeiro

Nessa época, para o governo catarinense tornou-se cada vez mais urgente consolidar o caminho para Lages como via segura para o escoamento de mercadorias do interior da província. Quanto ao transporte e ao comércio de erva-mate, por exemplo, é importante salientar a afirmação do presidente de província, no início do ano de 1850: "a erva-mate ainda está por assim dizer escondida nos sertões de S. Francisco e nas matas de Lages, e se sai alguma dos campos desse município, espavorida dos perigos da nossa estrada, vai-se asilar a Porto Alegre"[205]. Ou seja, as más condições de trânsito pelo interior da província faziam com que comerciantes e criadores de gado muitas vezes fossem vender e exportar seus produtos em outras províncias, como, por exemplo, no Rio Grande do Sul.

Dessa maneira, a década de 1850 foi marcada pela preocupação quanto ao fortalecimento das relações entre o litoral e o planalto catarinenses. João José Coutinho, presidente da província, em 1852 descreve suas ações nos seguintes termos:

> Em setembro do ano passado organizou-se em Lages uma sociedade para o preparo e exportação de erva-mate [...]. Seu único gerente Guilherme Ricken me informa que já se acha feita a casa e que o engenho ficará pronto para trabalhar por todo o mês de abril próximo futuro e que em maio chegará ao mercado desta Capital a primeira porção da erva nele preparada. Se o negócio, como suponho, der aos acionistas um lucro regular, concorrerá essa especulação para a prosperidade daquele município, e talvez desenvolva na província o espírito de associação.

> Para termos mais frequentes notícias da coletoria de Lages, cujas rendas excedem hoje a quarta parte da total da província, e com tempo providenciar-se sobre sua arrecadação e fiscalização: para entreter com as autoridades correspondência mais ativa, e mesmo para tornar amiudadas as relações dos habitantes daquele município com os de S. José, e desta Capital a fim de dar-se algum desenvolvimento ao respec-

---

[205] SANTA CATARINA. *Falla que o presidente da província, João José Coutinho, dirigiu à Assembleia Legislativa da mesma província, por ocasião da abertura da sua sessão ordinária em 1.º de março de 1850*. Desterro: Tipografia Catharinense de Emilio Grain, 1850, p. 27.

tivo comércio, assentei de acordo com todos os membros da Junta de dobrar o serviço do Correio entre esta Capital e a vila de Lages[206].

O governo catarinense adotava um novo modo de operar no interior da província. No início de 1853 já se falava na instalação de barreiras de cobrança de impostos no interior de Santa Catarina. Conforme admitiu o presidente da província:

> As barreiras são boas e justas fontes de rendas, mas para serem boas só se as deve estabelecer nos lugares bastante frequentados e não naqueles em que toda ou a maior parte da renda tem de ser despendida com a exação. E para serem justas as taxas, devem estas serem pagas por todas as pessoas que das estradas se utilizarem, e não isentos, como na do morro dos Cavalos, aqueles que da estrada mais se servem e que mais a estragam[207].

Nos relatórios da presidência de província é possível perseguir mais pistas dos fatos que motivaram a instalação da colônia naquela localidade. Os ataques indígenas são frequentes nessa documentação. Nas palavras de João José Coutinho, presidente da província, em abril de 1853, na estrada para Lages, um grupo de indígenas atacou alguns tropeiros e "seguindo depois para o sítio de Joaquim José de Miranda no Rio Bonito, a quem da vila de Lages seis léguas pouco mais ou menos, assassinaram aí nove pessoas da família Miranda, mulheres e crianças"[208].

Esse era, portanto, o cenário do interior de Santa Catarina. Era necessário que o governo agisse nesse espaço, conhecido desde as últimas décadas do século XVIII. Ao tomar conhecimento daquele atentado, o presidente da província ordenou ao delegado de Lages que seguisse aquele grupo de indígenas para capturá-los. Em seu relato assegurou que:

---

[206] SANTA CATARINA. *Falla que o presidente da província de Santa Catarina, João José Coutinho, dirigiu à Assembleia Legislativa da mesma província, por ocasião da abertura de sua sessão ordinária em 1.º de março de 1853.* Cidade do Desterro: Tipografia do Conservador, 1853, p. 28.

[207] *Ibidem*, p. 26.

[208] SANTA CATARINA. *Relatório do presidente da província de Santa Catarina, o senhor João José Coutinho, em 19 de abril de 1854.* Cidade do Desterro: Tipografia Catharinense, 1854, p. 7.

Logo que tive conhecimento desse atentado ordenei ao delegado de Lages que fizesse seguir após os bugres uma escolta para os capturar ou afugentar daquele lugar o Comandante da Escolta tendo tomado, por sem dúvida outra direção, os não encontrou; avistando, porém, fumaça a muita distância e voltando licenciou a gente, e retirando-se já só com cinco praças para Lages avistou-os nas imediações do Rio Bonito saqueando outra casa, cujo dono se achava ausente. Com essa mesma força partiu para eles, que reconhecendo o ânimo da escolta fugiram e internaram-se pelo mato, deixando a presa que já tinham ajuntado. Com esses poucos homens julgou prudente o Comandante não os seguir por entre o mato e voltou para Lages a dar parte ao delegado[209].

Contudo, essas incursões revelavam novos vestígios da presença indígena nos arredores do caminho e descreviam outros enfrentamentos. João José Coutinho continuou seu relato com as seguintes informações:

Neste ínterim, José Coelho de Ávila, em fins de julho indo visitar nessas imediações uma invernada sua, encontrou vestígios da proximidade dos bugres, e sendo já tarde entrincheirou-se em casa com seus companheiros em número de 6 pessoas. Ao amanhecer do dia seguinte os foi bombear e os encontrou em um capão perto da casa; nesse encontro caiu morto um bugre que pela idade e outras distinções se supôs ser o chefe dessa quadrilha. Nesse capão acharam parte dos objetos roubados à família Miranda. Depois desse acontecimento, nenhum outro atentado consta terem eles ali cometido[210].

Foi nesse relatório que João José Coutinho também informou que, ao dar continuidade ao assunto e para demonstrar atitude no sentido de resolver tal situação, com o auxílio do Imperador criou, por meio do decreto n.º 1.266, de 8 de novembro de 1853, uma colônia militar na estrada de Lages.

---

[209] SANTA CATARINA. *Relatório do presidente da província de Santa Catarina, João José Coutinho, em 19 de abril de 1854.* Cidade do Desterro: Tipografia Catharinense, 1854, p. 7.

[210] *Ibidem*, p. 7.

O estabelecimento dessa colônia se devia, sobretudo, a dois motivos. O primeiro: proteger os moradores das margens da estrada e as pessoas que por ela transitavam, contra os ataques indígenas. Segundo: servir de centro e núcleo de população[211] e cobrar impostos sobre todos os animais e mercadorias que passavam pelo caminho. Esses eram os principais objetivos que deveriam ser cumpridos com a instalação da colônia, nas proximidades do morro do Trombudo.

## 2.5 A CRIAÇÃO DA COLÔNIA MILITAR DE SANTA TERESA

A criação da colônia militar de Santa Teresa insere--se em um contexto de expansão e controle territorial no interior de Santa Catarina, motivada pela necessidade de garantir segurança e presença estatal ao longo das rotas que ligavam o litoral ao planalto. Estabelecida em meados do século XIX, a colônia atendia a exigências estratégicas e logísticas, especialmente para a proteção dos viajantes e tropeiros que transitavam entre a Ilha de Santa Catarina e a vila de Lages. Seu propósito era não apenas resguardar a passagem, mas também consolidar um núcleo organizado em uma área antes ocupada por populações indígenas, reforçando a ocupação e o fortalecimento das rotas de comunicação da província. A relevância dessa função pode ser ilustrada pelo seguinte excerto:

> Quem viaja naquelas regiões – e vê, mesmo em parte, garantida a segurança de sua viagem por aquela criação artificial, pois sem dúvida ela muito contribuiu para que se afastassem da estrada os animais e homens selvagens – agradecerá decerto a colônia militar de Santa Teresa e desejar-lhe-á toda a possível prosperidade e alegrar-se-á cada vez que, descendo da escura floresta serrana, avistar a igrejinha sobre a colina, à margem do sussurrante Itajaí e com prazer pagará o pequeno imposto de peagem que a

---

[211] *Ibidem*, p. 7-8.

colônia militar cobra para o melhoramento dos caminhos, sejam eles bons ou maus[212].

Em 1858, ao viajar pelo caminho entre a vila de Lages e a Ilha de Santa Catarina, o médico alemão Robert Avé-Lallemant registrou impressões sobre a colônia de Santa Teresa, então recém-instalada. Suas observações ressaltam a importância desse posto para os viajantes e tropeiros que percorriam essa rota crucial, ligando o litoral ao planalto catarinense.

Ainda no final do século XVIII, a presença do governo nas proximidades do morro do Trombudo – na divisa entre as capitanias de Santa Catarina e São Paulo, ao longo do caminho para Lages – era marcada por um registro[213] chamado Castelo Melhor. Nesse local, o governador da capitania de Santa Catarina chegou a planejar a criação de uma nova freguesia que levaria o nome do registro. É bem provável que esse nome se deva ao Conde de Castelo Melhor, Luiz de Vasconcelos e Sousa, Vice-rei do Brasil no período em que foi criado o registro e planejada a freguesia. E, nas proximidades do local em que havia sido o registro Castelo Melhor, em meados do século XIX, estabeleceu-se a colônia militar de Santa Teresa. No mapa a seguir, de 1842, é possível verificar a localização do Registro (assinalado no mapa), entre o Pico do Trombudo e o Campo da Boa Vista.

---

[212] AVÉ-LALLEMANT, Robert. *Viagens pelas províncias de Santa Catarina, Paraná e São Paulo (1858)*. Belo Horizonte: Editora Itatiaia; São Paulo: Editora da Universidade de São Paulo, 1980. p. 109-110.

[213] Estrutura governamental composta por forças militares, instalada nos principais caminhos e portos do Brasil colonial, com a função de fiscalizar impostos e combater o contrabando de gado e ouro. Esses postos, em geral situados perto de serras, desfiladeiros ou cursos d'água, eram posicionados de forma estratégica para dificultar a abertura de rotas clandestinas. Para saber mais sobre esses registros, o site da Receita Federal (http://www.receita.fazenda.gov.br/historico/srf/historia/catalogo_colonial/letrar/registros.htm) fornece boas informações.

Mapa 6 – Parte de mapa do ano de 1842

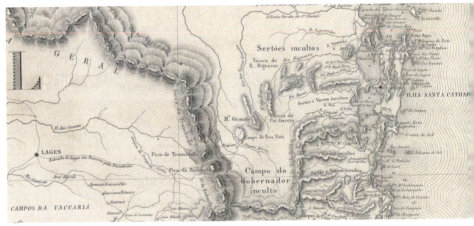

Fonte: Lede, Charles van. *Mapa da província de Santa Catarina, parte da província de São Paulo e da província de Rio Grande do Sul e parte da República do Paraguai.* Bruxelas, 1842

Detalhe do mapa

## 2.5.1 As origens do nome da colônia

Quanto ao nome da colônia, sugere-se duas hipóteses para a sua escolha. A primeira: em homenagem à imperatriz Teresa Cristina de Bourbon. A segunda: em homenagem à Santa Teresa de Ávila.

Apesar de não ter encontrado documentos que comprovem a origem do nome da colônia, é possível que, assim como outras colônias estabelecidas no mesmo período nas margens do caminho para Lages, tenha sido esse uma homenagem à imperatriz Teresa Cristina de Bourbon, esposa de Dom Pedro II. Caso sejam considerados os nomes das demais colônias estabelecidas nesse caminho, durante o século XIX, essa hipótese se fortalece. A colônia alemã de São Pedro de Alcântara, criada em 1829 – no local escolhido em fins do século XVIII para ser instalada uma das colônias militares do caminho para a vila de Lages –, homenageou o imperador Dom Pedro I. A colônia Santa Isabel, a segunda colônia alemã instalada nas margens desse caminho, fundada em 1847, homenageou a princesa Isabel. E, em 1860, o caminho ganhou em suas margens outra colônia alemã: a colônia de Teresópolis, nomeada em homenagem à imperatriz Teresa Cristina de Bourbon.

Em outras províncias brasileiras, as homenagens à Imperatriz se repetiam. Em 1855, na província do Maranhão, por exemplo, instalou-se uma colônia agrícola na vila de São João do Cururupu. No artigo segundo de seu regulamento observa-se que: "A colônia, em sinal de consideração e respeito à pessoa de Sua Majestade a Imperatriz, terá a denominação de – Colônia de Santa Teresa"[214].

Entretanto, existe a possibilidade de o nome da colônia militar fazer referência à Santa Teresa de Ávila[215]. Essa

---

[214] MARANHÃO. *Relatório do presidente da província do Maranhão, Eduardo Olímpio Machado, na abertura da Assembleia Legislativa Provincial no dia 3 de maio de 1855.* Maranhão: Tipografia Const. de I.J. Ferreira, 1855.

[215] Teresa Sánchez de Cepeda y Ahumada nasceu em Ávila, na Espanha, em 28 de março de 1515, em uma família de baixa nobreza. Em 1562, com 47 anos de idade, deu início a um processo de renovação da Ordem do Carmo (ou Ordem dos Carmelitas). Morreu em Alba de Tormes na noite de 4 de outubro de 1582, aos 67 anos. E, em 1622 foi proclamada Santa. In: SCIADINI, Patrício. *Teresa D'Ávila.* 3. ed. São Paulo: Edições Loyola, 2001.

alternativa surgiu quando, entre os documentos produzidos na colônia, encontrou-se um que mencionava a Santa. No relatório dos serviços feitos no mês de outubro de 1867, o diretor da colônia, João Francisco Barreto, afirmou que os colonos não trabalharam "no dia 15 por ser o dia da padroeira da colônia que todos costumam guardar reverentemente com fogueiras, salvas e terço na capelinha do lugar"[216].

Antes disso, o diretor da colônia havia declarado ao presidente da província que:

> Em continuação dos arranjos da mesma capela, e a promover o sentimento religioso, encomendei *uma imagem de Santa Teresa* do vulto de 3 e ½ palmos, e um crucifixo de mais de um palmo, que sendo bentos na Capital da Província no dia 8 do findo dezembro, na Capela de São Sebastião, no ato da missa de Senhora da Conceição, foram por mim conduzidas e inauguradas em sua capela a 24 do mesmo dezembro; e solenizando o ato com novenas e fogos; concorrendo a isso com pia devoção os habitantes do lugar[217].

Nesse mesmo período, havia outra colônia militar com o nome de Santa Teresa. A de Santa Teresa do Tocantins, criada em 1849 na província do Pará. Durante a gestão do presidente de província Jerônimo Francisco Coelho "inaugurou-se solenemente no dia 15 de outubro do ano próximo passado, que por feliz coincidência era o dia da padroeira da nascente povoação"[218]. Ou seja, duas colônias militares, ambas denominadas de Santa Teresa, cuja padroeira era Santa Teresa de Ávila. Sobre a colônia militar de Santa Teresa do Tocantins, na província do Pará, tem-se a notícia de que o Frei Manoel Procópio, um frade carmelita, foi o fundador daquela colônia, o que com mais facilidade explicaria o significado de seu nome.

---

[216] CMST. *Relatório do serviço feito na colônia militar Santa Teresa, e alterações havidas na mesma no mês de outubro de 1867*. Colônia militar de Santa Teresa, 1.º de novembro de 1867. João Francisco Barreto, coronel diretor. Acervo: IHGSC.

[217] CMST. *Ofício ao presidente de província*. João Francisco Barreto, tenente coronel diretor. Colônia militar de Santa Teresa, 12 de janeiro de 1863. Folha 3. Acervo: IHGSC. Grifo meu.

[218] PARÁ. *Relatório feito pelo conselheiro Jeronimo Francisco Coelho, presidente da província e entregue ao 1.º vice-presidente em exercício, Ângelo Custodio Corrêa, no dia 1.º de agosto de 1850*. Pará: Tipografia de Santos & filhos, 1850. p. 17.

## 2.5.2 O REGULAMENTO DA COLÔNIA

O decreto n.º 1.266, de 8 de novembro de 1853[219], assinado pelo Ministro do Império Luiz Pedreira do Couto Ferraz, sinaliza que antes do regulamento próprio da colônia de Santa Teresa, essa fora regida, por pouco tempo, pelo regulamento da colônia Leopoldina, instalada na província de Alagoas.

Em agosto de 1857 o presidente da província João José Coutinho organizou o regulamento da colônia e enviou ao ministro do Império, o Marquês de Olinda[220]. Esse regulamento estava baseado no decreto n.º 729, de 9 de novembro de 1850. Aprovado pelo decreto n.º 2.125, de 13 de março de 1858[221], o regulamento da colônia torna possível reconhecer os seus limites territoriais, quais sejam: na estrada para Lages, situava-se nas proximidades do rio Itajaí do Sul, entre o morro do Trombudo (lado oeste), no atual município de Alfredo Wagner, e Morro Chato (lado leste), no atual município de Rancho Queimado.

Em linhas gerais, o regulamento determinava que a colônia deveria ser regida pela disciplina militar até ser convertida em povoação regular[222]. Quando isso acontecesse, seria suspenso o regime militar, assim como os suprimentos por conta da Fazenda Pública[223]. Nos casos omissos daquele regulamento, se recorreria aos decretos n.º 729, de 9 de novembro de 1850, e ao de n.º 820, de 12 de setembro de 1851, por ter sido confeccionado em conformidade com esses.

---

[219] BRASIL. *Coleção de Leis do Império do Brasil 1853*. Rio de Janeiro: Tipografia Nacional, 1852. Decreto n. 1266, de 8 de novembro de 1853, p. 371.

[220] Regulamento para a colônia militar de Santa Teresa. Acervo: APESC. Registro Presidente de Província para o Ministério do Império (1854-1858).

[221] Publicado no periódico *O Cruzeiro do Sul*, domingo, 25 de abril de 1858. Ano 1, n. 14, p. 2. Parte oficial. Biblioteca Pública do Estado de Santa Catarina.

[222] Regulamento para a colônia militar de Santa Teresa, artigo 39. Acervo: APESC. Registro Presidente de Província para o Ministério do Império (1854-1858).

[223] Regulamento para a colônia militar de Santa Teresa, artigo 40. Acervo: APESC. Registro Presidente de Província para o Ministério do Império (1854-1858).

## 2.6 À PROCURA DE UM LUGAR PARA ESTABELECER A COLÔNIA: OS PRIMEIROS TEMPOS EM SANTA TERESA

Em 4 de janeiro de 1856, o diretor interino da colônia, o capitão João de Souza Mello Alvim, relatou os primeiros anos do estabelecimento. Trata-se de um importante documento que lança luz sobre esse período, bastante incerto, da colônia.

A colônia teve início em janeiro de 1854, com 19 soldados. Esses saíram da capital da província, acompanhados pelo diretor da colônia, o comandante Major Affonso d'Albuquerque e Mello[224], no dia 7 de janeiro e chegaram no dia 14 no lugar denominado Trombudo. Depois de 7 dias de viagem, esse contingente acampou nas imediações da serra do Trombudo, no lado leste, num lugar conhecido por Guarda Velha, por ter havido ali, há algum tempo, um registro militar[225]. Na Memória Histórica da Província de Santa Catarina, há menção de que o governador da capitania de Santa Catarina, José Pereira Pinto, nos últimos anos do século XVIII estabeleceu, sob ordens do vice-rei, duas guardas militares no caminho que a Câmara da vila de Desterro havia construído até a vila de Lages, uma no lugar denominado Trombudo e outra no lugar denominado Boa Vista. Essas duas guardas deveriam evitar a deserção de soldados e a fuga de escravos[226].

Em 1854, João José Coutinho, presidente de província, descreveu que "outros [soldados] têm seguido por vezes e devem lá existirem 41 indivíduos entre soldados e suas famílias, acha-se também nela desde 8 de fevereiro próximo findo um facultativo e os medicamentos precisos para o tratamento dos que adoecerem"[227]. Em 17 de fevereiro daquele ano, o diretor da colônia transferiu-se com os soldados para o lado oeste

---

[224] Nasceu em Pernambuco em 1811, foi deputado da Assembleia Provincial de Santa Catarina nos anos 1854-1855, 1856-1857, 1858-1859, 1864-1865, 1866-1867, e, 1868-1869. Ver: PIAZZA, Walter. *Dicionário Político Catarinense.* Florianópolis: Assembleia Legislativa do Estado de Santa Catarina, 1985.

[225] CMST. *Relatório da fundação, progresso e estado da Colônia militar Santa Teresa na Província de Santa Catharina, apresentado ao Ilmo. e Exmo. Sr. Presidente da Província, pelo Capitão João de Souza Mello e Alvim Diretor interino da mesma Colônia, 1856.* Folha 1. IHGSC.

[226] COELHO, Manoel Joaquim de Almeida. *Memória Histórica da Província de Santa Catarina.* Desterro, Tip. Catarinense, 1877, p. 69.

[227] SANTA CATARINA. *Relatório do presidente da província de Santa Catarina, João José Coutinho, em 19 de abril de 1854.* Cidade do Desterro: Tipografia Catharinense, 1854. p. 8.

da serra do Trombudo. Lá construíram um barracão de palha para se abrigarem. Nesse mesmo dia, o Major Affonso d'Albuquerque e Mello entregou a direção da colônia para o capitão João de Souza Mello Alvim[228]. O Major Affonso voltou para Desterro para tomar assento como deputado na Assembleia Provincial e retornou para a colônia em julho daquele ano[229].

De acordo com Henrique Boiteux, o capitão Mello Alvim foi encarregado de construir "oito barracões para receber colonos ilhéus portugueses, na Invernadinha da Boa Vista[230] e fazer a exploração do rio Itajaí do Sul, a fim de, pelas suas margens, construir uma estrada da colônia militar à Boa Vista"[231].

Na ausência do Major Affonso, o capitão João de Souza Mello Alvim também percorreu os pontos acessíveis do Trombudo. Essas incursões consumiram dois meses de serviço. Mello Alvim tinha como objetivo encontrar terrenos propícios para a lavoura e para a fundação do arraial da povoação. O capitão, mais uma vez, viu-se obrigado a abandonar a Guarda Velha e toda a costa da serra e colocar todos os soldados em um terreno mais alto, sobre o alto do Avencal, pois, onde estavam, a porção de terreno próprio para a cultura era restrita, além de ser muito úmido e alagado na estação das chuvas[232].

Para o médico alemão Robert Avé-Lallemant:

> Desde longo tempo se julgou necessário um posto defensivo e ofensivo na Serra do Trombudo e em 1.º de janeiro de 1848 [sic] se fundou a colônia militar de Santa Teresa. Mas a primeira fundação era muito avançada, na mata do Trombudo,

---

[228] O capitão João de Souza Mello e Alvim nasceu em Desterro, em 6 de outubro de 1823, filho de Miguel de Souza Mello e Alvim (presidente da província de Santa Catarina entre os anos de 1829 e 1831), foi deputado da Assembleia Provincial de Santa Catarina, entre os anos de 1848-1849. Foi deputado da Assembleia Geral Legislativa do Império entre os anos de 1867-1869 e 1878-1881. E, no dia 6 de novembro de 1866, assumiu a presidência da província do Ceará. Ver Relatório apresentado à Assembleia Legislativa Provincial do Ceará em sua reunião extraordinária em 1.º de dezembro de 1866 pelo presidente da mesma província, João de Souza Mello e Alvim. Fortaleza, Tipografia Brasileira de João Evangelista, 1867.

[229] CMST. *Relatório da fundação, progresso e estado da Colônia militar Santa Teresa na Província de Santa Catharina, apresentado ao Ilmo. e Exmo. Sr. Presidente da Província, pelo Capitão João de Souza Mello e Alvim Diretor interino da mesma Colônia, 1856.* Folha 2. IHGSC

[230] Localidade do município catarinense de Rancho Queimado.

[231] BOITEUX, *op. cit.*, p. 97.

[232] CMST. *Relatório da fundação, progresso e estado da Colônia militar Santa Teresa na Província de Santa Catharina, apresentado ao Ilmo. e Exmo. Sr. Presidente da Província, pelo Capitão João de Souza Mello e Alvim Diretor interino da mesma Colônia, 1856.* Folhas 2 e 3. IHGSC.

onde fica a Guarda-Velha. Ali faltavam todas as coisas necessárias, até água potável, juntamente com terra apropriada para a agricultura e abundante espaço para habitações[233].

Depois dos trabalhos de reconhecimento do sertão, feitos pelo capitão João de Souza Mello Alvim, foram escolhidas as margens do rio Itajaí do Sul para o estabelecimento definitivo da colônia. Nesse local foram encontradas as condições necessárias para o estabelecimento agrícola que se pretendia criar. Contudo, nessas terras viviam, desde o ano de 1840, Serafim Muniz de Moura e seus familiares. Por ser um terreno ocupado por mais de 10 anos, havia pequenas partes de mata derrubada.

Em junho de 1854 os soldados coloniais acompanhados de seus familiares instalaram-se, de modo permanente, na margem direita do rio Itajaí[234]. Os primeiros trabalhos dos colonos consistiram em levantar ranchos para abrigo à beira da estrada e no desmatamento do lugar para a povoação. Nas clareiras que abriram na mata plantaram milho, feijão e abóboras.

Desde o início, já se destacava o papel do diretor na colônia. Conforme relatava em 1855, João de Souza Mello Alvim, ao retornar para a colônia, chamou sua atenção a desordem dos ranchos que ainda estavam nos lugares primitivos. Desse modo, o diretor ordenou que se levantassem todas as casas nos pontos de alinhamento demarcado. Nessa oportunidade, além de construírem casas melhores que as anteriores, construiu-se também uma casa para a diretoria da colônia, toda de paredes de tijolos, assoalhada, com divisórias e em parte forrada com tábuas e coberta de largas calhas de cedro[235].

---

[233] AVÉ-LALLEMANT, *op. cit.*, p. 108-109.

[234] CMST. *Relatório da fundação, progresso e estado da Colônia militar Santa Teresa na Província de Santa Catharina, apresentado ao Ilmo. e Exmo. Sr. Presidente da Província, pelo Capitão João de Souza Mello e Alvim Diretor interino da mesma Colônia, 1856.* Folha 4. IHGSC. SANTA CATARINA. Relatório do presidente da província de Santa Catarina, João José Coutinho, em 1.º de março de 1855, p. 10.

[235] CMST. *Relatório da fundação, progresso e estado da Colônia militar Santa Teresa na Província de Santa Catharina, apresentado ao Ilmo. e Exmo. Sr. Presidente da Província, pelo Capitão João de Souza Mello e Alvim Diretor interino da mesma Colônia, 1856.* Folha 5. Acervo: IHGSC.

A presidência da província havia contratado o alemão Antônio Vicente para realizar a medição de uma légua de terras e os lotes para os colonos que se instalariam na colônia militar de Santa Teresa. O capitão João de Souza Mello Alvim, em seu retorno à colônia, encarregou-se de verificar as medições feitas por Antônio Vicente.

Figura 1 – Planta da casa para o capelão e para a escola de primeiras letras da colônia

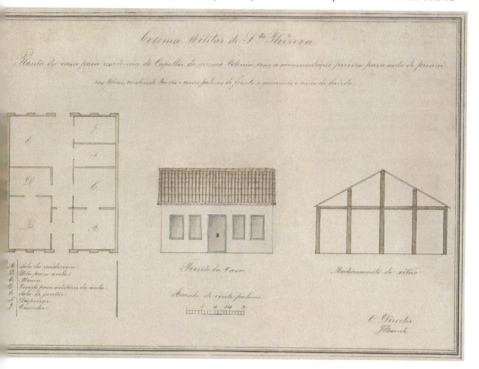

Fonte: CMST. Planta da casa para o capelão e para a escola de primeiras letras da colônia. Acervo IHGSC.

Assegurar boas condições ao caminho e instalar a colônia em um ponto estratégico que atendesse aos interesses da administração provincial e dos habitantes locais revelou-se uma tarefa desafiadora. Implantada no interior de Santa Catarina, nas margens da rota que ligava a Ilha de Santa Catarina à vila de Lages, a colônia estabeleceu-se em uma área previamente ocupada. Primeiro, por uma antiga guarda militar instalada nos contrafortes da Serra do Trombudo, no final do século XVIII. Mais tarde, nas proximidades, onde um colono já cultivava suas terras em um trecho plano, junto a uma ampla curva do rio Itajaí do Sul.

Com o local definido, a colônia de Santa Teresa se tornaria o cenário de inúmeros acontecimentos que se entrelaçam com a história da região e serão explorados nos capítulos a seguir. Neles, conheceremos as pessoas que compunham a colônia, o trabalho que ali empreenderam e as relações interpessoais que definiram sua convivência.

# 3

# VISLUMBRES DE UM "DEMÔNIO COM ASAS CORTADAS"[236]
## as pessoas que viviam na colônia militar de Santa Teresa

Nos capítulos anteriores, foram explorados o sistema de colonização militar no Brasil, suas características e, em especial, a instalação da colônia de Santa Teresa no interior de Santa Catarina. Agora, o olhar se volta para as pessoas que ali viviam, desvelando, nos registros históricos, fragmentos de suas identidades e de seu cotidiano.

Em junho de 1858, o médico alemão Robert Avé-Lallemant passou pela colônia e, com um misto de admiração e inquietude, descreveu-a como "um grito de 'quem-vem-lá'". Ele a observou no profundo vale do rio Itajaí do Sul, registrando:

> De fato, não posso descrever com mais brevidade nem com mais rigor a impressão que, no profundo abismo, me produziu a colônia militar de Santa Teresa, na margem do sussurrante Itajaí, do que comparando toda a colônia com um grito de "quem-vem-lá". Desde Lages, a primeira igreja, pequena e modesta; desde Lages, o primeiro ponto comparável a uma aldeia, uma colônia, um grande agrupamento humano reunido para a defesa e para o ataque [...][237].

---

[236] Referência ao autor de nota publicada no jornal *O Despertador*, a respeito da colônia militar de Santa Teresa. *O Despertador*, n. 723, ano VIII, desterro, 1.º de janeiro de 1870. Hemeroteca Digital Brasileira.

[237] AVÉ-LALLEMANT, *op. cit.*, 1980, p. 108.

Mas quem eram essas pessoas que, em meados do século XIX, no interior de Santa Catarina, gritavam "quem-vem-lá" aos tropeiros e viajantes que percorriam o caminho entre as vilas de São José e Lages, quando esses aproximavam-se da colônia militar de Santa Teresa? Embora o médico alemão tenha registrado, entusiasmado, sua passagem pela colônia, em seu relato não foram registrados detalhes acerca de seus habitantes, tampouco dos soldados e oficiais do Exército brasileiro que trabalhavam naquele destacamento.

Para alcançar as respostas possíveis a essa pergunta, é necessário, antes de tudo, conhecer melhor as principais características do Exército brasileiro e dos homens que o formavam durante o século XIX. Nos dias de hoje, essa instituição possui certo grau de autonomia, com regras e normas próprias que ordenam o seu funcionamento (contingente, comportamento de seus integrantes, sistema de promoções na carreira etc.). O pensamento mais comum relativo aos homens que trabalham no Exército – os militares (oficiais e soldados) – remete à ideia de um profissional com habilidades técnicas específicas e que, durante anos de treinamento e formação, incorporou um conjunto de valores e de atitudes baseadas, de preferência, na disciplina. Entretanto, esses modelos – o do Exército, oficiais e soldados – são mais recentes no Brasil e foram construídos, pouco a pouco, desde o século XIX.

### 3.1 O EXÉRCITO DURANTE O PERÍODO IMPERIAL BRASILEIRO

Na primeira metade do século XIX, o Exército brasileiro caracterizou-se como uma instituição bastante acanhada e formada por batalhões de mercenários estrangeiros. Na segunda metade do século, porém, o Exército fortaleceu-se depois dos conflitos na região Cisplatina. A Constituição de 1824 pode ser considerada um marco formal da organização do exército nacional[238]. Um dos atos mais importantes para a formação do Exército brasileiro, no decorrer do primeiro

---

[238] COSTA, Wilma Peres. *A espada de Dâmocles*: o exército e a Guerra do Paraguai. São Paulo: HUCITEC, 1996, p. 41.

império, foi o decreto de 1.º de dezembro de 1824. Por meio desse, procurou-se dar uma organização mais racional aos Corpos de 1.ª e 2.ª linha do Exército (foram atribuídos números às diversas unidades, o que tornou esses corpos mais funcionais)[239]. A 2.ª linha era composta pelos corpos de milícias e de ordenanças. Esses, em geral, eram formados por homens negros, mulatos, brancos e indígenas, oriundos das camadas mais pobres da sociedade brasileira.

Nos primeiros tempos, os corpos do Exército brasileiro mantiveram-se incompletos e compostos de elementos bastante heterogêneos. Diversos batalhões de mercenários estrangeiros, que eram contratados na Europa, faziam parte dessa instituição. Em 1823 foi criado o primeiro regimento de estrangeiros, seguindo-se depois a organização de outros regimentos na medida em que chegavam da Europa novas levas de mercenários[240]. Esses batalhões eram formados, em especial, por soldados e oficiais alemães[241].

A utilização de tropas mercenárias pelo governo era a maneira mais conveniente de enfrentar os conflitos internos que perduraram por todo o primeiro império e período regencial[242]. Mas, além desses conflitos, esses batalhões também foram necessários em contendas na região Cisplatina. Em 1825, por exemplo, Dom Pedro I, ao envolver-se em uma guerra contra a Argentina e o Uruguai, viu-se incapaz de recrutar um número suficiente de soldados no Brasil. Em decorrência disso, o imperador contratou mais mercenários irlandeses e alemães[243].

Em 20 de dezembro de 1830, um decreto dissolveu todos os batalhões de estrangeiros[244]. Em seguida, como aponta Wilma Peres Costa, a necessidade de preservar a unidade territorial diante de ameaças internas e externas motivou

---

[239] BRASIL. *Coleção de Leis do Império de 1824*. Decreto de 1.º de dezembro de 1824, p. 88.

[240] COSTA, Samuel Guimarães da. *Formação democrática do Exército brasileiro*. Rio de Janeiro: Biblioteca do Exército, 1957, p. 122.

[241] Muitos desses, ao deixarem o Exército, transformaram-se em colonos e seguiram para as províncias do Sul.

[242] COSTA, *op. cit.*, 1957, p. 123.

[243] SCHULZ, John. *O exército na política*: origens da intervenção militar – 1850-1894. São Paulo: Editora da Universidade de São Paulo, 1994. p. 25.

[244] BRASIL. *Coleção de Leis do Império do Brasil de 1830*. Decreto de 20 de dezembro de 1830, p. 55.

esforços para melhorar a força armada profissional no final da década de 1840 e ao longo da década de 1850. No entanto, esses esforços foram limitados pela persistência da ordem escravista, resultando em avanços mais significativos na profissionalização e burocratização dos oficiais do que no recrutamento das tropas, onde dificuldades crônicas persistiram durante todo o período imperial[245].

O ano de 1850 marcou também uma virada na história do Exército. O estudioso norte-americano John Schulz afirma que o Ministro da Guerra, Manoel Felizardo de Souza e Mello, inspirado pela nova prosperidade do Brasil e pelos exemplos dos países "avançados", realizou uma profunda reforma na lei de promoções. Ele estabeleceu requisitos rigorosos de antiguidade e ofereceu prêmios por instrução, permitindo que homens de origens modestas competissem por promoções com os filhos da elite[246].

A lei n.º 585[247], de 6 de setembro de 1850, instituiu normas rígidas de promoção por antiguidade e suprimiu o sistema aristocrático que permitia a oficiais bem relacionados atingir os altos postos de comando ainda muito jovens[248]. Essa lei foi, ao mesmo tempo, resultado e estímulo para a profissionalização do corpo de oficiais. Como consequência dessa legislação, os oficiais do exército afastaram-se, cada vez mais, da imagem de uma força privilegiada tradicional do antigo regime para transformarem-se em uma corporação mais ou menos profissionalizada e racional[249]. Assim, John Schulz localiza aí a raiz da conscientização política do Exército brasileiro em um período anterior à Guerra do Paraguai.

É importante notar que, ao tratar da formação do Exército brasileiro, é impossível deixar de falar da Guerra do Paraguai. Esse conflito, que envolveu o Brasil, a Argentina, o Uruguai e o Paraguai, durante os anos de 1864 a 1870, afetou o conjunto da sociedade brasileira e exigiu recursos e a ação

---

[245] COSTA, *op. cit.*, 1996, p. 143.

[246] SCHULZ, *op. cit.*, 1994, p. 24.

[247] BRASIL. *Coleção das Leis do Império do Brasil de 1850*. Rio de Janeiro: 1851, Tipografia Nacional. Decreto 585, 6 de setembro de 1850, p. 276.

[248] SCHULZ, *op. cit.*, 1994, p. 26.

[249] *Ibid.*, p. 27.

centralizada do governo. Nesse período, o país passou por profundas mudanças em sua estrutura social e econômica. O fornecimento de escravos decaiu e a lavoura de café no Oeste da província de São Paulo expandiu-se. Surgiram as manufaturas, ampliou-se a infraestrutura de serviços, montaram-se pequenas fábricas, intensificou-se a imigração europeia e a urbanização.

Antes da guerra, o Exército mantinha um contingente bastante reduzido, sendo em grande parte estruturado pela própria organização da Guarda Nacional. Essa força obedecia ao poder central, mas estava subordinada ao Ministério da Justiça, servindo aos interesses dos senhores e grandes proprietários de terras, que exerciam sua autoridade local de forma direta. Assim, o Exército nacional parecia complementar o aparato militar da Guarda Nacional. Segundo Ricardo Salles, o efetivo era pequeno, e os quadros superiores eram recrutados entre membros da classe dominante. Sua função principal era garantir que a estrutura militar, baseada nos corpos da Guarda Nacional, pudesse ser utilizada de maneira centralizada e coordenada[250].

A Guarda Nacional era, antes de tudo, uma milícia civil concebida para reduzir a exclusividade do Exército nos meios de coerção, diminuindo assim as possibilidades de concentração da violência em mãos de uma única autoridade. Contrariando a opinião de Ricardo Salles, a historiadora Wilma Peres Costa acredita que, em vez de complementar o Exército, essa instituição foi criada para neutralizá-lo e, ao longo de sua existência, atuou como um obstáculo à sua consolidação. A Guarda Nacional enfraquecia de forma constante o recrutamento militar, sendo também responsável pela convocação das tropas de linha. Esse poder era utilizado como um instrumento de perseguição político-partidária[251].

A Guerra do Paraguai, devido à sua magnitude e ao envolvimento de Estados nacionais centralizados, levou o Império brasileiro a fortalecer o exército regular, que até

---

[250] SALLES, *op. cit.*, p. 58.

[251] COSTA, Wilma Peres. *A espada de dâmocles*: o exército e a Guerra do Paraguai. São Paulo: HUCITEC, 1996. p. 54.

então cumpria apenas funções secundárias[252]. O processo de criação de uma instituição militar centralizada, contudo, já havia começado antes da guerra, com a reforma da Guarda Nacional em 1850. Ao eliminar privilégios locais na organização dos corpos militares, essa reforma revelou o projeto de concentrar o poder repressivo nas mãos do governo central[253].

A partir de 1837, a reação às ameaças de fragmentação da unidade nacional e de colapso do sistema monárquico atingiu seu ponto máximo no movimento conhecido como Regresso Conservador. Esse processo restaurou a ordem monárquica, antecipando a maioridade do imperador e reativando os instrumentos de poder que haviam sido suspensos ou enfraquecidos durante o período regencial. Desse movimento surgiram a Lei de Interpretação do Ato Adicional, a reforma do Código de Processo e a centralização da Guarda Nacional[254]. Para a historiadora Wilma Peres Costa, a necessidade de conter as forças agrárias dissidentes na segunda fase das rebeliões regenciais impulsionou a reorganização do exército, cuja consolidação ocorreu ao mesmo tempo que o crescimento do poder do centro político[255].

Essas mudanças trouxeram uma nova dinâmica à relação com o poder local, enfraquecendo a influência das elites regionais. A criação do Exército brasileiro, em parte, se opôs ao arcabouço de poder da classe dominante, resultando em consequências importantes para a estrutura social do Império. Como a economia não se baseava no trabalho livre, havia um número significativo de pessoas disponíveis para o recrutamento[256]. Para Ricardo Salles, ao longo do século XIX, os corpos do Exército brasileiro reuniam "um grande contingente populacional livre, não utilizado no setor principal da produção, sem grande poder de barganha política e social e, consequentemente, disponível para ser recrutado"[257].

---

[252] SALLES, *op. cit.*, 1990, p. 59.

[253] *Ibid.*, p. 111.

[254] COSTA, *op. cit.*, 1996, p. 52-53.

[255] *Ibid.*, p. 53.

[256] SALLES, *op. cit.*, 1990, p. 72.

[257] SALLES, *op. cit.*, 1990, p. 77.

O historiador Fábio Faria Mendes, em seus estudos sobre o recrutamento militar e a formação do Estado no Brasil imperial, aponta que o Império empregou diversos mecanismos de mobilização ao longo do século XIX. Embora o recrutamento forçado tenha sido o principal método, outras formas de alocação também foram utilizadas, moldando de maneira decisiva a organização da prestação militar. Mendes também ressalta a importância de dispositivos legais, como as isenções, substituições e comutações pecuniárias, que tiveram um papel significativo nesse processo e não podem ser ignorados[258].

O engajamento forçado de indivíduos das camadas populares era a forma usual de abastecer o Exército de material humano[259]. De acordo com Ricardo Salles, servir no Exército era visto como um sinal de degradação social, pois os soldados eram recrutados entre os segmentos mais marginalizados da sociedade. Esses indivíduos, rotulados como desocupados, vagabundos e malandros pela ordem e pensamento dominantes da época, carregavam o estigma de serem desqualificados[260]. Ou seja, o serviço militar, longe de ser uma honra, estava associado a um status social inferior. No século XIX, os recrutas eram vistos como membros das camadas menos respeitáveis da sociedade, perpetuando uma visão negativa sobre aqueles obrigados a servir no Exército.

Esses setores da população estavam disseminados em algumas atividades urbanas que rendiam muito pouco, também no campo, onde dedicavam-se a culturas de subsistência e tarefas secundárias ao sistema produtivo escravista[261]. A obra *Votantes pobres no Império*, de Maria Odila Leite Dias, citada por Maria Cristina Cortez Wissenbach, esclarece que "discriminavam-se 'andarilhos, tropeiros e roceiros como 'vadios', desocupados ou ociosos, perseguindo-os com posturas e alvarás de recrutamento para o exército de primeira linha"[262].

---

[258] MENDES, Fábio Faria. *Recrutamento militar e construção do Estado no Brasil imperial*. Belo Horizonte: Argumentum, 2010, p. 47. Grifo do autor.

[259] SALLES, *op. cit.*, 1990, p. 61.

[260] *Ibid.*, p. 62.

[261] SALLES, *op. cit.*, 1990, p. 78.

[262] WISSENBACH, Maria Cristina Cortez. Da escravidão à liberdade: dimensões de uma privacidade possível. *História da Vida Privada no Brasil*. Vol. 3. Coordenador geral da coleção Fernando A. Novais; organizador do volume Nicolau Sevcenko. São Paulo: Cia. das Letras, 1998. p. 57.

Para compreender melhor as formas de recrutamento no período imperial brasileiro, a historiadora Wilma Peres Costa destaca uma limitação evidente do sistema escravista: a restrição na base de recrutamento, já que os escravos não podiam ser recrutados. Na prática, desde o período colonial até o final do século XIX, o recrutamento militar se assemelhava a uma verdadeira caça humana. A população trabalhadora livre fugia dele com medo e aversão[263]. Em outras palavras, o sistema escravista não apenas limitou quem podia ser recrutado, mas também criou um ambiente onde o recrutamento militar era temido e evitado pela população livre. A exclusão dos escravos da conscrição fazia com que a responsabilidade recaísse de forma desigual sobre a população livre, intensificando o estigma e o temor ligados ao serviço militar.

De todo modo, é importante destacar que o tamanho do Exército brasileiro e seu papel na gestão do monopólio estatal da violência o tornaram "a ponte institucional primordial entre o Estado e o submundo 'criminoso' no final do século XIX"[264]. Para o historiador Peter Beattie, "o papel do Exército como carcereiro e força policial constituía uma parte mais consistente de seu trabalho do que o dever transcendental de defender o Brasil de invasões inimigas e de treinar homens para guerras 'convencionais'"[265]. Beattie também demonstra que, embora o Estado não tenha planejado o Exército para desempenhar essa função, ele acabou sendo útil devido às circunstâncias anteriores e às capacidades institucionais limitadas do governo. Em resposta às ameaças percebidas contra a ordem pública, os oficiais de polícia e da justiça transferiam com rapidez centenas de brasileiros livres para servir nos quartéis por no mínimo seis anos[266].

Com esse propósito, o recrutamento forçado operava como uma válvula de escape parcial para prisões civis superlotadas ao incorporar infratores e os "criminalmente" ociosos. Com isso, também "diminuía os custos de julgamento e

---

[263] COSTA, *op. cit.*, 1996, p. 58.
[264] BEATTIE, *op. cit.*, 2009, p. 211.
[265] *Ibid.*, p. 214.
[266] *Ibid.*, p. 211.

aliviava pressões pela construção de novas e caras prisões"[267]. O Exército atuava como um sistema interno de exílio penal, realocando de forma estratégica uma pequena, porém significativa, parcela de homens considerados "perigosos" ou "ociosos". Em algumas regiões, os oficiais trocavam o risco representado por criminosos e vagabundos pela necessidade imediata de reforçar as fileiras locais do Exército[268].

Ao longo do século XIX, a população livre de baixa condição social continuou à margem do sistema econômico escravista dominante. Nas cidades, essas pessoas constituíam "uma multidão de prestadores de pequenos serviços, biscateiros, pequenos comerciantes e artesãos, desocupados, vagabundos e mendigos, marginalizados do processo produtivo principal e do sistema administrativo"[269]. Quase sempre, era nessas camadas da população que se efetuava o recrutamento para as forças militares. Peter Beattie acredita que a maior parte dos homens era recrutada nas cidades brasileiras, mas previne que muitos dos recrutados à força nesses locais tinham emigrado de áreas rurais[270]. Contudo, o historiador Fábio Faria Mendes ressalta que, embora existam evidências claras de que os soldados provinham das classes de homens livres e libertos pobres, a documentação relacionada ao recrutamento não permite delinear com precisão o perfil social e racial dos recrutas. Isso ocorre porque, em geral, as classificações de status e "qualidade" (ou raça) encontradas em documentos como listas nominativas, registros paroquiais, processos-crime e inventários post-mortem raramente estão presentes nas listagens de recrutas[271].

A falta de informações detalhadas impede, portanto, uma compreensão mais aprofundada da composição social do contingente militar, evidenciando um hiato nas fontes históricas que dificultam a análise das condições sociais e raciais que moldavam a sociedade da época. Assim, o recrutamento

---

[267] *Ibid.*, p. 197.

[268] BEATTIE, *op. cit.*, p. 197.

[269] SALLES, *op. cit.*, 1990, p. 79.

[270] BEATTIE, *op. cit.*, p. 201.

[271] MENDES, *op. cit.*, 2010, p. 45.

militar não apenas reflete a realidade socioeconômica, mas também revela as limitações das documentações disponíveis, que não conseguem capturar a rica complexidade da diversidade social.

Os recrutados para o Exército brasileiro estavam associados à degradação social, sendo considerados "uma espécie de pária na sociedade"[272]. Fábio Faria Mendes observa que, durante o período imperial, ser soldado implicava enfrentar anos de disciplina severa e arbitrária, além de suportar trabalho extenuante, privações e diversos riscos. Até 1874, a disciplina nas forças armadas, tanto no Exército quanto na Marinha, seguia as diretrizes estabelecidas pelo código do Conde de Lippe, no qual a punição mais comum era o castigo conhecido como "pranchadas" de espada[273].

Por outro lado, grande parte dos oficiais do Exército brasileiro que participaram da Guerra do Paraguai, por exemplo, eram provenientes de camadas da população que desempenhavam funções administrativas, ligadas ao pequeno comércio, profissionais liberais etc., e que podem ser identificados como pertencentes às camadas médias da população brasileira, em especial na segunda metade do século XIX[274].

De acordo com Ricardo Salles, a oportunidade de alcançar o oficialato no Exército brasileiro não foi acessível à população que, em tese, deveria usufruir dos direitos de cidadania. Além dos escravos libertos, a maioria das tropas — composta por negros, mulatos e brancos das camadas mais pobres e marginalizadas — continuou com poucas chances de se tornar oficial[275]. Desse modo, no início do segundo Império, a ascensão ao oficialato do exército permaneceu limitada aos jovens de tradicionais famílias militares. Mantinha-se uma nítida separação social entre comandantes e comandados: os primeiros oriundos sempre das classes médias e abastadas e os segundos das camadas mais pobres da sociedade[276]. Ou seja,

---

[272] SALLES, *op. cit.*, 1990, p. 80.

[273] MENDES, *op. cit.*, 2010, p. 44.

[274] SALLES, *op. cit.*, 1990, p. 106.

[275] *Ibid.*, p. 137.

[276] COSTA, *op. cit.*, 1957, p. 220.

na maior parte das vezes, as promoções e o acesso à carreira militar conservaram-se restritos, além dos proprietários de terras, às camadas médias, que preservavam vínculos fortes com as instituições e o sistema econômico e administrativo imperial[277].

Como se vê, o Exército brasileiro era composto, em grande parte, pelos setores sociais que costumam ser pouco visíveis em nossa história: os homens livres pobres no século XIX. A análise dos documentos relativos à colônia militar de Santa Teresa permitirá conhecer melhor essas pessoas. Um dos principais traços desses setores, característica existente também entre aqueles que vivenciaram a experiência de residir em uma colônia militar, era o viver em movimento.

À margem da economia agroexportadora, essas comunidades enfrentavam uma vida de constante instabilidade, mudando frequentemente de lugar em busca de melhores condições. De acordo com Maria Cristina Cortez Wissenbach, a presença de grupos nômades foi crucial para a configuração de amplas regiões durante os períodos colonial e imperial do Brasil. Em contraste com as áreas de povoamento denso e estável, localizadas nas regiões litorâneas e nos centros urbanos, a mobilidade e a mistura de culturas caracterizavam a vida de pessoas que se deslocavam entre diferentes regiões ou se aventuravam em novas localidades. Essa dinâmica era comum entre os habitantes das zonas rurais, como caipiras e caboclos, além das populações de São Paulo e Minas Gerais, que herdaram traços de seu passado étnico e histórico, manifestando-os por meio de constantes mudanças em seu estilo de vida. Essa situação se refletia nas moradias, capelas e até em bairros rurais deixados para trás, além de anunciar, com suas lavouras itinerantes, a alternância nas práticas agrícolas. Os deslocamentos sazonais dos moradores do sertão, que buscavam abrigo nas serras durante as secas e retornavam depois para suas casas, assim como o trabalho de vaqueiros e domadores de cavalos nas vastas planícies do Sul e na pecuária nordestina, também evidenciavam essa realidade. Essa

---

[277] SALLES, op. cit., 1990, p. 137-138.

prática, que persistiu ao longo dos séculos, deixou marcas profundas nas formas de subsistência, refletindo uma vida simples e uma resistência à acumulação de bens[278].

A historiadora Maria Sylvia Carvalho Franco, na década de 1960, defendeu tese de doutorado na qual procurou reconstruir as relações comunitárias dos homens livres pobres na província de São Paulo durante o século XIX. Seus estudos reforçam a concepção de que essa parcela da sociedade brasileira sobrevivia à margem do sistema mercantil em que predominavam as *plantations*. Essa percepção, ao realçar a marginalidade desses atores sociais, consolidou uma concepção simplificadora do passado. Porém, acredita-se que esses homens tenham participado da construção de um mercado interno, bem como tenham experimentado e cultivado novos produtos agrícolas, criado e recriado estratégias de sobrevivência para salvaguardar os seus poucos recursos[279]. Para Maria Sylvia de Carvalho, "embora os homens livres e pobres tenham permanecido apartados da produção para o mercado, este setor localizou-os na estrutura social e definiu o seu destino"[280]. E, quanto ao deslocamento constante dessas populações, essa autora asseverou que "foi a marginalização sofrida por esses homens que fez do trânsito o seu estado natural, conservando-os efetivamente como andarilhos. Sem vínculos, despojados, a nenhum lugar pertenceram e a toda parte se acomodaram"[281].

Assim, o diretor da colônia militar de Santa Teresa afirmou que:

> [...] diminuindo-se o pessoal laborante nas escusas aos que tem completado seu tempo de praça, cujos indivíduos escusos sendo de condição dos viciosos, vadios e preguiçosos já por

---

[278] WISSENBACH, Maria Cristina Cortez. Da escravidão à liberdade: dimensões de uma privacidade possível. *História da Vida Privada no Brasil*. Vol. 3. Coordenador geral da coleção Fernando A. Novais; organizador do volume Nicolau Sevcenko. São Paulo: Cia. das Letras, 1998. p. 56.

[279] MOTTA, Márcia Maria Menendes. Caindo por terra (historiografia e questão agrária no Brasil do século XIX). *In*: GIRBAL-BLACHA, Noemí; VALENCIA, Marta (coord.). *Agro, tierra y política*. Debate sobre la historia rural de Argentina y Brasil. La Plata: Red de Editoriales Universitarias, 1998. p. 65-79.

[280] FRANCO, Maria Sylvia de Carvalho. *Homens livres na ordem escravocrata*. 4. ed. São Paulo: Fundação Editora da Unesp, 1997, p. 15.

[281] FRANCO, *op. cit.*, 1997, p. 34.

esta Diretoria tantas vezes narrado, tem tido de retirar-se da colônia onde só com estipêndio poderiam permanecer, ou se encontrassem serviço a jornal, que na colônia pouco há, pois que as aspirações de tais criaturas não passa da de maus jornaleiros que no fim do dia, ou da semana recebendo a paga correm para a taberna, ou para o jogo, e outras dissipações, deixando em mísero conflito com a inteligência as desgraçadas famílias. É por esse motivo que ao concluírem o tempo de serviço a que eram obrigados, nada tendo fundado na colônia mais que casebres de palha, que nada valem, e dívidas insolúveis a diversos, que deles confiaram suas jornadas, por verem-se livres desses credores, com ansiedade esperam as escusas para retirarem-se do lugar, e irem a outra parte iludir a quem os desconhecer e mesmo ao Governo por novos engajamentos, quando eles por mau comportamento não servem ser novamente admitidos[282].

Durante o século XIX, os homens livres pobres eram vistos como pessoas de pior qualidade e tornavam-se alvo de constante vigilância e de controle exercido, sobretudo, pela polícia, pelo poder político e também por parte da própria sociedade. Não à toa que, nos relatórios dos diretores das colônias militares, dos presidentes de província e dos ministros do Império, o discurso a respeito dessas pessoas é bastante semelhante ao ponto de vista dos senhores de escravos e de boa parte das camadas sociais ligadas ao poder. De acordo com Lúcio Kowarick, desde os tempos coloniais, os livres e libertos foram marginalizados e muitas vezes não tiveram acesso à «escola do trabalho». Como resultado, muitos se tornaram itinerantes, vagando pelos campos e cidades. Os senhores os viam como uma massa inútil, que preferia a vagabundagem, o vício ou o crime à disciplina do trabalho[283].

---

[282] CMST. *Ofício ao Ministro e Secretário do Estado dos Negócios de Guerra*. João Francisco Barreto, tenente coronel diretor. Colônia militar de Santa Teresa, 12 de janeiro de 1863. Folhas 1-2. Acervo: IHGSC.
[283] KOWARICK, Lúcio. *Trabalho e vadiagem*: a origem do trabalho livre no Brasil. 2. ed. Rio de Janeiro: Paz e terra, 1994. p. 43.

## 3.2 ALGUNS INDÍCIOS A RESPEITO DAS PESSOAS QUE VIVIAM NA COLÔNIA

A busca por respostas à pergunta que inicia este capítulo lança mão de importantes acervos documentais produzidos, de preferência, por autoridades militares – da colônia militar de Santa Teresa e do Exército brasileiro – ao longo da segunda metade do século XIX. Os documentos selecionados nesses acervos foram os mapas do pessoal da colônia, os relatórios mensais dos trabalhos realizados, os ofícios e as correspondências que tratam da entrada e saída de soldados e oficiais da colônia e os pedidos de terra.

Os mapas populacionais, compostos de um quadro com o número de pessoas existentes na colônia, fornecem dados relativos não apenas à quantidade de moradores, mas também da origem desses, a cor de pele e a faixa etária da população. Esses documentos eram confeccionados, em geral, no início de cada ano, e os dados correspondiam ao ano anterior ao da feitura do mapa. Há, também, mapas populacionais mensais, porém mais raros. Por meio desses é possível saber, por exemplo, de qual província os moradores da colônia eram provenientes e como eram compostas as suas famílias (se de pessoas jovens ou mais idosas, com poucos ou muitos filhos etc.).

Os relatórios mensais dos trabalhos realizados na colônia eram compostos, na maior parte das vezes, de três parágrafos. A última parte do texto referia-se ao número de nascimentos e de mortes ocorridas na colônia em um determinado mês. Com base nesses documentos é possível ter uma ideia de quantas pessoas nasciam e morriam em diferentes épocas do ano[284].

Os pedidos de terra, por outro lado, revelam um dos motivos pelo qual as pessoas, na segunda metade do século XIX, eram atraídas para viverem no interior do país, como, por exemplo, nas colônias militares. Esses documentos foram encontrados, na

---

[284] Relacionados a esses relatórios encontram-se os mapas das patologias, preparados pelo oficial cirurgião da colônia no início de cada mês, os quais não serão utilizados neste estudo. Os mapas são compostos de um quadro com duas colunas: uma com o tipo de doença e outra com o número de pacientes doentes. Esses mapas permitem o conhecimento das causas mais comuns de adoecimento e mortes na colônia.

maior parte, no Arquivo Público do Estado de Santa Catarina, sobretudo nos acervos referentes ao período imediato após a Guerra do Paraguai. Isso porque, durante a guerra, o Governo imperial ordenou a publicação do decreto n.º 3.371, de 7 de janeiro de 1865, pelo qual os voluntários que lutassem naquela guerra, e não fossem guardas nacionais, teriam, além do soldo, mais 300 réis diários, uma gratificação de 300$000 réis quando tivessem direito à baixa "e um prazo de terras de 22.500 braças quadradas nas colônias militares ou agrícolas"[285].

Além desses documentos é necessário analisar partes importantes do regulamento da colônia, o qual foi aprovado pelo decreto n.º 2.125, de 13 de março de 1858[286]. A parte inicial do regulamento da colônia militar de Santa Teresa demarca, com clareza, quais eram as pessoas que preencheriam aquele local. Os soldados do Exército brasileiro, na perspectiva de uma parte considerável da sociedade brasileira no século XIX, não eram, na ocasião em que o regulamento foi redigido, os elementos mais desejados para compor a colônia. Para justificar a inserção de uma nova categoria de colonos – a de colonos civis – no regulamento da colônia, o presidente da província de Santa Catarina, João José Coutinho, afirmou que

> [...] a maior parte dos soldados acostumados à vida de quartéis são pouco aptos para os trabalhos da lavoura, que satisfeitos com o soldo [...] não se dão aos trabalhos agrícolas, gastando os dias que lhes pertencem pela maior parte na caça ou em puro ócio[287].

Os colonos civis, e não militares, é que poderiam, de acordo com o presidente da província, proporcionar maiores contribuições para o desenvolvimento da colônia.

---

[285] BRASIL. *Coleção das Leis do Império do Brasil de 1865*. Rio de Janeiro: Tipografia Nacional, 1866. Artigo 2.º, Decreto 3.371, 7 de janeiro de 1865, p. 1.

[286] BRASIL. *Coleção de Leis do Império do Brasil de 1858*. Rio de Janeiro: Tipografia Nacional, 1858. Decreto n. 2.125, p. 151.

[287] SANTA CATARINA. *Ofício ao Ministro e Secretário de Estado dos Negócios do Império, Marquês de Olinda, contendo o regulamento para a colônia militar de Santa Teresa*. João José Coutinho, presidente da província de Santa Catarina. Palácio do Governo de Santa Catarina, 12 de agosto de 1857. Folhas 62-63. Acervo: Registro do presidente de província para Ministério do Império (1854/1858). APESC.

No artigo 2.º do regulamento foi estabelecido o número de colonos militares que deveriam servir na colônia: 67 praças de pret[288]. Na parte central da colônia viveriam 45 praças de pret. Nos dois lados dessa parte, distantes duas ou três léguas, viveriam outros 22 praças de pret, 11 de cada lado do caminho para Lages[289].

Pelos artigos 3.º e 4.º era permitido, além dos praças de pret (os de 1.ª classe), a entrada de colonos paisanos (de 3.ª classe)[290] e operários (de 2.ª classe). Aos que almejassem viver na colônia, além de solicitarem permissão ao presidente de província[291], deveriam ser lavradores casados ou viúvos com filhos, nacionais ou estrangeiros.

A opção por colonos civis era comum entre os diretores da colônia militar de Santa Teresa. O relatório de janeiro de 1865 confirma a predileção por esses colonos. Nas palavras do diretor:

> Proponho, pois, segundo me tem mostrado a experiência de que os melhores colonos são aqueles que partem imediatamente da classe paisana para a militar sem o contágio da nossa desmoralizada tarimba: o que se demonstra pelos três mais prósperos que conta este estabelecimento, que são Guilherme Ferreira da Cunha, Manoel José Ferreira e Martinho Paulino Pereira, aos quais em tempo da administração do Sr. Doutor João José Coutinho, no começo deste estabelecimento, por sua ordem se lhes abriu praça como de

---

[288] Por "praça de pret" (ou "praça de pré"), entende-se, de modo geral, os militares na graduação de soldado. O termo "pret" está relacionado à forma como os vencimentos eram pagos: de maneira antecipada. Esse tipo de pagamento antecipado era destinado aos militares que recebiam seus salários diariamente ou por períodos curtos, sempre inferiores a um mês. No Brasil, durante o século XIX, soldados, cabos e sargentos costumavam ser remunerados por diárias. Assim, o termo "praça de pret" refere-se não apenas a uma graduação militar específica, mas também ao modo de pagamento dos praças do Exército brasileiro.

[289] SANTA CATARINA. *Regulamento para a colônia militar de Santa Teresa.* João José Coutinho, presidente da província de Santa Catarina. Palácio do Governo de Santa Catarina, 12 de agosto de 1857. Artigo 2.º. Folha 63. Acervo: Registro do presidente de província para Ministério do Império (1854/1858). APESC.

[290] No século XIX, o termo "paisano" tinha o mesmo sentido de "civil" e, em algumas circunstâncias, poderia significar "camponês". Neste estudo, porém, a expressão "paisano" será utilizada como característica daqueles homens que não eram militares.

[291] SANTA CATARINA. *Regulamento para a colônia militar de Santa Teresa.* João José Coutinho, presidente da província de Santa Catarina. Palácio do Governo de Santa Catarina, 12 de agosto de 1857. Artigos 3.º e 4.º. Folha 63. Acervo: Registro do presidente de província para Ministério do Império (1854/1858). APESC.

1.ª classe, sendo eles paisanos: submetendo minha humilde
e subordinada opinião proponho digo que seja esta diretoria
autorizada com aprovação do Governo da Província a abrir
praça como do exército aos indivíduos que se queiram alistar
para esta colônia, sujeitos ao regime dos Artigos de Guerra,
e puníveis no caso desviante de conduta enviados para os
corpos do mesmo exército[292].

Nesse relatório, o diretor informou também características gerais dos soldados do Exército brasileiro e a necessidade
de contê-los por meio de castigos corporais. E, ao levar em
conta essas características, insistiu:

[...] visto a classe de que ainda infelizmente é composto o
nosso exército, que não pode dispensar os castigos corporais
afim de conter nos limites da ordem indivíduos sem educação moral nem religiosa, e perdidos em toda sorte de vícios
e maus costumes, como são os que a polícia recruta para o
nobre serviço das armas; e mesmo muitos dos voluntários
que pouco diferem daqueles; vendo-se a diretoria embara-
çada para puni-los por não contar com 3 oficiais de patente
para a composição dos Conselhos Peremptórios, peço faculdade para que possa servir nos ditos conselhos o sargento
ajudante e escrivão desta colônia José Joaquim d'Oliveira,
atenta a inconveniência de mandar os culpados à Capital da
Província, 19 a 20 léguas desta colônia, por maus caminhos
com as testemunhas e parte acusatória, para no fim de todo
esse trabalhoso incômodo e delonga, ser a diretoria autorizada a mandar aplicar 10, ou 12 pranchadas: quando nada há
mais proveitoso para a disciplina como a imediata punição
dos delitos por processos o mais sumariamente possível[293].

---

[292] CMST. *Relatório da colônia militar de Santa Teresa, dirigido ao Governo Imperial pela 2.ª Diretoria do
Ministério dos Negócios da Guerra, correspondente ao ano de 1864 e apresentado ao Exmo. Governo desta
província de Santa Catarina. João Francisco Barreto, tenente coronel diretor.* Folhas 7 e 8. Colônia militar
Santa Teresa, 11 de janeiro de 1865.

[293] CMST. *Relatório da colônia militar de Santa Teresa, dirigido ao Governo Imperial pela 2.ª Diretoria do
Ministério dos Negócios da Guerra, correspondente ao ano de 1864 e apresentado ao Exmo. Governo desta
província de Santa Catarina. João Francisco Barreto, tenente coronel diretor.* Folhas 8 e 9. Colônia militar
Santa Teresa, 11 de janeiro de 1865.

As punições descritas nesse relatório, além de reforçarem as escolhas realizadas pelos diretores a respeito das pessoas que deveriam compor a colônia, apontam para as justificativas de expulsões, as quais eram previstas nos últimos artigos do regulamento. Sobre esse tema, o artigo 38, por exemplo, estabelece que:

> Os colonos que por turbulentos, rixosos, viciosos e por mau comportamento se tornarem perigosos ao sossego e à moralidade da colônia serão mandados sair com aprovação do Presidente da Província; e os militares que ainda não tiverem completado o tempo de serviço o irão preencher no Exército[294].

O artigo 43 prescrevia que "sem o consentimento do diretor, ninguém poderá estabelecer-se na colônia e nem nela residir por qualquer tempo que seja"[295]. A proibição de escravos na colônia estava prevista no artigo 44 do regulamento[296]. Entretanto, havia exceção para a regra: aqueles que possuíam escravos e terras naquela localidade antes da instalação da colônia[297].

Quanto aos oficiais do Exército, o presidente da província poderia suspender o diretor quando considerasse necessário. No entanto, era necessário comunicar, de imediato, ao governo no Rio de Janeiro, o ato e os seus motivos. Para a demissão de qualquer empregado da colônia, soldados e oficiais, eram indispensáveis as informações fornecidas pelo diretor[298].

---

[294] SANTA CATARINA. *Regulamento para a colônia militar de Santa Teresa. João José Coutinho, presidente da província de Santa Catarina. Palácio do Governo de Santa Catarina, 12 de agosto de 1857.* Artigo 38. Folha 69. Acervo: Registro do presidente de província para Ministério do Império (1854/1858). APESC.

[295] *Idem.*

[296] Porém, mais adiante, na análise dos mapas populacionais será constatada a existência de escravos na colônia, dos quais não foi possível averiguar os seus donos.

[297] *Idem.*

[298] SANTA CATARINA. *Regulamento para a colônia militar de Santa Teresa.* João José Coutinho, presidente da província de Santa Catarina. *Palácio do Governo de Santa Catarina, 12 de agosto de 1857.* Artigo 50. Folha 70. Acervo: Registro do presidente de província para Ministério do Império (1854/1858). APESC.

## 3.3 OS MORADORES DAS COLÔNIAS MILITARES

Entre os colonos civis, o sistema de colonização militar brasileiro permitiu também o ingresso de colonos estrangeiros. Para a colônia de Santa Teresa, em princípio, foram previstos alguns colonos portugueses[299]. A colônia de Óbidos, na província do Pará, por exemplo, recebeu em 1855 em torno de 224 imigrantes. Em 1862, a colônia militar de Avanhandava, na província de São Paulo, recebeu algumas famílias alemãs[300].

Por vários motivos, a população das colônias militares, contabilizados os colonos civis e os soldados do Exército brasileiro, manteve-se pequena. Muitos soldados que serviam nas colônias militares, durante a Guerra do Paraguai, foram reincorporados aos seus antigos regimentos[301]. Outros abandonavam as colônias porque não recebiam seus salários, como é o caso dos soldados da colônia militar de Iguaçu, na província do Paraná. Em 1898, o ministro da Guerra, João Thomaz Cantuária, ao fazer referência às deserções nessa colônia, afirmou que alguns soldados do pequeno contingente destacado para o serviço desertavam devido a várias razões. Entre elas estavam a facilidade de fuga para territórios estrangeiros próximos, a falta de subordinados confiáveis e o atraso no pagamento de salários[302].

Alguns colonos deixavam as colônias militares porque essas eram consideradas inseguras, como ocorreu, por exemplo, na de Santa Teresa:

> A população da colônia militar de Santa Teresa, que continua sob a direção do capitão Fernando Antônio Cardozo, vai

---

[299]  BRASIL. Ministério do Império. *Relatório do ano de 1854 apresentado a Assembleia Geral Legislativa na 3.ª Sessão da 9.ª Legislatura*. Ministro e Secretário de Estado dos Negócios do Império Luiz Pedreira do Couto Ferraz. Rio de Janeiro: Tipografia Universal de Laemmert, 1855, p. 64.

[300]  WOOD, *op. cit.*, 1972, p. 74.

[301]  RIO GRANDE DO SUL. *Relatório com que o Exmo. Sr. Dr. João Sertório, presidente da província do Rio Grande do Sul, passou a administração da mesma ao Exmo. Sr. Dr. João Capistrano de Miranda e Castro, 1.º vice-presidente, no dia 29 de agosto de 1870*. Porto Alegre: Tipografia Rio Grandense, 1870, p. 63.

[302]  BRASIL. *Relatório referente ao ano de 1897, do Ministro da Guerra, João Thomaz Cantuária*. Rio de Janeiro, 1.º de maio de 1898, p. 51.

decrescendo progressivamente. Durante o ano findo retiraram-se 77 colonos entre adultos, menores, solteiros e casados. Esta colônia, situada em terras férteis à margem do rio Itajaí, e em lugar apropriado para garantir não só a segurança dos que transitam entre São José e Lages, como também servir de centro auxiliador dos que se estabelecem naqueles sertões infestados de gentios, merece atenção dos poderes públicos.

Escolas, um sacerdote e alguma força para garantia dos lavradores, contra os ataques dos bugres, são as necessidades mais urgentes, que primeiro devem ser satisfeitas pelo governo geral como já tive ocasião de solicitar[303].

A frequente ameaça de ataques indígenas assombrava os colonos. Embora uma das razões do governo imperial ao criar as colônias militares fosse a de civilizar as populações indígenas que habitavam o interior do território brasileiro, as primeiras décadas de colonização foram marcadas por sérios conflitos entre as populações indígenas e os moradores das colônias. Os relatos desses ataques descrevem o assassinato de pessoas, a devastação de pequenas plantações, a destruição e a pilhagem de armazéns.

Não bastassem as condições difíceis de sobrevivência no interior, foram comuns entre os relatórios dos diretores e presidentes de província as reclamações referentes às qualidades das pessoas que compunham as colônias. Em meados do ano de 1864, o diretor da colônia militar de Santa Teresa comunicou ao presidente da província de Santa Catarina que o empobrecimento da colônia era causado pela "falta de remessa de colonos trabalhadores que possam dar incremento à colônia"[304]. Ele relatou que a colônia havia recebido pessoas da extinta Companhia de Pedestres, já corrompidas pelos vícios e sem disciplina, e soldados inválidos que, cansados e sem futuro, eram viciados e habituados à inércia dos quartéis

---

[303] SANTA CATARINA. *Relatório com que ao Exmo. Sr. Dr. Joaquim da Silva Ramalho, 1.º vice-presidente, passou a administração da província de Santa Catarina ao exmo. sr. Dr. José Bento de Araujo, em 14 de fevereiro de 1878*. Desterro. Tipografia Regeneração. 1878, p. 23.

[304] CMST. *Ofício ao presidente da província, Alexandre Rodrigues da Silva Chaves*. João Francisco Barreto, tenente coronel diretor. Colônia militar de Santa Teresa, 2 de julho de 1864. Folha 1. Acervo: IHGSC.

e à frequência das tabernas. A maioria desses indivíduos era solteira, e após algum tempo na colônia, foram obrigados por ordem superior a casarem-se ou a serem removidos do local[305].

O diretor João Francisco Barreto, em sintonia com a opinião de outras autoridades contemporâneas a ele (presidentes de província, ministros de guerra, oficiais do Exército brasileiro etc.), descreveu os soldados e seus familiares que viviam na colônia, nos seguintes termos:

> [...] e quais poderiam achar homens de tal natureza mulheres da rua, libertas que já haviam sido escravas, faltas de moralidade, infiéis e crapulosas. Com tais famílias [...] não era possível esperar delas o amor ao trabalho, a concórdia e harmonia marital, e apego a gleba que generosamente lhes faculta o paternal Governo de Sua Majestade o Imperador, mediante as brandas condições do Regulamento colonial: pela condição de semelhante gente não tem havido estabilidade, e logo que concluem o tempo de serviço, e são escusos, a falta de vencimentos que os mantenham, e não tendo coragem para viver do próprio trabalho se retiram da colônia[306].

E, na tentativa de contornar o estado depauperante da colônia, o diretor solicitou ao presidente da província que

> [...] a Diretoria [fosse] autorizada a abrir praça, em juramento como no Exército, a indivíduos que voluntariamente se queiram alistar, sujeitos a disciplina de praça de 1.ª linha por juramento, e puníveis com o envio para os corpos do Exército no caso de irregularidade de conduta, no sentido que dispõe o Art. 7.º § 2.º do Regulamento da mesma colônia[307].

O governo imperial, em meados do século XIX, pretendia atrair mais pessoas para as colônias militares. Para isso, oferecia uma série de estímulos, nem sempre cumpridos. Para

---

[305] *Idem.*

[306] *Idem*, folhas 1 e 2.

[307] *Idem*, folha 2.

ampliar a pretensa força gravitacional das colônias militares, o governo ofereceu vantagens as quais variavam de acordo com a sorte do alistamento individual. Os auxílios que a corte no Rio de Janeiro oferecia aos potenciais colonos eram diversos. Alguns decretos prometiam aos privados de terra uma chance de tornarem-se proprietários de terra. Não à toa que o projeto de colonização militar estivesse relacionado à Lei de Terras de 1850. O governo também subsidiava a sobrevivência dos colonos e de seus familiares nos primeiros anos de colonização, em forma de ração diária, ferramentas e sementes, na expectativa de facilitar-lhes a fixação.

Atraídos por essas e outras vantagens, ou apenas transferidos para as colônias, muitos trabalhadores livres e pobres brasileiros – soldados do Exército ou civis –, assim como estrangeiros, trabalharam e viveram nessas colônias espalhadas pelo interior do território brasileiro.

## 3.4 OS MAPAS DO PESSOAL DA COLÔNIA E AS RELAÇÕES NOMINAIS

[...] é a base de nossa lei para o fim de conter nos limites da subordinação e da ordem, a classe não só proletária como dissoluta[308] e vadia, onde se vai infelizmente buscar entre nós os indivíduos para soldados[309].

A análise dos mapas do pessoal da colônia permite conhecer melhor o número de pessoas que viviam na colônia militar de Santa Teresa e delinear algumas características dessa população. Sobre os primeiros moradores da colônia, o diretor João Francisco Barreto, em 1863, declarou que

Os indivíduos, ou famílias que para aqui mandaram a princípio foram os de pior qualidade, ou condição. Eu vim encontrar este estabelecimento como a antiga plebe romana, que [agi-

---

[308] Pessoa de maus costumes; depravada, devassa, libertina.

[309] CMST. *Ofício ao presidente de província, Ignácio da Cunha Galvão*. João Francisco Barreto, tenente coronel diretor da colônia. Colônia militar de Santa Teresa, 15 de agosto de 1861. Acervo: IHGSC.

*tubant coumbia more foraram.*] Uma parte de minha ocupação tem sido em acomodar questões de infelicidades, e pôr termo a [ratomicisse?] dessa gente sem religião nem educação civil e moral; e cujos filhos vão seguindo as pegadas dos pais na carreira dos maus hábitos e vícios, a falta da disciplina e máximas da igreja[310].

E, acerca da qualidade dos últimos admitidos na colônia, o diretor afirmou que:

[...] vieram um anspeçada[311] e 10 soldados dos Inválidos, que pertenceram ao Batalhão 12, à serviço nessa Capital, para serem empregados como conviesse até que obtivessem baixa do serviço, mas cada um deles apresentaram tão fortes motivos de incapacidade que unicamente tenho podido dar moderado serviço a um ou outro, e assim mesmo com semanas cortadas[312].

Como fica claro, para os diretores não eram esses os colonos que convinham para que a colônia prosperasse e não eram os que o regulamento previa. No artigo 18 do regulamento vê-se que: "Os colonos militares serão tirados das praças do Exército que tenham pelo menos dois anos de serviço militar, sendo bem morigerados, preferindo-se os que requererem, e dentre estes os casados"[313]. Contudo, de acordo com o diretor: "os que vieram além de lhes faltar morigeração, por serem pela maior parte dados a bebida, e relaxados, só um deles é casado, e com uma mulher insuportável pelo mesmo defeito da embriaguez"[314].

---

[310]  CMST. *Ofício ao presidente da província, Francisco José d'Oliveira.* João Francisco Barreto, tenente coronel diretor. Colônia Militar Santa Teresa, 4 de janeiro de 1864. Folhas 2-3. Acervo: IHGSC.

[311]  Grau militar, graduação de praça entre marinheiro, soldado e cabo.

[312]  *Idem,* folha 4.

[313]  SANTA CATARINA. *Regulamento para a colônia militar de Santa Teresa.* João José Coutinho, presidente da província de Santa Catarina. Palácio do Governo de Santa Catarina, 12 de agosto de 1857. Artigo 18. Acervo: Registro do presidente de província para Ministério do Império (1854/1858). APESC.

[314]  CMST. *Ofício ao presidente da província, Francisco José d'Oliveira.* João Francisco Barreto, tenente coronel diretor. Colônia Militar Santa Teresa, 4 de janeiro de 1864. Folha 5. Acervo: IHGSC.

Quadro 2 - População da colônia militar de Santa Teresa[315]

| Ano | População | Oficiais e soldados |
|---|---|---|
| 1854 | 114 | 51 |
| 1855 | 117 | 46 |
| 1856 | - | 43 |
| 1857 | 130 | - |
| 1858 | 155 | - |
| 1859 | 124 | 47 |
| 1860 | 115 | - |
| 1861 | 125 | 28 |
| 1862 | - | - |
| 1863 | 173 | - |
| 1864 | 164 | 26 |
| 1865 | 168 | 31 |
| 1866 | - | - |
| 1867 | 201 | 26 |
| 1868 | 214 | 19 |
| 1869 | - | - |
| 1870 | - | - |
| 1871 | - | - |
| 1872 | 371 | - |
| 1873 | 442 | - |
| 1874 | 475 | - |
| 1875 | 464 | - |
| 1876 | - | - |
| 1877 | - | - |
| 1878 | - | - |
| 1879 | 464 | 11 |
| 1880 | 493 | 13 |
| 1881 | 518 | - |
| 1882 | 623 | - |
| 1883 | 590 | - |

Fonte: pesquisa do autor.

[315] Baseado nos mapas populacionais emitidos pelos diretores da colônia, nos relatórios dos presidentes de província e nos relatórios dos ministros de Guerra. A ausência de dados, nas fontes, é representada por um traço.

Como já foi visto antes, os ministros do império e os presidentes de província reiteravam a crítica à ociosidade, à embriaguez e aos maus comportamentos dos soldados do Exército brasileiro que eram enviados às colônias militares. Importante, nesse momento, é questionar: o que esperavam essas autoridades? Durante o século XIX eram recorrentes as reclamações referentes à população livre e pobre brasileira. O recrutamento forçado recaía, sem falta, sobre essa camada da população. O resultado não poderia ser diferente: se as autoridades reclamavam das pessoas livres e pobres e as recrutavam à força para o Exército; como esperar que o confinamento em uma colônia militar no interior do Brasil, longe da família desses recrutas e de outras relações estabelecidas no local de origem, poderia torná-los cidadãos disciplinados, ordeiros e lavradores?

A composição dos moradores da colônia alterava-se de um ano para o outro. Essas alterações eram provocadas pela entrada e saída de colonos e de seus familiares ou ainda pelo nascimento e morte de seus habitantes[316]. Do mapa da população da colônia no ano de 1863 depreende-se que 55% da população livre da colônia era parda, 35% branca e 10% negra.

---

[316] Em dezembro de 1855 viviam na colônia 117 pessoas. Entre os soldados, 16 eram solteiros (metade deles entre 21 e 30 anos de idade), 28 eram casados (12 deles tinham entre 30 e 40 anos de idade, e 9 entre 21 e 30 anos). Das pessoas da família desses soldados, 20 eram homens solteiros (metade deles entre 1 e 7 anos de idade) e 24 eram mulheres solteiras (10 tinham entre 1 e 7 anos de idade e, 6 com até 1 ano de idade). (CMST. *Mapa do pessoal da Colônia Militar de Santa Teresa nas margens do Itajaí na Estrada de Lages, segundo as naturalidades, idades estado e das diferenças que ocorreram depois do último mapa do ano próximo passado até o fim de dezembro de 1855.* João de Souza Mello e Alvim, capitão diretor interino. Colônia Militar de Santa Teresa, 1.º de janeiro de 1856. Acervo: IHGSC).
Em 1860, dos 24 soldados casados, 15 tinham entre 31 e 40 anos, 4 entre 41 e 50, 4 entre 51 e 60, e, 1 entre 61 e 70 anos de idade. Dos 3 soldados solteiros, 1 tinha entre 31 e 40 anos, outro tinha entre 41 e 50 anos, e o último entre 61 e 70 anos de idade. Dos 33 homens solteiros (que não eram soldados), 18 tinham entre 8 e 12 anos de idade, 8 tinham entre 1 e 7 anos, 4 até 1 ano, e 3 entre 13 e 20 anos de idade. Por outro lado, das 24 mulheres casadas, todas tinham entre 21 e 30 anos de idade. Dentre as solteiras, 12 possuíam entre 8 e 12 anos de idade, 9 entre 1 e 7 anos, e 5 entre 13 e 20 anos de idade (CMST. Mapa anual do pessoal da colônia militar de Santa Teresa na margem direita do rio Itajaí na estrada de Lages pertencente ao ano de 1860. João Francisco Barreto, tenente coronel diretor. Colônia militar de Santa Teresa, 1.º de janeiro de 1861. Acervo: IHGSC).
Entre janeiro de 1854 e dezembro de 1861 nasceram na colônia 22 meninos e 23 meninas. No mesmo período, faleceram 16 homens e 18 mulheres. Entre os escravos nasceram 1 menino e 2 meninas (CMST. *Mapa dos nascimentos e óbitos que tiveram lugar nesta colônia desde a sua fundação em 19 de janeiro de 1854 até 30 do findo mês de setembro do corrente ano de 1862:* dado em virtude da ordem do Exmo. Governo da Província datada de 12 do dito mês de setembro. João Francisco Barreto, tenente coronel diretor. Colônia militar de Santa Teresa, 1.º de outubro de 1862. Acervo: IHGSC).

Quadro 3 – Mapa da população da colônia no ano de 1863

| Pessoas livres | | | | | | | | | | | | Escravos | | | Declarações |
|---|---|---|---|---|---|---|---|---|---|---|---|---|---|---|---|
| Brasileiros | | | | | | Estrangeiros | | | | | | | | | |
| Homens | | | Mulheres | | | Homens | | | Mulheres | | | | | | |
| Brancos | Pardos | Pretos | Brancos | Pardos | Pretos | Brancos | Pardos | Pretos | Brancos | Pardos | Pretos | Total de homens e mulheres | Homens | Mulheres | Total de livres e escravos | |
| 29 | 47 | 7 | 26 | 39 | 10 | | | | | | | 158 | 2 | 4 | 164 | |

**No número das pessoas livres**

Tem 23 homens casados

Tem 1 homem viúvo

Tem 59 homens solteiros

Tem 24 mulheres casadas

Tem 3 mulheres viúvas

Tem 48 mulheres solteiras

Homens maiores de 21 anos de idade 38

Mulheres maiores de 21 anos de idade 32

As [inl.?] pessoas são menores dessa idade

Escravos maiores de 21 anos de idade um preto e uma preta: os mais são menores dessa idade

Fonte: CMST. *Ofício ao presidente da província, Francisco José d'Oliveira. João Francisco Barreto, tenente coronel diretor. Colônia Militar Santa Teresa*, 4 de janeiro de 1864. Folha 11. Acervo: IHGSC

Em 1864 o mapa da população da colônia manteve-se bastante semelhante ao do ano anterior:

Quadro 4 – Mapa da população da colônia no ano de 1864

| Pessoas livres | | | | | | Total de homens e mulheres | Escravos | | Total de livres e escravos | Declarações |
|---|---|---|---|---|---|---|---|---|---|---|
| Homens | | | Mulheres | | | | Homens | Mulheres | | |
| Brancos | Pardos | Pretos | Brancas | Pardas | Pretas | | | | | **No número pessoal de livres e escravos, tem** |
| 32 | 41 | 12 | 29 | 38 | 6 | 158 | 2 | 4 | 164 | 25 homens casados<br>60 ditos solteiros<br>25 mulheres casadas<br>3 ditas viúvas<br>45 ditas solteiras<br>43 homens maiores de 21 anos de idade<br>42 ditos menores de 21 ditos de dita<br>32 mulheres maiores de 21 ditos de dita<br>42 ditas menores de 21 ditos de dita<br>Escravos maiores de 21 anos de idade, um preto e uma preta; os mais são menores dessa idade |

Fonte: CMST. *Mapa da população da Colônia Militar de Santa Teresa no ano de 1864*. João Francisco Barreto, tenente coronel diretor. Colônia Militar de Santa Teresa, 1o de janeiro de 1865. Acervo: IHGSC

Em 1865 a colônia possuía, ao todo, 168 pessoas. Dos brasileiros, 40 homens eram brancos, 46 pardos e 4 negros. Das mulheres brasileiras, 32 eram brancas, 34 eram pardas e 4 eram negras. Existiam apenas 2 estrangeiros brancos na colônia, uma mulher e um homem. Eram escravos 2 homens e 4 mulheres. Do número de pessoas livres, havia 65 homens solteiros, 22 casados e 4 viúvos. Viviam na colônia 44 mulheres solteiras, 23 casadas e 4 viúvas. 42 homens eram maiores de 21 anos e 43 eram menores. Entre as mulheres, 31 eram maiores de 21 anos e 40 menores. Dos escravos, um homem e uma mulher eram maiores de 21 anos, os demais (4) eram menores. Dos 91 homens, eram militares 23, e 68 eram paisanos residentes na colônia[317].

Emerge desses dados um quadro um pouco diferente daquele que representa a composição do Exército brasileiro. A colônia, em relação ao Exército, apresenta um número expressivo de brancos; sempre com números próximos dos pardos. Por outro lado, a população negra na colônia manteve-se bastante pequena. Mas, assim como na colônia, nos corpos do Exército havia o predomínio dos mestiços (morenos e pardos). Peter Beattie afirma que os assentamentos do Exército se serviam de quatro grandes categorias para a cor da pele (branca, morena, parda e preta). Cerca de 20% dos soldados eram brancos, 25% negros, 2% indígenas e mais de 50% mestiços (morenos e pardos). Para esse autor, a composição racial dos praças refletia a hierarquia racial do Brasil[318].

Entre os anos de 1868, ou seja, pouco antes do fim da Guerra do Paraguai, e 1880, a população da colônia teve

---

[317] CMST. *Relatório da colônia militar de Santa Teresa*. João Francisco Barreto, coronel diretor da colônia. Colônia militar de Santa Teresa, 1.º de janeiro de 1866. Folha 2. Acervo: Arquivo do Exército.

[318] BEATTIE, *op. cit.*, p. 239.

importante incremento. Em 1868 viviam na colônia 214 pessoas[319] e em 1880 viviam 493[320].

Quanto ao número de trabalhadores na colônia foi possível levantar que, dos 51 militares que lá residiam nos últimos meses do ano de 1854, 5 soldados eram carpinteiros, um era marceneiro, 2 eram pedreiros, 3 eram oleiros, 2 eram serradores, 4 eram alfaiates, um era sapateiro, dois eram ferreiros e um era barbeiro sangrador. Os demais, de acordo com o presidente da província, eram lavradores[321].

Em setembro de 1856, trabalhavam na colônia 43 militares. Pertenciam ao Estado Maior 2 oficiais (o diretor e o cirurgião), um era 1.º sargento, um era 2.º sargento, 2 eram cabos e 36

---

[319] Desses, 211 pessoas eram católicas, 2 não católicas e 1 mista. Dos filhos das famílias que viviam na colônia, eram maiores de 16 anos apenas 5 rapazes. Dessas famílias, eram menores de 16 anos: 49 meninos e 56 meninas. Eram solteiros e viúvos 75 pessoas. Viviam na sede da colônia 85 pessoas, das quais não eram colonos apenas 5. Eram brasileiros 210 pessoas, portugueses 1 e hamburgueses 2 e alemães não hamburgueses 1 (CMST. Relatório da colônia militar de Santa Teresa, apresentado ao Ilmo. e Exmo. Sr. Barão de Muritiba, ministro e secretário de Estado dos Negócios da Guerra. João Francisco Barreto, coronel diretor. Colônia militar de Santa Teresa, 1.º de janeiro de 1869. Folha 4. Acervo: Arquivo Nacional). Do mapa da população da colônia militar de Santa Teresa no ano de 1868 tem-se que: dos brasileiros, 51 homens eram brancos, 52 eram pardos e 4 eram negros. Das mulheres brasileiras, 48 eram brancas, 50 eram pardas e 5 eram negras. Dos estrangeiros, 3 eram homens brancos e 1 mulher branca. Na colônia, mesmo apesar do regulamento que proibia a existência de escravos, havia 7 escravos. Desses, 2 eram homens e 5 eram mulheres. No número de pessoas livres, havia 73 homens solteiros, 35 casados e 2 viúvos; 61 mulheres solteiras, 37 casadas e 6 viúvas. Eram maiores de 21 anos 56 homens, e 54 eram menores. Havia 48 mulheres maiores de 21 anos e 56 menores. Dos escravos, um homem e uma mulher eram maiores de 21 anos, os demais eram menores (Idem, folha 6).

[320] Desses, 105 eram homens adultos, 144 homens menores de idade, 100 mulheres adultas e 144 mulheres menores de idade. Sessenta e seis casais eram católicos e 11 não católicos. Viviam na sede da colônia 38 casais, nos arrabaldes e seu distrito, 51 casais. Apenas 6 casas eram cobertas de telha e 83 eram cobertas de tabuinhas e palha. Apenas 2 homens eram colonos militares, 11 eram colonos de 3.ª classe e 53 eram colonos simples (CMST. Informações acerca do estado da colônia militar de Santa Teresa enviadas ao Ministério dos Negócios da Guerra. João Paulo de Miranda, capitão diretor. Colônia militar de Santa Teresa, 1.º de janeiro de 1881. Acervo: Arquivo Nacional).

[321] SANTA CATARINA. Relatório do presidente da província de Santa Catarina em 1.º de março de 1855. João José Coutinho, p. 10. Desse período encontrou-se também a relação de soldados que necessitavam de fardamento na colônia militar de Santa Teresa, em 1854: Carlos Antônio da Silva; Alexandre Francisco da Costa; Policarpo Vieira Brazil; Fernando José Bento; Guilherme Germano; José Joaquim de Oliveira; Manoel Bernardino; Joaquim Carneiro da Silva; Antônio Francisco Pereira; Francisco Manoel da Silva; Hilario Antônio de Moraes; José Joaquim da Silva; Claudino Torquato de Andrade; Severino Antônio da Rosa; João Cardoso; Felisbino Pereira Francisco; Francisco Rodrigues; Manoel Antônio Bezerra; João José Alves; José Alves Mendes; Camillo Roiz da Silva; Genésio de Oliveira; Delfino José da Silva, Candido Chaves; Theóphilo José Godino; João Evangelista de Siqueira; Manoel Antônio dos Santos; Francisco Narciso; Manoel [ilegível]; João Vicente; José Pedro da Costa; Bernardino José do Nascimento; Antônio José de [ilegível]; Manoel Eusebio da Rosa; Joaquim Salvador de [ilegível]; Ricardo José da Rosa; Domingos da C. Maciel; Francisco Pereira de Souza; Antônio de Souza; Maciel José Roiz; Ignacio João de Deus; Francisco Antônio da Rosa; Geremias Pereira de Medeiros; Martinho Paulo Pereira do Nascimento; Christiano Schligting; Henrique Schligting; Manoel de Lacerda; Marcelino José Leite; Francisco de Paula Passos; José Antônio de Oliveira; Policarpo dos Prazeres. CMST. Pedido de fardamento para os praças da colônia militar de Santa Teresa. Colônia militar de Santa Teresa, 1.º de janeiro de 1855. Affonso d'Albuquerque e Mello, major diretor da colônia. Acervo: Arquivo Nacional.

eram soldados. Estavam em diligência no destacamento da Invernadinha, no atual município de Rancho Queimado, um 2.º sargento e 2 soldados[322]. Em março de 1859 a colônia possuía 3 paisanos contratados de 3.ª classe, 37 soldados do Exército, 2 cabos de esquadra, um 2.º sargento, um sargento ajudante, um alferes cirurgião, um tenente ajudante e o capitão diretor[323]. Em outubro de 1864 a colônia contava com 17 soldados do Exército, um cabo, um 2.º sargento, um sargento ajudante, um alferes cirurgião, um tenente ajudante e um tenente coronel diretor[324]. Importante ressaltar, dentre as observações feitas pelo diretor no mapa referente a esse mês, a seguinte anotação:

> Do número das ditas 20 praças efetivas, são considerados adidos a Companhia de Inválidos os dois inferiores e três soldados, que tendo agradecido as baixas do serviço que lhe foram conferidas pela ordem do dia do Exército n. 298 de 21 de dezembro de 1861, por terem excedido há muito o tempo de serviço, e acharem-se enfermos sem meios de poderem subsistir, foram de novo inspecionados de saúde, e em virtude da inspeção foram mandados passar adidos à Companhia de Inválidos, continuando como estavam a servir nesta colônia, na forma determinada no aviso do Ministério da Guerra expedido pela 2.ª Diretoria Geral em 27 de agosto de 1862, como foi comunicado à Diretoria desta colônia em ofício do ajudante de ordens da Presidência desta Província datado de 11 de setembro do mesmo ano[325].

É relevante destacar essa situação, na qual os soldados ultrapassavam o tempo de serviço a que eram obrigados a cum-

---

[322] CMST. *Mapa da Colônia Militar de Santa Teresa nas margens do Itajaí na Estrada de Lages, pertencente ao mês de Setembro de 1856*. João Xavier de Souza, capitão diretor. Colônia Militar de Santa Teresa, 1.º de outubro de 1856. Folhas 2 e 3. Acervo: IHGSC.

[323] CMST. *Mapa mensal do pessoal da colônia militar de Santa Teresa, nas margens do rio Itajaí na estrada de Lages, do mês de março de 1859*. João Xavier de Souza, capitão diretor. Colônia militar de Santa Teresa, 1.º de abril de 1859. Acervo: IHGSC.

[324] CMST. *Mapa mensal do pessoal da colônia militar Santa Teresa estabelecida na margem direita do rio Itajaí na estrada de Lages do mês de outubro de 1864*. João Francisco Barreto, tenente coronel diretor. Colônia Militar Santa Teresa, 1.º de novembro de 1864. Acervo: IHGSC.

[325] CMST. *Mapa demonstrativo do número de praças de linha que se acham na colônia militar Santa Teresa com clareza as que são ativas, ou inválidas, e em que caráter existem na mesma colônia no mês de outubro de 1864*. João Francisco Barreto, tenente coronel diretor. Colônia Militar Santa Teresa, 1.º de novembro de 1864. Acervo: IHGSC.

prir e, mesmo sem condições de trabalhar, eram sustentados pelo Governo. De acordo com os documentos pesquisados, durante o século XIX, isso era comum em todo o Exército brasileiro e não apenas nas colônias militares.

Em dezembro de 1864 a colônia contava com um paisano engajado de 3.ª classe, 16 soldados, um cabo, um 2.º sargento, um sargento ajudante, um alferes cirurgião, um tenente ajudante e um tenente coronel diretor[326]. Referente a esse ano, o diretor da colônia afirmava que:

> Pelo mesmo mapa vê-se o desfalque em que se acha este estabelecimento de seu pessoal, e a necessidade de elevar ao número de 67 praças de pret. que ordena o regulamento, para que a colônia possa entrar nas vias do progresso que lhe acena terrenos tão férteis como os que possui, e promover-se a polícia do lugar em ordem a punição dos delitos e transgressões dos preceitos estabelecidos no mesmo regulamento, e captura aos criminosos, malfeitores e desertores; que à falta de força para esse fim, por aqui se escapam a ação de justiça[327].

Contudo, o diretor também reconheceu

> [...] a dificuldade com que ora temos de lutar para encontrar no atual estado de nosso exército, e no apuro em que nos vimos com os inquietos vizinhos do Estado Oriental, com praças nas condições de virem aqui servir, e deles tirarem-se bons colonos, pela imoralização a que os tem levado a suspensão dos castigos corporais por meio de vara e a juízo dos chefes, e passar a juízo de um Conselho Peremptório, para autorizar na maior parte das vezes a aplicação de 10 ou 12 pranchadas, como se ainda nos achássemos nos bons tempos de moralidade em que foi decretado os Artigos de

---

[326] CMST. *Mapa mensal do pessoal da colônia militar de Santa Teresa, estabelecida na margem direita do rio Itajaí na estrada de Lages, do mês de dezembro de 1864.* João Francisco Barreto, tenente coronel diretor. Colônia militar de Santa Teresa, 1.º de janeiro de 1865. Acervo: IHGSC.

[327] CMST. *Relatório da colônia militar de Santa Teresa, dirigido ao Governo Imperial pela 2.ª Diretoria do Ministério dos Negócios da Guerra, correspondente ao ano de 1864 e apresentado ao Exmo. Governo desta província de Santa Catarina.* João Francisco Barreto, tenente coronel diretor. Colônia militar Santa Teresa, 11 de janeiro de 1865. Folha 3. Acervo: IHGSC.

Guerra; em que um soldado para se dar por corrigido bastava a vergonha de ser levado ao círculo da punição.

A esse respeito já tive a honra de levar a V. Exa. pela 1.ª Diretoria, nesta mesma data, a maneira porque poder-se-á preencher o número dos colonos dados para este estabelecimento, por meio de praça aqui aberta como para o exército, sem vantagem de voluntários, e puníveis no caso de discrepância, ou desvio de conduta com o envio para os corpos do mesmo exército[328].

Em março de 1865 trabalhavam na colônia 22 soldados. Desses, 10 eram colonos permanentes à espera de suas baixas por terem findado o seu tempo de serviço, 3 eram inválidos, 3 eram engajados de 1.ª classe, e 6 da Companhia de Inválidos. Além desses, havia um sargento ajudante e um 2.º sargento, ambos inválidos[329]. Em novembro daquele ano, a colônia contava com 4 paisanos engajados de 3.ª classe, 15 soldados, um cabo, um 2.º sargento, um sargento ajudante, um alferes cirurgião, um tenente ajudante e 1 tenente coronel diretor[330]. Em agosto de 1867 a colônia possuía um colono paisano engajado de 3.ª classe, 15 soldados, um cabo de esquadra, um 2.º sargento, um sargento ajudante, um alferes cirurgião, um tenente ajudante e um coronel diretor. Em setembro do mesmo ano, foram viver na colônia 5 colonos paisanos de 3.ª classe. De acordo com o diretor:

> [...] foram engajados nesta colônia como colonos de 3.ª classe por tempo de dois anos na forma do regulamento da mesma colônia a 7 do corrente mês de setembro o paisano José Francisco de Oliveira, e a 30 do mesmo corrente mês o paisano José Antônio de Oliveira; ambos casados; tendo o 1.º

---

[328] CMST. *Relatório da colônia militar de Santa Teresa, dirigido ao Governo Imperial pela 2.ª Diretoria do Ministério dos Negócios da Guerra, correspondente ao ano de 1864 e apresentado ao Exmo. Governo desta província de Santa Catarina.* João Francisco Barreto, tenente coronel diretor. Colônia militar Santa Teresa, 11 de janeiro de 1865. Folha 4. Acervo: IHGSC.

[329] CMST. *Mapa demonstrativo do número de praças de linha que se acham na colônia militar Santa Teresa com clareza as que são ativas, ou inválidas, e em que caráter existem na mesma colônia no mês de março de 1865.* João Francisco Barreto, tenente coronel diretor. Colônia militar Santa Teresa, 1.º de abril de 1865. Acervo: IHGSC.

[330] CMST. *Mapa mensal do pessoal da colônia militar de Santa Teresa, no mês de novembro de 1865.* Francisco Ramires Cardozo, tenente ajudante servindo de Diretor. Colônia militar de Santa Teresa, 1.º de dezembro de 1865. Acervo: IHGSC.

três pessoas de família inclusive a mulher, e o 2.º duas ditas, incluso a mulher[331].

Do mapa do pessoal da colônia militar de Santa Teresa, no ano de 1868, vê-se que o estado efetivo da colônia (militares do Exército) era de 16 pessoas: um sargento ajudante e 15 soldados. Eram pertencentes a Companhia dos Inválidos 3 soldados[332].

Quanto à procedência das pessoas que viviam na colônia, é necessário destacar que a colônia militar de Santa Teresa era composta por militares e civis (colonos e seus familiares bem como os familiares dos militares). A população da colônia era formada por pessoas de origem variada. Baseado na documentação analisada, é possível afirmar que a maior parte da população da colônia (em média 84%) era proveniente de outras localidades da província de Santa Catarina.

Dos 51 militares que viviam na colônia em dezembro de 1854, 29 eram da província de Santa Catarina, 7 de Pernambuco, 4 da Bahia, 2 de Minas Gerais, 2 de São Paulo, 1 do Maranhão, 1 do Ceará, 1 do Rio de Janeiro, 1 do Rio Grande do Sul e 3 da Alemanha. No total, 80 habitantes da colônia eram originários da província de Santa Catarina, incluindo os 29 soldados mencionados, além de 18 homens e 33 mulheres, todos membros de suas famílias. Os soldados vindos de Pernambuco, Bahia, Minas Gerais, São Paulo, Rio Grande do Sul, Maranhão e Ceará não tinham familiares na colônia. O soldado do Rio de Janeiro possuía esposa, enquanto do Paraná havia apenas uma mulher. Da Alemanha, havia 9 pessoas ao todo: 3 soldados, 2 homens e 4 mulheres. Também havia uma mulher da Argentina e outra das Ilhas Canárias.[333].

---

[331] CMST. *Mapa do pessoal da colônia militar Santa Teresa do mês de setembro de 1867.* João Francisco Barreto, coronel diretor. Colônia Militar Santa Teresa, 1.º de outubro de 1867. Acervo: IHGSC.

[332] CMST. *Relatório da colônia militar de Santa Teresa, apresentado ao Ilmo. e Exmo. Sr. Barão de Muritiba, ministro e secretário de Estado dos Negócios da Guerra. João Francisco Barreto, coronel diretor. Colônia militar de Santa Teresa, 1.º de janeiro de 1869.* Folha 5. Acervo: Arquivo Nacional.

[333] SANTA CATARINA. *Relatório do presidente da província de Santa Catarina em 1.º de março de 1855.* João José Coutinho, p. 10-11.

No final de 1855, a situação pouco mudou. Cerca de 79% da população da colônia ainda era oriunda da província de Santa Catarina.

Quadro 5 – Mapa do pessoal da colônia no ano de 1855

| Naturalidades Soldados | Colonos | Pessoas das famílias | | Total |
|---|---|---|---|---|
| | | Homens | Mulheres | |
| Santa Catarina | 25 | 19 | 49 | 93 |
| Pernambuco | 6 | | | 6 |
| Bahia | 4 | 1 | | 5 |
| Minas Gerais | 3 | | | 3 |
| São Paulo | 1 | | | 1 |
| Maranhão | 1 | | | 1 |
| Ceará | 2 | | | 2 |
| Rio de Janeiro | 1 | | | 1 |
| São Pedro do Sul [sic] | 2 | | | 2 |
| Alemanha | 1 | | 1 | 2 |
| Buenos Aires | | | 1 | 1 |
| Soma | 46 | 20 | 51 | 117 |

Fonte: CMST. *Mapa do pessoal da Colônia Militar de Santa Teresa nas margens do Itajaí na Estrada de Lages, segundo as naturalidades, idades estado e das diferenças que ocorreram depois do último mapa do ano próximo passado até o fim de dezembro de 1855.* João de Souza Mello e Alvim, capitão diretor interino. Colônia Militar de Santa Teresa, 1.o de janeiro de 1856. Acervo: IHGSC

Em 1860, a composição da população permaneceu quase a mesma, com os moradores da província de Santa Catarina representando 87% da população da colônia:

Quadro 6 – Mapa do pessoal da colônia no ano de 1860

| Naturalidades | Soldados colonos | Pessoas de família | | Total |
|---|---|---|---|---|
| | | Homens | Mulheres | |
| Santa Catarina | 15 | 33 | 52 | 100 |
| Pernambuco | 4 | | 1 | 5 |
| Bahia | 2 | | | 2 |
| Minas Gerais | 1 | | | 1 |
| Ceará | 1 | | | 1 |
| Rio de Janeiro | 1 | | | 1 |
| Rio Grande do Sul | 2 | | | 2 |
| Maranhão | 1 | | | 1 |
| Buenos Aires | | | 1 | 1 |
| Portugal | 1 | | | 1 |
| Soma | 28 | 33 | 54 | 115 |

Fonte: CMST. *Mapa anual do pessoal da colônia militar de Santa Teresa na margem direita do rio Itajaí na estrada de Lages pertencente ao ano de 1860.* João Francisco Barreto, tenente coronel diretor. Colônia militar de Santa Teresa, 1.o de janeiro de 1861. Acervo: IHGSC

Em 1861, a presença de colonos provenientes de Santa Catarina era marcante, totalizando quase 90% dos moradores da colônia. Essa concentração revela uma menor mobilidade nas províncias do sul do Brasil, indicando que determinados grupos da população estavam se estabelecendo de maneira mais sólida na região, mesmo ao longo do século XIX.

Quadro 7 – Mapa do pessoal da colônia no ano de 1861

| Naturalidades | Soldados colonos | Pessoas de família | | Total |
| --- | --- | --- | --- | --- |
| | | Homens | Mulheres | |
| Santa Catarina | 14 | 38 | 57 | 109 |
| Pernambuco | 4 | | 1 | 5 |
| Bahia | 2 | | | 2 |
| Minas Gerais | 1 | | | 1 |
| Ceará | 1 | | | 1 |
| Rio de Janeiro | 1 | | | 1 |
| Rio Grande do Sul | 3 | | | 3 |
| Maranhão | 1 | | | 1 |
| Buenos Aires | | | 1 | 1 |
| Portugal | 1 | | | 1 |
| Soma | 28 | 38 | 59 | 125 |

Fonte: CMST. *Mapa anual do pessoal da colônia militar de Santa Teresa na margem direita do rio Itajaí na estrada de Lages pertencente ao ano de 1861.* João Francisco Barreto, tenente coronel diretor. Colônia militar de Santa Teresa, 1.o de janeiro de 1862. Acervo: IHGSC

## 3.5 OS RELATÓRIOS DE SERVIÇOS FEITOS NA COLÔNIA

As informações contidas nos relatórios de serviços feitos na colônia iluminam, em partes, o movimento de pessoas que entravam e saíam da colônia, bem como as que nasciam e faleciam. Desse modo, é possível conhecer quais foram os motivos que levaram à retirada de um colono, de qual batalhão eram provenientes, para onde eram transferidos, quantos nascimentos havia etc.[334].

Dos primeiros anos, é possível saber que, em junho de 1858, quatro soldados tiveram baixa do serviço e permaneceram na colônia[335]. No mês de agosto foi para a colônia, para

---

[334] É necessário assinalar que os acervos pesquisados não permitiram a confecção de um quadro estatístico de nascimentos e óbitos, ou de entradas e saídas de colonos. Desse modo, para ilustrar esse movimento serão destacados nesta obra somente alguns casos.

[335] CMST. *Relatório de serviços feitos na Colônia Militar de Santa Teresa, e alterações havidas na mesma no mês de junho de 1858.* João Xavier de Souza, capitão diretor interino. Colônia militar de Santa Teresa, 1.º de julho de 1858. Acervo: IHGSC.

residir, o irmão de um soldado-colono[336]. E, em setembro daquele ano, foram

> [...] para a colônia contratados para o serviço da mesma como colonos da terceira classe dois paisanos com suas famílias compostas das mulheres e seis filhos, destes dois meninos de cinco, e treze anos de idade e quatro meninas de diferentes idades até oito anos, ficando um destes colonos na colônia filial, e outro nesta. Também veio para esta colônia a mãe de um soldado-colono ferreiro[337].

Dois meses depois, um soldado do Batalhão do Depósito (sediado na Capital de Santa Catarina) foi para a colônia. A família desse soldado era composta pela esposa e 7 filhos: 5 meninos e 2 meninas[338].

Durante o ano de 1859 foram para a colônia dois meninos agregados à família de dois colonos: um com menos de 12 anos de idade[339] e outro com mais de 12 anos[340]. No mês de julho de 1859 quatro soldados-colonos tiveram baixa do serviço e permaneceram na colônia com suas famílias. Desses colonos, a filha de um faleceu nesse mesmo mês[341]. No mês de agosto de 1859 quatro soldados-colonos, dos que haviam sido engajados, acompanhados de seus familiares, retiraram-se,

---

[336] CMST. *Relatório de serviços feitos na Colônia Militar de Santa Teresa, e alterações havidas na mesma no mês de agosto de 1858*. João Xavier de Souza, capitão diretor interino. Colônia militar de Santa Teresa, 1.º de setembro de 1858. Acervo: IHGSC.

[337] CMST. *Relatório de serviços feitos na Colônia Militar de Santa Teresa, e alterações havidas na mesma no mês de setembro de 1858*. João Xavier de Souza, capitão diretor interino. Colônia militar de Santa Teresa, 1.º de outubro de 1858. Acervo: IHGSC.

[338] CMST. *Relatório de serviços feitos na Colônia Militar de Santa Teresa, e alterações havidas na mesma no mês de novembro de 1858*. João Xavier de Souza, capitão diretor interino. Colônia militar de Santa Teresa, 1.º de dezembro de 1858. Acervo: IHGSC.

[339] CMST. *Relatório de serviços feitos na Colônia Militar de Santa Teresa, e alterações havidas na mesma no mês de março de 1859*. João Xavier de Souza, capitão diretor. Colônia militar de Santa Teresa, 1.º de abril de 1859. Acervo: IHGSC.

[340] CMST. *Relatório de serviços feitos na Colônia Militar de Santa Teresa, e alterações havidas na mesma no mês de abril de 1859*. João Xavier de Souza, capitão diretor. Colônia militar de Santa Teresa, 1.º de maio de 1859. Acervo: IHGSC.

[341] CMST. *Relatório de serviços feitos na Colônia Militar de Santa Teresa, e alterações havidas na mesma no mês de julho de 1859*. João Xavier de Souza, capitão diretor. Colônia militar de Santa Teresa, 1.º de agosto de 1859. Acervo: IHGSC.

por si só, da colônia [342]. Em novembro de 1859 duas mulheres agregadas a duas famílias de dois colonos foram viver na colônia. Nesse mesmo mês, um cabo de esquadra foi retirado da colônia e transferido para o Batalhão do Depósito[343].

Nos documentos pesquisados, encontraram-se todos os relatórios mensais referentes ao ano de 1864. Nesse caso, para servir de exemplo, serão descritas as movimentações de colonos ao longo desse ano. No mês janeiro de 1864 foram retirados da colônia e enviados para a Companhia de Inválidos, um anspeçada e um soldado. O anspeçada foi removido porque estava bastante enfermo de tuberculose pulmonar[344]. No mês seguinte foram para a colônia três soldados do Batalhão de Infantaria n.º 12[345]. Em março, porém, foram retirados da colônia dois soldados por possuírem má conduta e serem "inválidos pelo continuado vício de embriaguez pelo que nenhum serviço podiam prestar". Ambos retornaram para a Companhia de Inválidos[346]. No mês de maio foram para a colônia, enviados do Batalhão de Infantaria n.º 12, um cabo de esquadra e um soldado[347]. Desse ano, o que mais chamou a atenção foram as informações contidas no relatório referente ao mês de setembro de 1864. Nesse, o diretor informou ao presidente da província que um soldado, capturado na Província do Rio Grande do Sul após desertar, foi trazido de volta para a colônia. Apresentado em 12 de agosto, ele foi libertado graças ao Indulto Imperial de 19 de agosto[348].

---

[342] CMST. *Relatório de serviços feitos na Colônia Militar de Santa Teresa, e alterações havidas na mesma no mês de agosto de 1859.* Francisco Ramires Cardozo, tenente ajudante interino servindo de diretor. Colônia militar de Santa Teresa, 1.º de setembro de 1859. Acervo: IHGSC.

[343] CMST. *Relatório de serviços feitos na Colônia Militar de Santa Teresa, e alterações havidas na mesma no mês de novembro de 1859.* João Xavier de Souza, capitão diretor interino. Colônia militar de Santa Teresa, 1.º de dezembro de 1859. Acervo: IHGSC.

[344] CMST. *Relatório de serviços feitos na Colônia Militar de Santa Teresa, e alterações havidas na mesma no mês de janeiro de 1864.* João Francisco Barreto, tenente coronel diretor. Colônia militar de Santa Teresa, 1.º de fevereiro de 1864. Acervo: IHGSC.

[345] CMST. *Relatório de serviços feitos na Colônia Militar de Santa Teresa, e alterações havidas na mesma no mês de fevereiro de 1864.* João Francisco Barreto, tenente coronel diretor. Colônia militar de Santa Teresa, 1.º de março de 1864. Acervo: IHGSC.

[346] CMST. *Relatório de serviços feitos na Colônia Militar de Santa Teresa, e alterações havidas na mesma no mês de março de 1864.* João Francisco Barreto, tenente coronel diretor. Colônia militar de Santa Teresa, 1.º de abril de 1864. Acervo: IHGSC.

[347] CMST. *Relatório de serviços feitos na Colônia Militar de Santa Teresa, e alterações havidas na mesma no mês de maio de 1864.* João Francisco Barreto, tenente coronel diretor. Colônia militar de Santa Teresa, 1.º de junho de 1864. Acervo: IHGSC.

[348] CMST. *Relatório de serviços feitos na Colônia Militar de Santa Teresa, e alterações havidas na mesma no mês de setembro de 1864.* João Francisco Barreto, tenente coronel diretor. Colônia militar de Santa Teresa, 1.º de outubro de 1864. Acervo: IHGSC.

É importante notar que os desertores do Exército brasileiro poderiam ser capturados em províncias vizinhas. Isso revela, entre outras coisas, as ações do Governo imperial quanto ao controle da circulação de pessoas no interior do país. Para Laura de Mello e Souza, no Brasil, desde o período colonial, a administração do estado buscou controlar as pessoas que viviam e circulavam pelo imenso território brasileiro. Essa historiadora faz referência às autoridades em deslocamentos, de monções, de tropeiros e de pousos que foram construídos nas bordas dos caminhos do interior. Nesses caminhos circulavam pessoas e riquezas, e por esse motivo a presença do estado era necessária, sobretudo para controlar todo esse movimento[349].

De volta à colônia, no mês de novembro, engajou-se, pelo período de dois anos, um colono de 3.ª classe, casado e com dois filhos[350]. E, no mês de maio de 1865, o colono paisano Joaquim Antunes de Brito morreu afogado no rio que passava pela colônia, quando a canoa que utilizava para atravessar o rio em dia de enchente virou. O corpo desse colono foi encontrado no dia seguinte[351]. De acordo com o diretor da colônia, em agosto de 1865:

> Foi retirado da colônia com passagem para a Companhia de Inválidos, da qual era adido o soldado Manoel João Pereira, que sendo aleijado da mão direita, e padecendo enfermidades nos pés a ponto de pouco poder caminhar, não servia por esses motivos para ser colono; cuja passagem requereu ao Exmo. Sr. Vice-Presidente da Província, que atendendo as circunstâncias acima declaradas lhe concedeu, e foi efetuada no 1.º deste mês de agosto; levando o dito soldado a sua família composta da mulher e uma filha de doze anos de idade[352].

---

[349] SOUZA, Laura de Mello e. Formas provisórias de existência: a vida cotidiana nos caminhos, nas fronteiras e nas fortificações. *História da Vida Privada no Brasil.* Vol. 3. Coordenador geral da coleção Fernando A. Novais; organizador do volume Nicolau Sevcenko. São Paulo: Cia. das Letras, 1998.

[350] CMST. *Relatório de serviços feitos na Colônia Militar de Santa Teresa, e alterações havidas na mesma no mês de novembro de 1864.* João Francisco Barreto, tenente coronel diretor. Colônia militar de Santa Teresa, 1.º de dezembro de 1864. Acervo: IHGSC.

[351] CMST. *Relatório de serviços feitos na Colônia Militar de Santa Teresa, e alterações havidas na mesma no mês de maio de 1865.* João Francisco Barreto, tenente coronel diretor. Colônia militar de Santa Teresa, 1.º de junho de 1865. Acervo: IHGSC.

[352] CMST. *Relatório de serviços feitos na Colônia Militar de Santa Teresa, e alterações havidas na mesma no mês de agosto de 1865.* José Feliz de Morais, 2.º cirurgião diretor interino. Colônia militar de Santa Teresa, 1.º de setembro de 1865. Acervo: IHGSC.

No mês de novembro de 1865 morreram na colônia duas crianças, filhos de um soldado: um menino e uma menina. Um de varíola e o outro de cólica[353].

Em setembro de 1867 foram engajados na colônia dois colonos de 3.ª classe (paisanos), pelo tempo de 2 anos. Ambos eram casados, um possuía dois filhos, com menos de 12 anos, e o outro possuía apenas um, com mais de 12 anos. Naquele mês nasceu uma criança, filha de um colono paisano[354]. Dois meses depois, nasceu um menino, também filho de um colono paisano, e foi para a colônia "um filho de colono engajado de terceira classe da mesma colônia Frangott Ferdinande Philipbuseh que se achava na Freguesia de S. Pedro de Alcântara frequentando a aula de primeiras letras"[355].

No mês de agosto de 1878 engajou-se na colônia, como colono de 3.ª classe, o paisano Francisco Rodrigues da Silva. Com ele foram para a colônia a esposa e 7 filhos. Nesse mês nasceram duas crianças e faleceu uma menina de 3 anos de idade, filha de um colono paisano, em consequência de uma queimadura por fogo[356].

No mês de fevereiro de 1879 faleceram duas mulheres, com menos de 30 anos, esposas de dois colonos paisanos. Uma faleceu durante o parto e outra de peritonite aguda[357].

---

[353] CMST. *Relatório de serviços feitos na Colônia Militar de Santa Teresa, e alterações havidas na mesma no mês de novembro de 1865.* Francisco Ramires Cardozo, tenente ajudante servindo de diretor. Colônia militar de Santa Teresa, 1.º de dezembro de 1865. Acervo: IHGSC.

[354] CMST. *Relatório de serviços feitos na Colônia Militar de Santa Teresa, e alterações havidas na mesma no mês de setembro de 1867.* João Francisco Barreto, coronel diretor. Colônia militar de Santa Teresa, 1.º de outubro de 1867. Acervo: IHGSC.

[355] CMST. *Relatório de serviços feitos na Colônia Militar de Santa Teresa, e alterações havidas na mesma no mês de novembro de 1867.* João Francisco Barreto, coronel diretor. Colônia militar de Santa Teresa, 1.º de dezembro de 1867. Acervo: IHGSC.

[356] CMST. *Relatório de serviços feitos na Colônia Militar de Santa Teresa, e alterações havidas na mesma no mês de agosto de 1878.* Policarpo Vieira da Cunha Brasil, tenente diretor. Colônia militar de Santa Teresa, 1.º de setembro de 1878. Acervo: IHGSC.

[357] CMST. *Relatório de serviços feitos na Colônia Militar de Santa Teresa, e alterações havidas na mesma no mês de fevereiro de 1879.* Policarpo Vieira da Cunha Brasil, tenente diretor. Colônia militar de Santa Teresa, 1.º de março de 1879. Acervo: IHGSC.

## 3.6 OS PEDIDOS DE TERRA E A MOBILIDADE DOS COLONOS

Quem é pobre, pouco se apega, é um giro-o-giro no vago dos gerais, que nem os pássaros de rios e lagoas. [...] Pergunto: – "Zé-Zim, por que é que você não cria galinhas-d'angola, como todo o mundo faz?" – "Quero criar nada não..." – me deu resposta: – "Eu gosto muito de mudar..."[358]

Os títulos de concessão de terras, encontrados com frequência entre os documentos da colônia militar de Santa Teresa, lançam luz sobre o significado que a posse de terra tinha para as camadas mais pobres da população brasileira que serviram no Exército. Acredita-se que a promessa de concessão de terra para os soldados tenha sido o primeiro grande comprometimento governamental de distribuição de terras entre os brasileiros de origem humilde[359].

Para incentivar o engajamento no Exército, ocupar com brasileiros as regiões fronteiriças e fazer face aos acontecimentos na região Cisplatina, o governo imperial ofereceu uma série de vantagens àqueles que se dispusessem a defender o território brasileiro de possíveis investidas estrangeiras. Nesta obra serão destacados, porém, apenas as concessões de terras em colônias militares, conforme o regulamento de Santa Teresa e de acordo com o decreto n.º 3.371, de 7 de janeiro de 1865, que criou os Corpos de Voluntários da Pátria. Por meio desse decreto, os voluntários que lutassem na Guerra do Paraguai teriam direito a um prazo de terra de 22.500 braças quadradas nas colônias militares, o que equivale, nos dias de hoje, a cinco hectares de terra.

O regulamento de Santa Teresa já havia estipulado as condições necessárias a concessão de terras aos colonos. O artigo 22 do regulamento previa a concessão de um lote de terras de 10.000 braças quadradas aos colonos que não tinham família, 22.500 braças quadradas aos que possuíssem na família até 3 pessoas e 40.000 braças quadradas para os colonos que

---

[358] ROSA, João Guimarães. *Grande Sertão*: Veredas. São Paulo: Nova Aguilar, 1994. Vol. II, p. 51.
[359] BEATTIE, *op. cit.*, p. 79.

tivessem família mais numerosa. Mas o artigo 23 advertia ao colono militar que esse teria direito ao lote de terras apenas caso permanecesse na colônia e construísse benfeitorias em seu lote pelo período de 3 anos após ter sido dispensado da obrigação de trabalhar para o Exército. Já o colono civil tinha direito a um lote de terras caso cultivasse parte do seu terreno e residisse na colônia pelo tempo de 3 anos a contar do dia em que deixasse de receber subsídio do governo, além de ter bom comportamento e meio de vida conhecido. Os colonos operários adquiriam o direito a um lote de terras na colônia caso residissem e cultivassem o seu lote por pelo menos 3 anos. Quando os colonos cumpriam todas as condições, o presidente da província poderia conceder o título definitivo de posse da terra[360]. Ainda quanto à concessão de terras, o artigo 27 do regulamento da colônia prescrevia que: "o colono que obtiver carta definitiva do lote poderá dispor dele livremente por venda, troca, doação, legado etc."[361].

Caso algum colono falecesse, ou se ausentasse da colônia, o direito ao lote de terra passaria aos seus herdeiros que com ele lá vivessem. Contudo, no caso de o colono não ter familiares residentes na colônia, perderia não apenas o direito às benfeitorias como também ao lote de terras, naqueles casos em que o colono ainda não tivesse recebido a carta definitiva de propriedade[362].

Sendo assim, as colônias militares receberam várias pessoas, em especial das camadas mais empobrecidas da sociedade brasileira ou de imigrantes estrangeiros. Nesse sentido, como notou Antônio Marcos Myskiw, o militar e jornalista Domingos Nascimento fez referência à colônia militar de Foz do Iguaçu como sendo um "Asilo de mendigos". Isso porque "referia-se ele à migração dos peões ervateiros que encontrou pelo caminho e que muitos peões que havia conversado lhe disseram que iriam 'à colônia pedir um lote para recomeçar a sua vida com seus filhos'"[363].

---

[360] SANTA CATARINA. *Ofício ao Ministro e Secretário de Estado dos Negócios do Império, Marquês de Olinda, contendo o regulamento para a colônia militar de Santa Teresa*. João José Coutinho, presidente da província de Santa Catarina. Palácio do Governo de Santa Catarina, 12 de agosto de 1857. Folha 67-68. Acervo: Registro do presidente de província para Ministério do Império (1854/1858). APESC.

[361] *Idem*, folha 68.

[362] *Idem*, folha 68, artigos 31 e 32.

[363] MYSKIW, Antônio Marcos. *A fronteira como destino de viagem*: a colônia militar de Foz do Iguaçu (1888/1907). Tese (Doutorado) – Universidade Federal Fluminense: Niterói, RJ. 2009, p. 170.

De acordo com Peter Beattie, para alguns brasileiros, o Exército melhorava as condições de vida. Muitos se alistavam para escapar da fome, do desemprego, da falta de moradia e, em alguns casos, da escravidão. Assim, o Exército oferecia oportunidades limitadas de ascensão social e um abrigo temporário[364].

Em agosto de 1861, o diretor da colônia, João Francisco Barreto, comunicou ao presidente da província que o colono João Cardozo da Silva Berto solicitava o título do lote de terras, um direito adquirido há mais de um ano. O diretor informou que João havia cumprido todas as condições necessárias para obter o título do lote de 40.000 braças quadradas. Aliás, relatou que o colono prussiano Guilherme Germano, alistado como voluntário na colônia em 1º de julho de 1854, completou seu período de serviço em 1º de julho de 1857. Não encontrando recursos suficientes para sustentar sua numerosa família, Guilherme optou por não permanecer na colônia. Com a permissão do então presidente da província, Dr. João José Coutinho, ele se retirou sob a condição de vender suas benfeitorias a João Cardozo da Silva Berto, que se comprometeu a cumprir os três anos de residência e cultivo dos terrenos conforme o regulamento da colônia. A venda foi realizada, e João Cardozo da Silva Berto assumiu a posse de uma casa na praça da colônia e um rancho em um terreno temporário, com 75 braças de frente, sem fundos definidos. Isso estava de acordo com a distribuição de terras na colônia, conforme relatado ao Governo e à Diretoria Geral das Terras Públicas na Corte no primeiro relatório do diretor ao assumir a colônia em junho de 1860. Desde então, João trouxe sua família, composta por sua esposa, dois filhos pequenos e um afilhado ainda menor, além de ter mais uma filha nascida na colônia. Ele cumpriu todas as condições de seu contrato, cultivando o terreno de maneira exemplar e fundando um engenho onde, pela primeira vez, se produziu farinha na colônia. João possuía animais de carga, bois de carro e gado de criação, contribuindo para a prosperidade e animação do

---

[364] BEATTIE, Peter M. *Tributo de sangue*: exército, honra, raça e nação no Brasil, 1864-1945. Tradução de Fábio Duarte Joly. São Paulo: Editora da Universidade de São Paulo, 2009. p. 266.

lugar. Seu comportamento, considerado exemplar pelo diretor, e os meios de vida adequados estavam em conformidade com as exigências do regulamento[365].

Chama a atenção um ofício do diretor no qual relata ao presidente da província que um colono que seguia preso para a Capital tinha direito a um lote de terras de 22.500 braças quadradas na colônia. O soldado era colono militar de 1.ª classe e estava na colônia desde a sua fundação e teve baixa do serviço em maio de 1858 porque terminou o tempo que tinha de cumprir como praça. Desde então, o soldado permaneceu na colônia com sua família composta pela esposa e duas filhas. Em maio de 1861 completou os três anos necessários para adquirir o direito de propriedade do lote de terras em que vivia. Em 1863, quando foi preso, faltava apenas a carta definitiva de posse daquelas terras concedida pelo presidente da província. No entanto, o diretor fez uma ressalva: o único direito que apoiava o suplicante era esse, e não o alegado em seu requerimento, que era impreciso. Para o oficial, isso se devia ao fato de que aquele soldado, além de ser bastante preguiçoso, não dizia a verdade em nada, nem mesmo ao advogado que requisitou em seu nome[366].

Em julho de 1864, o colono Francisco Rodrigues também solicitou o título de suas terras, cujo direito havia adquirido desde o ano de 1861. Nessa ocasião, o diretor da colônia solicitou ao presidente de província que mandasse passar para a Repartição das Terras Públicas o título daquelas terras porque o colono havia preenchido todas as condições ao residir na colônia com sua família, construir casa, fazer lavouras e plantar árvores frutíferas. Esse colono serviu na colônia como soldado de 1.ª classe desde o dia 1.º de janeiro de 1854 até o dia 1.º de junho de 1858, quando terminou o

---

[365] CMST. *Ofício ao presidente da província, Ignácio da Cunha Galvão*. João Francisco Barreto, tenente coronel diretor. Colônia militar de Santa Teresa, 24 de agosto de 1861. Acervo: IHGSC. Salientar-se que o lote de terras em questão não estava demarcado em sua totalidade, havendo apenas a medida de 75 braças de frente, sem definição da dimensão dos fundos. Isso pode estar relacionado a uma estratégia bastante usual de expansão de terras ao longo do século XIX, mesmo daqueles que usaram a Lei de Terras de 1850 e o Registro Paroquial previsto pelo Regulamento de 1854 (que criou a Repartição Geral das Terras Públicas).

[366] CMST. *Ofício ao presidente da província, Pedro Leitão da Cunha*. João Francisco Barreto, tenente coronel diretor. Colônia militar de Santa Teresa, 12 de dezembro de 1863. Acervo: IHGSC.

tempo de serviço obrigatório a que era preciso servir como soldado voluntário[367], na Companhia de Pedestres[368]. Esse havia recebido baixa do serviço em 1858, ou seja, 6 anos antes da solicitação do título de terras. Desde que deixou de trabalhar para o Exército vivia do seu trabalho e possuía bom comportamento. Nesse caso, esse colono tinha direito ao lote de terra com 40.000 braças quadradas, pois além da esposa possuía 3 filhos[369].

Os pedidos que envolvem a posse de terras na colônia também iluminam certas possibilidades do modo como se realizavam essas concessões e quais eram as possibilidades desse direito. Em março de 1865, o diretor da colônia relatou que um ex-colono havia solicitado ao governo o título de terras na colônia militar de Santa Teresa. O requerimento foi enviado à diretoria pela secretaria do governo, quando o correto seria que o diretor encaminhasse os pedidos ao governo. Como resposta ao pedido de informações formulado pela presidência da província, o diretor confirmou que:

> [...] o suplicante, segundo consta de seus assentos, teve baixa do serviço no 1.º de junho de 1858, por ter completado o tempo de outro por quem havia sentado praça: isto antes de minha Diretoria a 24 de junho de 1860; tanto que nesse tempo o não encontrei no lugar, nem a família, por andar trabalhando para as partes do Cubatão[370]; porém encontrei, e ele conservava, casa na praça desta colônia e no sítio, que ao princípio lhe foi destinado ao longo da estrada geral, 175 braças a leste do limite desta praça; arroteado [lavrado para o primeiro plantio] e descampado como sinal evidente de haver cultivado. E depois algum tempo de minha estada no lugar tornou à colônia com a família, e fazia anualmente suas plantações de milho e feijão, deixando a cargo da mulher o cuidado das limpas, e retirava-se

---

[367] CMST. *Ofício ao presidente da província, Alexandre Rodrigues da Silva Chaves*. José Joaquim de Oliveira, colono. Colônia militar de Santa Teresa, 8 de julho de 1864. Acervo: IHGSC.

[368] SANTA CATARINA. *Ofício do presidente da província ao diretor da colônia militar de Santa Teresa, João Francisco Barreto*. Destero, 10 de abril de 1865. Acervo: IHGSC.

[369] CMST. *Ofício ao presidente da província, Alexandre Rodrigues da Silva Chaves*. João Francisco Barreto, tenente coronel diretor. Colônia militar de Santa Teresa, 22 de julho de 1864. Acervo: IHGSC.

[370] É possível que se refira às proximidades do rio Cubatão, que atravessa os municípios de Águas Mornas e Santo Amaro da Imperatriz.

outra vez para o dito lugar do Cubatão, onde dizia encontrar outros interesses mais vantajosos para a manutenção de sua família; até que finalmente, tendo de retirar-se do lugar, pediu-me uma declaração de ter ou não já vencido o seu lote de terras.

E porque desde 1861, ele tivesse feito direito a elas pela continuação de sua residência por 3 anos depois da escusa do serviço; cultivando o dito lote de terras; do qual se havia ausentado com licença do meu antecessor, lhe passei, que será de certo o documento de que trata a petição; mas que não a acompanhou[371].

Mesmo assim, por ter esposa e 3 filhos, o diretor da colônia assegurou que aquele ex-colono tinha direito a um lote com 40.000 braças quadradas. Nesse mesmo ofício afirmou-se haver dificuldades para medir os lotes de terra a que os colonos e ex-colonos têm direito. Por não ter bússola para fazer as medições, ou um agrimensor como havia pedido ao governo, o diretor via-se impossibilitado de "fazer justiça às partes, como desde a petição do colono Francisco Rodrigues em que expôs os mesmos embaraços e que até hoje está por decidir, no entanto, que me tem ele atormentado pelo título de suas terras vencidas"[372].

Em 15 de julho de 1870, o ministro da guerra ordenou ao presidente da província de Santa Catarina para distribuir na colônia militar um lote de terras ao ex-praça do 25.º Corpo de Voluntários da Pátria, João Pedro dos Santos, em vista do decreto 3.371[373]. Baseado no mesmo decreto, em setembro de 1870, também foram dadas ordens para que se concedesse um lote de terras aos ex-voluntários da Pátria Manoel Antônio Pachola e Antônio Franco da Costa[374]. E, em 17 de setembro, a Manoel de Souza Souto[375].

---

[371] CMST. *Ofício ao presidente da província, Alexandre Rodrigues da Silva Chaves.* João Francisco Barreto, tenente coronel diretor. Colônia militar de Santa Teresa, 30 de março de 1865. Acervo: IHGSC.

[372] CMST. *Ofício ao presidente da província, Alexandre Rodrigues da Silva Chaves.* João Francisco Barreto, tenente coronel diretor. Colônia militar de Santa Teresa, 30 de março de 1865. Acervo: IHGSC.

[373] MINISTÉRIO DA GUERRA. *Ofício ao presidente da província de Santa Catarina.* Barão de Muritiba, ministro da guerra. Rio de Janeiro, 15 de julho de 1870. Acervo: Correspondências ministro da guerra para presidente da província (1870). APESC.

[374] MINISTÉRIO DA GUERRA. *Ofício ao presidente da província de Santa Catarina.* Barão de Muritiba, ministro da guerra. Rio de Janeiro, 12 de setembro de 1870. Acervo: Correspondências ministro da guerra para presidente da província (1870). APESC.

[375] MINISTÉRIO DA GUERRA. *Ofício ao presidente da província de Santa Catarina.* Barão de Muritiba, ministro da guerra. Rio de Janeiro, 17 de setembro de 1870. Acervo: Correspondências ministro da guerra para presidente da província (1870). APESC.

# Com o aumento no volume de concessões[376], os problemas causados pela impossibilidade de medição dos lotes na

[376] Em 24 de outubro daquele ano, o ministro da guerra concedeu prazos de terras na colônia militar de Santa Teresa aos ex-voluntários da Pátria Ignácio Nogueira dos Santos, Vicente Alves da Silva, Symphonio de Souza Teles e Hemetério Eneas da Silveira (MINISTÉRIO DA GUERRA. *Ofício ao presidente da província de Santa Catarina*. João Frederico Caldwell, ministro da guerra. Rio de Janeiro, 24 de outubro de 1870. Acervo: Correspondências ministro da guerra para presidente da província [1870]. APESC). E, no dia 27 de outubro, também concedeu ao ex-voluntário da Pátria Joaquim Antônio dos Santos, natural da província do Rio de Janeiro (MINISTÉRIO DA GUERRA. *Ofício ao presidente da província de Santa Catarina*. João Frederico Caldwell, ministro da guerra. Rio de Janeiro, 27 de outubro de 1870. Acervo: Correspondências ministro da guerra para presidente da província [1870]. APESC).
O ministro da guerra, em 18 de novembro de 1870, ordenou ao presidente da província de Santa Catarina para que concedesse um lote de terras na colônia militar de Santa Teresa para o soldado voluntário da Pátria Antônio Matias de Souza, também natural da província do Rio de Janeiro (MINISTÉRIO DA GUERRA. *Ofício ao presidente da província de Santa Catarina*. Raimundo Ferreira de Araújo Lima, ministro da guerra. Rio de Janeiro, 18 de novembro de 1870. Acervo: Correspondências ministro da guerra para presidente da província [1870]. APESC).
No início do ano de 1871, o mesmo ministro concedeu ao ex-voluntário da Pátria Herculano Lopes das Chagas, um lote de terras na colônia militar (MINISTÉRIO DA GUERRA. *Ofício ao presidente da província de Santa Catarina*. Raimundo Ferreira de Araújo Lima, ministro da guerra. Rio de Janeiro, 21 de fevereiro de 1871. Acervo: Correspondências ministro da guerra para presidente da província [1871]. APESC). Em março, foi concedido um lote de terras ao ex-voluntário Joaquim Corrêa de Góes (MINISTÉRIO DA GUERRA. *Ofício ao presidente da província de Santa Catarina*. Visconde do Rio Branco, ministro da guerra. Rio de Janeiro, 21 de março de 1871. Acervo: Correspondências ministro da guerra para presidente da província [1871]. APESC). Em maio foram concedidos lotes de terras na colônia militar de Santa Teresa aos ex-voluntários José Joaquim de Souza Guilherme e Norberto José Peçanha (MINISTÉRIO DA GUERRA. *Ofício ao presidente da província de Santa Catarina*. Visconde do Rio Branco, ministro da guerra. Rio de Janeiro, 5 de maio de 1871. Acervo: Correspondências ministro da guerra para presidente da província [1871]. APESC). E, no dia 13 de maio, o ministro concedeu um prazo de terras ao ex-voluntário José Fernandes do Amaral (MINISTÉRIO DA GUERRA. *Ofício ao presidente da província de Santa Catarina*. Visconde do Rio Branco, ministro da guerra. Rio de Janeiro, 13 de maio de 1871. Acervo: Correspondências ministro da guerra para presidente da província [1871]. APESC) e, no mês seguinte, ao ex-voluntário da Pátria Manuel José Casemiro (MINISTÉRIO DA GUERRA. *Ofício ao presidente da província de Santa Catarina*. Visconde de Jaguaribe, ministro da guerra. Rio de Janeiro, 20 de junho de 1871. Acervo: Correspondências ministro da guerra para presidente da província [1871]. APESC).
Em abril de 1872, o ministro da guerra concedeu um prazo de terras ao ex-voluntário Januário de Moura (MINISTÉRIO DA GUERRA. *Ofício ao presidente da província de Santa Catarina*. Visconde de Jaguaribe, ministro da guerra. Rio de Janeiro, 11 de abril de 1872. Acervo: Correspondências ministro da guerra para presidente da província [1872]. APESC). Em maio fez a mesma concessão ao ex-voluntário João Francisco de Amorim (MINISTÉRIO DA GUERRA. *Ofício ao presidente da província de Santa Catarina*. Visconde do Rio Branco, ministro da guerra. Rio de Janeiro, 1.º de maio de 1872. Acervo: Correspondências ministro da guerra para presidente da província [1872]. APESC).
Em maio de 1875, o ministro da guerra ordenou ao presidente da província de Santa Catarina para que esse concedesse um prazo de terras na colônia militar de Santa Teresa ao ex-voluntário da Pátria Manoel Antônio Ferreira, em cumprimento do decreto n. 3.371 (MINISTÉRIO DA GUERRA. *Ofício ao presidente da província de Santa Catarina*. João José de Oliveira Junqueira, ministro da guerra. Rio de Janeiro, 3 de maio de 1875. Acervo: Correspondências ministro da guerra para presidente da província [1875]. APESC). E, no mesmo mês, também concedeu ao ex-voluntário Feliciano de Magalhães Pinho Leão (MINISTÉRIO DA GUERRA. *Ofício ao presidente da província de Santa Catarina*. João José de Oliveira Junqueira, ministro da guerra. Rio de Janeiro, 5 de maio de 1875. Acervo: Correspondências ministro da guerra para presidente da província [1875]. APESC). Em julho de 1875 o ministro concedeu um prazo de terras ao ex-voluntário Guilherme Schulz (MINISTÉRIO DA GUERRA. *Ofício ao presidente da província de Santa Catarina*. Duque de Caxias, ministro da guerra. Rio de Janeiro, 29 de julho de 1875. Acervo: Correspondências ministro da guerra para presidente da província [1875]. APESC). E, em dezembro, o ministro concedeu um prazo de terras de 22.500 braças quadradas aos ex-voluntários Delfino Corrêa da Silva e Manoel José de Souza (MINISTÉRIO DA GUERRA. *Ofício ao presidente da província de Santa Catarina*. Duque de Caxias, ministro da guerra. Rio de Janeiro, 23 de dezembro de 1875. Acervo: Correspondências ministro da guerra para presidente da província [1875]. APESC).

colônia aumentaram e arrastaram-se por muitos anos, como é possível constatar em um ofício do diretor da colônia em meados de 1881. Nessa correspondência o diretor remete ao presidente da província, para assinar, o título de concessão de terras (lote com 22.500 braças quadradas) que o governo havia mandado distribuir ao ex-voluntário do Exército Francisco Antunes da Costa. Nas palavras do diretor:

> O dito prazo de terras fica destinado na 2.ª linha dos sítios compreendidos na légua quadrada que compõe esta colônia e não demarcada por falta de um agrimensor, o que já tenho pedido, não só para a demarcação dos lotes de terras que tem sido distribuídos aos colonos que vivem sempre em questões por suas divisas, como para determinar as terras que pertencem a colônia, da que deixou o falecido Serafim Muniz de Souza, pois que seus herdeiros querem entrar em terras de um sítio concedido há muitos anos ao colono Eliseu José da Silva[377].

Merece destaque o requerimento do título de terras feito pelo colono de 3.ª classe Manoel Joaquim Luciano. Os civis que se tornavam colonos de 3.ª classe recebiam o título de terras provisório apenas uma vez. No entanto, só três anos após terem cessado o recebimento da ração diária do Governo é que esses poderiam obter o título definitivo de terras[378]. Os colonos que, por alguma razão legítima, precisavam deixar uma colônia antes de obterem a posse definitiva da terra, recebiam uma indenização no valor correspondente aos melhoramentos que haviam feito na propriedade[379]. Em documento anexado ao ofício do diretor, que envia requerimento ao presidente da província, com grafia diferente e sem assinatura (provável que seja documento anexado na secretaria da presidência da província), defende-se o direito do colono sobre as terras em que vivia na colônia. Nesse anexo foram destacadas as seguintes informações: o artigo 24 do regula-

---

[377] CMST. *Ofício n. 251, ao presidente da província, Desembargador João Rodrigues Chaves*. João Paulo de Miranda, capitão diretor. Colônia militar de Santa Teresa, 23 de julho de 1881. Acervo: IHGSC.

[378] Ver artigo 28, decreto 2.125, de 13 de março de 1858, Coleção de Leis do Brasil, XIX, p. 156.

[379] Ver artigo 8, decreto 729, de 9 de novembro de 1850, Coleção de Leis do Brasil, XIII, p. 228.

mento, estabelecido pelo decreto n.º 2.125 de 13 de março de 1858, declarava que os colonos de 3ª classe deveriam ser lavradores e casados, ou viúvos com filhos, com preferência para aqueles que tivessem servido no Exército. Para o diretor, o suplicante não se enquadrava nesses critérios, pois era solteiro e jamais havia servido no Exército. Embora seu engajamento fosse irregular, ele havia completado o período como colono e desempenhado um bom trabalho. Por isso, o diretor acreditava que o título definitivo do lote de terras poderia ser concedido, conforme solicitado[380].

Referente ao ano de 1879 foram encontrados alguns pedidos de títulos definitivos de posse de terras na colônia. No mês de fevereiro de 1879 o diretor da colônia enviou ao vice-presidente da província os títulos de concessão de lotes de terras, os quais deveriam ser concedidos aos colonos Januário Borges dos Santos, José Pereira de Medeiros, Roque Antônio do Rosário e João Andresem, para serem assinados[381]. Em março de 1879 o diretor da colônia apresentou ao vice-presidente da província o título definitivo de terras na colônia do paisano João Chimitro, para que o assinasse[382]. Em 30 de agosto de 1879 o diretor da colônia enviou o requerimento do colono João Capistrano Ferreira da Cunha, que pedia o título de suas terras a que tinha direito. Junto do requerimento o diretor enviou também o título para o presidente assinar caso considerasse a concessão justa[383]. No mês de novembro, o colono Marcelino José de Jesus requereu o título de um lote de terras na colônia, por ter concluído o seu tempo de engajamento e ter cumprido também o que pedia o regulamento da colônia[384]. E, em dezembro de 1879 o diretor da colônia encaminhou para o presidente da província os requerimentos

---

[380] CMST. *Ofício n. 250, ao presidente da província, Desembargador João Rodrigues Chaves.* João Paulo de Miranda, capitão diretor. Colônia militar de Santa Teresa, 13 de julho de 1881. Acervo: IHGSC.

[381] CMST. *Ofício n. 138, ao vice-presidente da província, Joaquim da Silva Ramalho.* Policarpo Vieira da Cunha Brasil, tenente diretor. Colônia militar de Santa Teresa, 22 de fevereiro de 1879. Acervo: IHGSC.

[382] CMST. *Ofício n. 140, ao vice-presidente da província, Joaquim da Silva Ramalho.* Policarpo Vieira da Cunha Brasil, tenente diretor. Colônia militar de Santa Teresa, 13 de março de 1879. Acervo: IHGSC.

[383] CMST. *Ofício n. 160, ao presidente da província, Antônio d'Almeida Oliveira.* João Paulo de Miranda, capitão diretor. Colônia militar de Santa Teresa, 30 de agosto de 1879. Acervo: IHGSC.

[384] CMST. *Ofício n. 171, ao presidente da província, Antônio d'Almeida Oliveira.* João Paulo de Miranda, capitão diretor. Colônia militar de Santa Teresa, 12 de novembro de 1879. Acervo: IHGSC.

dos títulos definitivos de terra dos colonos Henrique Parth e Francisco Alves de Siqueira[385].

Com o auxílio dos ofícios que remetiam ao presidente da província os títulos definitivos do lote de terras na colônia, para assinar, é possível perceber que, no final da década de 1870 e no início da seguinte, sobrenomes de origem alemã[386] tornaram-se mais comuns entre esses requerimentos. São exemplos desses pedidos de títulos definitivos de concessão dos lotes de terras, e remetidos ao presidente da província pelo diretor da colônia, aqueles feitos pelos seguintes colonos de 3.ª classe: Carlos Belinh e Frederico Lichtmfels[387]; Elias Chenaider[388]; Jacob Inkel[389].

Com os títulos definitivos em mãos, muitos colonos colocavam seus terrenos à venda e deixavam a colônia. De acordo com o major Antônio Ernesto Gomes Carneiro:

> Muitos colonos engajados que adquiriram já direito às terras não sabem onde ficam seus lotes; outros venderam os seus embora ainda não demarcados; outros que estão ainda percebendo diárias, cultivam terras que não sabem, à vista da confusão em que se acham, se serão suas ou não.
>
> Acresce a tudo isto que a colônia tem se estendido mais de uma légua rio acima, isto é, afastando-se de sua sede, o que aliás é vantajoso porque irá concorrendo para povoar os terrenos situados na direção em que deve ser aberto um trecho de estrada de cerca de vinte quilômetros, que, ligado à estrada geral de S. José a Lages, a encurtará, melhorando-a consideravelmente, e porque irá, quiçá, intimidando e afugentando os bugres que infestam estas paragens e cometem frequentes assassinatos e depredações.

[385] CMST. *Ofício n. 179, ao presidente da província, Antônio d'Almeida Oliveira*. João Paulo de Miranda, capitão diretor. Colônia militar de Santa Teresa, 22 de dezembro de 1879. Acervo: IHGSC.

[386] Cuja grafia deve ser semelhante à pronúncia desses sobrenomes, ou como o escrivão os compreendia.

[387] CMST. *Ofício n. 244, ao presidente da província, Desembargador João Rodrigues Chaves*. João Paulo de Miranda, capitão diretor. Colônia militar de Santa Teresa, 23 de maio de 1881. Acervo: IHGSC.

[388] CMST. *Ofício n. 292, ao presidente da província, Antônio Gonçalves Chaves*. João Paulo de Miranda, capitão diretor. Colônia militar de Santa Teresa, 23 de outubro de 1882. Acervo: IHGSC.

[389] CMST. *Ofício n. 287, ao presidente da província, Antônio Gonçalves Chaves*. João Paulo de Miranda, capitão diretor. Colônia militar de Santa Teresa, 23 de setembro de 1882. Acervo: IHGSC.

Mas é indispensável fixar os limites da colônia e fazer a demarcação das terras distribuídas aos colonos para que eles se animem a fixar sua residência naqueles lugares, onde alguns apenas têm suas roças com receio dos indígenas e incerteza da posse, incerteza tanto mais quanto é corrente a ideia, aliás errônea, de que a área da colônia deve ser uma légua em quadra, caso em que não alcançaria os últimos colonos do rio acima[390].

Portanto, é necessário atentar-se para a hipótese sugerida pelo historiador Peter Beattie quanto aos motivos que levavam os veteranos a venderem seus lotes de terra nas colônias militares. Para esse autor, as colônias militares, por estarem quase sempre localizadas em áreas remotas e desfavoráveis, faziam com que muitos veteranos com títulos de terras preferissem vender seus lotes a especuladores por valores muito abaixo do real. Apenas aqueles veteranos com patronos influentes e alguma sorte conseguiam usufruir dessas compensações prometidas. Mesmo em 1907, quando o Congresso discutia a conscrição, a questão das concessões de terra não cumpridas aos veteranos ainda era um assunto vergonhoso em debate[391].

Mesmo assim, apesar dos problemas que assolavam o sistema de colônias militares, das debilidades e dos conflitos, a colônia se mantinha e cumpria com seus primeiros objetivos.

## 3.7 ENTRADAS E SAÍDAS: O MOVIMENTO DE PESSOAS NA COLÔNIA

Além dos pedidos de terras, os ofícios de transferência de soldados e as correspondências dos diretores permitem conhecer melhor a dinâmica populacional dessa colônia militar.

---

[390] BRASIL. *Ofício ao Ministro e Secretário de Estado dos Negócios da Guerra, Senador Joaquim Delfino Ribeiro da Luz*. Antônio Ernesto Gomes Carneiro, major. Quartel de inspeção da colônia militar de Santa Teresa, na província de Santa Catarina, 8 de outubro de 1887. Folhas 2-3. Acervo: Arquivo Nacional.
[391] BEATTIE, *op. cit.*, p. 266.

Para esclarecer como era o movimento de pessoas e o engajamento de soldados, é necessário partir do seguinte excerto:

> [...] os engajamentos de colonos, sempre onerosos ao estado, e produzindo muitas vezes péssimos resultados, pois que a maior parte dos engajados, depois de receberem a diária durante dois anos, para si e para as pessoas de sua família, às vezes muito numerosa, abandonam a colônia ou demoram ainda três anos, mas somente para adquirir o direito ao lote de terras e vende-lo.
>
> Esse sistema de engajamento deve ser desde já suspenso ainda mesmo que não julgue o Governo Imperial conveniente adotar logo a medida proposta, da venda de pequenos lotes aos antigos bons colonos ou a novas pessoas que aqui desejam estabelecer-se.
>
> Nas duas margens do Itajaí e dos numerosos ribeirões que para ele correm no distrito da colônia, as terras são excelentes; além disso a situação desta, na estrada do litoral a Lages, a três léguas de distância da entrada dos campos de criação e onde é considerável a procura dos produtos da lavoura, a favorece por tal modo que são estes quase todos vendidos por melhor preço do que na Capital.
>
> À vista disso e da salubridade do clima, existe em outros pontos grande número de pequenos lavradores, já experimentados e dispondo de um pequeno capital que desejam vir aqui estabelecer-se; e estou certo povoarão rapidamente estas paragens, afastando com suas culturas, com novas estradas abertas e o movimento, os bugres, que até agora vivem nas matas que circundam a colônia e aparecem em todas as direções à espreita do menor descuido para matar e roubar[392].

---

[392] BRASIL. *Ofício ao Ministro e Secretário de Estado dos Negócios da Guerra, Senador Joaquim Delfino Ribeiro da Luz*. Antônio Ernesto Gomes Carneiro, major. Quartel de inspeção da colônia militar de Santa Teresa, na província de Santa Catarina, 8 de outubro de 1887. Folhas 5-6. Acervo: Arquivo Nacional.

Chama a atenção o ofício do ministro da Guerra, Duque de Caxias, de 15 de maio de 1876, em que afirmou estar ciente de que o presidente da província de Santa Catarina providenciou que os praças do Exército que teriam baixa, em particular os casados, fossem convidados a estabelecer-se nas colônias militares, conforme determinado pelo ministério da guerra em abril daquele ano[393].

Um ofício do ministro da Guerra, datado de 15 de julho de 1876, determinava que o presidente da província deveria remeter uma relação dos nomes dos praças vindos da República do Paraguai que, sendo casados e tendo concluído o tempo de serviço, deveriam receber baixa, com a condição de se estabelecerem na colônia militar de Santa Teresa. O ministro também afirmou que as mulheres que vieram do Paraguai, acompanhando o 17.º Batalhão de Infantaria, "que igualmente quiserem seguir para a dita colônia, fica V. Exa. autorizado a mandar dar transporte até ali, ou abonar-lhes uma ajuda de custo"[394].

Sendo assim, sobre a entrada de colonos e oficiais, destacam-se alguns exemplos que demonstram as possibilidades de se trabalhar e viver na colônia militar de Santa Teresa. Relacionado à posse de terras, ainda, é importante sublinhar o caso do colono João Cardoso da Silva Berto. De acordo com o diretor:

Propõe-se a ser engajado neste estabelecimento como colono de 3.ª classe o residente da mesma colônia há mais de oito anos, paisano João Cardoso da Silva Berto, o qual havendo comprado desde então, por consentimento do Governo da Província sob administração do Sr. Doutor João José Coutinho, a posse a que tinha direito o colono de nacionalidade alemã de nome Guilherme, que se retirou do lugar; tratou o dito Berto de cultivar e beneficiar o comprado lote, do qual tem título legítimo, onde tem fundado engenhos para man-

---

[393] MINISTÉRIO DA GUERRA. *Ofício ao presidente da província de Santa Catarina*. Duque de Caxias, ministro da guerra. Rio de Janeiro, 15 de maio de 1876. Acervo: Correspondências ministro da guerra para presidente da província (1876). APESC.

[394] MINISTÉRIO DA GUERRA. *Ofício ao presidente da província de Santa Catarina*. Duque de Caxias, ministro da guerra. Rio de Janeiro, 15 de julho de 1876. Acervo: Correspondências ministro da guerra para presidente da província (1876). APESC

dioca e canas, olaria, que os cultiva efetivamente com assíduo trabalho afim de manter a numerosa família que conta, criada toda e mantida do mesmo trabalho da lavoura sem que em tempo algum para esse fim, como outros recebesse estipêndio ou diária de colono: agora porém que o pequeno lote que possui lhe não dá para mais larga cultivação, e não podendo outro sem comprar terras, busca engajar-se para por seu trabalho na forma do regulamento poder obter o lote correspondente a família que tem[395].

O diretor elogiou o trabalho do colono e informou ao presidente da província que, devido ao seu caráter altivo e trabalhador, ele seria valioso para supervisionar e agilizar o trabalho dos demais colonos, considerando a falta de oficiais para essa função[396]. A família de João Cardoso da Silva era composta por nove pessoas. Em resposta ao pedido do diretor, o presidente da província informou que, para o reengajamento ser concedido, João precisaria fazer o próprio requerimento. Vale destacar que, nesse caso, o colono utilizou o regulamento da colônia como estratégia para garantir sua subsistência e obter mais terras.

Em 1857, de acordo com o diretor João Xavier de Souza, "assentaram praça voluntários em diferentes datas do corrente mês de abril para servir como colonos nesta colônia militar por tempo de dois anos cada um, os paisanos Manoel Joaquim da Silva, Jacintho Martins de Moraes e Vicente Ferreira da Silva"[397]. Do Batalhão do Depósito, foram para a colônia os soldados Ignácio Ferreira da Silva e João de Olanda Cavalcante. Desse ofício é importante notar que, no dia 13 de abril o soldado da colônia João Cardozo foi dispensado do Exército porque deu "em seu lugar o paisano Antônio Pantaleão do Lago que depois de assentar praça veio para esta colônia para servir como recrutado o resto do tempo que faltava aquele que também o era"[398].

---

[395] CMST. *Ofício n. 31, ao presidente da província, Adolpho de Barros Cavalcante d'Albuquerque Lacerda.* João Francisco Barreto, coronel diretor. Colônia Militar de Santa Teresa, 14 de dezembro de 1867. Acervo: IHGSC.

[396] *Idem.*

[397] CMST. *Mapa mensal do pessoal da colônia militar de Santa Teresa no mês de abril de 1857.* João Xavier de Souza, capitão diretor. Colônia militar de Santa Teresa, 1.º de maio de 1857. Acervo: Arquivo Nacional.

[398] *Idem.*

O ministro da Guerra, em 27 de janeiro de 1858, expediu ordem para seguir para a província de Santa Catarina, com destino à colônia militar de Santa Teresa, o soldado do 4.º Batalhão de Artilharia a pé, Faustino Soares do Sacramento, acompanhado de sua família composta por sua mãe e uma irmã[399]. Em março de 1858 o diretor da colônia confirmou ter recebido ofício do presidente da província, pelo qual foi informado de que o soldado Ignácio José Ildefonso, do 1.º Batalhão de Artilharia a pé, iria servir na colônia. Na mesma correspondência, o diretor comunicou que esse soldado se apresentou na colônia no dia 11 de março, com sua família[400].

Em meados de 1862, o paisano Maurício Antônio de Brito ofereceu-se para ser engajado na colônia como colono de 3ª classe. Com a autorização do diretor, ele já vivia na colônia há quatro anos e, durante esse período, demonstrou bom comportamento civil e diligência no trabalho. Isso confirmou, para o diretor, as informações obtidas de pessoas confiáveis de Lages, onde Maurício residia antes. Ele havia deixado Lages devido aos desmandos de sua esposa, de péssima conduta, e trouxe consigo uma filha de 14 anos, um filho de 12, uma filha de um ano e uma ama para cuidar da criança[401].

No mesmo ano, em julho, Alexandre José da Rosa também se apresentou para ser engajado como colono de 3ª classe. Alexandre, um homem branco, casado e pai de dois filhos pequenos, havia servido como cabo no Batalhão do Depósito. Ele obteve dispensa desse batalhão ao pagar ao Tesouro a quantia correspondente ao tempo de serviço que ainda faltava. Desde abril de 1862, Alexandre vivia na colônia com sua família, onde demonstrou "provas de bom comportamento e de altivo trabalhador"[402].

---

[399] MINISTÉRIO DA GUERRA. *Ofício ao presidente da província de Santa Catarina.* Jerônimo Francisco Coelho, ministro da guerra. Rio de Janeiro, 27 de janeiro de 1858. Acervo: Correspondências ministério da guerra para presidente da província (1857-1859). APESC.

[400] CMST. *Ofício ao presidente da província, João José Coutinho.* João Xavier de Souza, capitão. Colônia militar de Santa Teresa, 12 de março de 1858. Acervo: IHGSC.

[401] CMST. *Ofício ao presidente da província, Conselheiro Vicente Pires da Motta.* João Francisco Barreto, tenente coronel diretor. Desterro, 30 de junho de 1862. Acervo: IHGSC.

[402] CMST. *Ofício ao presidente da província, Conselheiro Vicente Pires da Motta.* João Francisco Barreto, tenente coronel diretor. Desterro, 15 de julho de 1862. Acervo: IHGSC.

Alguns meses depois, Generoso Xavier de Freitas, "ainda moço e há pouco casado com uma rapariga desta colônia"[403], ofereceu-se para ser engajado como colono de 3.ª classe. De acordo com o diretor, todas as informações sobre o comportamento de Generoso foram positivas. Francisco Ribeiro Martins, que o criou em sua casa, assegurou suas boas qualidades, destacando-o como um trabalhador dedicado. Durante o curto período em que lhe foi permitido residir na colônia, Generoso comprovou todas as qualidades mencionadas[404].

O presidente da província de Santa Catarina, em novembro de 1863, submeteu ao ministro da Guerra o requerimento de transferência de 3 soldados do Batalhão 12 de Infantaria (Pedro Jacintho, Antônio Estolaneo José da Silva e Venâncio Borges de Carvalho) que estavam destacados na colônia e lá desejavam permanecer para prestar seus serviços de colonos de 1.ª classe, por serem dados aos trabalhos da lavoura[405].

Em julho de 1864, o paisano Joaquim José de Lima, solteiro, e sua mãe viúva, vindos de Lages, ofereceram-se para viver na colônia: ele como colono de 3.ª classe e ela como familiar do colono[406]. Em 13 de outubro de 1864 a presidência da província comunicou que mandou inspecionar o soldado do Batalhão 12 de Infantaria, José Pereira da Costa, o qual solicitou transferência para a colônia militar[407]. Em dezembro de 1864, João José de Santa Anna ofereceu-se para ser engajado como colono de 3.ª classe. João era "moço branco, trabalhador e de bom comportamento, provado em todo tempo de residência que tem tido no lugar". De acordo com o diretor, João era casado com Leopoldina Maria de Jesus, que também residia na colônia antes que ele fosse engajado[408].

[403] CMST. *Ofício ao presidente da província, Conselheiro Vicente Pires da Motta*. João Francisco Barreto, tenente coronel diretor. Colônia militar de Santa Teresa, 27 de setembro de 1862. Acervo: IHGSC.

[404] *Idem.*

[405] SANTA CATARINA. *Ofício ao ministro da guerra, Antônio Manuel de Mello*. Pedro Leitão da Cunha, presidente da província. Desterro, 6 de novembro de 1863. Acervo: Registro presidente da província para ministério da guerra (1860-1865). APESC.

[406] CMST. *Ofício ao presidente da província, Alexandre Rodrigues da Silva Chaves*. João Francisco Barreto, tenente coronel diretor. Colônia Militar de Santa Teresa, 15 de julho 1864. Acervo: IHGSC.

[407] SANTA CATARINA. *Registro de ofício ao ministro da guerra*. Desterro, 13 de outubro de 1864. Acervo: Registro presidente da província para ministério da guerra (1860-1865). APESC.

[408] CMST. *Ofício ao presidente da província, Alexandre Rodrigues da Silva Chaves*. João Francisco Barreto, tenente coronel diretor. Colônia Militar de Santa Teresa, 2 de dezembro 1864. Acervo: IHGSC.

Vale destacar o engajamento voluntário de civis, como aquele que aconteceu em outubro de 1864. O paisano Manoel Chaves Machado, homem branco, natural da província do Paraná, casado, com 2 filhos, vivia há três meses na colônia antes de oferecer-se ao diretor para ser engajado como colono de 3.ª classe. Naquele mês, o diretor da colônia pediu autorização ao presidente da província para engajar aquele colono, por ter ele bom comportamento e ser trabalhador[409].

Em fevereiro de 1865, o filho de um ex-colono voltou para a colônia militar de Santa Teresa. Fernando Drummel, filho de Christiano Drummel, havia residido na colônia com o pai e a mãe, por 3 anos. Christiano foi engajado de 2.ª classe para realizar obras necessárias na colônia durante a administração do presidente da província João José Coutinho. Com a morte da mãe de Fernando, o colono Christiano e seus filhos foram viver em Lages. Mas, no início de 1865, Fernando, que já estava casado, mostrou desejos de engajar-se na colônia. Um ano antes havia escrito para o diretor a respeito desse desejo e, nas primeiras semanas do ano, Fernando apresentou-se na colônia com sua família e pediu para que enviasse seu pedido de engajamento ao presidente da província, o que fora feito em 11 de fevereiro de 1865. Conforme o diretor, "esse moço pertencia a uma família honesta e laboriosa, e que são pessoas dessa ordem as que devemos almejar para colonos"[410].

Em março de 1865, o paisano Raimundo Paulino Pereira do Nascimento ofereceu-se para ser engajado como colono de 3.ª classe. Nas palavras do diretor da colônia, "este indivíduo casou-se há pouco tempo com uma filha do soldado-colono Manoel Joaquim Pereira e, residindo aqui há tempos, tem dado provas de bom comportamento e de ser trabalhador"[411]. Pouco depois, em meados de 1865, o paisano Eliseu José da Silva ofereceu-se para ser engajado como colono de 3.ª

---

[409] CMST. *Ofício do diretor ao presidente da província, Alexandre Rodrigues da Silva Chaves*. João Francisco Barreto, tenente coronel diretor. Colônia militar de Santa Teresa, 25 de outubro de 1864. Acervo: IHGSC.

[410] CMST. *Ofício ao presidente da província, Alexandre Rodrigues da Silva Chaves*. João Francisco Barreto, tenente coronel diretor. Colônia Militar de Santa Teresa, 11 de fevereiro de 1865. Acervo: IHGSC.

[411] CMST. *Ofício ao presidente da província, Alexandre Rodrigues da Silva Chaves*. João Francisco Barreto, tenente coronel diretor. Colônia militar de Santa Teresa, 18 de março de 1865. Acervo: IHGSC.

classe. O diretor explicou ao vice-presidente da província que Eliseu tinha comportamento exemplar e era trabalhador dedicado. Desde criança, ele vivia na colônia e, com seu trabalho, sustentava sua mãe viúva. Pouco tempo antes, ele havia se casado com Francisca Rosa de Jesus, uma jovem da mesma colônia [412].

Em dezembro de 1867, o diretor sugeriu ao presidente da província que fossem engajados como colonos de 3.ª classe os jovens Manuel Juvêncio Ferreira e Ignácio Martins de Moraes, ambos casados na colônia. Manuel havia se casado com Diolinda Maria Rosa de Jesus e Ignácio com Maria de Jesus dos Prazeres; todos eram do mesmo lugar e conhecidos por serem trabalhadores e de comportamento exemplar. O diretor também recomendou Marcelino Roberto Pires, casado com Leopoldina Magdalena, que se apresentou com seus dois filhos menores, Júlio e Maria. Todos eram do município de Lages e residiam há tempos na fazenda Bom Retiro, a quatro léguas da colônia. Segundo o diretor, eles eram conhecidos por serem pacíficos e trabalhadores, características recomendadas pelo regulamento para serem admitidos[413].

No caso dos estrangeiros que desejavam engajar-se na colônia, o procedimento era semelhante ao dos brasileiros. O pedido de engajamento dos colonos Mathias Carpes, Hendencio Hassel, Jacob Hasse, realizado em setembro de 1881, serve de exemplo. Anexado ao pedido, com grafia diferente, há um escrito em que se pondera a legalidade desse tipo de engajamento. Nesse documento afirmou-se que o decreto n.º 2.215, de 13 de março de 1858, que aprovou o regulamento da colônia, bem como os decretos n.º 729 e 820 são omissos quanto à admissão de estrangeiros nas colônias militares. Contudo, abaixo dessa consideração, há um escrito à lápis em que se ordena o engajamento, utilizando-se da omissão dos regulamentos quanto à entrada de estrangeiros[414].

---

[412] CMST. *Ofício ao vice-presidente da província, tenente coronel Francisco José d'Oliveira*. João Francisco Barreto, tenente coronel diretor. Colônia militar de Santa Teresa, 12 de março de 1858. Acervo: IHGSC.

[413] CMST. *Ofício ao presidente da província, Adolpho de Barros Cavalcante d'Albuquerque Lacerda*. João Francisco Barreto, coronel diretor. Colônia Militar de Santa Teresa, 28 de dezembro de 1867. Acervo: IHGSC.

[414] CMST. *Ofício n. 252, ao presidente da província, Desembargador João Rodrigues Chaves*. João Paulo de Miranda, capitão diretor. Colônia militar de Santa Teresa, 13 de setembro de 1881. Acervo: IHGSC.

No mês seguinte, o diretor remeteu ao presidente da província os requerimentos dos alemães Pedro Henrique Bruder, Henrique Hoegen e Carlos Gustavo Gulisch, para serem engajados como colonos de 3.ª classe[415]. E, em maio de 1882, o diretor remeteu o requerimento de Carlos Bilch, que pedia para engajar-se na colônia como colono de 3.ª classe[416].

De todos os documentos que se referem às entradas e saídas de colonos, tanto civis quanto militares, merece destaque o caso do alemão Christiano Harth, pois sua permanência na colônia foi bastante curta. Em fevereiro de 1858, os paisanos Christiano Harth e Martinho Paulino Pereira do Nascimento ofereceram-se como praças voluntários para trabalharem na colônia pelo período de dois anos. O paisano Christiano Harth foi destacado para os trabalhos na picada[417] da Boa Vista e Martinho Paulino Pereira do Nascimento permaneceu como ferreiro na colônia. Christiano assentou praça no dia 1.º e, Martinho, no dia 10[418]. No início de maio, o diretor da colônia informou ao presidente da província que um alferes estava em diligência dirigindo o serviço da picada da Boa Vista e que um cabo e 9 soldados estavam destacados lá. Ressaltou, porém, a informação de que havia sido excluído do número de praças da colônia o soldado alemão Christiano Harth, porque havia se ausentado do destacamento da picada da Boa Vista no dia 12 de abril, "dia em que pediu licença ao alferes vice-diretor da colônia para ir até o Rio dos Bugres[419] e não apareceu mais no destacamento e nem se apresentou até o presente"[420]. No dia 8 de maio de 1858, o diretor da colônia informou ao presidente da província que "o soldado-colono Alemão Christiano Harth lhe pedira licença para ir ao Rio dos

---

[415] CMST. *Ofício n. 260, ao presidente da província, Desembargador João Rodrigues Chaves.* João Paulo de Miranda, capitão diretor. Colônia militar de Santa Teresa, 13 de outubro de 1881. Acervo: IHGSC.

[416] CMST. *Ofício n. 284, ao presidente da província, Ernesto Francisco de Lima Santos.* João Paulo de Miranda, capitão diretor. Colônia militar de Santa Teresa, 23 de maio de 1882. Acervo: IHGSC.

[417] Abertura de caminho na mata.

[418] CMST. *Mapa mensal do pessoal da colônia militar de Santa Teresa no mês de fevereiro de 1858.* João Xavier de Souza, capitão diretor. Colônia militar de Santa Teresa, 1.º de março de 1858. Acervo: Arquivo Nacional.

[419] Onde ficava a colônia alemã de Santa Isabel, fundada em 1847, nas margens do caminho para Lages.

[420] CMST. *Mapa mensal do pessoal da colônia militar de Santa Teresa nas margens do rio Itajaí, estrada de Lages, do mês de abril de 1858.* João Xavier de Souza, capitão diretor. Colônia militar de Santa Teresa, 1.º de maio de 1858. Acervo: Arquivo Nacional.

Bugres com a mulher no dia 12 de abril próximo"[421] não havia retornado para a colônia. Por não pertencer ao Exército, o diretor sugeriu ao presidente da província que não seguissem "as formalidades do costume, relativamente a proceder-se a Conselho de Disciplina"[422].

Sobre as saídas de soldados e oficiais da colônia, as informações são mais escassas. Em agosto de 1856 o diretor da colônia concedeu baixa, cumprindo despacho do presidente da província, ao soldado Joaquim Carneiro da Silva. Ao fazê-lo, o diretor ordenou que o soldado "tratasse de vender seu rancho e se retirar para onde lhe conviesse: resultou esta ordem ao dito Carneiro deixar este lugar desde o dia 10 do corrente sem dar a menor satisfação"[423]. Mas o diretor, ao investigar o destino daquele soldado, descobriu que ele havia ido para a Capital da província com o intuito de solicitar ao presidente da província autorização para retornar para a colônia.

No mês seguinte, o diretor comunicou ao presidente da província que mandou retirar da colônia o paisano Joaquim Carneiro da Silva, "não só por ser ele pouco amante ao trabalho, como pela péssima conduta da mulher que tem"[424].

Em ofício de dezembro de 1857, no qual o diretor comunica ao presidente da província a exclusão de um colono do serviço militar, em consequência de doenças, é possível conhecer algumas características daquele soldado:

> Antônio José do Amaral, filho de Felippe Felix dos Santos, natural da Província de Santa Catarina, idade quarenta e dois anos, estado casado, sem ofício, com sessenta polegadas de altura, cabelos castanhos, olhos castanhos, cor branco. Assentou-se praça engajado para servir nesta Colônia por dois anos como colono a quatro de julho de mil oitocentos e cinquenta e seis. Vai pago de soldo, gratificação de enga-

---

[421] CMST. *Ofício ao presidente da província, João José Coutinho.* João Xavier de Souza, capitão diretor. Colônia Militar de Santa Teresa, 8 de maio de 1858. Acervo: IHGSC.

[422] *Idem.*

[423] CMST. *Ofício ao presidente da província, João José Coutinho.* João Xavier de Souza, capitão diretor comandante interino. Colônia Militar de Santa Teresa 16 de agosto de 1856. Acervo: IHGSC.

[424] CMST. *Ofício ao presidente da província, João José Coutinho.* João Xavier de Souza, capitão diretor interino. Colônia Militar de Santa Teresa 1.º de setembro de 1856. Acervo: IHGSC.

jado de quarenta e cinco réis diários, e Etapa até o fim de novembro de mil oitocentos e cinquenta e sete[425].

No mesmo mês, o diretor enviou para a Capital da província 5 soldados que faziam parte do número de militares da colônia. O diretor justificou o envio ao presidente da província porque aqueles soldados não eram trabalhadores e tinham mau comportamento. Dois desses soldados pertenciam ao Batalhão do Depósito e os outros 3 faziam parte do Exército e estavam na Companhia de Inválidos da província de Santa Catarina[426].

Em março de 1864, o diretor ordenou que o soldado Luís Francisco de Carvalho se apresentasse ao presidente da província para, mais tarde, ser encaminhado para a Companhia de Inválidos, a que pertencia antes de servir na colônia, porque era viciado em aguardente, principal causa de sua invalidez. O soldado, sempre embriagado e doente, vendia suas roupas e mantimentos para sustentar seu vício, reduzindo-se a uma condição de extrema fraqueza e miséria, semelhante à de um mendigo. Segundo o diretor, nessas condições, ele não podia ser confiado com qualquer trabalho ou serviço, pois não conseguia cumprir suas responsabilidades. Para eliminar as fontes de imoralidade na colônia, como a embriaguez, o oficial decidiu removê-lo, pois ele apenas incentivava o comércio de aguardente, que havia sido proibido há pouco tempo. Nas palavras do diretor: "Nada há que possa aproveitar a esse desgraçado soldado porque nele a aguardente tem produzido uma segunda natureza. É até miraculoso o ter-se conservado em corpo regular como o Batalhão 12 um indivíduo tal sem que os castigos o tivessem levado a melhor vida"[427].

Nos documentos pesquisados, de todas as retiradas de colonos, chama a atenção, por trazer à tona a possibilidade de interesses particulares dos diretores da colônia quando

---

[425] CMST. *Ofício ao presidente da província*. João Xavier de Souza, capitão diretor interino. Colônia Militar de Santa Teresa 1.º de dezembro de 1857. Acervo: IHGSC.

[426] CMST. *Ofício ao presidente da província, João José Coutinho*. João Xavier de Souza, capitão diretor. Colônia Militar de Santa Teresa, 1.º de dezembro de 1857. Acervo: IHGSC.

[427] CMST. *Ofício ao presidente da província, Alexandre Rodrigues da Silva Chaves*. João Francisco Barreto, tenente coronel diretor. Colônia Militar de Santa Teresa, 5 de março 1864. Acervo: IHGSC.

expulsavam ou retinham os colonos, o caso do soldado Justino Pereira. Em novembro de 1865 o diretor solicitou ao presidente da província que esse soldado fosse inspecionado porque há mais de um ano não prestava serviços para a colônia, por permanecer doente o tempo todo. Antes que fosse autorizado pela presidência, o diretor, em 5 de dezembro, encaminhou novo ofício ao presidente, cujo portador era o próprio soldado que deveria ser inspecionado. No ofício, o diretor afirmou que enviava o soldado ao Governo Imperial para inspeção devido à sua doença. Mesmo antes de iniciar o tratamento, há mais de um ano, ele já prestava pouco serviço e, depois disso, nenhum. O oficial destacou que o soldado não podia continuar na colônia nesse estado, pois não havia enfermaria e o uso contínuo de aguardente agravava sua enfermidade. O soldado passava a maior parte do tempo embriagado, incentivando outros a fazerem o mesmo e a negligenciarem seus deveres. Aliás, ele era viciado em jogo, praticando-o tanto fora quanto dentro de seu rancho, que ficava distante da praça da colônia e era destinado ao cultivo. Por todos esses motivos, e conforme o regulamento, o diretor decidiu enviá-lo de volta aos corpos do Exército, considerando-o incapaz de servir na colônia. A respeito desse soldado, o ofício também informava que:

> Não tem casa propriamente dita, e a sua morada é uma choça ou covil de vícios [...]. Tem ele um frouxo cercado, dentro uma pequena plantação nova de milho e feijão, feita pelos mesmos ébrios, que lá se vão encachaçar. E sendo mandado retirar, como me vejo obrigado a fazê-lo por seu mau comportamento, a nada do que deixa tem direito[428].

Entretanto, antes disso, o diretor, em seus relatórios mensais, não havia relacionado esse comportamento ao soldado. Com os motivos da retirada expostos acima, e por ser expulso por mau comportamento, o soldado perderia seus direitos como colono militar (tanto a posse do lote de terras

---

[428] SANTA CATARINA. *Ofício ao presidente de província, no qual se questiona o pedido feito pelo diretor da colônia. Documento incompleto.* Folha 1. Acervo IHGSC.

quanto as benfeitorias que havia realizado). Com a expulsão do soldado nesses termos, sugere-se que o diretor, ao precipitar a ocupação daquela propriedade por um novo colono, poderia obter vantagens pecuniárias.

Ao mesmo tempo, a presidência da província recebeu queixa da esposa de um colono que fez reclamações acerca da expulsão arbitrária do soldado Justino. A mulher acusou o diretor de ter motivado a expulsão do soldado porque almejava vender a casa e a roça do soldado a um colono paisano que havia chegado na colônia há pouco[429].

Com o propósito de esclarecer a denúncia, foram levantadas algumas dúvidas quanto a "súbita má conduta imputada"[430] ao soldado. A presidência da província não pretendia melindrar o diretor ao fazer referências às contradições encontradas nos relatórios correspondentes aos meses de novembro, dezembro e março. Contudo, quem redigiu o documento – funcionário da presidência ou advogado do soldado – condenava as ações do diretor: "o dito Diretor não pode, a seu bel prazer, despedir da colônia, com guia, sem prévia permissão da Presidência, um colono, de quem, 14 dias antes nada dissera em desabono, e a cujo respeito devia aguardar deliberação do governo"[431]. Em argumentação contra o diretor, asseverou que:

Acha que pode, quando lhe convier desfazer-se de um soldado, retirá-lo da colônia dizendo que é de maus costumes, embora pouco tempo antes dissesse que era bom homem; e não tolerava que se lhe note essa contradição, e a de tolerar a continuação de outros que ele mesmo considerou péssimos e incorrigíveis, quando abonou aqueles.

No 1.º de março propôs a retirada do colono Venâncio Borges, que se quando ele informou em novembro, apesar de beber, era muito trabalhador. A Presidência, chamando-lhe

---

[429] *Idem*, folha 2.

[430] *Idem*, folha 1.

[431] SANTA CATARINA. *Ofício ao presidente de província, no qual se questiona o pedido feito pelo diretor da colônia*. Documento incompleto. Folha 4. Acervo IHGSC.

a atenção para essa contradição, e para o que sucedera com o colono Justino Pereira [...], exigiu, que ele indicasse os que deviam ser excluídos, a fim de evitar sucessivas propostas. Eis que responde a isso, no ofício de 20 de abril, censurando a Presidência, e insistindo em propor a retirada dos mesmos 2 referidos no ofício de 1.º de março, insistindo em não propor a retirada dos outros de quem em novembro informou muito mal, resolvendo por si conservá-los para ver se se emendam, quando são de vícios [ilegível], e propondo a saída de 2 novos, contra quem nada disse em novembro. Conheceu-se nisto o capricho do Diretor em não se dar por vencido pela Presidência, e querer triunfar[432].

E, de mais a mais:

No final deste ofício de 20 de abril, diz o Diretor, que à exceção de um desses colonos, todos os outros lhe devem 10$000 réis, para mais, de abonos de fazendas, que lhe pediram há muito tempo para se vestirem, visto estarem sem roupa, por os colonos ali não terem vencimento de fardamento.

Estando a colônia sob o regime e disciplina militar, esses empréstimos são tão inconvenientes ali, como nos corpos do exército. Com uma administração [ilegível], não estariam os colonos no estado constante de devedores do Diretor, sendo talvez por isso que ele não despede colonos que ele mesmo confessa serem perniciosos na colônia, e incorrigíveis, e quando isto se lhe nota, pretende inculcar que espera que eles se regenerem, quando despede outros menos mal reputados[433].

Com isso, é necessário questionar sempre as afirmações feitas pelo diretor em seus ofícios que comunicavam à presidência da província os motivos para a retirada de colonos daquela colônia. As dívidas dos colonos com o diretor, apesar de não serem previstas no regulamento da colônia, poderiam criar conflitos de interesses.

---

[432] *Idem*, folhas 4-5.
[433] *Idem*, folha 5.

Em agosto de 1862, foram explicados ao presidente da província os motivos da expulsão do soldado Jeremias Pereira de Medeiros. Como afirmou o diretor em seu ofício:

> Este soldado nunca foi, e nem será jamais próprio para um estabelecimento colonial, pela negação absoluta ao trabalho, pelo estado de embriaguez em que constantemente vive; tanto que não sendo aproveitável em serviço de cultura sua particular, ou aos trabalhos públicos da colônia, o tenho consentido na condução da mala do correio; como único serviço que dele se podia tirar. Incide porém, que com a continuação das viagens dessa Capital a Lages bebendo desregradamente aguardente por todas as paragens onde a encontra, à oferta e à venda, se tem tornado um bêbado desatencioso e insolente, dando espetáculo neste colônia, todas as vezes que nela chega, com gritos desordenados e descomposturas não só a sua família, como a todos do lugar, por qualquer pequena dúvida, e isto sempre com ameaças da inseparável faca que traz consigo a título de instrumento indispensável para a viagem.
>
> Além de todo o expedido acaba de cometer para comigo um ato público de desobediência, e desrespeito[434].

Mesmo assim, o diretor assegurou que não pretendia processar o soldado, "que tendo já findo seu tempo de praça tem mulher e filhos; aos quais já basta o legado de um esposo e pai tão desnaturado"[435].

É importante notar os acontecimentos que envolveram a chegada, na colônia, de uma expedição do Batalhão do Depósito. Conforme o diretor, quando chegaram os soldados daquele batalhão, para afastar os indígenas das proximidades da colônia, teve início entre os colonos (considerados como mandriões pelo diretor) muitos pedidos de baixa para engajarem-se naquele batalhão, com a única finalidade de

---

[434] CMST. *Ofício ao presidente da província, Conselheiro Vicente Pires da Motta.* João Francisco Barreto, tenente coronel diretor. Colônia militar de Santa Teresa, 10 de agosto de 1862. Acervo: IHGSC.
[435] *Idem.*

receberem a "gratificação de voluntários, que acabou para eles, e no prêmio de quatrocentos mil réis"[436]. O diretor reclamou que, desde então, estava sendo perseguido pelos colonos que pretendiam a baixa dos serviços militares o mais cedo possível. O diretor informou que concedeu

> [...] a licença que me pediram para requerer por não dever tolher-lhes o direito de petição, e ao mesmo tempo de mantê--los; porque a maliciosa ignorância deles os tem feito inventar que suas escusas não têm vindo por ter eu nessa Capital dito, ou informado a V. Exa. que nenhum dos colonos queriam baixa[437].

Um dos soldados que havia feito o pedido de baixa se chamava Jacinto José Vianna, o qual o diretor, meses antes, havia pedido ao presidente da província a sua retirada.

Em razão dessas retiradas, o presidente da província autorizou ao diretor da colônia que escolhesse entre os corpos do Batalhão do Depósito o número igual ao de soldados que sairiam da colônia e regressariam a esse batalhão. Contudo, quando o diretor da colônia escolheu 2 cabos de esquadra e 8 soldados, o comandante do Batalhão do Depósito, mesmo tendo recebido ordens do presidente da província para realizar a troca, negou-se a fazê-la porque alegou ter recebido "um aviso do Ministério da Guerra que ordenava a não retirada de indivíduo algum dos corpos sem autorização do mesmo Ministério"[438]. Um ano mais tarde, em 19 de setembro de 1863, o ministro da Guerra mandou o presidente da província de Santa Catarina transferir para a Companhia dos Inválidos 13 praças do Batalhão 12 de Infantaria e, depois, esses praças poderiam ser enviados para a colônia militar de Santa Teresa[439].

---

[436] CMST. *Ofício ao presidente da província, Conselheiro Vicente Pires da Motta.* João Francisco Barreto, tenente coronel diretor. Colônia militar de Santa Teresa, 27 de setembro de 1862. Acervo: IHGSC.

[437] *Idem.*

[438] CMST. *Ofício ao presidente da província, Conselheiro Vicente Pires da Motta.* João Francisco Barreto, tenente coronel diretor. Colônia militar de Santa Teresa, 27 de setembro de 1862. Acervo: IHGSC.

[439] MINISTÉRIO DA GUERRA. *Ofício ao presidente da província de Santa Catarina.* Antônio Manoel de Mello, ministro da guerra. Rio de Janeiro, 19 de setembro de 1863. Acervo: Correspondências do Ministério da Guerra para o Presidente da Província (1863). APESC.

Anexado ao requerimento de transferência para o Batalhão de Depósito, feito pelo soldado Jacinto José Vianna, o diretor advertiu ao presidente da província que:

> Este soldado sendo voluntário, findou seu tempo de praça a 22 de agosto de 1860, como deve constar no Quartel General do Exército para onde tem sido enviadas as relações mensais, na forma das ordens existentes, dos que concluem o prazo do serviço; e em vista disso se acha a espera que lhe venha por escala a baixa. Parece que aqui a deveria aguardar, mas em nada perdendo a colônia, e antes lucrando com sua retirada no caso de V. Exa. se dignar atender sua súplica, ainda mais faz um bem a pobre, e numerosa família de mulher e filhos, por a aproximar de seus parentes habitantes nessa Capital[440].

Junto ao requerimento do soldado Candido Chaves para servir no Batalhão do Depósito, o diretor informou apenas que esse soldado havia completado o seu tempo de praça como recrutado no dia 22 de fevereiro de 1862[441].

Em março de 1865 o diretor solicitou autorização ao presidente da província para poder retirar da colônia e mandar para os corpos do Exército o soldado Venâncio Borges "por mau comportamento habitual acerca de furtos; por ser dado a bebidas e desordeiro". O diretor ainda esclareceu que:

> Este soldado, como casado, teve passagem do Batalhão 12 de Infantaria para este estabelecimento; e tendo-lhe aqui falecido uma filha ainda do peito, e a mulher agora há pouco, vítimas do mau trato de um tal pai e marido, acha-se desembaraçado e mais próprio antes para o serviço do exército que para o de colonização, onde faltam os meios de corrigir homens dessa ordem; o qual agora mesmo o tenho preso por furto de um chapéu, que o foi vender a troco de aguardente em casa do colono Manoel João Pereira[442].

---

[440] CMST. *Ofício ao presidente da província, Conselheiro Vicente Pires da Motta.* João Francisco Barreto, tenente coronel diretor. Colônia militar de Santa Teresa, 27 de setembro de 1862. Acervo: IHGSC.

[441] *Idem.*

[442] CMST. *Ofício ao presidente da província, Alexandre Rodrigues da Silva Chaves.* João Francisco Barreto, tenente coronel diretor. Colônia militar de Santa Teresa, 1.º de março de 1865. Acervo: IHGSC.

Nesse caso, o soldado, por não ter mais família na colônia, perderia a sua condição de colono, de acordo com o regulamento colonial. No mesmo ofício, o diretor afirmou que o soldado Manoel João Pereira deveria ser mandado para a Companhia de Inválidos, por ser inválido e não ter direito ao lote de terras na colônia. A retirada desse colono efetivou-se no mês de agosto de 1865[443].

Embora a expulsão de soldados fosse mais comum, os oficiais da colônia não estavam livres dessa possibilidade. Há caso em que um oficial fora retirado pelo diretor da colônia. Em outubro de 1879 o diretor da colônia enviou o 2.º cadete Abílio Emiliano da Silveira para a Capital devido ao seu mau estado de saúde, porque sofria de doença incurável e não era útil na colônia[444]. E, em outubro de 1881, o diretor comunicou ao presidente da província que havia expulsado da colônia o colono Zeferino Antônio Ferreira Júnior,

> [...] cadete reformado do Exército por sua incorrigível conduta; não a podendo mais conter nos seus desacatos: bêbado, desordeiro, a ponto de atacar todos os dias até as próprias famílias dos mais colonos e assim também as autoridades; pelo que remeto nesta ocasião preso, ao Sr. Doutor Chefe de Polícia para se dignar dar-lhe destino de maneira que aqui não volte, pois sua volta trará fatais emergências[445].

Ainda a respeito dos oficiais, chama a atenção a nomeação de um dos diretores da colônia em que foi possível constatar uma permanência mais ou menos longa naquele estabelecimento militar. Nessa nomeação foram encontradas informações referentes aos deslocamentos dos oficiais do Exército brasileiro. Em 1.º de agosto de 1860 o presidente da província de Santa Catarina, Francisco Carlos de Araújo Brusque, comunicou ao ministro do Império a posse do tenente

---

[443] CMST. *Ofício ao vice-presidente da província, tenente coronel Francisco José d'Oliveira*. João Francisco Barreto, tenente coronel diretor. Colônia Militar de Santa Teresa, 1.º de agosto de 1865. Acervo: IHGSC.

[444] CMST. *Ofício n. 162, ao presidente da província, Antônio d'Almeida Oliveira*. João Paulo de Miranda, capitão diretor. Colônia militar de Santa Teresa, 18 de outubro de 1879. Acervo: IHGSC.

[445] CMST. *Ofício n. 261, ao presidente da província, Desembargador João Rodrigues Chaves*. João Paulo de Miranda, capitão diretor. Colônia militar de Santa Teresa, 17 de outubro de 1881. Acervo: IHGSC.

coronel João Francisco Barreto como diretor da colônia militar de Santa Teresa:

> Tendo proposto à Sua Excelência o Sr. Ministro do Império a nomeação do Tenente Coronel do Estado Maior de 2.ª Classe João Francisco Barreto para o lugar de Diretor da colônia militar de Santa Teresa, dignou-se Sua Excelência autorizar-me a fazer esta nomeação que eu reputava necessária para melhorar o mau estado daquele estabelecimento.
>
> Tendo por isso nomeado aquele oficial que há pouco acaba de tomar posse naquele emprego, tenho a honra de comunicá-lo a V. Exa.[446].

No entanto, passados dois dias, o presidente da província, tendo recebido ordens para encaminhar o referido oficial para a província do Paraná, solicitou ao ministro da Guerra que autorizasse a permanência do diretor na colônia:

> O Assistente do Ajudante General do Exército comunica a esta Presidência que tivera ordem do Quartel General para fazer seguir para o Paraná o Tenente Coronel do Estado Maior de 2.ª Classe João Francisco Barreto, a fim de servir de Vogal nos Conselhos de Guerra que se vão instaurar.
>
> Como, porém, fosse há pouco nomeado este oficial por esta Presidência para Diretor da colônia militar de Santa Teresa, que carecia de regular direção, com ciência do Ministério do Império, que por Aviso de 23 de abril último facultou esta medida, como participei a V.Exa., tenho a honra de rogar a V.Exa. que em vista da conveniência do serviço daquele oficial naquela comissão, se digne consentir que nela continue[447].

---

[446] SANTA CATARINA. *Ofício do presidente de província, Francisco Carlos de Araújo Brusque, ao ministro e secretário de Estado dos Negócios da Guerra, Conselheiro Sebastião do Rego Barros.* Palácio do Governo da Província de Santa Catarina, 1.º de agosto de 1860. Acervo: Arquivo Nacional.

[447] SANTA CATARINA. *Ofício do presidente de província, Francisco Carlos de Araújo Brusque, ao ministro e secretário de Estado dos Negócios da Guerra, Conselheiro Sebastião do Rego Barros.* Palácio do Governo da Província de Santa Catarina, 3 de agosto de 1860. Acervo: Arquivo Nacional.

Em resposta ao pedido do presidente da província, o Ajudante General do Exército, o Sr. Barão de Suruhy, enviou ao ministro da Guerra a seguinte correspondência:

> Para os Conselhos de Investigação e de Guerra a que deve responder o Tenente Coronel do Corpo de Guarnição fixa do Paraná, nomeei o Tenente Coronel do Corpo de Estado Maior de 2.ª Classe João Francisco Barreto que se achava disponível na província de Santa Catarina. Agora, porém, recebo o ofício incluso de 2 do corrente do Assistente do Ajudante General naquela província, acompanhado do presidente da mesma, dos quais consta que o referido Tenente Coronel se acha nomeado por este presidente Diretor da colônia militar de Santa Teresa, nomeação de que só agora, e indiretamente tenho conhecimento. A deficiência de tenentes coronéis para aqueles conselhos, mesmo reformados, em estado de poderem seguir para o Paraná, torna muito sensível a falta de qualquer dos nomeados; assim rogo a V.Exa. se digne resolver se o dito tenente coronel Barreto deve preferir o serviço propriamente militar para que foi nomeado, ou a direção de uma colônia onde com facilidade pode ser substituído mesmo interinamente por algum dos oficiais reformados que abundam na província de Santa Catarina[448].

No dia 3 de setembro de 1860, o presidente da província de Santa Catarina comunicou ao ministro da Guerra ter recebido o aviso em que o ministro aprovava a nomeação que fez do tenente coronel João Francisco Barreto para ser diretor de Santa Teresa. O presidente da província ordenou que o oficial seguisse primeiro ao Paraná para atuar nos Conselhos de Investigação e de Guerra, conforme sua nomeação. Ele também comunicou que as ordens necessárias já haviam sido emitidas para que o oficial se apresentasse ao assistente do Ajudante Geral do Exército naquela província, antes de se dirigir à comissão[449].

---

[448] BRASIL. *Ofício n. 8517, ao ministro e secretário de Estado dos Negócios da Guerra, Conselheiro Sebastião do Rego Barros.* Barão de Suruhy, ajudante general do Exército. Quartel General do Exército na Corte, 8 de agosto de 1860. Acervo: Arquivo Nacional.

[449] SANTA CATARINA. *Ofício do presidente de província, Francisco Carlos de Araújo Brusque, ao ministro e secretário de Estado dos Negócios da Guerra, Conselheiro Sebastião do Rego Barros.* Palácio do Governo da Província de Santa Catarina, 3 de setembro de 1860. Acervo: Arquivo Nacional.

## 3.8 A TRAJETÓRIA DE VIDA DE MILITARES QUE TRABALHARAM NA COLÔNIA

É possível, ainda, com o estudo da documentação existente, conhecer algumas trajetórias de vida por meio das anotações referentes à vida profissional de alguns soldados e oficiais que viviam na colônia[450]. As informações levantadas não são numerosas, mas suficientes para conhecer melhor as condições de vida de um soldado do Exército brasileiro durante o século XIX.

Sendo assim, foram arroladas algumas informações referentes aos soldados e oficiais que trabalhavam na colônia no ano de 1864. Chama a atenção nesses documentos a quantidade de soldados que haviam cumprido o tempo de trabalho para o Exército e não recebiam suas baixas. De acordo com o historiador Fábio Faria Mendes, em 1858, 13% do contingente militar era composto por soldados com direito à dispensa. O Exército precisava desses soldados para manter seu efetivo mínimo. O cumprimento rigoroso da lei significaria a dissolução das forças armadas. Isso mostra a dependência significativa do exército em relação à permanência de pessoal, destacando a delicada situação estrutural das forças armadas durante esse período[451].

José Joaquim de Oliveira era sargento ajudante e foi trabalhar na colônia no dia 14 de outubro de 1856. Era solteiro e exercia as funções de escrivão da colônia. Era inválido, de cuja Companhia foi para a colônia. Engajou-se como praça do Exército no Rio Grande do Sul em 1837. Em 1862 contava com 25 anos de serviço[452]. Foi considerado pelo diretor, também oficial do Exército, um bom serventuário. E, por

---

[450] As informações acerca desses soldados encontram-se em: CMST. *Relação das praças e colonos da colônia militar Santa Teresa com as declarações em cada um na forma abaixo especificada, e conforme a ordem do Exmo. Sr. Presidente da Província comunicado em ofício de seu ajudante de ordens de 4 de novembro de 1864.* João Francisco Barreto, tenente coronel diretor. Colônia militar de Santa Teresa, 21 de novembro de 1864. Acervo: IHGSC.

[451] MENDES, Fábio Faria. *Recrutamento militar e construção do Estado no Brasil imperial.* Belo Horizonte: Argumentum, 2010. p. 41.

[452] CMST. *Ofício ao presidente da província, Vicente Pires da Motta.* João Francisco Barreto, tenente coronel diretor. Desterro, 16 de junho de 1862. Acervo: IHGSC.

isso, "enquanto for possível manter-se neste serviço lhe não convém a escusa; e neste sentido de continuar no serviço em que se acha, e que convém à colônia, permanece na praça até que a colônia se converta em povoação regular"[453]. Mas, em 1862, para não correr o risco de ser dispensado do serviço militar, esse oficial não compareceu à inspeção de saúde. Esse acontecimento foi relatado e defendido pelo diretor, da seguinte maneira:

> [é] muito bom serventuário, que desempenha com [ilegível] o lugar de Escrivão da colônia, e toda e qualquer incumbência que lhe é confiada, o qual sendo inspecionado em 1855, foi julgado incapaz de todo exercício: cujo ato deve constar do arquivo da Secretaria Militar dessa Presidência; podendo apenas o dito Sargento sujeitar-se ao serviço atual enquanto permanecer o estabelecimento em condição colonial onde deseja então ficar em qualidade de agricultor.

> Essa pequena graça a quem já tinha a garantia de inválidos seria de justiça fazer-se a um indivíduo da conduta e comportamento desse sargento, e tanto mais que com sua não continuação no serviço atual avista-se o desfalque de um outro inferior dos corpos efetivos do Exército, que além de tarde que possa ser mandado para o lugar, jamais servirá tão bem como esse prático sargento e ajudante, de exemplar moralidade, pela qual tem se feito credor do respeitoso conceito e amizade de todos da colônia.

> A circunstância de ter sido já julgado em inspeção incapaz de todo serviço nos Corpos do Exército o inibiu de comparecer a nova inspeção, resignando-se todavia a aceitar a escusa no caso de ser desatendidas as razões de justiça que militam a seu favor, e por mim respeitosamente ponderadas a V. Exa.[454].

---

[453] CMST. *Relação nominal dos praças da colônia que finalizaram o tempo de praça no mês de janeiro de 1862.* João Francisco Barreto, tenente coronel diretor. Colônia militar de Santa Teresa 1.º de fevereiro de 1862. Acervo: IHGSC.

[454] CMST. *Ofício ao presidente da província, Conselheiro Vicente Pires da Motta.* João Francisco Barreto, tenente coronel diretor. Cidade de Desterro, 16 de junho de 1862. Folhas 1-2. Acervo: IHGSC.

Jeremias Pereira Guimarães era 2.º sargento e vivia na colônia desde o dia 1.º de janeiro de 1855. Era casado e, antes de trabalhar na colônia, pertencia à Companhia dos Inválidos e era bastante doente. Por esse motivo vivia em Caldas da Imperatriz, em uso de banhos termais, desde 1858. Em 1862, esse oficial recusou a dispensa do serviço militar. Em ofício do diretor da colônia ao presidente da província, o diretor esclarece os motivos que levaram o oficial Jeremias a rejeitar a dispensa. Nessa correspondência o diretor afirma que essa renúncia

> [...] assenta-se na impossibilidade em que ele se acha de poder agenciar a vida, e manter a subsistência de sua mulher e filhos menores, no estado morfético em que se acha há mais de 3 anos nas Caldas do Cubatão, sem contar melhora alguma, e sem prestar serviço algum a colônia[455].

Ainda sobre a renúncia desse oficial, é importante destacar a opinião do diretor. Ele considerava injusto que esses indivíduos, após servirem ao Estado por tanto tempo, fossem abandonados. Além disso, eles não eram úteis no local onde foram enviados de forma inadequada e sem cumprir funções de colono. Por isso, o diretor recomendava sua transferência para a Companhia de Inválidos, em vez de continuarem na colônia[456].

Jeremias exemplifica bem essa situação. Ele se alistou como praça voluntário em 18 de agosto de 1838, no 1.º Regimento de Cavalaria Ligeira, no Rio de Janeiro. Em seguida, foi enviado para a província de Santa Catarina, onde atuou em várias unidades e companhias formadas para o serviço provincial. Antes de ser transferido para a Companhia de Inválidos em 13 de setembro de 1849, serviu na Companhia de Pedestres.

---

[455] CMST. *Ofício ao presidente da província, Conselheiro Vicente Pires da Motta, João Francisco Barreto, tenente coronel diretor.* Cidade de Desterro, 19 de fevereiro de 1862. Acervo: IHGSC.
[456] *Idem.*

Já o cabo Manoel Joaquim de Santa Anna vivia na colônia desde o dia 9 de abril de 1864. Era solteiro e pertencia ao Batalhão 12 de Infantaria. Era enfermo a ponto de não prestar serviço algum e, conforme o diretor, era de uma indolência e inaptidão invencível, tanto que para não falar, expressava-se mais por aceno que por palavras. Em janeiro de 1865 tinha 45 anos de idade[457].

Dessas trajetórias, é bastante interessante acompanhar o percurso trilhado pelo soldado-colono José Joaquim de Oliveira que vivia na colônia desde o dia 1.º de janeiro de 1854. Ou seja, esse soldado foi um dos primeiros colonos a se estabelecerem em Santa Teresa. Era carpinteiro, solteiro e considerado inválido. Era oficial de carpina e por sua avançada idade já não prestava serviço algum, contudo ainda fazia pequenas plantações. Nasceu em 1796 e em 1862 possuía 66 anos de idade. Serviu no Exército desde o ano de 1818 (quando tinha 22 anos) e, com o diretor da colônia João Francisco Barreto, participou da Campanha nos Campos de Pirajá, na província da Bahia, em 1823. Foi praça do Batalhão do Imperador e praça do 3.º Batalhão de Caçadores, cujos oficiais aderiram à Sabinada, em 1837. No ano seguinte, quando as tropas da legalidade venceram a rebelião, dispersos os seus chefes, o governo daquela província mandou abrir nova praça a este soldado, assim como aos demais soldados do 3.º Batalhão. Isso não levou em conta o tempo de serviço anterior. No mesmo ano de 1838 seguiu da Bahia para a província do Rio Grande do Sul, acompanhando esse Batalhão. Em 3 de maio de 1840 participou dos ataques no Taquary, em 13 de junho de 1841 no Passo de São Borja, e, em 22 de junho, no Banhado do Inhatium. Foi com passagem para a Companhia de Inválidos, sendo inspecionado em Porto Alegre em 2 de dezembro de 1847[458]. Em 1862, portanto, contava com 24 anos de serviço e, conforme o diretor, o soldado agradecia a escusa do serviço pela ordem do dia do Exército n.º 298, de 21 de dezembro de

---

[457] CMST. *Ofício ao presidente da província, Alexandre Rodrigues da Silva Chaves.* João Francisco Barreto, tenente coronel diretor. Colônia militar de Santa Teresa, 11 de janeiro de 1865. Acervo: IHGSC.

[458] CMST. *Ofício ao presidente da província, Vicente Pires da Motta.* João Francisco Barreto, tenente coronel diretor. Desterro, 16 de junho de 1862. Acervo: IHGSC.

1861, que lhe foi concedida[459]; e "a levar-se em conta o tempo anterior, que por obedecer a seus comandantes lhe fizeram injustamente perder, conta 44 anos de praça"[460].

Antônio Francisco Pereira, soldado-colono, foi para a colônia no dia 1.º de janeiro de 1854. Era viúvo e procedente da Companhia dos Inválidos. Por sua avançada idade e moléstias, pouco serviço prestava. Porém, fazia suas pequenas plantações. Foi praça recrutado no Depósito da Corte em 18 de junho de 1849, talvez preso por algum pequeno delito e por conta disso recrutado para o Exército, como tantos outros exemplos da função de polícia que o Exército brasileiro desempenhava ao longo do século XIX. Contava, em 1862, com 13 anos de praça. Pertenceu ao 6.º Batalhão de Caçadores e passou a ser adido a Companhia de Inválidos da província de Santa Catarina em 12 de abril de 1850[461].

O soldado-colono Claudino Torquato de Andrade também chegou na colônia no dia 1.º de janeiro de 1854. Era casado, sentou praça na Companhia dos Inválidos para servir no Exército. Era considerado praça ativo para o serviço e fora dele fazia suas plantações. Estava, em 1864, com o tempo de praça findo e aguardava sua baixa para retirar-se da colônia porque era considerado demasiado fraco para continuar vivendo lá.

Entre os primeiros moradores da colônia estavam também os soldados-colonos Felisbino Pereira Francisco e Theophilo José Godinho, que viviam lá desde 1.º de janeiro de 1854. O primeiro era casado e pertencia à Companhia dos Inválidos. Era considerado praça ativo para os serviços do Exército. Também cultivava boa parte de suas terras. Theophilo era solteiro e proveniente da extinta Companhia dos Pedestres. Era doente e impróprio para os trabalhos de campo e da lavoura. Estava com o seu tempo de praça findo

---

[459] CMST. *Relação nominal dos praças da mesma colônia que finalizaram o tempo de praça no mês de janeiro de 1862.* João Francisco Barreto, tenente coronel diretor. Colônia militar de Santa Teresa 1.º de fevereiro de 1862. Acervo: IHGSC.

[460] CMST. *Ofício ao presidente da província, Conselheiro Vicente Pires da Motta.* João Francisco Barreto, tenente coronel diretor. Cidade de Desterro, 16 de junho de 1862. Folhas 4-5. Acervo: IHGSC.

[461] CMST. *Ofício ao presidente da província, Sr. Conselheiro Vicente Pires da Motta.* João Francisco Barreto, tenente coronel diretor. Desterro, 16 de junho de 1862. Acervo: IHGSC.

e esperava sua baixa para voltar para sua casa materna, na Capital da província.

O soldado Ricardo José da Roza chegou na colônia no dia 6 de março de 1854. Era casado e proveniente da Companhia de Inválidos. Esse soldado sofria muito de enxaqueca e por esse motivo prestava pouco serviço à colônia. O diretor avaliava que esse soldado possuía índole cigana: nada conservava, pois apenas comprava um animal, e ainda não pago, logo o vendia. Sendo assim, não fundou nenhum sítio e a própria casa em que morava vendeu-a para morar em casa alheia.

O soldado-colono Manoel João Pereira vivia na colônia desde o dia 1.º de junho de 1856. Era casado e oriundo da Companhia de Inválidos. Esse soldado era praça recrutado desde o dia 16 de outubro de 1841. Tendo findado o seu tempo de praça engajou-se outra vez na Fortaleza de Santa Anna no dia 19 de setembro de 1849. Não fazia serviço algum, nem para si nem para a colônia. Faltava-lhe a mão direita e "sofre a tal ponto enfermidades nos pés, que só a cavalo pode caminhar"[462]. Perdeu sua mão em uma salva de artilharia na Capital da província, na Fortaleza de Santa Anna, em um dia de cortejo. Suas plantações eram feitas por sua esposa. Levava o tempo em contínuos excessos de bebida e de jogos, tanto em sua casa como fora dela. Conforme o diretor, ele influenciava a mocidade da colônia com funestas lições. Retirou-se da colônia para a Companhia de Inválidos no dia 1.º de setembro de 1865. Sua família era composta pela mulher e uma filha de 12 anos de idade[463].

O soldado-colono Camillo Rodrigues da Silva foi recrutado em 30 de janeiro de 1854 e foi para a colônia no dia 12 de julho de 1856. Era casado e tornou-se praça na Companhia de Inválidos para servir no Exército. De acordo com o diretor da colônia, era trapaceiro e preguiçoso. Em vez de fundar-se no sítio que lhe foi destinado desde que foi para a colônia, a pretexto de medo dos indígenas, plantava em capoeiras

---

[462] *Idem*, folha 4.

[463] CMST. *Relatório dos serviços feitos na colônia militar Santa Teresa, e alterações havidas na mesma no mês de agosto de 1865*. José Felix de Morais, 2.º cirurgião diretor interino. Colônia militar de Santa Teresa, 1.º de setembro de 1865. Acervo: IHGSC.

alheias e em pequenas porções, tanto que suas colheitas eram diminutas. Achava-se com o tempo de praça findo, e desde fevereiro de 1862 queria baixa do serviço, quando finalizou o seu tempo de praça[464].

O soldado-colono Manoel José Ferreira vivia na colônia desde o dia 17 de julho de 1857. Era paisano e engajou-se por autorização do governo da província por dois anos como colono de 1.ª classe e era casado. Pela falta de pessoal, continuou a servir até que, em virtude do aviso do Ministério da Guerra de 5 de novembro de 1862, deu-se por concluído o seu tempo de engajado. Fez novo engajamento para continuar a servir na colônia por 6 anos, em 1.º de janeiro de 1863, sem as vantagens dos engajados do Exército. Era praça ativo da colônia e trabalhava com proveito no serviço da lavoura.

O soldado-colono Justino Pereira trabalhava na colônia desde o dia 23 de julho de 1857. Era casado e oriundo do Batalhão do Depósito. Não prestava serviço algum por conta de enfermidade que padecia. Esse soldado, em 6 de janeiro de 1861, ao envolver-se num desentendimento, esfaqueou o seu colega o colono Antônio José[465].

Manoel Joaquim Correia tornou-se soldado-colono em 1.º de novembro de 1858. Era casado e proveniente do Batalhão de Depósito. Era oficial de carpina e além dos serviços próprios de sua profissão, quando havia, empregava-se em outros trabalhos da colônia. No tempo que lhe restava empregava-se em suas plantações.

O soldado-colono Pedro Jacinto vivia na colônia desde o dia 9 de janeiro de 1864. Era solteiro e proveniente do Batalhão 12 de Infantaria. Era praça ativa com tempo de serviço concluído. Prestava-se aos trabalhos da colônia e à suas plantações. Em janeiro de 1865 tinha 40 anos de idade[466]. Pediu baixa, junto do soldado Manoel Joaquim Correia, em 29 de

---

[464] CMST. *Relação nominal dos praças da colônia que finalizaram o tempo de praça no mês de janeiro de 1862*. João Francisco Barreto, tenente coronel diretor. Colônia militar de Santa Teresa 1.º de fevereiro de 1862. Acervo: IHGSC.

[465] CMST. *Cópia de ofício ao tenente coronel diretor da colônia*. Justino Pereira, soldado. Colônia militar de Santa Teresa, 10 de janeiro de 1861. Acervo: IHGSC.

[466] CMST. *Ofício ao presidente da província, Alexandre Rodrigues da Silva Chaves*. João Francisco Barreto, tenente coronel diretor. Colônia militar de Santa Teresa, 11 de janeiro de 1865. Acervo: IHGSC.

julho de 1869[467]. No dia 3 de agosto daquele ano, o ministro da Guerra mandou recolher Pedro Jacinto no hospital militar para ser inspecionado[468].

Antônio Estolanio José da Silva era solteiro e oriundo do Batalhão 12 de Infantaria e vivia na colônia desde o dia 9 de janeiro de 1864. Era considerado praça ativa, mas muito pouco serviço prestava pelo seu contínuo estado de embriaguez. Em vez de cultivar para si, nas duas semanas de cada mês que não precisava prestar trabalho para a colônia, trabalhava para outros com o intuito de adquirir aguardente[469]. Era considerado incorrigível e impróprio para um estabelecimento colonial. Tinha concluído o seu tempo de serviço. Em janeiro de 1865 tinha 41 anos de idade[470].

O soldado-colono Venâncio Borges Carvalho foi para a colônia no mesmo dia que os dois soldados anteriores. Era casado e oriundo do Batalhão 12 de Infantaria, sediado na Capital da província de Santa Catarina. Era praça ativa da colônia e além dos serviços próprios dela, o restante do tempo empregava-o em suas plantações e em trabalho a jornal para outros, apesar de ser dado ao vício de bebidas espirituosas, conforme afirmou o diretor da colônia. Em novembro de 1864 ainda não havia completado o seu tempo de serviço. E, em janeiro de 1865, tinha 39 anos de idade e sua esposa tinha 27[471].

Antônio Ignácio Pereira foi para a colônia militar de Santa Teresa no dia 9 de maio de 1864. Era proveniente do Batalhão 12 de Infantaria. Cometeu uma deserção[472], da qual voltou preso para a Capital da província. Nessa circunstância aproveitou o indulto de perdão de 15 de agosto de 1864

---

[467] MINISTÉRIO DA GUERRA. *Ofício ao presidente da província de Santa Catarina.* Barão de Muritiba, ministro da guerra. Rio de Janeiro, 29 de julho de 1869. Acervo: Correspondências ministro da guerra para presidente da província (1869). APESC.

[468] MINISTÉRIO DA GUERRA. *Ofício ao presidente da província de Santa Catarina.* Barão de Muritiba, ministro da guerra. Rio de Janeiro, 3 de agosto de 1869. Acervo: Correspondências ministro da guerra para presidente da província (1869). APESC.

[469] Quanto ao arranjo do tempo para a prestação de serviços para o governo e o tempo livre na colônia será analisado no próximo capítulo.

[470] CMST. *Ofício ao presidente da província, Alexandre Rodrigues da Silva Chaves.* João Francisco Barreto, tenente coronel diretor. Colônia militar de Santa Teresa, 11 de janeiro de 1865. Acervo: IHGSC.

[471] Idem.

[472] CMST. *Ofício ao presidente da província, Alexandre Rodrigues da Silva Chaves.* João Francisco Barreto, tenente coronel diretor. Colônia Militar de Santa Teresa, 7 de julho 1864. Acervo: IHGSC.

e retornou para a colônia onde se conservava como colono ativo de 1.ª classe. Era solteiro e em janeiro de 1865 tinha 34 anos de idade[473].

Chegaram na colônia, no dia 1.º de outubro de 1863, os soldados-colonos José Francisco de Arruda, Manoel do Nascimento, Antônio Correia Feio, Roque Antônio do Rozário, José Alves Guimarães Peixoto, Manoel Lucas e João José da Silva. José Francisco de Arruda era solteiro e proveniente da Companhia de Inválidos. Manoel do Nascimento casou-se em Pernambuco e era proveniente da Companhia dos Inválidos. Ambos, por conta do estado de invalidez, não prestavam serviços braçais, realizando alguma plantação por meio de jornaleiros a quem pagavam. Essa era a mesma condição de Antônio Correia Feio. Roque Antônio do Rozário casou-se na colônia e, no sítio em que vivia com sua esposa, fazia pequenas plantações. De acordo com o diretor, José Alves Guimarães Peixoto era solteiro e prestava poucos serviços, não só por sua enfermidade como pelo seu estado de contínuas bebedeiras e o vício do jogo, onde perdia noites inteiras. Manoel Lucas era solteiro e foi para a colônia militar de Santa Teresa com os demais colegas da Companhia de Inválidos. Encontrava-se, com frequência, embriagado e apresentava-se bastante doente, o que privava o diretor de o chamar para qualquer serviço braçal. Contudo, junto a um colono antigo com quem morava, fazia pequenas plantações. João José da Silva também se casou na colônia. Por conta da sua invalidez não prestava serviço algum porque, quando chamado, sempre estava doente e, se chegava a ir ao serviço, no meio das atividades ele parava. Apesar disso, no sítio onde morava fazia suas plantações.

A respeito dos oficiais que foram prestar serviços na colônia tem-se que: o capitão diretor Fernando Antônio Cardozo foi nomeado diretor da colônia em 31 de dezembro de 1875 e começou a trabalhar no dia 10 de fevereiro de 1876. Não possuía condecorações e era reformado do Exército. Já, o capitão José Francisco da Silva Guimarães, ajudante do diretor,

---

[473] CMST. *Ofício ao presidente da província, Alexandre Rodrigues da Silva Chaves*. João Francisco Barreto, tenente coronel diretor. Colônia militar de Santa Teresa, 11 de janeiro de 1865. Acervo: IHGSC.

também foi nomeado em 31 de dezembro de 1875 e iniciou seus trabalhos no dia 24 de janeiro de 1876. Esse capitão foi removido da função de comandante da Fortaleza de Ratones para o de Ajudante da colônia em virtude da ordem do dia n. 3, de 31 de dezembro de 1875. Esse oficial era condecorado com as medalhas de Uruguaiana e da Campanha do Paraguai. Era reformado do Exército. O tenente Alcibíades José da Costa Bastos, escrivão da colônia foi nomeado em 14 de dezembro de 1875 e foi para lá em 7 de janeiro de 1876. Era cavaleiro da ordem da Rosa e condecorado com as medalhas de Riachuelo, mérito militar geral da Campanha do Paraguai; e com a Argentina de Corrientes. Era alferes honorário do Exército e tenente reformado do Corpo Policial da Província do Rio de Janeiro. O alferes José Felix de Morais, cirurgião da colônia, era cavaleiro da Ordem da Rosa e era reformado do Exército[474].

A colônia de Santa Teresa não era composta apenas por militares. Além dos soldados que atuavam na colônia, havia também habitantes civis. Porém, ao contrário dos militares, esses, ao serem descritos, na maior parte das vezes o foram com elogios. Os primeiros civis na colônia foram Francisco Rodrigues e Genésio de Oliveira, ambos chegaram lá no dia 1.º de janeiro de 1854, junto dos primeiros militares. Francisco era casado, teve baixa do serviço por ter concluído seu tempo de praça em 1.º de junho de 1858 e continuou a residir na colônia desde então. Conforme o diretor da colônia, possuía bom comportamento e trabalhava no lote de terra que lhe pertencia. Genésio era casado com uma crioula de nome Francisca e, mesmo depois de ter concluído seu tempo de praça no dia 1.º de maio de 1860, manteve-se na colônia. Trabalhava em suas plantações e exercia o ofício de carpina.

Diante das informações apresentadas até aqui, é possível compreender melhor quais foram os motivos que levaram militares e civis a viverem na colônia. Para alguns, acima de tudo militares do Exército, não era escolha. Para outros, em

---

[474] CMST. *Relação nominal dos oficiais militares que servem na colônia militar de Santa Teresa.* Fernando Antônio Cardozo, capitão diretor. Colônia militar de Santa Teresa, 1.º de julho de 1876. Acervo: Arquivo do Exército.

especial os civis, era oportunidade de adquirirem suas terras e garantirem sua subsistência. As pessoas que habitavam a colônia, e que se revelam nos documentos produzidos pelos diretores, estão relacionadas à formação social do Exército brasileiro e às estratégias de sobrevivência da sociedade civil durante o século XIX. Sem essas considerações, ou mesmo sem cotejar os documentos referentes à colônia com os conhecimentos historiográficos produzidos sobre esse período, seria impossível qualquer resposta ao questionamento feito no início deste capítulo.

Contudo, ao conhecer melhor as pessoas que viviam na colônia de Santa Teresa, quantas eram, quais eram as formas de admissão na colônia, quais os motivos de ser viver em uma colônia militar e em que condições essas pessoas deixavam de residir lá, surgem novos questionamentos: como era o dia a dia dessas pessoas? Quais atividades realizavam? Quais relações existiam no interior da colônia, entre militares e civis? E como eram as relações entre os moradores da colônia e aqueles que não viviam nela?

# 4

# OS AFAZERES DE UMA COLÔNIA MILITAR
## entre os deveres de Estado e a manutenção da vida

Por meio das correspondências do diretor da colônia militar de Santa Teresa enviadas para o presidente da província de Santa Catarina, revelou-se uma série de atividades desenvolvidas pelos colonos (militares e civis), que viveram naquela colônia, na segunda metade do século XIX. De todos os documentos transcritos, referentes ao século XIX, foram selecionados os relatórios mensais do serviço realizado na colônia.

Esses relatórios, enviados ao presidente de província, eram apresentados pelo diretor da colônia. A redação desses documentos era dividida em duas partes. A primeira: narrativa das principais atividades desenvolvidas pelos colonos, sobretudo aquelas relacionadas ao cumprimento de exigências do Estado. A segunda: noticiava os nascimentos e falecimentos, as baixas do serviço militar, bem como a inclusão de novos soldados e seus familiares na colônia.

Entre os anos de 1858 a 1865, a coleção de relatórios estava completa. Desses documentos, foram extraídas passagens que destacavam aspectos importantes do cotidiano das pessoas em Santa Teresa. A seleção seguiu a ordem cronológica dos eventos, mas o resultado consistia apenas em descrições mensais de atividades que se mostravam desconexas ao longo do tempo. Organizar o conteúdo dos relatórios conforme a passagem dos meses trouxe poucos avanços significativos.

Ainda assim, ao dispor todos os textos de forma ordenada foi possível perceber com mais facilidade a frequência com que determinadas atividades eram realizadas. Mês após mês, ano após ano, algumas tarefas estavam presentes em vários relatórios. Quanto a esses afazeres mais comuns, foi possível conhecer, entre outras informações, em quais épocas do ano eram realizados, quais eram as suas finalidades e quantas pessoas estavam envolvidas no seu cumprimento.

A escrita deste capítulo segue os indícios das principais atividades desenvolvidas naquela colônia, tanto pelos colonos como pelos oficiais do Exército brasileiro. Contudo, as tarefas desenvolvidas pelos colonos receberão maior espaço no texto. Isso porque os relatórios eram redigidos pelos oficiais, que no cumprimento de seus deveres, eram responsáveis por todas as informações referentes à colônia enviadas ao presidente de província. Desse modo, o trabalho dos colonos será conhecido por meio dos relatos redigidos pelos oficiais da colônia. Ao mesmo tempo, esses permitirão, também, o conhecimento das atividades desenvolvidas pelos oficiais, pois são o resultado dos trabalhos realizados por eles: ao relatarem os trabalhos dos colonos e redigirem as correspondências da colônia, cumprem parte importante de suas obrigações perante o Exército brasileiro. Ou seja, os mesmos documentos permitirão algumas proposições a respeito das atividades desenvolvidas pelos oficiais – que redigem os relatórios – e pelos colonos, os principais sujeitos desses relatórios.

Antes de prosseguir, é importante considerar a visão do historiador Peter Beattie em seu estudo sobre o recrutamento forçado. Beattie destacou que o termo "ofício de soldado" enfatiza que esses indivíduos são, na verdade, trabalhadores exercendo uma profissão. Ele observou que os estudiosos quase nunca analisam os militares sob a ótica de trabalhadores. Tampouco comparam o trabalho forçado que muitos deles realizavam a outras formas de trabalho compulsório, como a escravidão, a servidão por contrato, a servidão tradicional e a peonagem por dívida[475].

## 4.1 AS PRIMEIRAS ATIVIDADES REALIZADAS NA COLÔNIA

Logo após a fundação da colônia, os primeiros colonos se dedicaram a uma série de tarefas essenciais para a sua sobrevivência. Esses esforços iniciais incluíram a construção de abrigos, a preparação de terrenos para cultivo e a instalação de infraestrutura básica. Relatórios da época indicam que, apesar das dificuldades, esses primeiros passos foram cruciais para estabelecer a colônia.

Em 1854, o capitão João de Souza Mello Alvim mandou roçar a alta capoeira, picar, empilhar e queimar a maior parte das grossas madeiras derrubadas no ano anterior. Essas árvores ainda obstruíam o lugar escolhido para a praça e os quarteirões ao redor dela. Todo esse trabalho foi feito sob chuva, o que fez com que demorasse ainda mais. Depois disso, as derrubadas continuaram nas propriedades dos colonos, pois eram necessárias para a abertura de lavouras. Mesmo sob a incessante chuva do ano de 1854, a madeira derrubada era picada em toras, amontoada e queimada em fogueiras isoladas. Do que foi plantado nos primeiros tempos, conforme o diretor, apenas a metade chegou a amadurecer. Isso se devia à imprudência e à voracidade dos soldados que comiam e vendiam tudo ainda verde[476].

O diretor, com a perspectiva de desenvolver a colônia, esforçava-se para que os soldados cultivassem a maior parte dos terrenos coloniais. Porém, os resultados haviam sido insatisfatórios. Além do mau tempo, a maior parte dos colonos não possuía habilidades como lavradores e as sementes precisavam ser adquiridas na colônia alemã de Vargem Grande, nas margens

---

[475] BEATTIE, *op. cit.*, p. 196.

[476] CMST. *Relatório da fundação, progresso e estado da Colônia militar Santa Thereza na Província de Santa Catharina, apresentado ao Ilmo. e Exmo. Sr. Presidente da Província, pelo Capitão João de Souza Mello e Alvim Diretor interino da mesma Colônia, 1856.* Folha 9. Acervo: IHGSC.

do rio Cubatão, próximo da localidade de Caldas da Imperatriz. Não bastasse isso, os soldados também eram designados para outros trabalhos, tais como a construção de casas, feitura de canoas para diferentes serviços, falquejo e serragem de madeiras. Essas atividades absorveram quase todo o período de bom tempo, o que impediu dar à lavoura maior atenção[477].

Por conta de tudo isso, a colônia mantinha importante dependência das mercadorias que eram transportadas pelo caminho. Nos meses chuvosos, o movimento no caminho diminuía bastante. Como resultado, a oferta de produtos (farinha e carnes) tornava-se escassa. Quando todos os recursos da economia doméstica estavam esgotados, e quase extinta toda espécie de criação, os colonos não podiam poupar as sementes guardadas para o plantio.

Nos primeiros anos da colônia já se projetava a construção de dois engenhos: um de farinha e outro de açúcar. Esses engenhos deveriam utilizar a água como força motriz. As pedras de moer milho viriam do Rio de Janeiro, e serviriam para o uso interno da colônia[478]. Já o engenho de cana de açúcar serviria para a permuta com os produtos exportados de Lages pelos tropeiros. Com isso, o diretor desejava tornar a colônia um importante entreposto comercial entre o litoral e o planalto da província. Desenvolvendo as relações comerciais da colônia, não apenas o movimento da estrada cresceria, como também aumentaria as vantagens aos cofres públicos e atrairia com mais facilidade lavradores para povoar as terras férteis e não ocupadas nas margens do rio Itajaí, aproximando, assim, o centro da província ao litoral, e desenvolvendo o potencial de navegação desse rio[479]. O presidente da província afirmou em relatório que não pouparia esforços para que a colônia progredisse, e que em breve prestasse à província "os benefícios que dela com razão se espera"[480].

---

[477] Idem, folha 10.

[478] CMST. *Relatório da fundação, progresso e estado da Colônia militar Santa Teresa na Província de Santa Catharina, apresentado ao Ilmo. e Exmo. Sr. Presidente da Província, pelo Capitão João de Souza Mello e Alvim Diretor interino da mesma Colônia, 1856.* Folha 11.

[479] Idem, folhas 11-13.

[480] SANTA CATARINA. *Relatório do presidente da província de Santa Catarina, João José Coutinho, em 19 de abril de 1854.* Cidade do Desterro: Tipografia Catharinense, 1854, p. 8.

Em 1858, Robert Avé-Lallemant assim descreveu o que viu naquela colônia:

> Boa amiga! – exclamei de coração à pequena igreja e à pobre aldeia, pois pobres me pareceram em geral as casas de barro da colônia militar do alto Itajaí, pobres e pequenas, como soem ser todos os princípios de civilização.
>
> Mas, ao lado da pobreza das pequenas habitações, salta aos olhos do viajante que desce de Lages a fertilidade do solo. Em ambas as margens do sussurrante Itajaí, no meio do caos de árvores abatidas e meio carbonizadas, vicejam o feijão, o milho, as batatas e as abóboras. Além disso, prosperam excelentemente os porcos, as galinhas, os gansos, os patos; em resumo, tudo o que é necessário à vida já se produz ali e se produzirá cada vez mais, à medida que a colônia se desenvolva e se adapte às condições naturais, pois, sem dúvida, a colônia militar é uma criação artificial[481].

Contudo, a colônia precisava estabelecer novas conexões com os povoamentos vizinhos. Isso poderia facilitar o progresso daquele lugar. De acordo com o diretor João Paulo de Miranda, seria vantajosa a abertura de uma picada para a localidade de Taquaras para servir de caminho para os transeuntes, livrando-os de passarem os terríveis morros do Quebra-Dentes e Quebra-Potes. O diretor, na tentativa de abrir tais caminhos afirmava ao presidente da província que:

> [...] desejo que se faça este e outros melhoramentos já apontados em benefício desta pobre colônia que ora desejo, porque não quero que os que não conhecem a razão do estado paralítico da mesma, digam como se diz, os diretores que mandam para aqui não prestar e nada fazem, as outras colônias são tão bonitas, tem boas estradas, boas casas e [ilegível] e aqui nada tem. Isto na verdade envergonha ao diretor, porém o que há de fazer, poderá ter fim qualquer serviço que se empreende,

---

[481] AVÉ-LALLEMANT, *op. cit.*, p. 108.

só com o serviço de um dia por semana de oito colonos[482], e um por mês dos colonos proprietários? Não por certo porque o serviço que se faz num dia não se continuando em seguida a cabo de um mês está desfeito é preciso continuar de novo, e assim será um nunca acabar, o que não acontece se o Governo autorizar ao diretor a contratar os colonos por uma diária razoável ou determinada para trabalharem seguidamente além do dia que são obrigados a prestarem pelo regulamento até finalizar se qualquer serviço que se empreenda de necessidade a bem da colônia[483].

O mesmo diretor, em seu ofício, defendeu os oficiais do Exército brasileiro que assumiam os postos de diretores de colônia, porque era sabido como os presidentes de província referiam-se aos diretores das colônias militares em seus relatórios. O diretor também demonstra interesse em movimentar a economia do lugar ao pretender contratar os colonos para serviços que vão além das obrigações impostas pelo regulamento da colônia. O capitão João Paulo também confirmou a importância que tinha de se manter o caminho para a vila de Lages em boas condições. A colônia, desde a sua criação, mantinha forte dependência do caminho, tanto por conta de seus objetivos de criação, quanto pela entrada e saída de mercadorias e produtos agrícolas na colônia.

Por ser precária, a comunicação da colônia com outros lugares mantinha-se em risco constante. Muitas vezes a colônia permanecia isolada dos demais núcleos populacionais da província e, como consequência disso, tinha sérios prejuízos. Em 1856, como disse o presidente da província:

> Os colonos já tinham alguma criação de suínos e aves domésticas; a carestia porém do gado e o grande temporal de novembro, que interceptou por alguns dias a comunicação da colônia com os habitantes do Cubatão, onde os colonos se forneciam

---

[482] O regulamento da colônia, aprovado em 1858, ordenava que número de dias por semana prestados ao serviço da colônia deveriam ser 3, e não 1 como foi informado pelo diretor em 1879.

[483] CMST. *Ofício n. 153, enviado ao presidente da província Sr. Doutor Antônio d'Almeida Oliveira, 2 de junho de 1879.* João Paulo de Miranda. Folha 2, frente e verso. Acervo IHGSC.

de farinha e outros víveres os obrigaram a desfazerem-se da criação para se alimentarem[484].

E, quanto às condições da estrada que comunicava a colônia aos demais lugares da província, essas continuavam precárias ao final da década de 1870. Desse modo, o diretor João Paulo de Miranda demonstrou que:

> Tenho andado por muitos lugares, e vindo para esta colônia tive de passar por caminhos que não posso deixar de classificar ser o pior que tenho visto, e aqui me dizem que em seguida para Lages ainda é em maior grau a ruindade; Ora na verdade dói o coração humano ao ver os pobres tropeiros de gado e outros animais pagarem o direito de 1000 réis por cabeça tendo de passarem como passam por uma estrada tal que em muitos lugares voltam o rosto para não verem os precipícios que vão passar com risco de vida e prejuízo constante nos seus animais, enfim isto é a [ilegível] geral pouco me importa[485].

E, além de estradas, também era esperada mudança na conduta dos colonos. Eles deveriam deixar de ser apenas semeadores de milho e feijão para consumo próprio. Dos relatórios dos presidentes de província, é possível verificar algum progresso na colônia. No relatório relativo ao ano de 1854, o presidente da província descreveu que:

> Não obstante ter-se estabelecido a colônia no novo local em princípios de junho último, já em dezembro havia 25 casas regulares coberta de palha pertencentes aos colonos, tendo quase todos feito plantações de feijão, milho, abóboras e batatas.

---

[484] SANTA CATARINA. *Fala que o presidente da província de Santa Catarina, João José Coutinho, dirigiu à Assembleia Legislativa Provincial na abertura de sua sessão ordinária em 1.º de março de 1856.* Rio de Janeiro: Tipografia Universal de Laemmert, 1856. p. 11.

[485] CMST. *Ofício n. 153, enviado ao presidente da província, Antônio d'Almeida Oliveira.* João Paulo de Miranda, capitão diretor. Colônia militar de Santa Teresa, 2 de junho de 1879. Folhas 2 e 3. Acervo: IHGSC.

Pertencentes ao estado, estão prontas, mas coberta de palha, as casas da ferraria, da olaria e um grande rancho onde provisoriamente residem o diretor, o cirurgião e praças solteiras[486].

Dois anos depois, no relatório referente ao ano de 1856 o presidente da província de Santa Catarina esclareceu que:

> Na colônia militar vai tendo a lavoura algum aumento, mas não tanto quanto teria se os colonos acostumados à vida militar se dessem mais ao plantio que à ociosidade nos dias que lhes pertencem. Alguns, nenhuma inclinação tinham à lavoura e por isso no decurso do ano fiz dali retirar 12 que nada plantavam, com 22 pessoas de família, sendo substituídos por 7 outros com 13 pessoas de família.
>
> Não obstante a diminuição, construíram-se mais 4 casas, 1 na praça e 3 nas datas. Conta presentemente a colônia 46 casas.
>
> [...] No tempo próprio os colonos e alguns com entusiasmo se entregaram ao serviço de novas derrubadas e plantações, que nasceram bem e prometiam avultada colheita; a grande seca e os ardentes raios do sol nestes três últimos meses reduziram a colheita à metade de que produziria se o tempo corresse regular[487].

No final de 1855, a colônia já contava com 117 moradores, sendo que 46 eram praças militares. A colônia possuía 38 casas, além da diretoria, ferraria, olaria (onde, por falta de forno, só se fabricava tijolo), e um grande rancho para o serviço dos carpinteiros, no qual as peças destinadas aos engenhos estavam protegidas das intempéries[488]. Ao todo, havia 42 construções com madeira falquejadas, carreadas, algumas assoalhadas e cobertas, algumas com calhas e outras

---

[486] SANTA CATARINA. *Relatório do presidente da província de Santa Catarina em 1.º de março de 1855.* João José Coutinho, p. 12.

[487] SANTA CATARINA. *Fala que o presidente da província de Santa Catarina, João José Coutinho, dirigiu à Assembleia Legislativa Provincial na abertura de sua sessão ordinária em 1.º de março de 1857.* Rio de Janeiro: Tipografia Imp. e Const. de J. Villeneuve e C., 1857, p. 31-32.

[488] CMST. *Relatório da fundação, progresso e estado da Colônia militar Santa Teresa na Província de Santa Catharina, apresentado ao Ilm.º. e Exm.º. Sr. Presidente da Província, pelo Capitão João de Souza Mello e Alvim Diretor interino da mesma Colônia, 1856.* Folha 13.

com esteiras de palha. Vinte e três casas compunham o quadro da praça da colônia, as demais se achavam edificadas de um e outro lado do rio, nas respectivas propriedades dos colonos.

Contudo, em 1860 o presidente da província afirmou que "o estado da colônia militar não é lisonjeiro ainda. O pessoal de que se compõe, pouco dedicado ao trabalho, não oferece segura garantia de sua regular prosperidade"[489]. E em 1868 o presidente da província demonstrava que

> Quase nenhum progresso tem tido a colônia; e poucos poderá fazer enquanto não receber população conveniente e não for melhorada a péssima estrada pela qual se comunica com a Capital. Criada com o intuito de ir povoando a estrada geral de Lages e facilitar por esse modo as relações com o interior da província, de sua existência se tem colhido por certo algum proveito em semelhante sentido; mas o seu desenvolvimento está ainda bem longe de corresponder ao que sem dúvida se esperava e de satisfazer plenamente os fins que se tiveram em vista[490].

Mesmo diante deste cenário, vale ressaltar que, em 1868, o presidente da província de Santa Catarina acreditava que, embora considerassem pequenos os progressos conquistados pela colônia militar de Santa Teresa, ela não deveria ser extinta. Por isso, o presidente da província, Adolpho de Barros Cavalcanti de Albuquerque Lacerda, disse não pensar "que convenha extingui-la. Creio antes que tudo aconselha a sua sustentação e aumento, fácil aliás de conseguir, mediante a introdução oportuna de suficientes braços e a realização de certas reformas que a experiência aconselha"[491].

---

[489] SANTA CATARINA. *Relatório do presidente da província de Santa Catarina, Francisco Carlos d'Araújo Brusque, apresentado à Assembleia Legislativa Provincial na 2.ª sessão da 10.ª legislatura.* Rio de Janeiro: Tipografia de Pinheiro e Comp.a, 1861. p. 10.

[490] SANTA CATARINA. *Relatório apresentado à Assembleia Legislativa Provincial de Santa Catarina, na sua sessão ordinária, e ao 1.º vice-presidente, Francisco José de Oliveira, por ocasião de passar-lhe a administração o presidente Adolpho de Barros Cavalcanti de Albuquerque Lacerda no ano de 1868.* Rio de Janeiro: Tipografia Nacional, 1868. p. 24-25.

[491] SANTA CATARINA. *Relatório apresentado à Assembleia Legislativa Provincial de Santa Catarina, na sua sessão ordinária, e ao 1.º vice-presidente, Francisco José de Oliveira, por ocasião de passar-lhe a administração o presidente Adolpho de Barros Cavalcanti de Albuquerque Lacerda no ano de 1868.* Rio de Janeiro: Tipografia Nacional, 1868. p. 25.

Anos depois, em 1873, nem metade da área da colônia era cultivada e, onde havia cultivo, era de cereais[492].

## 4.2 ENTRE OS COLONOS E O PRESIDENTE DE PROVÍNCIA: OS DIRETORES DE COLÔNIA

A administração da colônia desempenhou um papel central na organização das atividades diárias e na mediação das relações entre os colonos e as autoridades provinciais. Os diretores eram responsáveis por garantir que as diretrizes do governo fossem cumpridas, ao mesmo tempo em que lidavam com as necessidades e demandas dos habitantes da colônia. Essa dualidade de funções gerou tensões, mas também permitiu uma adaptação das políticas públicas às realidades locais.

A maior parte dos documentos referentes à colônia militar de Santa Teresa, encontrados em arquivos, são assinados pelos oficiais da colônia. São mais numerosas as correspondências atribuídas ao diretor, embora sejam frequentes também os relatórios assinados pelo ajudante do diretor e pelo médico da colônia.

Os diretores das colônias militares eram sempre oficiais do Exército brasileiro, ativos ou reformados. Esses oficiais, quando nomeados para o cargo de diretor de colônia, tornavam-se responsáveis pela administração local. Os diretores possuíam poderes civis e militares e todas as pessoas que residiam nas colônias estavam subordinados a eles[493].

O desenvolvimento das colônias militares era responsabilidade dos seus diretores. Eles eram obrigados a garantir o adequado alojamento aos que ingressavam nas colônias, bem como fornecer ferramentas e suprimentos essenciais à sobrevivência de todos os colonos. Em geral, a economia das colônias dependia da agricultura. Dessa maneira, aos

---

[492] SANTA CATARINA. *Fala dirigida à Assembleia Legislativa Provincial de Santa Catarina em 25 de março de 1874 pelo presidente da província, João Thomé da Silva.* Cidade do Desterro: Tipografia de J.J. Lopes, 1874. p. 49.

[493] Artigo 42 do Regulamento da colônia.

diretores também eram solicitadas sugestões de melhoria nos métodos agrícolas (quais plantas eram as mais adequadas para a colônia, quais ferramentas eram necessárias para o plantio etc.). Essas propostas deveriam ser remetidas, sempre, ao presidente de província. Assim, em 1877, o presidente da província de Santa Catarina, Alfredo Escragnolle Taunay, em seu relatório, afirmou que embora as terras da colônia militar de Santa Teresa fossem produtivas, para que a colônia progredisse era necessário nomear um oficial com visão científica e habilidades especiais, caso contrário, jamais sairia do estado de estagnação em que tinha permanecido desde a sua criação[494].

Em contrapartida, aos diretores cabia inspecionar todos os trabalhos nas colônias e promover a introdução de melhoramentos ao indicar quais oficinas deveriam ser instaladas nas colônias. Atentos ao desenvolvimento desses assentamentos, os diretores de Santa Teresa propuseram, além da instalação de novas oficinas e do aperfeiçoamento daquelas existentes, a introdução de novas culturas. Em meados de 1862, por exemplo, o diretor da colônia, o tenente coronel João Francisco Barreto, propôs ao presidente da província de Santa Catarina, o conselheiro Vicente Pires da Motta, o plantio de uma nova espécie de mandioca[495]. Conforme o diretor, a farinha de mandioca era um importante produto de exportação da província. Sendo assim, na mesma correspondência, solicitava ao presidente de província que, por meio oficial, obtivesse do presidente da província de Paraíba do Norte raízes de mandioca, denominada Caxixi, a qual o próprio diretor havia cultivado naquela província. Essa espécie, segundo o diretor, poderia ser colhida em 6 meses, e não em 2 anos como requeriam aquelas espécies plantadas em Santa Catarina.

---

[494] SANTA CATARINA. *Relatório com que o 1.º vice-presidente, Herminio Francisco do Espírito Santo, passou a administração da província de Santa Catarina a Alfredo d'Escragnolle Taunay*. Desterro: Tipografia de J. J. Lopes, 1877, p. 79.

[495] CMST. *Cópia do ofício ao presidente da província de Santa Catarina, conselheiro Vicente Pires da Motta*. João Francisco Barreto, tenente coronel diretor da colônia. Desterro, 8 de julho 1862. Conforme o original remetido à Assembleia Legislativa Provincial. Acervo IHGSC.

As responsabilidades dos diretores estavam expressas nos regulamentos coloniais. Essas referiam-se, muitas vezes, à administração das pessoas que viviam nas colônias. Por meio desses, os diretores eram autorizados a estabelecer regras para o uso do tempo na colônia e distribuir os trabalhos entre os colonos.

Os diretores também deveriam prender os criminosos, desertores e aqueles considerados vadios, ou que não tivessem alguma ocupação, e fossem encontrados nos limites da colônia. Com a autorização do presidente de província, eles deveriam expulsar das colônias as pessoas que provocavam tumultos ou que eram violentas, desordeiras, que provocavam rixas, que possuíam vícios e que se tornavam nocivas ao bom regime e à tranquilidade das colônias. Aliás, os diretores deveriam propor ao presidente de província a demissão dos empregados da colônia quando esses adquiriam algum vício ou eram omissos no cumprimento de seus deveres. Os diretores também controlavam os vencimentos dos empregados e dos colonos, eram eles que recebiam as verbas da província e pagavam todas as despesas da colônia. Também era obrigação dos diretores realizarem a matrícula dos colonos e dos familiares desses.

Além de controlar as pessoas que viviam nas colônias militares, os diretores de colônia eram obrigados a relatar todos os acontecimentos ao presidente de província. Todos os meses, o diretor da colônia encaminhava ao presidente de província, e ao delegado da Diretoria Geral das Terras Públicas, um relatório resumido dos serviços na colônia, com ênfase no estado das obras em andamento e de toda a despesa que havia sido realizada no mês anterior[496].

Esses e outros relatórios permitem o conhecimento de características importantes de como foi construída a colônia militar de Santa Teresa. O artigo 51 do regulamento da colônia obrigava o diretor, a cada 6 meses, a remeter ao presidente de província informações referentes ao comportamento dos empregados e o modo como eles executavam os seus deveres. Quanto ao cumprimento dessa obrigação, há um ofício do

---

[496] § 2.º, artigo 7.º do Regulamento da colônia.

diretor da colônia, pelo qual busca justificar as falhas contidas em relatório enviado ao presidente de província, que esclarece a importância desses relatórios para a manutenção e controle do sistema de colonização militar. Nesse ofício, datado de 1.º de julho de 1865, o diretor afirmava que:

> Sucedendo, porém, contra toda expectativa minha e dos empregados desta colônia que, enviando, eu, em data de 1.º de janeiro do corrente as informações correspondentes ao 2.º semestre do ano findo, me fossem devolvidas para as reformar no sentido das do Exército, enviando-se me o modelo delas, que eu não ignorava, mas que para aqui não tinham aplicação, e com a exigência pertinente ao tempo indispensável de serem levadas a superior Instância; como V. Exa. verá da cópia junta, em cuja parte final vê-se o anômalo de tal determinação; pois se não convém informar sobre o Sargento Ajudante por ser inválido, é obvio que os oficiais reformados como o Ajudante e Cirurgião, a quem já não aproveitam serviços anteriores ou atuais para as promoções, estão no mesmo caso, e não devem entrar nas informações semestrais como oficiais ativos do quadro do Exército.
>
> Tive contudo, para evitar encrespações de não cumprimento de ordem, de enviar no sentido que me foi ordenado um trabalho imperfeito afim de acudir a referida exigência; porquanto sendo de comissão os empregados desta colônia não existe nela registro em que se tenha feito lançamento de suas fés do ofício: e nem os empregados subalternos, e mesmo eu, aqui as temos, por nunca terem sido precisas para tal fim: e juntamente, com aquele imperfeito trabalho, enviei as informações do costume, só com a diferença da inclusão de meu nome que nas outras não mencionava. E não me sendo acusada a recepção, como se há praticado com a mais correspondência desta colônia; e em observância ao Art. 53 do regulamento; que diz – O diretor remeterá de seis em seis meses ao Presidente da Província uma informação a respeito do comportamento dos empregados, e maneira pela qual preenchem os seus deveres. – E porque V. Exa. conhece

e sabe que, onde falta a lei cessa a vontade, ou arbítrio, envio na forma adotada e seguida até hoje, no sentido do mesmo regulamento, as referidas informações juntas[497].

Sobre o envio de relatórios ao presidente de província acerca dos serviços realizados na colônia de Santa Teresa, o tenente coronel João Francisco Barreto, em outubro de 1862, informou ao presidente da província que:

> Cumprindo o determinado por esse Governo em data de 12 do findo mês de setembro: tenho a honra de enviar a V. Exa. a relação junta de todos os colonos com a declaração unicamente de três que vencem a diária de 160 réis, na forma do regulamento, como colonos da 3.ª classe.
>
> Quanto ao que respeita a segunda parte da mencionada ordem: V. Exa. encontrará incluso ao ofício que cobre o mapa mensal do mês findo, o relatório dos serviços feitos pelos colonos nos três dias por semana, que são obrigados a dar as de 1.ª classe, e os da 3.ª um, também semanalmente, na forma do regimento da colônia; o que tem sido sempre satisfeito por esta diretoria, sem contudo acompanhar o cálculo da importância desses serviços, e nem o número de trabalhadores neles empregados; por quanto para as obras que até aqui se tem feito, e que se vai continuando com elas, a fazenda nada tem despendido. [...].
>
> Quanto ao restante e final da mesma ordem para mensalmente dar relações de todos os sucessos e ocorrências, tenho-o sempre assim feito, por me ser esse imposto pelo regulamento, menos os nascimentos e óbitos, que só os mencionava nos relatórios do fim do ano; mas cumprindo-me satisfazer o que por esse Governo me foi ordenado: junto vai o mapa exigido dos nascimentos e falecimentos desde a fundação desta colônia até o fim do passado mês; já o tendo feito em meu relatório de 31 de dezembro do passado, segundo igual determinação; como deve constar do arquivo dessa secretaria[498].

[497] CMST. *Ofício ao vice-presidente de província, tenente coronel Francisco José d'Oliveira.* João Francisco Barreto, tenente coronel diretor da colônia. Colônia militar Santa Teresa 1.º de julho de 1865. Acervo IHGSC.

[498] CMST. *Ofício ao vice-presidente da província, João Francisco de Souza Coutinho.* João Francisco Barreto, tenente coronel diretor da colônia. Colônia militar Santa Teresa 1.º de outubro de 1862. Acervo IHGSC.

O atraso no envio desses relatórios ao presidente de província deveria ser evitado, e quando ocorria os diretores eram advertidos. Há correspondências dos diretores de Santa Teresa em que justificavam esse atraso. Em outubro de 1863, o diretor da colônia, o tenente coronel João Francisco Barreto, enviou ofício ao presidente de província no qual alegava os motivos que o fizeram atrasar a expedição dos relatórios anuais. Ao tratar do relatório correspondente ao ano anterior, o diretor da colônia afirmou que:

> Esse trabalho, assim como os quatro relatórios que o acompanham, com determinação para cada uma das quatro Diretorias Gerais do Ministério da Guerra, deveriam ser entregues na Secretaria desse Governo até o dia 15 do corrente; mas razões poderosíssimas, quais a de haver constipado com os excessivos calores do mês em uma casa desabrigada, onde se não pode a toda hora escrever por causa dos ventos fortíssimos das trovoadas, e a muita frequência de tropas, e tropeiros, que tudo tem que entender com esta Diretoria, na ida e na volta, por lhe estar incumbido o penoso cargo da Barreira: como V. Exa. terá visto pelas relações que mensalmente envio; não só do que é sujeito a imposto, como de todo o mais movimento; e ter de cuidar ao mesmo tempo no diário expediente do serviço da colônia, sem ter a quem incumbir de algum ramo desse serviço, por ter ido o Ajudante da colônia a recebimentos da Fazenda, desde o princípio do presente mês: tudo isto concorro para essa demora; de que peço desculpa a V. Exa., que me não deixará de atender observando que toda a escrituração é feita por meu punho[499].

Embora seja uma justificativa e um pedido de desculpas pelo atraso na remessa dos relatórios, essa correspondência também traz indícios acerca das condições de sobrevivência dos diretores na colônia – "em uma casa desabrigada, onde se não pode a toda hora escrever por causa dos ventos fortíssimos das trovoadas" – e da carga de trabalho desses oficiais – "a

---

[499] CMST. *Ofício ao presidente da província, Pedro Leitão da Cunha*. João Francisco Barreto, tenente coronel diretor. Colônia militar Santa Teresa 1.º de outubro de 1863. Acervo IHGSC.

muita frequência de tropas, e tropeiros, que tudo tem que entender com esta Diretoria, na ida e na volta, por lhe estar incumbido o penoso cargo da Barreira".

No início de cada mês, os diretores também deveriam enviar ao presidente de província um mapa estatístico do movimento da estrada entre Desterro e Lages, referente ao mês que havia passado. São exemplos desses documentos: um mapa (do ano de 1856) e um ofício que acompanhava o mapa (do ano de 1864)[500].

O mapa:

[500] Esses dois documentos servem apenas para exemplificar uma das atividades dos diretores da colônia e não serão alvo de análise neste trabalho.

Quadro 8 – Mapa de movimento da estrada da Capital e Lages no mês de julho de 1856

| Dia do mês | Nomes | Para a Colônia | | Para São José | | | | | Para Lages | | | Total |
|---|---|---|---|---|---|---|---|---|---|---|---|---|
| | | Animais de Montaria | Ditos Cargueiros | Animais de Montaria | Ditos Cargueiros | Ditos com Erva Mate | Ditos Bois para venda | Ditos Cavalos para venda | Animais de Montaria | Ditos Cargueiros | Ditos com Sal | |
| 1.o | Antônio José Dinis | | | | | | | | 3 | 39 | 10 | 52 |
| 1.o | Narcizo José | | | | | | | | 1 | 7 | | 8 |
| 1.o | Francisco Munis de Moura | | | | | | | | 2 | 12 | 6 | 20 |
| 2 | José Marques Fraga | | | | | | | | | 4 | | 4 |
| 4 | Alemão Cheits | | 34 | | | | | | | | | 34 |
| 4 | Manoel Joaquim Camargo | | | | | | | | 1 | 9 | | 10 |
| 7 | Manoel Luís da Silva | | | 2 | 1 | | 83 | | | | | 86 |
| 7 | José Coelho | | | 2 | 24 | | | | | | | 26 |
| 8 | Serafim Munis de Moura | 3 | 22 | | | | | | | | | 25 |
| 8 | Raulino José Pereira | | | | | | | | 1 | 8 | | 9 |
| 8 | Tenente Coronel Souza | | | 3 | 30 | | | | | | | 33 |
| 10 | Ignácio José Rodrigues | | | | | | | | 1 | 15 | | 16 |
| 10 | Silvestre Alexandre Martins | | | | | | | | 2 | 2 | | 4 |
| 12 | Manoel José da Costa | | | | | | | | 1 | 15 | | 16 |
| 14 | Coronel Neves | | | 1 | 13 | | | | | | | 14 |
| 14 | Joaquim Gregório | | 11 | | | | | | | | | 11 |
| 17 | Antônio Antunes de Lima | | | | | | | | 2 | 11 | 14 | 27 |
| 17 | Joaquim Gregório | | | | | | | | | 11 | | 11 |
| 18 | José Castanheiro | | | 1 | 15 | | | | | | | 16 |
| 21 | Tenente Coronel Souza | | | | | | | | 3 | 18 | 12 | 33 |
| 21 | José Bernardo Dias | | | | | | | | 2 | 26 | | 28 |
| 23 | [Dotter?] de Andrades | | | | | | | | 2 | 10 | 12 | 24 |
| 23 | José Coelho | | | | | | | | 2 | 20 | 6 | 28 |
| 24 | Alferes Frederico Xavier de Souza | | | | | | | | 1 | | | 1 |
| 27 | Capitão Diretor Xavier | 1 | 1 | | | | | | | | | 2 |
| | Soma | 4 | 68 | 9 | 83 | | 83 | | 24 | 207 | 60 | 538 |

Fonte: CMST. *Mapa de movimento da estrada da Capital e Lages no mês de julho de 1856*. João Xavier de Souza, capitão diretor interino. Colônia Militar de Santa Teresa 1.o de agosto de 1856

Segue exemplo de ofício que acompanhava a remessa dos mapas do movimento da estrada:

Ilmo. e Exmo. Sr.

Tenho a honra de dirigir a V. Exa. a inclusa relação das tropas de animais que no mês de dezembro do ano próximo findo passaram pela Barreira da Colônia Militar Santa Teresa vindas dos campos de Lages para o termo da cidade de São José com destino de serem aí vendidas para consumo, sujeitas ao imposto de 1$000 réis por cabeça pagável na Agência do Passa Vinte, cuja relação é do costume remeter-se mensalmente a essa Presidência na forma da ordem, e instruções de que foi estabelecida a Barreira na dita Colônia no 1.º de julho do ano de 1860.

Deus guarde a V. Exa.

Colônia Militar de Santa Teresa 1.º de janeiro de 1864.

Ilmo. e Exmo. Sr. Francisco José de Oliveira

Digníssimo Vice-Presidente da Província

João Francisco Barreto

Tenente Coronel Diretor[501]

Além dos relatórios citados, os diretores de colônia eram obrigados a enviar ao presidente de província, até o dia 15 de janeiro de cada ano, uma informação circunstanciada do estado da colônia, com declaração das obras feitas – públicas ou particulares –, acompanhada de um mapa da produção agrícola e da quantidade de animais (muares, cavalares, vacum etc.) que existiam na colônia.

Ainda em relação aos trabalhos burocráticos desempenhados pelos diretores, em particular a escrita de relatórios e de ofícios ao presidente de província, dois ofícios do diretor de Santa Teresa ilustram parte dessas obrigações.

---

[501] CMST. *Ofício ao vice-presidente da província, Francisco José de Oliveira*. João Francisco Barreto, tenente coronel diretor. Colônia militar Santa Teresa 1.º de janeiro de 1864. Acervo IHGSC.

O primeiro:

Ilmo. e Exmo. Sr.

Tenho a honra de enviar a V. Exa. em duplicata os três relatórios juntos discriminadamente para a 2.ª, 3.ª e 4.ª Diretorias do Ministério da Guerra, por ter já enviado a esse Governo, também em duplicata, o pertencente a 1.ª Diretoria: sendo os que este ofício cobre aqueles que devem ficar para o arquivo e conhecimento desse Governo, como se vê pelos relatos, e os outros para que se digne dar-lhes o destino que tem de seguir.

Deus guarde a V. Exa. por muitos anos.

Colônia militar 16 de janeiro de 1865.

Ilmo. e Exmo. Sr. Doutor Alexandre Rodrigues da Silva Chaves

Digníssimo Presidente da Província

João Francisco Barreto

Tenente Coronel Diretor[502]

O segundo ofício:

Ilmo. e Exmo. Sr.

Tenho a honra de enviar a V. Exa. os mapas e mais papéis que na forma do costume se dirigem mensalmente a esse Governo; sendo os mapas do pessoal e dos doentes da colônia militar de Santa Teresa de minha direção; o mapa do número de praças de linha que se acham na dita colônia com as declarações nele mencionadas; o mapa do armamento existente na mesma colônia; e os relatórios dos serviços nela feitos com suas alterações; e a relação do movimento da estrada; pertencentes ao mês de janeiro do corrente ano.

Deus guarde a V. Exa. por muitos anos.

---

[502] CMST. *Ofício ao presidente da província, Alexandre Rodrigues da Silva Chaves.* João Francisco Barreto, tenente coronel diretor. Colônia militar Santa Teresa 16 de janeiro de 1865. Acervo IHGSC.

Colônia militar Santa Teresa 1.º de fevereiro de 1865.

Ilmo. e Exmo. Sr. Doutor Alexandre Rodrigues da Silva Chaves

Digníssimo Presidente da Província

João Francisco Barreto

Tenente Coronel Diretor[503]

Contudo, é interessante salientar a insatisfação dos diretores ao terem de cumprir todas as obrigações burocráticas nas colônias militares. Entre um ofício e outro daqueles citados acima, o tenente coronel João Francisco Barreto, demonstrou ao presidente de província o seu descontentamento ao cumprir todas as suas obrigações, em especial aquelas relacionadas ao envio de relatórios para as várias repartições públicas. No excerto a seguir é possível verificar a contrariedade com que o diretor da colônia de Santa Teresa enviava seus relatórios:

> Para não faltar ao preceito ordenado por V. Exa. apresso-me em enviar os dois relatórios juntos em duplicata, um para esse Governo e outro com direção ao Exmo. Sr. Ministro da Guerra, pela 1.ª Diretoria.
>
> Nele tudo contém quanto é essencial ao que V. Exa. exigiu, e que poderia satisfazer ao desejável e necessário para conhecimento do estado desta colônia; mas tenho ainda em seguida a este correio de enviar em duplicata mais 3 relatórios para a 2.ª, 3.ª e 4.ª Diretorias, que não passam de formalidades, mas que infelizmente, como empregados somos obrigados a satisfazer para sustentação de um luxo de repartição e de empregados públicos de arrombar a fortuna nacional.
>
> Esses relatórios pelo estado precário de minha saúde não seguem já, mas asseguro a V. Exa. que se não foram esperar para a remessa que esse Governo tenha a fazer desses trabalhos ao Governo Geral.

---

[503] CMST. *Ofício ao presidente da província, Alexandre Rodrigues da Silva Chaves*. João Francisco Barreto, tenente coronel diretor. Colônia militar Santa Teresa 1.º de fevereiro de 1865. Acervo IHGSC.

Da bondade e Patriotismo de V. Exa. espero perdoará a este velho soldado da Independência da Pátria semelhante rasgo de franqueza[504].

O papel de comandante do destacamento militar nas colônias também era desempenhado pelos diretores. Nessa função os diretores eram responsáveis pela correta distribuição das tarefas militares entre os colonos. Sendo assim, os diretores desempenhavam o papel de instrutor militar, quando cobravam dos colonos o cumprimento dos exercícios militares mensais e quando realizavam as revistas.

Os diretores também deveriam prestar ajuda às autoridades locais, dar assistência aos missionários em doutrinação de indígenas e a qualquer colônia vizinha que estivesse em perigo[505]. Em fevereiro de 1857 o diretor de Santa Teresa, o capitão João Xavier de Souza, auxiliou o tenente João Ricardo Pinto na realização de uma diligência pelas margens do rio Itajaí. O capitão relatou ao presidente de província que o tenente João Ricardo Pinto havia chegado à colônia no dia 25 de janeiro, com o intuito de explorar o rio Itajaí. Essa diligência permaneceu na colônia por mais de uma semana. Durante esses dias os soldados-colonos construíram 4 canoas, todas maiores em comprimento e em largura se comparadas às 5 canoas que já existiam na colônia. Todas as 9 canoas foram utilizadas na diligência e seguiram rio abaixo, levando também 7 soldados da colônia[506].

Os diretores de Santa Teresa também auxiliavam os tropeiros a enfrentarem as dificuldades encontradas no percurso entre a capital da província e a cidade de Lages, sobretudo quanto aos ataques indígenas, pertencentes ao grupo Xokleng, que aconteciam no caminho. Em outubro de 1879 o diretor da colônia, o capitão João Paulo de Miranda, informava ao presidente de província possíveis ataques indígenas

---

[504] CMST. *Ofício ao presidente da província, Alexandre Rodrigues da Silva Chaves.* João Francisco Barreto, tenente coronel diretor. Colônia militar Santa Teresa 19 de janeiro de 1865. Acervo IHGSC.

[505] Ver artigo 4.º, seção 4 e 5, decreto 750, 2 de janeiro de 1851, XIV, p. 2. Coleção de Leis do Brasil; e artigo 3.º, seção 10, decreto 820, 12 de setembro de 1851, XIV, p. 244.

[506] CMST. *Ofício ao presidente da província, João José Coutinho.* João Xavier de Souza, capitão diretor interino. Colônia militar de Santa Teresa, 9 de fevereiro de 1857. Acervo IHGSC.

nas proximidades de Santa Teresa. Naquela oportunidade, o diretor relatou que:

> Em cumprimento ao ofício da sala das ordens da Presidência desta Província sob n. 293 de 26 de setembro próximo passado que manda responder sobre o que emitiu a V. Exa. de terem os gentios atacado recentemente uma tropa no lugar denominado Vargem da Raiz tenho a dizer que não deve ser exata tal informação por quanto passando por esta colônia todas as tropas seria eu o primeiro a saber. O terem atacado uma tropa no lugar Avencalzinho é exata, mas não agora, a que no tempo imediatamente participei o acontecimento a V. Exa. em ofício n.º 154 de 13 de junho do corrente ano e bem assim a providência que tomei, ponderando a V. Exa. nessa ocasião a necessidade de um destacamento maior para poder melhor reprimir os ataques de tais gentios, cujos aparecem uma vez por outra, e sempre fazem estragos nos animais de criação. Agora conta-me terem aparecido no caminho daqui para Lages, tanto que um dos moradores da Bom Retiro, amedrontado, mudou-se a poucos dias para esta colônia, mas nada se deu ali de notável, além de dois animais que os moradores encontraram mortos[507].

Mesmo sem conhecer o teor do ofício do presidente de província, é possível sinalizar que ele tenha encaminhado ofício ao diretor da colônia, fazendo-lhe cobranças, por ter recebido, na capital da província, reclamação acerca de ataques indígenas no caminho entre Desterro e Lages. O diretor, em seu ofício, defende-se da possível acusação de negligência ao dizer que não tem conhecimento de outro ataque indígena além daqueles que teria noticiado ao presidente da província.

Ao tratar do caminho entre Desterro e Lages é necessário salientar a importância dos diretores da colônia militar de Santa Teresa na supervisão de obras nesse percurso. A existência dessa colônia estava relacionada à importância econômica e estratégica daquele caminho. Desse modo, mui-

---

[507] CMST. *Ofício n. 167, ao presidente de província, Antônio d'Almeida Oliveira*. João Paulo de Miranda, capitão diretor da colônia. Colônia militar de Santa Teresa, 30 de outubro de 1879. Acervo IHGSC.

tos trabalhos na colônia estavam voltados para o caminho. Algumas funções de diretor também estavam relacionadas aos movimentos do caminho: seja na cobrança dos impostos, na fiscalização do tráfego ou nos serviços de retificação e supervisão de serviços contratados para melhorias do caminho. A correspondência do capitão João Xavier de Souza, diretor de Santa Teresa, ao presidente da província, em meados de 1856, exemplifica o desempenho dessas funções pelos diretores da colônia. Nessa correspondência o diretor afirmava que seguia, no dia 11 de junho, "a examinar a estrada que [Doctel?] de Andrade contratou com V. Exa. do passo do Rio João Paulo até Bom Retiro, do resultado participarei a V. Exa. logo que chegue à Capital"[508].

Duas correspondências encaminhadas ao presidente de província, uma da Coletoria de São José e outra da diretoria da colônia militar de Santa Teresa, ilustram bem o papel desempenhado pelos diretores dessa colônia frente aos serviços contratados para o caminho. Em novembro de 1879, Francisco da Silva Ramos e Manoel Pinto de Lemos, da Coletoria de São José, solicitavam ao presidente de província que o diretor da colônia inspecionasse os consertos que deveriam ter sido realizados nas proximidades da colônia. Para a inspeção, foi remetido cópia do contrato ao diretor da colônia e o ofício que segue:

> A comissão encarregada dos consertos da estrada de São José a Lages faz ciente a V. Exa. que o Sr. Jacintho Antônio Cardoso, comunicou o mesmo ter concluído os consertos que contratou fazer do rio Itajaí ao Campo do Trombudo, e pede para que se mande examinar se estão cumpridas as condições estipuladas no contrato, a fim de poder receber a última prestação, a vista do que a comissão pede a V. Exa. se digne ordenar ao comandante da Colônia de Santa Teresa para fazer o referido exame[509].

---

[508] CMST. *Ofício ao presidente de província, João José Coutinho*. Frederico Xavier de Souza, alferes ajudante. Colônia militar de Santa Teresa, 10 de junho de 1856. Acervo IHGSC.

[509] CMST. *Anexo do ofício n. 173, ao presidente de província, Antônio d'Almeida Oliveira*. Francisco da Silva Ramos, Manoel Pinto de Lemos. São José, 12 de novembro de 1879. Acervo IHGSC.

O capitão João Paulo de Miranda, nos últimos dias de novembro de 1879, informava ao presidente da província a realização dos serviços contratados:

> Em cumprimento do ofício de V. Exa. de 17 do corrente mês, passei a examinar os consertos da estrada de Lages, do rio Itajaí ao Campo do Trombudo, feito pelo cidadão Jacintho Antônio Cardozo, e achando-se presentemente tais consertos bem feitos e nas condições dos artigos constantes do contrato, assim comunico a V. Exa.[510].

O historiador David Lyle Wood[511] acreditava que a escassez de pessoas no Exército brasileiro – pensamento que encontra eco na obra Tributo de Sangue, de Peter Beattie – e, por consequência, a insuficiência de profissionais qualificados nessa instituição, explicaria, em parte, a rotatividade de diretores nas colônias militares e o despreparo desses oficiais para o cumprimento dessa tarefa. Por esses motivos, David Lyle Wood afirmou que o Ministério da Guerra, durante o século XIX, preferiu empregar nesse cargo oficiais aposentados ou recém ingressos no Exército brasileiro. Contudo, isso não era regra, pois na colônia de Santa Teresa foi possível perceber que alguns oficiais que ocuparam o posto de diretor da colônia eram políticos ativos – deixavam o cargo de diretor para assumir cargos na Assembleia Legislativa Provincial, ou tornavam-se presidente de província –, possuíam alguma qualificação e permaneceram no cargo de diretor por alguns anos.

Na verdade, muitos oficiais, em particular os mais habilidosos, tentaram evitar os serviços nas colônias militares. Os pedidos para transferências das colônias eram comuns. A de Santa Teresa, por exemplo, teve quatro diretores em apenas dois anos[512]. Muitas vezes, apenas indivíduos excluídos de posições mais desejáveis por manobras políticas, envelhecidos ou inválidos serviam nas colônias militares.

---

[510] CMST. *Ofício n. 173, ao presidente de província, Antônio d'Almeida Oliveira.* João Paulo de Miranda, capitão diretor da colônia. Colônia militar de Santa Teresa, 23 de novembro de 1879. Acervo IHGSC.

[511] WOOD, *op. cit*, p. 43.

[512] Ver: SANTA CATARINA. *Relatório apresentado à Assembleia Legislativa Provincial de Santa Catarina na 2.ª sessão de sua 26.ª legislatura, pelo presidente Francisco José da Rocha, em 11 de outubro de 1887*. Rio de Janeiro: Tipografia União de A.M. Coelho da Rocha & C., 1888. p. 239-242.

# 4.3 OUTROS OFICIAIS NA COLÔNIA MILITAR

Além dos diretores, outros oficiais do Exército brasileiro desempenhavam funções essenciais para o funcionamento da colônia. Esses oficiais, como o vice-diretor (também chamado de ajudante), o escrivão e o médico (também chamado de facultativo), eram responsáveis por supervisionar atividades específicas, como a manutenção das estradas, a segurança contra possíveis ataques indígenas e a organização de diversos trabalhos. Sua atuação foi fundamental para garantir que as operações diárias transcorressem sem interrupções.

Quadro 9 – Hierarquia do Exército brasileiro no século XIX

| | |
|---|---|
| Oficiais – generais | Marechal do Exército |
| | Tenente-General |
| | Marechal de Campo |
| | Brigadeiro |
| Oficiais superiores | Coronel |
| | Tenente-Coronel |
| | Major |
| Oficiais subalternos | Capitão |
| | Primeiro-tenente |
| | Segundo-tenente |
| Oficiais inferiores | Primeiro-sargento |
| | Segundo-sargento |
| | Furriel |
| Baionetas | |
| Cabos | |
| Anspeçadas | |
| Soldados | |

Fonte: *Coleção das leis do Brasil*, decreto de 4 de maio de 1853 que traz o quadro hierárquico da instituição. Apud: Souza, Adriana Barreto de. *O Exército na consolidação do Império*: um estudo sobre a política militar conservadora. Rio de Janeiro: Arquivo Nacional, 1999

Com base no regulamento da colônia militar de Santa Teresa, é possível observar que o vice-diretor deveria ser um oficial do Exército, ativo ou reformado, de menor patente que o diretor, e nomeado pelo presidente de província[513]. O vice-diretor substituía o diretor em seus impedimentos e na sua ausência. Era o vice-diretor que dava parte, por escrito, de todas as omissões e faltas cometidas pelos empregados e pelos colonos no cumprimento dos serviços públicos. Era ele que inspecionava, todos os dias, os trabalhos coloniais e, aos sábados, deveria fazer minuciosa revista dos colonos[514]. No primeiro domingo de cada mês, o vice-diretor deveria examinar o estado das ferramentas distribuídas aos colonos e relatar ao diretor aquelas que faltavam. Nesses casos, o diretor fornecia outra ferramenta mediante desconto no vencimento do colono quando não fosse justificada a falta. Com o escrivão, o vice-diretor também conferia todos os papéis do expediente da colônia, tais como as folhas de pagamento, os mapas estatísticos etc. O vice-diretor executava as ordens do diretor, fossem elas relativas aos trabalhos da colônia ou referentes ao comando da força e do destacamento militar.

O escrivão da colônia era um oficial inferior. Com frequência esse posto era preenchido por um oficial subordinado, ou cadete de boa conduta, que soubesse ler e escrever. A ele competia guardar e entregar os objetos destinados à colônia, escriturar os livros e todos os demais processos que registravam os fatos ocorridos na colônia, servindo também de arquivista[515]. As contas e os relatórios da colônia eram mantidos pelo escrivão. Esse oficial também era um colono contador, e era responsável por toda a correspondência oficial, pelos relatórios e pelos documentos da colônia[516]. Nas instruções coloniais, ele deveria assistir o ajudante com a inspeção da colônia. O escrivão também poderia informar o diretor das necessidades dos colonos. Nas colônias em que não havia capelão, ele serviria de professor.

As autoridades brasileiras consideravam o escrivão uma peça bastante importante no sistema de colonização

---

[513] Artigo 8.º do Regulamento da colônia.

[514] Artigo 10.º, § 3.º do Regulamento da colônia.

[515] Artigo 12, § 2.º do Regulamento da colônia.

[516] Ver artigo 10, seção 1, decreto 820, 12 de setembro de 1851, Coleção de Leis do Brasil, XIV, p. 245.

militar, tanto que, por vezes, esses oficiais eram liberados de todas as outras responsabilidades na colônia com exceção do comparecimento nas instruções militares, na revisão e nos treinamentos. Quando não havia entre os militares algum homem para essa posição, o diretor poderia nomear, por pouco tempo, um colono civil para preencher o cargo[517].

O facultativo da colônia era composto por um médico, ou cirurgião, habilitado e nomeado pelo presidente de província. A ele competia visitar na enfermaria, e nas residências, os colonos e demais habitantes da colônia, receitando e aplicando medicamentos quando fosse necessário[518]. Ele deveria visitar a enfermaria pelo menos duas vezes ao dia e usava a botica na preparação dos medicamentos indispensáveis. Além disso, deveria fazer os pedidos de suprimentos essenciais à botica, zelar pelo serviço do enfermeiro, o qual seria sempre da sua escolha dentre os colonos.

Para as autoridades no Rio de Janeiro, o oficial médico era um funcionário que deveria ser empregado naquelas colônias onde era muito preciso[519]. Contudo, o tempo revelou a importância dos serviços do médico e os regulamentos coloniais passaram a estabelecer as qualificações mínimas para o cumprimento desse cargo, tal como ocorreu em 1858 na colônia militar de Santa Teresa[520]. A saúde dos colonos deveria ser a primeira preocupação desse oficial.

O médico também sugeria ao diretor da colônia as medidas sanitárias necessárias para a saúde dos colonos e redigia, no início de cada ano, um relatório geral das observações que tinha colhido acerca da salubridade da colônia, declarando as moléstias mais comuns e as causas prováveis dessas[521]. Além do relatório anual, o médico remetia ao presidente de província, todos os meses, por intermédio do diretor, o mapa dos enfermos com a declaração das doenças, e um mapa geral no fim de cada ano civil. Segue um exemplo de documento produzido pelo médico da colônia:

---

[517] Ver artigo 51, decreto 2.215, 13 de março de 1858, Coleção de Leis do Brasil, XIX, p. 154.

[518] Artigo 16, § 1.º do Regulamento da colônia.

[519] Ver artigo 20, decreto 729, de 9 de novembro de 1850, Coleção de Leis do Brasil, XVIII, p. 230.

[520] Ver artigo 17, decreto 2.215, de 13 de março de 1858, Coleção de Leis do Brasil, XIX, p. 155.

[521] Artigo 16, § 5.º do Regulamento da colônia.

Ilmo. e Exmo. Sr.

Passando as mãos de V. Exa. o mapa estatístico patológico das enfermidades por mim tratadas nesta colônia durante o ano findo de 1862, tenho a honra de participar a V. Exa. que nenhum falecimento houve nesse período, o que muito depõe em favor da benignidade do clima da colônia e suas circunstâncias.

Para o maior número das moléstias relacionadas no mapa muito concorreram sem dúvida às intempéries e outras causas inerentes aos trabalhos e fadigas da lavoura, a que estão sujeitos os colonos; o resto ou já existia, ou apareceu por motivos particulares, que julgo ocioso mencionar aqui.

É o quanto posso informar a V. Exa., referindo-me aos anteriores relatórios na parte em que neste for omisso.

Deus guarde a V. Exa.

Colônia militar de Santa Teresa, 2 de janeiro de 1863.

Ilmo. e Exmo. Sr. Pedro Leitão da Cunha

Digníssimo Presidente da Província de Santa Catarina

José Felix de Moraes

2.º Cirurgião reformado[522]

Entre os anos de 1856 e 1878[523], o médico da colônia militar de Santa Teresa foi o mesmo oficial José Félix de Moraes. Em janeiro de 1859, esse oficial, ao comunicar o presidente de província a respeito das condições de trabalho na colônia, afirmou que:

> [...] nesta colônia militar de Santa Teresa estabelecida no caminho de Lages desta Província onde me acho empregado, não existe estabelecimento algum militar de saúde propriamente dito, sendo as pessoas de que se compõem quando doentes, tratadas em suas barracas as quais eu mesmo faço aplicação dos medicamentos que o caso exige.

---

[522] CMST. *Ofício ao presidente de província, Pedro Leitão da Cunha. José Felix de Moraes, 2.º Cirurgião reformado.* Colônia militar de Santa Teresa, 2 de janeiro de 1863. Acervo IHGSC.

[523] Período em que há documentos assinados pelo médico da colônia, sendo que o último é de setembro de 1878.

Atendendo-se a salubridade do lugar não julgo de urgência a criação de uma enfermaria propriamente dita com o respectivo material e pessoal, até mesmo porque tal criação acarretará maiores despesas aos cofres públicos[524].

Em 1864, passados 10 anos da fundação da colônia, o médico ainda vivia em uma residência bastante precária. A casa desse médico, construída sobre nascentes d'água, se deteriorava com rapidez, assim como os medicamentos da botica, a qual ocupava a mesma construção[525].

Essas informações apontam para as condições de vida dos oficiais que viviam nas colônias militares. Muitas vezes, na prática, oficiais e soldados estavam sujeitos a condições semelhantes de sobrevivência. A opinião de que os oficiais coloniais eram mal pagos era bastante aceita. Ao longo dos anos, o salário pago pelo Ministério do Império, e depois pelo Ministério da Guerra, para os administradores coloniais mudou muito pouco, quando mudou. Os oficiais que prestavam serviços nas colônias militares além dos vencimentos militares também recebiam gratificações mensais. Em janeiro de 1862, o diretor da colônia, além do salário correspondente à sua patente, recebeu uma gratificação de cinquenta mil réis. No mesmo mês, o médico recebeu gratificação no valor de doze mil réis e o escrivão dez mil réis[526]. Em 1864 o diretor da colônia militar de Santa Teresa recebeu, ao todo, por seus serviços, 1:638$800 (um conto, seiscentos e trinta e oito mil e oitocentos réis), referente às suas vantagens como empregado e gratificação colonial (de cinquenta mil réis mensais), mais 1:152$000 (um conto, cento e cinquenta e dois mil réis), pela sua patente, nesse caso de tenente coronel do Exército. Enquanto isso, o médico da colônia recebeu (somando-se as gratificações mensais de dez mil e quinhentos réis) 1:710$000 (um conto,

---

[524] CMST. *Ofício ao presidente de província, João José Coutinho*. José Félix de Moraes, 2.º cirurgião reformado. Colônia militar de Santa Teresa, 1.º de janeiro de 1859. Acervo IHGSC.

[525] CMST. *Ofício ao presidente de província, Alexandre Rodrigues da Silva Chaves*. João Francisco Barreto, tenente coronel diretor. Colônia militar de Santa Teresa, 5 de julho de 1864. Acervo IHGSC.

[526] CMST. *Mapa da despesa que se fez com gratificações de exercício dos empregados da colônia militar de Santa Teresa no mês de janeiro de 1862*. João Francisco Barreto, tenente coronel diretor da colônia. Colônia militar de Santa Teresa, 1.º de fevereiro de 1862. Acervo IHGSC.

setecentos e dez mil réis)[527]. Sendo assim, entre os anos de 1862 e 1864 não houve alteração significativa na gratificação desses oficiais, exceto na gratificação do médico da colônia que sofreu decréscimo, de 12 mil réis para 10.500 réis mensais.

Talvez, por esse motivo, muitos oficiais ignoravam a proibição de comerciar com os colonos. Mais de um diretor negociou mercadorias essenciais para os seus subordinados por preços altos[528]. De fato, alguns oficiais procuraram compensações por sua permanência na colônia ao desconsiderarem as restrições referentes à propriedade de terra nos limites das colônias.

Contudo, para os soldados que serviam nas colônias militares havia diferença nas gratificações, se comparadas com o soldo dos soldados que trabalhavam em outros batalhões do Exército. Há uma interessante correspondência de janeiro de 1865, na qual o diretor da colônia militar de Santa Teresa justifica a diferença salarial entre os militares que serviam na capital da província e aqueles que trabalhavam na colônia e ressalta as privações enfrentadas pelos soldados que serviam naquela colônia. Conforme o diretor:

> Esta despesa, Exmo. Sr., parecerá muito forte a juízos muito fracos e mesquinhos, e que ignorem que os indivíduos aqui existentes são militares, que fazem a mesma despesa ao Estado nesta colônia como fora dela, só com a pequena diferença para mais no valor da etapa dos praças de pret comparativamente aos que se acham na Capital da Província, com menos proveito da indústria comercial, e sem futuro para a agricultura; esta fonte sustentadora do gênero humano, fonte de abundância, de saúde, e de prazeres inocentes; esta conservadora dos costumes, e escola dito das virtudes, como com tanta sabedoria a descreveu Xenofonte[529].

---

[527] CMST. *Ofício do diretor da colônia, João Francisco Barreto, para a 4.ª Diretoria do Ministério dos Negócios da Guerra.* Folhas 2 e 3. Colônia militar de Santa Teresa, 11 de janeiro de 1865. Acervo IHGSC.

[528] WOOD, *op. cit.*, p. 48.

[529] CMST. *Ofício ao ministro e secretário de Estado do Negócios da Guerra, pela 4.ª Diretoria do Ministério dos Negócios da Guerra.* João Francisco Barreto, tenente coronel diretor da colônia. Colônia militar de Santa Teresa, 11 de janeiro de 1865. Acervo IHGSC.

## 4.4 AS ATIVIDADES REALIZADAS PELOS COLONOS

Os moradores da colônia dividiam seu tempo entre as obrigações do governo e as atividades fundamentais para sua própria sobrevivência. Relatos da época descrevem um dia a dia repleto de trabalho, pontuado por momentos de cooperação e vida comunitária. Os regulamentos coloniais classificavam a população das colônias militares em três ou quatro categorias. As autoridades brasileiras viam o plano de colonização militar como forma de recompensar os serviços prestados pelos soldados do Exército brasileiro. Esses soldados tornavam-se membros nomeados para o destacamento colonial, não participavam da administração colonial e eram considerados colonos de primeira classe[530].

O Governo Imperial pretendia enviar para as colônias militares soldados com pelo menos dois anos de serviço. Desse modo, caso o número necessário de tropas fosse insuficiente, os diretores das colônias e os presidentes de província estavam autorizados a recrutar novos homens com a ordem de constituírem um destacamento colonial para o preenchimento da força indispensável às colônias. Dependendo do tamanho do assentamento, poderia existir entre 12 e 200 colonos de primeira classe em uma colônia.

Como um dos propósitos das colônias militares era o de estimular a agricultura no interior do território, instruções do Governo Imperial informavam aos diretores que apenas artesãos (com conhecimentos agrícolas) indispensáveis para o progresso de uma colônia deveriam ser admitidos. Esses tornavam-se colonos de segunda classe. Embora instruções recomendassem que os artesãos-militares fossem favorecidos, seus correspondentes civis poderiam ser contratados quando necessário. Somados ao contingente militar, assim formavam-se os núcleos coloniais militares. Todos os demais residentes não-militares, que tempos depois imigraram para as colônias militares, se brasileiros ou estrangeiros, pertenciam à terceira classe. Além desses, ex-soldados e condenados, depois de cum-

---

[530] Ver artigo 20, decreto 2.125, de 13 de março de 1858, Coleção de Leis do Brasil, XIX, p. 156.

prirem o seu tempo de serviço ou de condenação, poderiam permanecer nas colônias como colonos de terceira classe[531].

Desse modo, conforme o regulamento da colônia (artigo 20), os colonos deveriam ser organizados em 3 diferentes classes. Os colonos de 1.ª classe deveriam ser praças de pret, os de 2.ª classe eram colonos operários e os de 3.ª classe poderiam ser civis (paisanos) que trabalhariam na colônia com o consentimento do diretor e a aprovação do presidente de província. Os colonos de 1.ª classe pertenciam ao Exército e deveriam ser casados[532]. Os colonos de 2.ª classe eram contratados para os serviços da colônia quando não houvesse entre os soldados da colônia algum que desenvolvesse determinada tarefa[533]. Já os colonos de 3.ª classe deveriam ser lavradores e casados, ou viúvos com filhos, preferindo-se os homens que tivessem servido no Exército[534].

Os colonos militares deveriam ser escolhidos entre os praças do Exército brasileiro que tinham, pelo menos, dois anos de serviço militar e que detivessem bons costumes, preferindo-se aqueles que eram casados. No primeiro ano esses colonos receberiam uma ração diária de 160 réis por pessoa da família com mais de 12 anos, e de 80 réis para os menores. No segundo ano, porém, receberiam a metade dessas diárias. Ou seja, o governo, por meio do regulamento, auxiliava os colonos militares no primeiro ano de residência na colônia. Esse recurso pode ter sido utilizado como incentivo aos colonos para que esses pudessem empreender mudanças no lote recebido e cultivar a terra[535].

Já os colonos operários, que eram contratados para os serviços da colônia, quando não havia outros para o cumprimento dos serviços necessários, ou número insuficiente, eram pagos por dias trabalhados e naqueles dias em que estavam doentes recebiam a metade[536]. Os colonos operários adquiriam

---

[531] Artigo 3, decreto 2.125, de 13 de março de 1858, Coleção de Leis do Brasil, XIX, p. 151.

[532] Artigo 21, decreto 2.125, de 13 de março de 1858, Coleção de Leis do Brasil, XIX, p. 156.

[533] Artigo 23, decreto 2.125, de 13 de março de 1858, Coleção de Leis do Brasil, XIX, p. 156.

[534] Artigo 24, decreto 2.125, de 13 de março de 1858, Coleção de Leis do Brasil, XIX, p. 156.

[535] Os colonos civis recebiam as mesmas diárias dos colonos militares.

[536] Artigo 21 do Regulamento da colônia.

o direito ao lote de terras quando residiam e cultivavam o seu lote pelo período de 3 anos[537].

Os regulamentos coloniais estipulavam que aos colonos deveria ser dado ferramentas para o trabalho na terra. Cada colono recebia uma enxada, uma foice, um machado, uma cavadeira e um facão de mato. Cada filho de colono com mais de 14 anos de idade obtinha o mesmo conjunto de ferramentas[538]. Os animais pertencentes ao governo também poderiam ser emprestados para as famílias que desejassem começar seus próprios rebanhos[539].

A relação de ferramentas existentes na colônia militar de Santa Teresa fornece indícios acerca dos trabalhos realizados pelos colonos que viviam lá. No ano de 1864 o diretor da colônia, o tenente coronel João Francisco Barreto, preparou para o ministro e secretário de Estado dos Negócios da Guerra uma descrição minuciosa de todas as ferramentas existentes na colônia, com destaque para as atividades de carpintaria e ferramentas utilizadas por ferreiros[540]. No mesmo relatório, o diretor reclamou a falta de armamentos para combater em situações de emergência, justificando a solicitação do envio de 50 cartucheiras de couro e 33 clavinas de adarme 12[541].

---

[537] Artigo 25 do Regulamento da colônia.

[538] Ver artigo 36, decreto 2.125, de 13 de março de 1858, Coleção de Leis do Brasil, XIX, p. 158; e, artigo 23, decreto 820, de 12 de setembro de 1851, Coleção de Leis do Brasil, XIV, p. 249.

[539] Ver artigo 28, decreto 2.504, de 16 de novembro de 1859, Coleção de Leis do Brasil, XXII, p. 589.

[540] Para os trabalhos de carpintaria foram relacionadas as seguintes ferramentas: 1 lima 3 quinas; 1 limatão (lima de tamanho avantajado, com seção quadrada ou redonda); 1 martelo; 1 olivel (nível); 1 plaina com cepo; 1 prumo; 1 rebote (plaina grande); 1 repuxo (ferro para embutir tarraxas na madeira); 2 serrotes grandes; 1 serrote pequeno de costas; 2 serrotes grandes de serrar tabuado; 1 serra de atorar com armação; 1 serra de atorar sem armação; 1 cepo de cantiz sem ferro; 1 cepo de moldura com ferro; 2 frinchas (ferramenta usada para desprender rochas); 1 trado; 1 trado goiva (ferramenta de seção côncavo-convexa, com o corte do lado côncavo, utilizada por artesãos e artistas para talhar os contornos de peças de madeira, metal ou pedra); 2 travadeiras para serrote e serra; e, 2 verrumas surtidas (brocas). Das ferramentas de ferreiro foram encontradas as seguintes: 1 assentador (pedaço de madeira ou couro usado para assentar ou endireitar o fio das navalhas); 1 bigorna; 1 craveira (artefato usado para fabrico de cabeças de cravos e pregos); 2 cortadeiras; 2 chavetas; 1 compasso; 1 fole; 1 ferro de marcar; 1 grosa; 1 limatão; 1 malho grande (grande martelo, de cabeça pesada, sem unhas nem orelhas, próprio para bater o ferro e que, para mais fácil manejo, se pega com ambas as mãos); 2 martelos; 1 ponção; 2 ponções de furar; 2 tanazes; 1 torno; 1 torquês; 1 tufo; 1 talhadeira goiva; e, 1 tarraxa. Além dessas, foram relacionadas outras ferramentas, quais sejam: 2 alavancas; 24 enxadas; 24 foices roçadeiras; 24 facões; 22 ferros de cova; 24 machados; 6 pás de ferro; 2 picaretas; 2 picões (CMST. *Relatório da colônia militar de Santa Teresa dirigido ao Governo Imperial pela 3.ª Diretoria do Ministério dos Negócios da Guerra.* João Francisco Barreto, tenente coronel diretor da colônia. Colônia militar de Santa Teresa, 11 de janeiro de 1865. Acervo IHGSC).

[541] Calibre 19 mm.

No que diz respeito aos dias de serviço obrigatório na colônia, os colonos militares, enquanto não cumprissem o tempo de serviço, eram obrigados ao serviço militar e a esses trabalhos 3 dias por semana, ou 13 dias por mês. Os outros dias eram livres para que o colono se dedicasse ao seu lote de terras[542]. Já os colonos civis e as pessoas de sua família do sexo masculino maiores de 14 anos e menores de 60 eram obrigados a prestarem serviço na colônia 2 dias por mês, enquanto recebiam subsídio do governo. Aos familiares dos colonos militares se impunha a mesma regra[543]. Os colonos que obtinham o título definitivo das terras, mesmo após o término dos subsídios, eram obrigados a prestar serviço militar, determinado pelo presidente da província em situações extraordinárias ou de urgência, para manter a tranquilidade, o sossego e a boa ordem na colônia.

Sendo assim, o tempo de trabalho dos colonos, tanto militares quanto civis, era dividido entre suas obrigações com o Governo e o cuidado com suas propriedades. A fim de facilitar o conhecimento dessas tarefas foram formados dois conjuntos de atividades. O primeiro: os serviços prestados para a colônia, como empregados do Exército brasileiro. O segundo: os serviços realizados pelos colonos em suas propriedades.

### 4.4.1 Serviços prestados para a colônia

Os serviços realizados pelos colonos eram variados e essenciais para a manutenção da ordem e da infraestrutura local. Dentre esses serviços, destacavam-se a roçagem, a retirada de madeira, a manutenção de estradas, o policiamento e a defesa contra-ataques indígenas, além da construção de prédios públicos e oficinas. Esses serviços eram realizados, em geral, nas últimas semanas de cada mês. Contudo, houve períodos em que os diretores organizavam o trabalho para o

---

[542] Artigo 35 do Regulamento da colônia.
[543] Artigo 36 do Regulamento da colônia.

Estado de outras formas, tal como em semanas intercaladas durante do mês. Desses serviços, é necessário ressaltar que alguns exigiam certas habilidades, tais como construir carroças, suadeiras (cada uma das partes acolchoadas e paralelas do lombilho que se apoia no lombo da cavalgadura), estivas calçadas de pedra, fazimento de tijolos e telhas etc.

### 4.4.1.1 Roçagem

A roçagem desempenhava um papel crucial na manutenção dos terrenos ao redor da colônia, preparando-os para o cultivo. Era uma tarefa regular descrita nos relatórios mensais do diretor, com ênfase nos pastos da praça da colônia, seus arredores, na vargem do rio Itajaí e nas margens dos caminhos. No início, os colonos se dedicavam à abertura de picadas e clareiras na mata, deixando de lado os trabalhos na estrada entre Desterro e Lages. Um exemplo disso ocorreu no inverno de 1858, quando abriram uma picada para acessar seus terrenos[544].

Em dezembro de 1863, em pleno verão, os colonos continuavam na roçagem e limpeza da praça da colônia e de seus arredores[545]. No mês seguinte os trabalhos de roçagem da praça continuaram[546]. É comum, na sequência completa de relatórios mensais, encontrar menções de roçagem durante dois ou três meses seguidos, tanto nos meses de verão quanto nos de inverno. Quando chovia muito, como, por exemplo, no inverno do ano de 1864, os colonos se dedicavam a essa atividade.

A roçagem da praça e de seus arredores, mencionada diversas vezes nos relatórios mensais da colônia, tinha como

---

[544] CMST. *Relatório dos serviços feitos na colônia militar de Santa Teresa, e alterações havidas na mesma no mês de junho de 1858*. João Xavier de Souza, capitão diretor interino. Colônia militar de Santa Teresa, 1.º de julho de 1858. Acervo IHGSC.

[545] CMST. *Relatório dos serviços feitos na colônia militar de Santa Teresa, e alterações havidas na mesma no mês de dezembro de 1863*. João Francisco Barreto, tenente coronel diretor. Colônia militar de Santa Teresa, 1.º de janeiro de 1864. Acervo IHGSC.

[546] CMST. *Relatório dos serviços feitos na colônia militar de Santa Teresa, e alterações havidas na mesma no mês de janeiro de 1864*. João Francisco Barreto, tenente coronel diretor. Colônia militar de Santa Teresa, 1.º de fevereiro de 1864. Acervo IHGSC.

objetivo impedir o crescimento da vegetação, garantindo pasto suficiente para a grande quantidade de animais dos moradores[547]. Essa atividade também ajudava a evitar o crescimento da capoeira dentro e ao redor da colônia, reduzindo os riscos associados à presença de indígenas hostis e animais ferozes[548].

Dentre os serviços de limpeza da praça da colônia, nos primeiros anos de sua instalação, também estava o de retirar os troncos de árvores derrubadas (as partes que ficam próximas das raízes e junto do solo). Em meados do ano de 1859 o diretor relatou que os colonos limparam parte dos tocos da praça[549]. Isso permite vislumbrar como era o aspecto geral dessa praça, marcado ainda pela existência de tocos de árvores que haviam sido derrubadas, talvez, por volta do ano de 1854, ou seja, cinco anos antes. Quanto a essa tarefa, o diretor afirmou que no mês de junho de 1859 os colonos continuavam os trabalhos de limpeza da praça, no qual cortaram "os tocos de pau rente ao chão"[550]. Ou seja, essas atividades de limpeza da praça passavam de um mês para o outro, dando-se continuidade ao serviço.

Além de roçarem a praça e seus arredores, os colonos, nos dias dedicados aos trabalhos do Estado, também roçavam as margens das estradas. Isso era necessário "a fim de poder dar o sol no centro da estrada e não conservar atoleiros ou pântanos, tendo-se de aterrar e compor alguns que já existem em vários lugares"[551] do caminho Desterro-Lages que passava pela colônia. Essa atividade era executada, de preferência, nos meses de verão, período em que as capoeiras cresciam mais e o movimento do caminho era mais intenso.

---

[547] CMST. *Relatório dos serviços feitos na colônia militar de Santa Teresa, e alterações havidas na mesma no mês de julho de 1864*. João Francisco Barreto, tenente coronel diretor. Colônia militar de Santa Teresa, 1.º de agosto de 1864. Acervo IHGSC.

[548] CMST. *Relatório dos serviços feitos na colônia militar de Santa Teresa, e alterações havidas na mesma no mês de fevereiro de 1879*. Polycarpo Vieira da Cunha Brasil, tenente diretor. Colônia militar de Santa Teresa, 1.º de março de 1879. Acervo IHGSC.

[549] CMST. *Relatório dos serviços feitos na colônia militar de Santa Teresa, e alterações havidas na mesma no mês de julho de 1859*. João Xavier de Souza, capitão diretor da colônia. Colônia militar de Santa Teresa, 1.º de agosto de 1859. Acervo IHGSC.

[550] CMST. *Relatório dos serviços feitos na colônia militar de Santa Teresa, e alterações havidas na mesma no mês de junho de 1859*. João Xavier de Souza, capitão diretor da colônia. Colônia militar de Santa Teresa, 1.º de julho de 1859. Acervo IHGSC.

[551] CMST. *Relatório dos serviços feitos na colônia militar de Santa Teresa, e alterações havidas na mesma no mês de setembro de 1878*. Polycarpo Vieira da Cunha Brasil, tenente diretor. Colônia militar de Santa Teresa, 1.º de outubro de 1878. Acervo IHGSC.

Enfim, os trabalhos de roçagem, tão frequentes nos relatórios, além de não deixar o mato próximo da povoação, também marcavam a paisagem ocupada pela colônia.

### 4.4.1.2 RETIRADA DE MADEIRA

Também era frequente nos relatórios a menção ao corte e ao falquejo (aplainar, desbastar) de madeiras destinadas a várias obras da colônia. Em dezembro de 1863 os colonos retiraram da mata e falquejaram madeiras para a construção de uma casa e para a reforma do cercado do cemitério da colônia[552]. Mesmo com chuvas continuadas, o trabalho de retirada e condução de madeiras para as obras que deveriam ser construídas na colônia não cessava, assim ocorreu no verão do ano de 1864[553]. Os trabalhos de retirada de madeiras eram realizados durante todo o verão.

Para as construções da colônia, os colonos também serravam madeira para tabuados[554]. No mês de setembro de 1864 os colonos derrubaram pinheiros e fizeram "tabuinhas próprias para cobertura de casa"[555]. Todas as construções da colônia demandavam retirada de madeiras nas matas que cercavam o seu perímetro. Muitas vezes, sobretudo nos meses chuvosos, os colonos conduziam as madeiras da mata para áreas protegidas para serrarem os troncos.

Tirava-se madeira, talvez árvores menos espessas, para o enchimento das paredes de construções (pau a pique), tal

---

[552] CMST. *Relatório dos serviços feitos na colônia militar de Santa Teresa, e alterações havidas na mesma no mês de dezembro de 1863.* João Francisco Barreto, tenente coronel diretor. Colônia militar de Santa Teresa, 1.º de janeiro de 1864. Acervo IHGSC.

[553] CMST. *Relatório dos serviços feitos na colônia militar de Santa Teresa, e alterações havidas na mesma no mês de janeiro de 1864.* João Francisco Barreto, tenente coronel diretor. Colônia militar de Santa Teresa, 1.º de fevereiro de 1864. Acervo IHGSC.

[554] CMST. *Relatório dos serviços feitos na colônia militar de Santa Teresa, e alterações havidas na mesma no mês de março de 1864.* João Francisco Barreto, tenente coronel diretor. Colônia militar de Santa Teresa, 1.º de abril de 1864. Acervo IHGSC.

[555] CMST. *Relatório dos serviços feitos na colônia militar de Santa Teresa, e alterações havidas na mesma no mês de setembro de 1864.* João Francisco Barreto, tenente coronel diretor. Colônia militar de Santa Teresa, 1.º de outubro de 1864. Acervo IHGSC.

como a cadeia da colônia[556]. Tirou-se também, em junho 1859, madeiras para a nova mangueira da colônia[557]. Um ano antes, em meados de 1858, os colonos tiraram tronqueiras (estacas grossas que sustentam as varas de porteiras; mourão) para construírem a porteira que fechava a colônia[558].

Em fins de 1867 os colonos tiravam tabuinhas "para o cobrimento de casas pertencentes ao Estado, como a melhor e mais suave coberta que por estes lugares se pode obter"[559]. Dessa atividade há menção nos relatórios desde os últimos meses do ano de 1864, quando os colonos derrubavam pinheiros para fazerem tabuinhas próprias para a cobertura das casas[560].

Depois que as árvores eram derrubadas, era necessário conduzir todas as toras para os locais onde seriam utilizadas. Muitas vezes era preciso passar essas toras de um lado para o outro do rio Itajaí, atividade que requeria grandes esforços e numerosos colonos. No verão de 1858 os colonos construíram uma ponte sobre o rio, considerada pelo diretor, como indispensável[561]. Essa construção dispensaria o uso de canoas para a travessia do rio.

Em setembro de 1862, oito anos depois da instalação da colônia, os colonos ainda derrubavam mata virgem próximo de suas casas[562].

---

[556] CMST. *Relatório dos serviços feitos na colônia militar de Santa Teresa, e alterações havidas na mesma no mês de maio de 1859*. João Xavier de Souza, capitão diretor da colônia. Colônia militar de Santa Teresa, 1.º de junho de 1859. Acervo IHGSC.

[557] CMST. *Relatório dos serviços feitos na colônia militar de Santa Teresa, e alterações havidas na mesma no mês de junho de 1859*. João Xavier de Souza, capitão diretor da colônia. Colônia militar de Santa Teresa, 1.º de julho de 1859. Acervo IHGSC.

[558] CMST. *Relatório dos serviços feitos na colônia militar de Santa Teresa, e alterações havidas na mesma no mês de junho de 1858*. João Xavier de Souza, capitão diretor interino. Colônia militar de Santa Teresa, 1.º de julho de 1858. Acervo IHGSC.

[559] CMST. *Relatório dos serviços feitos na colônia militar de Santa Teresa, e alterações havidas na mesma no mês de novembro de 1867*. João Francisco Barreto, tenente coronel diretor. Colônia militar de Santa Teresa, 1.º de dezembro de 1867. Acervo IHGSC.

[560] CMST. *Relatório dos serviços feitos na colônia militar de Santa Teresa, e alterações havidas na mesma no mês de dezembro de 1864*. João Francisco Barreto, tenente coronel diretor. Colônia militar de Santa Teresa, 1.º de janeiro de 1865. Acervo IHGSC.

[561] CMST. *Relatório dos serviços feitos na colônia militar de Santa Teresa, e alterações havidas na mesma no mês de fevereiro de 1861*. João Francisco Barreto, tenente coronel diretor. Colônia militar de Santa Teresa, 1.º de março de 1861. Acervo IHGSC.

[562] CMST. *Relatório dos serviços feitos na colônia militar de Santa Teresa, e alterações havidas na mesma no mês de agosto de 1862*. João Francisco Barreto, tenente coronel diretor. Colônia militar de Santa Teresa, 1.º de setembro de 1862. Acervo IHGSC.

### 4.4.1.3 Consertos de estradas

Embora os diretores não fossem responsáveis pelo caminho entre Desterro e Lages, além dos limites da colônia, os colonos também eram empregados em serviços de retificação da estrada, tanto a leste quanto a oeste da colônia. No final do inverno de 1867, o diretor da colônia informou ao presidente de província que o cidadão José Coelho d'Ávila havia feito duas pontes entre o limite oeste da colônia e a fazenda Bom Retiro, no lugar denominado Pontes Altas. Mesmo assim, "essas pontes [...] há muito não se prestam ao trânsito público, que é feito com muita inconveniência por um dos lados delas"[563], colocando em risco os animais que atravessavam os rios. Sendo assim, o diretor recomendou o seguinte:

> À vista pois de tanto queixume, e justo, vendo eu, que o Tesouro Provincial não pode comportar despesas elevadas, como as de que pode esta estrada: proponho-me a mandar fazer por gente paisana deste lugar as duas ditas pontes a 16$000 [dezesseis mil] réis cada uma; não de madeiras lavradas e corrimãos, porém de corpulentos pinheiros com aterro suficiente, e largura necessária para o livre trânsito das tropas e viandantes, que poderão contar seguramente com esse benefício por mais de 4 anos.

> Igualmente existem oito passos maus que devem ser compostos com estivas de madeira e aterros, nos lugares seguintes: no Avencalzinho um, no Pinheiral 2, no mato da vargem do Trombudo 2, no campo do Bom Retiro 3. Esses passos igualmente também me sujeito a mandá-los fazer a 6$000 [seis mil] réis cada um. Com essa pequena despesa, que monta a 80$000 [oitenta mil] réis, satisfaz V. Exa. a exigência pública numa parte da estrada que mede não menos de quatro léguas[564].

---

[563] CMST. *Ofício ao vice-presidente de província, Comendador Francisco Jozé d'Oliveira.* João Francisco Barreto, tenente coronel diretor. Colônia militar de Santa Teresa, 20 de agosto de 1867. Acervo IHGSC.
[564] CMST. *Ofício ao vice-presidente de província, Comendador Francisco Jozé d'Oliveira.* João Francisco Barreto, tenente coronel diretor. Colônia militar de Santa Teresa, 20 de agosto de 1867. Acervo IHGSC.

Nos meses de verão, sobretudo naqueles anos em que chovia muito nessa estação, o conserto de estradas aparece com mais frequência nos relatórios dos diretores da colônia, como ocorreu em fevereiro de 1864, quando 9 colonos, nas duas últimas semanas do mês se dedicaram ao "conserto em alguns lugares da estrada dentro do distrito da colônia que se achavam arruinados em razão das chuvas e passagem efetivamente de tropas de animais"[565]. Mais adiante, no mês de maio de 1864, os colonos trabalharam "no conserto da estrada desde o lugar denominado Jararaca, distante da povoação da colônia uma légua [...] em alguns lugares de estivas[566], e pedaços de caminho, que se achavam arruinadas"[567].

No inverno, em junho de 1864, os serviços prestados pelos colonos concentraram-se no conserto da estrada desde o Morro do Cadeado até a colônia. Nesse trecho consertaram uma estiva calçada de pedra, "por ser em lugar onde passam todas as tropas de animais, por não haver desvio por lado algum"[568]. Naquele inverno choveu muito. Isso provocou sérios danos à estrada entre Desterro e Lages. Por conta disso, no mês de agosto de 1864, os colonos voltaram a trabalhar no

> Morro do Cadeado onde desbarrancou um grande pedaço de terra que obstruiu a estrada, em forma tal, que, mesmo a pé não se podia passar por ser em um lugar estreito cercado de alto Itambé [pedreira] tanto pela parte de cima, como pela de baixo; e depois de ser desembaraçado o caminho[569].

---

[565] CMST. *Relatório dos serviços feitos na colônia militar de Santa Teresa, e alterações havidas na mesma no mês de fevereiro de 1864*. João Francisco Barreto, tenente coronel diretor. Colônia militar de Santa Teresa, 1.º de março de 1864. Acervo IHGSC.

[566] Pontes rústicas construídas com paus atravessados sobre córrego ou vala.

[567] CMST. *Relatório dos serviços feitos na colônia militar de Santa Teresa, e alterações havidas na mesma no mês de maio de 1864*. João Francisco Barreto, tenente coronel diretor. Colônia militar de Santa Teresa, 1.º de junho de 1864. Acervo IHGSC.

[568] CMST. *Relatório dos serviços feitos na colônia militar de Santa Teresa, e alterações havidas na mesma no mês de junho de 1864*. João Francisco Barreto, tenente coronel diretor. Colônia militar de Santa Teresa, 1.º de julho de 1864. Acervo IHGSC.

[569] CMST. *Relatório dos serviços feitos na colônia militar de Santa Teresa, e alterações havidas na mesma no mês de agosto de 1864*. João Francisco Barreto, tenente coronel diretor. Colônia militar de Santa Teresa, 1.º de setembro de 1864. Acervo IHGSC.

Aliás, os colonos trabalharam, no mesmo mês, em outras frentes de trabalho pelo caminho, como pode ser constatado no excerto a seguir:

> [...] passou-se a consertar alguns lugares do mesmo que as águas arruinaram, abrindo grandes valas aprofundadas pelo centro da estrada, impedindo assim a passagem das tropas de animais que frequentam esta estrada, a qual precisa ser consertada desde o princípio do já citado morro até o fim do mesmo com mais trabalho e perfeição, cujo serviço pede não só maior número de braços como tempo; só poderá ser feito como pede a necessidade pública, trabalhou-se sem inter-mitência até sua conclusão. E isso só poderá conseguir-se pagando-se aos colonos uma gratificação pelo serviço feito nas semanas que lhes pertencem[570].

Esse fragmento, enfim, mostra que o diretor da colô-nia, além dos dias obrigatórios de trabalho dos colonos, também os contratava, nos dias em que esses estavam livres para cuidarem de suas propriedades, para a continuidade de trabalhos necessários.

### 4.4.1.4 POLICIAMENTO, SEGURANÇA DA COLÔNIA E DEFESA CONTRA OS ATAQUES INDÍGENAS

Após a roçagem e consertos na estrada para Lages, outra atividade comum nos relatórios tem relação com a segurança da colônia. Sobre isso, chamam a atenção as ati-vidades de construção de uma cerca que deveria proteger a colônia. Em 1859 há menção de que os colonos prepararam e colocaram "seis tronqueiras para as porteiras de defesa, que fecham a colônia nos limites do seu arraial"[571]. Interessante

---

[570]  CMST. *Relatório dos serviços feitos na colônia militar de Santa Teresa, e alterações havidas na mesma no mês de agosto de 1864*. João Francisco Barreto, tenente coronel diretor. Colônia militar de Santa Teresa, 1.º de setembro de 1864. Acervo IHGSC.

[571]  CMST. *Relatório*. João Xavier de Souza, capitão diretor da colônia. Colônia militar de Santa Teresa, 15 de janeiro de 1859. Folha 3. Acervo IHGSC.

pensar em uma colônia, instalada no interior da província de Santa Catarina, em meados do século XIX, que possuía um grande cercado que impedia a entrada e a saída de pessoas, sem autorização. Essa cerca, pelos documentos levantados, servia tanto para proteger os moradores da colônia quanto para controlar a passagem das pessoas e de mercadorias pelo caminho entre Desterro e Lages. Ou seja, essa construção servia para o cumprimento de uma das funções vitais dessa colônia, qual seja: a cobrança de impostos no caminho.

No início do ano de 1865 o diretor de Santa Teresa informou ao presidente de província a conclusão dos trabalhos de construção de uma cerca para proteger as entradas da colônia. De acordo com o diretor:

> Tendo concluído as cercas que V. Exa. me ordenou por ofício de 27 de junho do passado ano, fizesse a expensas do coletor de São José; não com portões, mas com porteira de tranqueira grossa, segundo V. Exa. mandou-me logo dizer pelo Ajudante desta colônia [...]

> As duas cercas contêm 72 braças[572] de extensão; de madeira grossa e a pique sem intervalo algum, fincada e socada em cava geral de dois e meio palmos de profundidade; vindo a importar cada braça de cerca assim feita em 1$833 [mil oitocentos e trinta e três] réis 24/72 avos do real[573].

O diretor, no mesmo ofício, atestou que a construção foi realizada por colonos paisanos, os quais não recebiam mais a ajuda do Governo, e que realizaram essa tarefa quando não estavam trabalhando em suas lavouras. Cabe ressaltar que a cerca fora concluída em pleno verão, época do ano em que o movimento do caminho era bastante intenso. Há um relatório de 1859 em que se faz menção de consertos "nas

---

[572] Antiga medida, ainda utilizada no Brasil, que varia de um país para outro. Corresponde à distância entre um punho e outro, ou entre as extremidades de mãos abertas, ou ainda entre as pontas dos polegares estendidos, em um adulto com os braços abertos horizontalmente. No Brasil, essa medida equivale a 2,2 metros lineares. A cerca, portanto, tinha cerca de 160 metros de extensão.

[573] CMST. *Ofício ao presidente de província, Alexandre Rodrigues da Silva Chaves*. João Francisco Barreto, tenente coronel diretor da colônia. Colônia militar de Santa Teresa, 21 de fevereiro de 1865. Acervo IHGSC.

cercas do fecho da povoação"[574]. Isso faz pensar que desde os primeiros anos de trabalho na colônia já existia uma cerca que protegia os seus limites.

Para fora da cerca, os colonos deveriam perseguir criminosos, desertores e indígenas. Em janeiro de 1865, em seu relatório ao Governo Imperial, o diretor da colônia confirma a realização dessas atividades quando afirma que:

> No número do armamento, e munições mencionado na presente relação, abate-se 94 cartuchos embalados, e 34 pederneiras de clareira, que alguns se gastaram, e outros arruinaram-se por causa de mau tempo em diferentes diligências mandadas fazer pelos colonos em lugares distantes da colônia, em seguimentos de criminosos, desertores e gentios; e no número das balas soltas vão aumentadas 40 que se aproveitaram do número dos 94 cartuchos embalados acima ditos[575].

Os últimos dias do ano de 1880 e os primeiros do ano de 1881 foram bastante conturbados na colônia militar de Santa Teresa. A presença ameaçadora dos indígenas nas proximidades da colônia se intensificou. Em face disso, o diretor contratou homens para percorrerem o mato próximo da colônia, "a fim de afugentar os bugres" que estavam incomodando seus moradores[576]. Foram contratados para esse serviço 4 homens: João José de Sant'Anna, Ignácio Martins de Moraes, Manoel Lucinda e Ventura Antônio Alves, que começaram o serviço em 20 de dezembro de 1880[577].

Em janeiro de 1881, o diretor solicitava ao presidente da província a contratação de mais homens para o trabalho de afugentar os indígenas. Nessa ocasião o diretor relatou que:

---

[574] CMST. *Relatório dos serviços feitos na colônia militar de Santa Teresa, e alterações havidas na mesma no mês de março de 1859*. João Xavier de Souza, capitão diretor da colônia. Colônia militar de Santa Teresa, 1.º de abril de 1859. Acervo IHGSC.

[575] CMST. *Observações do relatório da colônia militar de Santa Teresa dirigido ao Governo Imperial pela 3.ª Diretoria do Ministério dos Negócios da Guerra*. João Francisco Barreto, tenente coronel diretor da colônia. Colônia militar de Santa Teresa, 1.º de janeiro de 1865. Acervo IHGSC.

[576] CMST. *Ofício n. 230, ao presidente de província, Desembargador João Rodrigues Chaves*. João Paulo de Miranda, capitão diretor da colônia. Colônia militar de Santa Teresa, 1.º de janeiro de 1881. Acervo IHGSC.

[577] CMST. *Ofício n. 232, ao presidente de província, Desembargador João Rodrigues Chaves*. João Paulo de Miranda, capitão diretor da colônia. Colônia militar de Santa Teresa, 13 de janeiro de 1881. Acervo IHGSC.

No dia 7 do corrente mês, os quatro homens nomeados para baterem o mato, encontraram grande quantidade de bugres em um faxinal meia légua distante da praça desta colônia entre os moradores do rio acima, tantos que tiveram medo de se fazerem sentir; pelo que voltaram dizendo que para se enxotar tamanha quantidade de bugres era necessário mais gente. O povo daqui a não ser por um caso muito extraordinário, amedrontados como andam dos bugres, não se animam a prestarem-se a batê-los, a menos que não seja por algum interesse; assim pois, permita-me V. Exa. ponderar que será bom contratar 10 homens para duas vezes no mês saírem ao encontro de tais bugres, e bate-los: só assim eles se retiraram, com o que a colônia muito ganhará[578].

Entretanto, nesse período, a administração da província de Santa Catarina denegou a possibilidade de contratação de um número maior de batedores porque acreditava ser esse serviço uma obrigação dos colonos que residiam na colônia[579]. No mesmo ano, em pleno inverno, chegavam ao diretor notícias de outros ataques indígenas nas proximidades da colônia militar de Santa Teresa. No dia 3 de julho de 1881, o diretor comunicou ao presidente de província que auxiliaria um morador de Bom Retiro. Em seu ofício, o diretor afirmou que:

Correndo notícias mais aterradoras do vexame em que se acha João Barboza por estar sitiado pelos bugres, deliberei ir protege-lo e dando as providências precisas na colônia sigo com meia dúzia de homens para o Bom Retiro, 4 léguas daqui distante, afim de facilitar a muda do mesmo João Barboza com sua família, o que me mandou pedir; como já comuniquei que V. Exa. anua este meu ato[580].

---

[578] CMST. *Ofício n. 231, ao presidente de província, Desembargador João Rodrigues Chaves.* João Paulo de Miranda, capitão diretor da colônia. Colônia militar de Santa Teresa, 13 de janeiro de 1881. Acervo IHGSC.

[579] *Idem.*

[580] CMST. *Ofício n. 248, ao presidente de província, Desembargador João Rodrigues Chaves.* João Paulo de Miranda, capitão diretor da colônia. Colônia militar de Santa Teresa, 3 de julho de 1881. Acervo IHGSC.

Mas, em outubro do mesmo ano, o diretor ainda buscava meios para contratar homens que deveriam servir na defesa contra os ataques indígenas. Há mais ou menos um ano, o diretor enfrentava esse problema, desde novembro de 1880 a colônia sofria ameaças constantes de novos ataques. Mesmo assim, em setembro de 1881 o presidente da província proibiu a contratação de outros homens para a defesa da colônia e exigiu que essa atividade fosse cumprida pelos colonos, conforme determinação do ministro da Guerra. O diretor declarou que os colonos engajados não podiam "andar longe de suas casas deixando só suas famílias, nem mesmo o regulamento lhes impõem esse dever"[581]. Entretanto, a administração provincial não concordou com o argumento do diretor e respondeu ao ofício:

> O artigo 39 do decreto n. 2.125, de 13 de março de 1858 diz: os colonos que tiverem obtido terras, ficarão obrigados, ainda depois de findarem os [ilegível] de serviço militar, que o Presidente da Prov. determinar em casos extraordinários, assim como ao repentino, e urgente para que os chamar o Diretor da colônia afim de manter nela a tranquilidade, sossego e boa ordem.
>
> Á vista desta disposição entendo que os colonos devem prestar-se ao serviço de afugentar os selvagens para tranquilidade e sossego próprio, respeitando-se, porém, atenção ao estado dos mesmos colonos, os dias que a eles cabem para seus trabalhos, sendo aos colonos militares 3 dias em cada semana (artigo 7.º § 8 e aos colonos engajados 5 dias, artigo 38)[582].

Essa passagem deflagra uma divergência entre o entendimento do presidente de província e o diretor da colônia quanto à obrigatoriedade de os colonos defenderem os vizinhos da colônia de ataques indígenas. Anos antes, em outubro de 1865, foi formada uma diligência composta de 10 colonos

---

[581] CMST. *Ofício n. 257, ao presidente de província, Desembargador João Rodrigues Chaves*. João Paulo de Miranda, capitão diretor da colônia. Colônia militar de Santa Teresa, 3 de outubro de 1881. Acervo IHGSC.
[582] *Idem.*

para explorarem o mato e protegerem a casa de um morador da colônia, Serafim Muniz de Moura, pois um grupo de indígenas pretendia avançar sobre a sua casa[583]. Nessa diligência os colonos encontraram, bem próximo da casa do referido morador, vestígios em diferentes lugares, e

> [...] de terem estado os gentios em observação para avançar a casa em ocasião oportuna esta observação era feita já de tempos passados, sem que nenhuma das pessoas daquela família desse fé disso; escapando portanto de serem vítimas dos gentios todas essas pessoas da dita família, a não ser um afilhado do mesmo morador, que indo ver na capoeira um animal que lhe era preciso, deu então com o vestígio dos selvagens, e logo parte à diretoria da colônia; não se achando nessa ocasião em casa o dito morador, por ter ido a seu negócio a São José com seus filhos; deixando em casa esse seu afilhado e um preto com sua família; e não achando a diligência mais novidade alguma do que a que acima fica dito, retirou-se para a colônia até segunda ordem da diretoria da mesma, a qual constando-lhe segunda vez acharem-se os gentios nas matas perto da colônia, expediu uma outra diligência a explorar os lugares onde lhe constou terem sido pressentidos; dando as convenientes instruções a diligência que foi encarregada desse serviço; cujo resultado foi o de achar a dita diligência vestígios não só no mesmo lugar onde estiveram a primeira vez, com também em outros nos arredores da colônia, sem que encontrassem os gentios em nenhum daqueles lugares[584].

A força policial da colônia, além de proteger os seus moradores e os arredores de ataques indígenas, também precisava guarnecer a barreira de cobrança de impostos. Em meados de 1871 foram destacados pela presidência da província "4 guardas policiais de infantaria, a fim de garantirem

---

[583] CMST. *Relatório dos serviços feitos na colônia militar de Santa Teresa, e alterações havidas na mesma no mês de outubro de 1865*. João Francisco Barreto, tenente coronel diretor. Colônia militar de Santa Teresa, 1.º de novembro de 1865. Acervo IHGSC.

[584] *Idem.*

a cobrança do imposto de pedágio sobre cada animal vacum, cavalar ou muar"[585] que passasse pela colônia em direção ao litoral da província. Sendo assim, o trabalho de policiamento estava relacionado a uma importante atividade desempenhada pela colônia: a cobrança dos impostos no caminho entre Desterro e Lages. Sabe-se, diante disso, que esse serviço não era feito sem conflitos, e que o resultado desse trabalho nem sempre era confiável. O diretor-geral da Fazenda Provincial questionava, com certa frequência, os valores dos impostos repassados pela coletoria da cidade de São José, a qual supervisionava os trabalhos de cobrança de impostos na colônia militar de Santa Teresa. Em maio de 1870 Francisco Leitão d'Almeida, diretor-geral da Fazenda Provincial, ordenou ao coletor do município de São José que remetesse uma cópia da relação de animais que vindos de Lages para São José, haviam passado pela barreira de Santa Teresa, e recomendou "maior atividade e diligência na cobrança do imposto dos animais relacionados, que tem deixado de ser pago na avultada soma de mais de 1:800$000 réis"[586].

Depois, os colonos também serviam de escolta para levar desertores ou criminosos para a Capital da Província. Em setembro de 1863 quatro colonos foram mandados à Capital para escoltar dois presos. No mesmo mês, mais três colonos escoltaram, até a Capital, um desertor do Batalhão 12. Em junho de 1865 o diretor informou ao presidente de província que os colonos "deixaram o trabalho em que estavam para irem cercar os desertores de que tive notícia"[587].

Em outras oportunidades os colonos também serviam de guarda para os presos na colônia, como ocorreu em agosto de 1863. Os colonos também faziam o serviço de polícia ao realizarem patrulhas e piquetes noturnos. Numa dessas

---

[585] SANTA CATARINA. *Ofício do Palácio do Governo da Província de Santa Catarina ao Diretor-Geral da Fazenda Provincial.* Antônio Luiz do Livramento. Desterro, 7 de julho de 1871. Acervo: Arquivo Histórico Municipal de São José. Fundo: Coletoria. Série: Correspondências recebidas. Caixa 01.

[586] SANTA CATARINA. *Ofício do Diretor-Geral da Fazenda Provincial de Santa Catarina, Francisco Leitão de Almeida, em 31 de maio de 1870.* Acervo: Arquivo Histórico Municipal de São José. Fundo: Coletoria. Série: Correspondências recebidas. Caixa 01.

[587] CMST. *Relatório dos serviços feitos na colônia militar de Santa Teresa, e alterações havidas na mesma no mês de junho de 1865.* João Francisco Barreto, tenente coronel diretor. Colônia militar de Santa Teresa, 1.º de julho de 1865. Acervo IHGSC.

patrulhas os colonos encontraram um soldado desertor do Batalhão do Depósito, da Capital, o qual ficou preso por algumas semanas na colônia[588].

### 4.4.1.5 Construção de prédios públicos e oficinas (engenhos, atafonas e olaria)

De um modo geral, as construções pertencentes ao governo eram consideradas bastante frágeis e demandavam algum tempo para serem erguidas. A construção da casa do vice-diretor pode ser tomada como exemplo. Em agosto de 1858 os colonos iniciaram a construção da casa do ajudante (ou vice-diretor) da colônia[589]. No mês de fevereiro de 1859 os colonos ainda se dedicavam aos trabalhos dessa construção[590]. No mês de agosto os colonos retiraram madeira para o tabuado da casa, assim como madeira e calhas para a cozinha[591]. Porém, desde o inverno do ano anterior, os colonos já retiravam madeira para essa construção. Em setembro de 1859 concluiu-se a construção da casa[592]. Ou seja, nas semanas dedicadas aos trabalhos do Estado, os colonos consumiram um pouco mais de um ano para a construção de uma casa.

Cabe destacar que nessas semanas não era esse o único trabalho realizado pelos colonos. Enquanto se construía a casa do ajudante da colônia, os colonos também trabalhavam

---

[588] CMST. *Relatório dos serviços feitos na colônia militar de Santa Teresa, e alterações havidas na mesma no mês de junho de 1863*. João Francisco Barreto, tenente coronel diretor. Colônia militar de Santa Teresa, 1.º de julho de 1863. Acervo IHGSC.

[589] CMST. *Relatório dos serviços feitos na colônia militar de Santa Teresa, e alterações havidas na mesma no mês de agosto de 1858*. João Xavier de Souza, capitão diretor interino. Colônia militar de Santa Teresa, 1.º de setembro de 1858. Acervo IHGSC.

[590] CMST. *Relatório dos serviços feitos na colônia militar de Santa Teresa, e alterações havidas na mesma no mês de fevereiro de 1859*. João Xavier de Souza, capitão diretor da colônia. Colônia militar de Santa Teresa, 1.º de março de 1859. Acervo IHGSC.

[591] CMST. *Relatório dos serviços feitos na colônia militar de Santa Teresa, e alterações havidas na mesma no mês de agosto de 1859*. Francisco Ramires Cardozo, tenente ajudante interino servindo de diretor da colônia. Colônia militar de Santa Teresa, 1.º de setembro de 1859. Acervo IHGSC.

[592] CMST. *Relatório dos serviços feitos na colônia militar de Santa Teresa, e alterações havidas na mesma no mês de setembro de 1859*. Francisco Ramires Cardozo, tenente ajudante interino servindo de diretor da colônia. Colônia militar de Santa Teresa, 1.º de outubro de 1859. Acervo IHGSC.

na construção da cadeia, na cozinha da casa do médico e na construção do forno da olaria[593].

A construção do cercado ao redor do cemitério também era executada nos dias de trabalho dedicados ao Estado. A reforma da cerca do cemitério da colônia foi iniciada em dezembro de 1863 e concluída em março de 1864[594]. O portão do cemitério foi construído em junho daquele ano[595]. No mês de julho, apesar de concluído o serviço de cercar o cemitério, o diretor relata que "trabalhou-se no corte e condução de madeira para concluir o serviço do cemitério"[596].

Embora os colonos tivessem erigido essa obra, anos mais tarde o cercado do cemitério não era suficiente para evitar a invasão dos animais nesse pedaço de terra. Em outubro de 1867 os colonos trabalharam "na continuação do valamento do cemitério que ficou concluído e a abrigo de qualquer animal irracional"[597]. Ou seja, além da cerca que envolvia o cemitério, foi necessário construir uma vala profunda ao redor da cerca para evitar a invasão de animais[598].

Em 1864 existiam na colônia 2 monjolos, 2 engenhos de fazer farinhas, uma moenda para canas e uma olaria para fazer telhas e tijolos[599]. Em julho de 1865, os colonos falquejaram e retiraram madeiras para o engenho da colônia e trabalharam na remontagem das paredes externas de uma residência do

---

[593] CMST. *Relatório dos serviços feitos na colônia militar de Santa Teresa, e alterações havidas na mesma no mês de março de 1859*. João Xavier de Souza, capitão diretor da colônia. Colônia militar de Santa Teresa, 1.º de abril de 1859. Acervo IHGSC.

[594] CMST. *Relatório dos serviços feitos na colônia militar de Santa Teresa, e alterações havidas na mesma no mês de março de 1864*. João Francisco Barreto, tenente coronel diretor. Colônia militar de Santa Teresa, 1.º de abril de 1864. Acervo IHGSC.

[595] CMST. *Relatório dos serviços feitos na colônia militar de Santa Teresa, e alterações havidas na mesma no mês de junho de 1864*. João Francisco Barreto, tenente coronel diretor. Colônia militar de Santa Teresa, 1.º de julho de 1864. Acervo IHGSC.

[596] CMST. *Relatório dos serviços feitos na colônia militar de Santa Teresa, e alterações havidas na mesma no mês de julho de 1864*. João Francisco Barreto, tenente coronel diretor. Colônia militar de Santa Teresa, 1.º de agosto de 1864. Acervo IHGSC. Algumas lápides desse cemitério, especialmente as dos oficiais, foram preservadas até 2002, quando foram destruídas para a construção de uma estrada de acesso a uma fazenda. Já as edificações públicas mencionadas neste trabalho não resistiram à passagem do tempo.

[597] CMST. *Relatório dos serviços feitos na colônia militar de Santa Teresa, e alterações havidas na mesma no mês de outubro de 1867*. João Francisco Barreto, tenente coronel diretor. Colônia militar de Santa Teresa, 1.º de novembro de 1867. Acervo IHGSC.

[598] Essa era uma técnica bastante utilizada até mesmo em caminhos que atravessavam grandes extensões de campo. Com as valas, os animais não se dispersavam.

[599] CMST. *Relatório circunstanciado do estado da colônia*. João Francisco Barreto, tenente coronel diretor. Colônia militar Santa Teresa, 11 de janeiro de 1865. Folha 15. Acervo IHGSC.

Estado e da cadeia. Essas paredes eram de "barro insosso sobre pau a pique envarada a cipó" e estavam deterioradas devido à ação das chuvas[600].

Nesse mesmo ano o diretor solicitou ao presidente de província a autorização para construir uma atafona movida à água. Nessa atafona os colonos mais pobres, que não conseguiam construir seus próprios engenhos, poderiam aproveitar a cultura de suas plantações e venderem seus excedentes para Lages[601].

Sobre a construção do engenho, sabe-se que em maio de 1857 o diretor não tinha certo ainda quem poderia construí-lo. De acordo com o diretor da colônia, João Francisco Barreto, em 1864 a colônia militar de Santa Teresa possuía apenas construções "miseráveis e escassas; e nem podem ter comparação com as que são autorizadas a fazer em semelhantes estabelecimentos os diretores das colônias alemãs na Província"[602]. O diretor ainda reclamava a construção de um engenho na colônia para a preparação dos grãos plantados pelos colonos. Isso porque "dois engenhos de fazer farinha, dois monjolos e uma moenda de cana"[603] pertenciam a dois colonos paisanos e a um colono militar, Guilherme Ferreira da Cunha (o qual possuía um engenho de farinha, um monjolo e uma moenda de cana). No ano seguinte, entre os meses de março e junho de 1865, os colonos trabalharam na escavação e nivelamento do terreno para a instalação de um outro engenho. E, em outubro desse ano, mesmo dispensados dos trabalhos para o Estado, os colonos precisaram trabalhar uma semana na condução de madeiras tiradas do mato, devido às chuvas incessantes. Essas madeiras eram destinadas à

---

[600]  CMST. *Relatório dos serviços feitos na colônia militar de Santa Teresa, e alterações havidas na mesma no mês de julho de 1865*. João Francisco Barreto, tenente coronel diretor. Colônia militar de Santa Teresa, 1.º de agosto de 1865. Acervo IHGSC.

[601]  CMST. *Ofício ao presidente de província, Alexandre Rodrigues da Silva Chaves*. João Francisco Barreto, tenente coronel diretor. Colônia militar Santa Teresa, 5 de janeiro de 1865. Acervo IHGSC.

[602]  CMST. *Relatório circunstanciado do estado da colônia*. João Francisco Barreto, tenente coronel diretor. Colônia militar Santa Teresa, 11 de janeiro de 1865. Folha 16. Acervo IHGSC.

[603]  CMST. *Ofício circunstanciado ao presidente de província, Francisco José d'Oliveira*. João Francisco Barreto, tenente coronel diretor. Colônia militar de Santa Teresa, 4 de janeiro de 1864. Folha 7. Acervo IHGSC.

construção do engenho[604]. No entanto, ao final da década de 1880, há indícios de que os engenhos construídos já estavam sendo desmontados e algumas peças vendidas. Isso porque, em junho de 1888, o inspetor da Tesouraria de Fazenda da Província comunicou ao coletor de São José que o presidente da província havia aprovado a venda de "uma bigorna, uma talha de cobre e duas pedras de moer existentes na colônia militar de Santa Teresa"[605] para Jacob Hinckel.

A olaria da colônia começou a ser construída no ano de 1856. Mesmo assim, depois de um ano do início de sua construção, ainda não funcionava. O colono oleiro persistia na ideia de transferir a olaria de lugar em face da falta d'água[606]. Em momento nenhum se faz menção do modo como era movimentada a máquina de amassar barro, se era força animal ou movido à água. Em alguns relatórios se faz reclamação de que faltava água para limpar o barro utilizado para fabricar tijolos e telhas.

Mas, no mês de janeiro de 1859, foram produzidas na olaria 400 telhas e 3.000 tijolos[607]. De fevereiro a abril desse ano os colonos trabalharam na construção do forno da olaria. Também no mês de abril, os colonos tiraram barro para a olaria[608]. Essa atividade era desenvolvida em terras alagadiças e com solo argiloso. Além de retirarem o barro desses locais, era necessário transportá-lo até a olaria, onde era amassado para confeccionar telhas e tijolos.

---

[604] CMST. *Relatório dos serviços feitos na colônia militar de Santa Teresa, e alterações havidas na mesma no mês de outubro de 1865.* João Francisco Barreto, tenente coronel diretor. Colônia militar de Santa Teresa, 1.º de novembro de 1865. Acervo IHGSC.

[605] SANTA CATARINA. *Ofício do inspetor da Tesouraria de Fazenda da Província ao coletor de rendas da cidade de São José.* Desterro, 12 de junho de 1888. Acervo: Arquivo Histórico Municipal de São José. Fundo: Coletoria. Série: Correspondências recebidas. Subsérie: Da Tesouraria da Fazenda Provincial.

[606] CMST. *Ofício ao presidente de província, João José Coutinho.* João Xavier de Souza, capitão diretor interino. Colônia militar de Santa Teresa, 19 de dezembro de 1856. Acervo IHGSC.

[607] CMST. *Relatório dos serviços feitos na colônia militar de Santa Teresa, e alterações havidas na mesma no mês de janeiro de 1859.* João Xavier de Souza, capitão diretor da colônia. Colônia militar de Santa Teresa, 1.º de fevereiro de 1859. Acervo IHGSC.

[608] CMST. *Relatório dos serviços feitos na colônia militar de Santa Teresa, e alterações havidas na mesma no mês de abril de 1859.* João Xavier de Souza, capitão diretor da colônia. Colônia militar de Santa Teresa, 1.º de maio de 1859. Acervo IHGSC.

Em fevereiro de 1861, os colonos trabalharam na reconstrução da olaria[609]. Nesse período, os colonos retiravam "madeiras e palha para arranjo e cobertura da olaria"[610], que já estava funcionando no mês de março daquele ano. Em julho, os colonos trabalharam somente na olaria[611]. Em maio de 1862 os colonos repararam, outra vez, aquela edificação.

Além de todas as atividades de extração e transporte de barro, fazimento de tijolos e telhas, os colonos também cortavam madeira para o aquecimento do forno e cozimento da cerâmica produzida.

### 4.4.1.6 O SERVIÇO DE CORREIO

Se, por um lado, algumas atividades realizadas na colônia tinham como objetivo, ao fechá-la, proteger seus habitantes e tornar mais difícil a vida dos tropeiros que buscavam escapar da cobrança de impostos, por outro, havia uma atividade que a conectava, de fato, com seus arredores e territórios mais distantes: o serviço de correio.

Em 1860, estava em funcionamento um sistema de condução das malas do correio entre Desterro e Lages, realizado pelos colonos de Santa Teresa. Os colonos contratados para esse serviço recebiam 16$000 réis por viagem – de ida e volta – pagos pela Fazenda Provincial[612]. Com frequência, os condutores das malas do correio reclamavam dessa gratificação. O diretor da colônia também considerava muito pequena a gratificação paga pelo serviço. Isso tornava difícil encontrar colonos dispostos a esse serviço, pois "nem todos são capazes

---

[609] CMST. *Relatório dos serviços feitos na colônia militar de Santa Teresa, e alterações havidas na mesma no mês de fevereiro de 1861.* João Francisco Barreto, tenente coronel diretor. Colônia militar de Santa Teresa, 1.º de março de 1861. Acervo IHGSC.

[610] CMST. *Relatório dos serviços feitos na colônia militar de Santa Teresa, e alterações havidas na mesma no mês de março de 1861.* João Francisco Barreto, tenente coronel diretor. Colônia militar de Santa Teresa, 1.º de abril de 1861. Acervo IHGSC.

[611] CMST. *Relatório dos serviços feitos na colônia militar de Santa Teresa, e alterações havidas na mesma no mês de julho de 1862.* João Francisco Barreto, tenente coronel diretor. Colônia militar de Santa Teresa, 1.º de agosto de 1862. Acervo IHGSC.

[612] CMST. *Ofício ao presidente de província, Conselheiro Vicente Pires da Motta.* João Francisco Barreto, tenente coronel diretor. Colônia militar Santa Teresa, 20 de janeiro de 1862. Acervo IHGSC.

de sulcar tão áspera estrada com uma carga às costas, como seja a mala, sempre pesadíssima na volta para cima"[613]. Em 1864, o diretor contava apenas com dois ou três colonos próprios para esse serviço. Todos esses eram paisanos, "pois os militares que existem são inválidos, ou mancos"[614]. A viagem de ida e volta entre a capital da província e Lages levava, em média, 15 dias.

Por conta dos percalços enfrentados no trajeto, alguns colonos levavam mais do que 15 dias para percorrerem todo o itinerário. Em meados de 1859, houve a demora da condução da mala do correio. Nessa ocasião, o diretor informou ao presidente de província que:

> [...] o motivo da demora do correio, que tendo saído desta colônia para a vila de Lages no dia 4 do corrente mês, adoeceu na volta e ficou doente na Sepultura no dia 12 do mesmo, entregando a mala a um tropeiro de capacidade que a entregou nesta colônia no dia 15, até cuja data ainda se não tinha apresentado o dito correio, mandando eu já um portador à Sepultura para ver em que estado se acha de saúde, e conduzi-lo se puder ser, para a colônia[615].

Há passagens de ofícios dos diretores da colônia em que esses "apertavam os tais condutores da mala acerca da demora nas viagens"[616]. E, por vezes, incidentes aconteciam com as malas do correio. O diretor da colônia relatou que, em abril de 1861,

> O Jeremias, condutor da mala para Lages, agora em sua volta apresentou-me desarranjada com três argolas de menos, e a correia com fivela que as tranca, dizendo-me ser prove-

---

[613] CMST. *Ofício ao presidente de província, Francisco José d'Oliveira.* João Francisco Barreto, tenente coronel diretor. Colônia militar Santa Teresa, 20 de janeiro de 1864. Acervo IHGSC.

[614] *Idem.*

[615] CMST. *Ofício ao presidente de província, João José Coutinho.* João Xavier de Souza, capitão diretor. Colônia militar Santa Teresa, 16 de julho de 1859. Acervo IHGSC.

[616] CMST. *Ofício ao vice-presidente de província, tenente coronel Francisco José d'Oliveira.* João Francisco Barreto, tenente coronel diretor. Colônia militar Santa Teresa, 9 de julho de 1865. Acervo IHGSC.

niente de um arranco e escorregamento de um animal em que trazia a mesma mala; produzindo esse incidente além do dano exposto a deterioração do papel em que vinha fechada a correspondência, mas sem que ofício ou carta alguma se desencaminhasse: o que me obrigou a pôr lhe a sobrecapa que V. Exa. observará; isto para que fosse mais bem acondicionado.

O arranjo da mala é negócio de pouco momento; contudo se sua despesa recair sobre o colono V. Exa. terá a bondade de mandar-me dizer para lhe ser descontado[617].

Deve-se destacar desse fragmento a possibilidade de o condutor da mala, devido ao acidente relatado por ele, ter de pagar pelo estrago. Esse condutor, Jeremias Pereira de Medeiros, realizava esse trabalho, pelo menos, desde agosto de 1857. Nesse período também conduziam a mala do correio os colonos Ricardo José da Roza, Francisco de Paula Passo e Maciel José Rodrigues. Num mesmo mês esses quatro colonos partiam da colônia para conduzir a mala do correio[618], em mais de uma oportunidade.

Verifica-se o funcionamento desse sistema pela seguinte escala: no dia 3 setembro de 1857, o colono Jeremias chegou à colônia com a mala do Correio vindo de Lages; no dia 12, conduziu a mala para a Capital. O colono Manoel Joaquim da Silva conduziu a mala do correio para a vila de Lages no dia 13 de setembro e voltou para a colônia no dia 21; no dia 22 de setembro, levou a mala para a Capital[619]. Na maior parte do tempo, sempre havia algum colono militar em deslocamentos entre a Ilha de Santa Catarina e Lages. Eram eles que levavam e traziam notícias, jornais, correspondências e documentos da colônia (e aproveitarem essas oportunidades para fazerem reclamações do diretor às autoridades da capital).

---

[617] CMST. *Ofício do diretor da colônia militar de Santa Teresa, João Francisco Barreto.* Colônia militar de Santa Teresa, 6 de abril de 1861. Acervo IHGSC.

[618] CMST. *Tabela das praças da colônia militar de Santa Teresa que foram nomeadas para a condução da mala do correio da Capital e Lages.* João Xavier de Souza, capitão diretor. Colônia militar de Santa Teresa, 1.º de setembro de 1857. Acervo IHGSC.

[619] CMST. *Tabela das praças da colônia militar de Santa Teresa que foram nomeadas para a condução da mala do correio da Capital e Lages.* João Xavier de Souza, capitão diretor. Colônia militar de Santa Teresa, 1.º de outubro de 1857. Acervo IHGSC

### 4.4.1.7 Outros serviços realizados pelos colonos

Os diretores também contratavam trabalhadores para prestarem serviços à colônia. Na maior parte das vezes, esses serviços eram contratados com colonos paisanos que residiam na colônia, ou com colonos das colônias alemãs mais próximas (Santa Isabel, São Pedro de Alcântara e Teresópolis). Em dezembro de 1864, por exemplo, o diretor da colônia, João Francisco Barreto, cobrava ao presidente de província a quantia paga ao colono paisano José Correia de Souza pelo frete de 4 animais e seus condutores, utilizados para a condução das alfaias e paramentos da capela da colônia e outras ferramentas que estavam na capital da província[620].

Os colonos também construíam carroças, acessórios de montaria, canoas etc. Isso pode ser constatado no relatório do mês de maio de 1864, quando os colonos que possuíam habilidades para a carpintaria empregaram-se na "construção de uma carreta para o serviço de carrear com bois"[621]. Em janeiro de 1863, por exemplo, os colonos trabalharam no arranjo de um carretão para conduzir madeiras[622]. Na carpintaria os colonos também fabricavam canoas utilizadas tanto nas travessias do rio Itajaí, quanto na sua exploração por diligências do Exército brasileiro.

A mangueira da colônia (curral utilizado para os trabalhos com gado) exigia reformas frequentes, sendo remontada em janeiro de 1861[623]. Em 1863, os colonos tiraram madeiras e cipós para o conserto dessa mangueira[624]. No último mês

---

[620] CMST. *Ofício ao presidente de província, Alexandre Rodrigues da Silva Chaves*. João Francisco Barreto, tenente coronel diretor da colônia. Colônia militar de Santa Teresa, 21 de dezembro de 1864. Acervo IHGSC.

[621] CMST. *Relatório dos serviços feitos na colônia militar de Santa Teresa, e alterações havidas na mesma no mês de maio de 1864*. João Francisco Barreto, tenente coronel diretor. Colônia militar de Santa Teresa, 1.º de junho de 1864. Acervo IHGSC.

[622] CMST. *Relatório dos serviços feitos na colônia militar de Santa Teresa, e alterações havidas na mesma no mês de janeiro de 1863*. João Francisco Barreto, tenente coronel diretor. Colônia militar de Santa Teresa, 1.º de fevereiro de 1863. Acervo IHGSC.

[623] CMST. *Relatório dos serviços feitos na colônia militar de Santa Teresa, e alterações havidas na mesma no mês de janeiro de 1861*. João Francisco Barreto, tenente coronel diretor. Colônia militar de Santa Teresa, 1.º de fevereiro de 1861. Acervo IHGSC.

[624] CMST. *Relatório dos serviços feitos na colônia militar de Santa Teresa, e alterações havidas na mesma no mês de janeiro de 1863*. João Francisco Barreto, tenente coronel diretor. Colônia militar de Santa Teresa, 1.º de fevereiro de 1863. Acervo IHGSC.

de 1864, os colonos conduziram madeira para próximo da mangueira da colônia, as quais seriam empregadas para sua renovação[625]. Três anos depois, em agosto de 1867, os colonos consertaram, de novo, a mangueira da colônia, que estava "completamente inservível, sem ter onde se pudesse recolher animais dos que são precisos para o serviço da colônia"[626]. Esse trabalho continuou até o mês de novembro daquele ano.

### 4.4.2 SERVIÇOS REALIZADOS NAS PROPRIEDADES DOS COLONOS

Os colonos dedicavam-se também às atividades em suas próprias propriedades, fundamentais para sua sobrevivência. O cultivo de alimentos era central: cultivavam diversas culturas não apenas para garantir o sustento, mas também para viabilizar a comercialização com outras regiões. A criação de animais fornecia carne, leite e outros produtos essenciais aos colonos, sendo também utilizada como força de trabalho nas atividades agrícolas e de transporte.

Essas atividades eram realizadas nos dias em que os colonos não eram obrigados a prestarem serviços ao Estado. Entre os meses de setembro e março, de maneira geral, os colonos eram dispensados dos serviços do Estado e se dedicavam aos trabalhos em suas propriedades, tanto na construção de suas casas, na derrubada de mato, preparação da terra para o plantio e na colheita de suas produções.

### 4.4.2.1 PLANTAÇÕES

As terras na colônia, de acordo com o diretor João Francisco Barreto, eram de boa qualidade. Embora o relevo fosse

---

[625] CMST. *Relatório dos serviços feitos na colônia militar de Santa Teresa, e alterações havidas na mesma no mês de dezembro de 1864.* João Francisco Barreto, tenente coronel diretor. Colônia militar de Santa Teresa, 1.º de janeiro de 1865. Acervo IHGSC.

[626] CMST. *Relatório dos serviços feitos na colônia militar de Santa Teresa, e alterações havidas na mesma no mês de agosto de 1867.* João Francisco Barreto, tenente coronel diretor. Colônia militar de Santa Teresa, 1.º de setembro de 1867. Acervo IHGSC.

acidentado, existiam grandes porções de terra para quase todo tipo de cultura. As porções mais altas eram compostas de solo argiloso e as áreas mais baixas possuíam, além de solo argiloso, pequena quantidade de humos, o que tornava esse solo as melhores para a lavoura[627].

Para se ter uma ideia das condições de trabalho nas lavouras da colônia de Santa Teresa, é necessário ter em mente como eram esses trabalhos dez anos depois da sua instalação. Nos últimos meses do ano 1864, o diretor da colônia informou ao presidente de província que:

> Estamos aqui por ora em experimentação, e nada mais, e elas com o empenho que faço nos conduzirão a um claro da possibilidade ou ineficácia dos empenhos patrióticos de nosso Governo em tornar estes incultos lugares em manancial de riqueza pública.
>
> Não é obra de tão fácil êxito, como talvez no gabinete se pense, o apresentar de pronto resultados felizes, a aclimação de plantio exótico em solo ainda não arável, tramado de raízes e troncos seculares, que obstruem a maior parte do terreno há pouco derrubado e reduzido à grossa capoeira, que só máquinas apropriadas, como as de que fazem isso os nossos vizinhos norte-americanos, ou o tempo com o prosaico uso da lenta e vagarosa enxada, poderá tornar nossas florestas susceptíveis de proveitosa cultura[628].

Nessa ocasião, o diretor da colônia relatou ao presidente de província que todas as sementes enviadas para a colônias, exceto as de aveia e cevada, haviam sido distribuídas aos colonos considerados os mais aptos nos trabalhos da lavoura.

Não bastassem as dificuldades impostas pelo terreno recém-descoberto, as geadas e a instabilidade das estações também impediam os colonos de obter melhores resultados em suas plantações. Os pássaros representavam uma ameaça

---

[627] CMST. *Ofício ao presidente da província, Alexandre Rodrigues da Silva Chaves*. João Francisco Barreto, tenente coronel diretor. Colônia militar Santa Teresa 22 de outubro de 1864. Acervo IHGSC.

[628] *Idem.*

constante, abrigando-se nas grandes florestas que cercavam as lavouras da colônia na década de 1860 e destruindo a maior parte das semeaduras[629]. Em alguns anos, os ratos também atacaram as plantações, causando grandes prejuízos, como em 1863[630]. Formigueiros abundantes na colônia também contribuíam para a destruição das plantações.

De acordo com o diretor João Xavier de Souza, durante o ano havia duas épocas propícias para o plantio na colônia. A primeira: "depois do inverno, de agosto a outubro". A segunda: "de janeiro a fevereiro"[631]. A partir de 15 de setembro iniciava-se o período de preparo do solo para o plantio. No ano de 1864, por exemplo, devido às muitas chuvas durante o inverno e início da primavera, os colonos foram liberados dos trabalhos da colônia apenas no mês de outubro, como esclarece este relatório:

> Neste mês de outubro os colonos não trabalharam para o Estado em razão de serem dispensados por tempo de dois meses para cuidarem no seu serviço de plantação, que devendo ter principiado desde o mês de agosto próximo passado, como é do estilo e tempo próprio para essa labutação, não o puderam fazer por serem impedidos pelas continuadas chuvas que houveram nos meses anteriores, com as quais não foi possível roçar e derrubar o mato, e menos pegar fogo de coivaras, para o que é mister tempo de sol forte: tendo os colonos, depois de findar os dois meses de dispensa, de pagar as semanas de serviço que deviam prestar ao Estado nesses dois meses[632].

Esse fragmento de texto também fornece indícios de como funcionava essa dispensa do serviço. Depois da época de plantio, os colonos eram obrigados a ressarcir o Estado por esse período em que se dedicaram às suas plantações. Inclu-

---

[629]  *Idem.*

[630]  CMST. *Ofício circunstanciado ao presidente de província, Francisco José d'Oliveira.* João Francisco Barreto, tenente coronel diretor. Colônia militar de Santa Teresa, 4 de janeiro de 1864. Folha 5. Acervo IHGSC.

[631]  CMST. *Relatório.* João Xavier de Souza, capitão diretor da colônia. Colônia militar de Santa Teresa, 15 de janeiro de 1859. Folha 2. Acervo IHGSC.

[632]  CMST. *Relatório dos serviços feitos na colônia militar de Santa Teresa, e alterações havidas na mesma no mês de outubro de 1864.* João Francisco Barreto, tenente coronel diretor. Colônia militar de Santa Teresa, 1.º de novembro de 1864. Acervo IHGSC.

sive, é possível observar como era realizada a preparação do solo para receber as sementes e mudas. Salienta-se também, a importância de atear fogo nas coivaras como etapa dessa preparação. A coivara, técnica baseada no amontoamento de certa quantidade de galhos e troncos a que se põe fogo nas roçadas, era utilizada para desembaraçar os terrenos e, ao mesmo tempo, adubá-los com as cinzas, o que facilitava a cultivo.

No mês de fevereiro de 1859, os colonos receberam alguns dias para que eles colhessem milho e feijão[633]. Em abril, os colonos continuaram na colheita dessas culturas. E, em maio, os colonos haviam colhido 7.500 mãos de milho (uma mão de milho é formada por 50 espigas) e produzido 15 alqueires[634] de farinha[635]. Em setembro daquele ano, os colonos foram, outra vez, dispensados do serviço da colônia para se dedicarem às suas plantações. Em novembro, os colonos ainda trabalhavam em suas plantações, derrubando mato, roçando, limpando o terreno e plantando[636].

Os colonos, em suas propriedades, cultivavam fumo, milho, feijão, batata inglesa, batata doce, amendoim, mandioca, cebola, abóboras e cana de açúcar. Além dessas, também plantavam laranjeiras, pessegueiros[637], marmeleiros e limeiras[638].

Importante relembrar as correspondências, vistas no capítulo anterior, em que os diretores justificavam a retirada de colonos. Na maior parte das vezes, eles acusavam os colonos de serem preguiçosos e não serem aptos aos trabalhos de uma colônia. Porém, Maria Cristina Cortez Wissenbach sugere um outro olhar sobre essas populações que transitavam pelo interior do país. De acordo com essa historiadora,

---

[633] CMST. *Relatório dos serviços feitos na colônia militar de Santa Teresa, e alterações havidas na mesma no mês de fevereiro de 1859*. João Xavier de Souza, capitão diretor da colônia. Colônia militar de Santa Teresa, 1.º de março de 1859. Acervo IHGSC.

[634] Corresponde entre 12,5 e 13,8 litros.

[635] CMST. *Relatório dos serviços feitos na colônia militar de Santa Teresa, e alterações havidas na mesma no mês de maio de 1859*. João Xavier de Souza, capitão diretor da colônia. Colônia militar de Santa Teresa, 1.º de junho de 1859. Acervo IHGSC.

[636] CMST. *Relatório dos serviços feitos na colônia militar de Santa Teresa, e alterações havidas na mesma no mês de novembro de 1859*. João Xavier de Souza, capitão diretor da colônia. Colônia militar de Santa Teresa, 1.º de dezembro de 1859. Acervo IHGSC.

[637] CMST. *Mapa da produção agrícola da colônia militar de Santa Teresa*. João Francisco Barreto, tenente coronel diretor. Colônia militar de Santa Teresa, 1 de janeiro de 1862. Acervo IHGSC.

[638] CMST. *Relatório*. João Xavier de Souza, capitão diretor da colônia. Colônia militar de Santa Teresa, 15 de janeiro de 1859. Folha 2. Acervo IHGSC.

À medida que se penetra no universo de valores e na compreensão dos meios de sobrevivência dessas populações, em alguns poucos fragmentos que esclarecem a relação que mantêm com as matas e com os animais, o planejamento de suas culturas alimentares cadenciado pelos ritmos da natureza, a ótica de observação vai se alterando. Aquilo que com frequência era qualificado como preguiça, ócio, ou negação ao trabalho sistemático, passa a ser relativizado, entendido como alternância de tempos de plantio e de colheita, períodos de trabalho e de vacância, característica dos ciclos agrícolas; o que era visto nos termos de rusticidade e de primitivismo adquire nova complexidade em seus amplos significados na organização da vida do dia a dia[639].

O ritmo de vida dos colonos, diferente dos oficiais do Exército que precisavam prestar contas periódicas ao governo, manteve-se relacionado às estações do ano e aos períodos de plantio e colheita, tempos de chuva e seca. A criação de animais, assim como as plantações, também seguia esse compasso.

### 4.4.2.2 Criação de animais

Em 1864, a colônia contava com 2 bois cargueiros, 3 touros de carga e 2 mulas de carga pertencentes ao Governo. Entre os animais pertencentes aos colonos – vacum, cavalar e muar –, existiam na colônia 201 animais[640]. Em relação ao ano de 1863, o diretor relatou que houve a diminuição de 40 animais devido à seca rigorosa dos últimos meses deste ano, "que deixou os campos sem pastos e as fontes sem água até o 1.º de janeiro do ano findo de 64, quando caíram as primeiras chuvas; [...] e isto contribuiu muito para o desenvolvimento da peste entre os animais nas aproximações do inverno"[641].

---

[639] WISSENBACH, Maria Cristina Cortez. Da escravidão à liberdade: dimensões de uma privacidade possível. *História da Vida Privada no Brasil*. Vol. 3. Coordenador geral da coleção Fernando A. Novais; organizador do volume Nicolau Sevcenko. São Paulo: Cia. das Letras, 1998. p. 77.

[640] CMST. *Relatório circunstanciado do estado da colônia*. João Francisco Barreto, tenente coronel diretor. Colônia militar Santa Teresa, 11 de janeiro de 1865. Folha 14. Acervo IHGSC.

[641] *Idem.*

Havia criação de porcos e de ovelhas. Em 1864 houve considerável diminuição no número dessas criações em face do "estrago causado por 2 tigres[642] que depois de muita destruição, a força de vigílias, e muitas diligências nossas foram mortos"[643]. Os colonos também criavam perus, gansos, patos e galinhas[644].

Para manter o pasto para os animais, os colonos também praticavam a coivara nos espaços destinados à pastagem.

### 4.4.2.3 CONSTRUÇÃO DE CASAS

Em 1864 existiam na colônia 31 casas de colonos, sete estavam em construção e uma estava quase concluída[645]. Essas casas não possuíam assoalho de madeira, eram construídas apenas com madeiras retiradas da mata e cipós, com cobertura de palha. Para a construção de uma casa, os colonos reuniam palha e madeiras. Com as palhas eles teciam esteiras, que eram utilizadas como cobertura das casas[646].

Durante o verão, e no final do inverno, muitos colonos trabalhavam na retificação de seus ranchos e suas casas[647]. Por serem cobertas por palha, eram muito sujeitas a danos[648]. De acordo com Maria Cristina Cortez Wissenbach, esse modo de construir casas representava uma das qualidades mais importantes dessas habitações: "a possibilidade de ser abandonadas"[649]. Por isso, para essa historiadora,

---

[642] Na verdade, são leões, talvez leões baios, comuns nessa região do Brasil.

[643] CMST. *Relatório circunstanciado do estado da colônia*. João Francisco Barreto, tenente coronel diretor. Colônia militar Santa Teresa, 11 de janeiro de 1865. Folha 15. Acervo IHGSC.

[644] CMST. *Ofício circunstanciado ao presidente de província, Francisco José d'Oliveira*. João Francisco Barreto, tenente coronel diretor. Colônia militar de Santa Teresa, 4 de janeiro de 1864. Folha 6. Acervo IHGSC.

[645] CMST. *Relatório circunstanciado do estado da colônia*. João Francisco Barreto, tenente coronel diretor. Colônia militar Santa Teresa, 11 de janeiro de 1865. Folha 15. Acervo IHGSC.

[646] CMST. *Relatório dos serviços feitos na colônia militar de Santa Teresa, e alterações havidas na mesma no mês de julho de 1862*. João Francisco Barreto, tenente coronel diretor. Colônia militar de Santa Teresa, 1.º de agosto de 1862. Acervo IHGSC.

[647] CMST. *Relatório dos serviços feitos na colônia militar de Santa Teresa, e alterações havidas na mesma no mês de janeiro de 1861*. João Francisco Barreto, tenente coronel diretor. Colônia militar de Santa Teresa, 1.º de fevereiro de 1861. Acervo IHGSC.

[648] CMST. *Relatório dos serviços feitos na colônia militar de Santa Teresa, e alterações havidas na mesma no mês de agosto de 1861*. João Francisco Barreto, tenente coronel diretor. Colônia militar de Santa Teresa, 1.º de setembro de 1861. Acervo IHGSC.

[649] WISSENBACH, Maria Cristina Cortez. Da escravidão à liberdade: dimensões de uma privacidade possível. *História da Vida Privada no Brasil*. Vol. 3. Coordenador geral da coleção Fernando A. Novais; organizador do volume Nicolau Sevcenko. São Paulo: Cia. das Letras, 1998. p. 59.

Inscrita em suas habitações, à infixidez da vida dos roceiros correspondiam técnicas seculares de sua agricultura itinerante, entre as quais predominavam a derrubada e a queimada das matas, o que os levava a raramente criar raízes profundas num mesmo lugar. A imensidão do território ainda por ocupar alimentava, por sua vez, a facilidade com que partia para os novos lugares, plantando até que a terra "se canse", movimentando-se um pouco mais, fazendo novamente a derrubada e roça em "terra nova"[650].

Por viverem em movimento, esses homens livres e pobres, que trabalhavam para o Exército brasileiro, ou que eram colonos civis, possuíam um diminuto patrimônio. A pobreza em que viviam impunha um cotidiano simples, com poucos artefatos, casas rústicas, lavouras de subsistência e poucos animais. As pessoas que viviam em áreas rurais eram caracterizadas por um cotidiano semelhante: produziam para a subsistência e o pequeno comércio, e contavam com o trabalho familiar.

### 4.4.2.4 Comércio

Em 1864 o comércio na colônia era composto de quatro casas comerciais. Uma da viúva Anna Fernandes, na qual eram vendidas tecidos e alimentos secos e molhados. Outra de Francisco Antônio de Lima, na qual se vendia bebidas, açúcar, café, sabão e fumo. As outras duas casas comerciais vendiam apenas aguardente. Além dessas, havia também uma padaria, uma fábrica de velas e um curtume[651].

De acordo com o diretor, durante o ano de 1864 foram comercializados na colônia os seguintes gêneros:

---

[650] *Ibidem*, p. 73.

[651] CMST. *Relatório circunstanciado do estado da colônia*. João Francisco Barreto, tenente coronel diretor. Colônia militar Santa Teresa, 11 de janeiro de 1865. Folha 13. Acervo IHGSC.

Quadro 10 – Produtos comercializados na colônia em 1864

| | | | | |
|---|---|---|---|---|
| Farinha de mandioca importada | Alqueires 416 | 872 ½ | A 3$000 | 2:617$500 |
| Dita de produção da colônia | Ditos 456 ½ | | | |
| Farinha de trigo para pão e roscas | Arrobas | 42 | A 5$000 | 210$000 |
| Sal | Alqueires | 26 | A 5$000 | 130$000 |
| Açúcar | Arrobas | 88 | A 7$680 | 672$840 |
| Café | Arrobas | 38 | A 16$000 | 608$000 |
| Fumo | Arrobas | 14 | A 19$000 | 266$000 |
| Sabão | Caixa | 23 | A 9$000 | 207$000 |
| Aguardente | Medidas | 1:932 | A $900 | 1:738$800 |
| Vinho | Medidas | 80 | A 2$500 | 200$000 |
| Gado 72 cabeças, regulando pela alternativa de preços | | | A 18$000 | 1:296$000 |
| Fazendas entradas para uma casa de negócio | | | | 1:016$445 |
| Total do movimento comercial | | | | 8:962$585 |

Fonte: CMST. *Relatório circunstanciado do estado da colônia*. João Francisco Barreto, tenente coronel diretor. Colônia militar Santa Teresa, 11 de janeiro de 1865. Folha 13. Acervo IHGSC

Em maio de 1868, o diretor-geral da Fazenda Provincial de Santa Catarina tratava da venda de bebidas espirituosas[652] pelo diretor da colônia para a casa de comércio de Delfina Dreimer[653], o que era proibido pelo regulamento das colônias militares. Essa e outras denúncias teriam culminado, anos depois, com a demissão do diretor da colônia[654].

Em julho do mesmo ano, o diretor informou que tinha paralisado, desde agosto de 1867, "o negócio de uma pequena casa da viúva Anna Fernandes, de onde eu igualmente, como

---

[652] Bebidas alcoólicas.

[653] SANTA CATARINA. *Ofício do Diretor-Geral da Fazenda Provincial de Santa Catarina, Antônio Justiniano Esteves, em 12 de maio de 1868*. Acervo: Arquivo Histórico Municipal de São José. Fundo: Coletoria. Série: Correspondências recebidas. Caixa 01. Não seria esse o caso de Adolpha Drummer, mencionado em nota assinada pelo "Demônio de asas cortadas" no jornal O Despertador, de 1.º de janeiro de 1870? Eis o teor da nota: "Pergunta-se ao Sr. coronel João Francisco Barreto, diretor da colônia militar de Santa Teresa, por quanto está arrendada a casa pertencente ao Estado, em que reside a alemã Adolpha Drummer, que tem nela negócio, e nele figura como dona, apesar de dizerem que!... Com a resposta de S. S. muito obrigado lhe ficará. O Demônio com asas cortadas Desterro, 28 de dezembro de 1869." *O Despertador*, n. 723, ano VIII, Desterro, 1.º de janeiro de 1870. Hemeroteca Digital Brasileira. Confirma essa hipótese a resposta do diretor publicada no mesmo periódico, na edição de 8 de fevereiro de 1870, na qual faz referências à "pobre alemã Adolphina". *O Despertador*, n. 734, ano VIII, Desterro, 8 de fevereiro de 1870. Hemeroteca Digital Brasileira.

[654] *O Despertador*, n. 882, ano IX, Desterro, 11 de julho de 1871. Hemeroteca Digital Brasileira.

os outros, me supria do necessário"[655]. Como consequência do fim desse negócio, faltaram muitos suprimentos à colônia, o que obrigou o diretor a buscar na Capital, em maior quantidade, tudo o que era necessário na colônia. Com os cargueiros da Capital vieram carne, farinha, roscas de trigo, açúcar, café, sabão, sal e aguardente, que em muitos casos também era indispensável para os serviços do cirurgião, que a utilizava para cortar medicamentos[656].

Nos anos em que a produção agrícola era promissora, os colonos vendiam seus excedentes aos tropeiros e para as colônias de Santa Isabel, Teresópolis e São Pedro de Alcântara. O comércio na colônia era feito em pequenas quitandas, cujos proprietários podiam pagar fretes considerados caros para mandarem vir para a colônia os gêneros de maior consumo, quais sejam: café, açúcar, sabão, fumo e aguardente[657].

Por fim, muitas atividades escapam das descrições realizadas nos relatórios mensais dos diretores da colônia. Uma série de outras tarefas eram desempenhadas tanto pelos oficiais quanto pelos colonos que viveram na colônia militar de Santa Teresa. Desse modo, quanto aos documentos produzidos pelos diretores, e analisados neste capítulo, é necessário salientar que:

> Muito embora estejamos tratando de fontes reconhecidas como oficiais, não podemos nos furtar do fato de que estamos diante do resultado de um trabalho de interpretação e, portanto, permeado pelas subjetividades do sujeito que o construiu. As palavras do narrador soam como um exercício de leitura do mundo que é ao mesmo tempo individual e institucional, pois não é somente um sujeito falando, mas também a instituição à qual ele representa[658].

---

[655] CMST. *Ofício*. Colônia militar de Santa Teresa, 8 de julho de 1868. Acervo: Arquivo Histórico Municipal de São José. Fundo: Coletoria. Série: Correspondências recebidas. Caixa 01.

[656] *Idem.*

[657] CMST. *Ofício circunstanciado ao presidente de província, Francisco José d'Oliveira.* João Francisco Barreto, tenente coronel diretor. Colônia militar de Santa Teresa, 4 de janeiro de 1864. Folhas 7 e 8. Acervo IHGSC.

[658] FREITAG, Liliane da Costa. Impressões de um dirigente: relatos e relatórios da Colônia Militar de Foz do Iguaçu. *Revista de História Regional*, v. 12, p. 191-224, 2007, p. 219-220.

Sendo assim, o que foi possível inferir das atividades realizadas pelos oficiais e colonos que viviam na colônia militar de Santa Teresa representa apenas uma parte de todos os trabalhos desenvolvidos na colônia. A constituição dessa parcela de atividades descritas em vários relatórios também reflete as escolhas dos oficiais responsáveis pela confecção desses documentos. Nem todas as tarefas eram descritas, nem todas eram consideradas relevantes a ponto de serem citadas nos relatórios elaborados todos os meses. Mesmo assim, neste capítulo, ao examinar as atividades diárias da colônia, foi possível identificar indícios significativos do cotidiano das pessoas que lá viviam.

Além das atividades laborais, os relatórios e ofícios preparados pelos oficiais da colônia proporcionam mais dados a respeito de como era a rotina de vida dos soldados e oficiais que viviam em Santa Teresa, o que será visto no próximo capítulo.

# 5

# OS MELHORES FIOS DE UMA TRAMA
## as relações interpessoais na colônia militar de Santa Teresa

Ao concluir esta obra, serão retomadas, neste capítulo, questões presentes desde o início das pesquisas sobre a colônia militar de Santa Teresa. Este capítulo representa o ponto culminante da obra, composta por diferentes partes que, juntas, buscam compreender melhor o funcionamento de uma colônia militar e as pessoas que nela viviam, na segunda metade do século XIX, no interior de Santa Catarina.

As relações interpessoais, reveladas pelos documentos acessados, tornam-se o fio condutor desta última parte. Aqui serão descritos, sobretudo, indícios da intrincada teia de interações humanas que constituiu a colônia, conforme aparecem nos documentos – relatórios ao presidente de província, justificativas para a expulsão de soldados-colonos e ofícios ao Ministério da Guerra. Esses documentos acentuam, quase sempre, características negativas das pessoas que viviam na colônia. Porém, não se deve pensar que todas as relações entre esses indivíduos eram conflituosas, como muitas vezes pode parecer. Vale lembrar que os documentos da colônia cumpriam obrigações administrativas e, por isso, as relações harmoniosas nem sempre eram registradas.

Essas fontes apontam para um universo repleto de tensões. As relações interpessoais que emergem desses documentos iluminam o cotidiano na colônia militar de Santa Teresa. Embora nos capítulos anteriores tenham sido explorados outros aspectos da vida comunitária, estabelecendo relações entre a cultura material e a vida cotidiana de soldados, oficiais e seus familiares — como as casas em que viviam, o trabalho na terra e as condições de vida como soldados e colonos —, nesta parte serão abordadas outras relações, não materiais, registradas em documentos essenciais para entender a sobrevivência naquela colônia.

Relatos de assassinatos, suicídios, assaltos e desavenças destacam-se nos arquivos pesquisados. Este capítulo se concentrará nessas situações, as quais foram mais bem descritas e tiveram maior espaço na documentação produzida pela administração da colônia. Essas circunstâncias permitem refletir sobre a experiência de diversos trabalhadores que, em sua maioria, viviam à margem da sociedade brasileira devido à sua condição econômica, à cor da pele (pardos e negros), falta de terras e, em alguns casos, por pertencerem ao Exército brasileiro.

Os documentos selecionados revelam uma rede de interações comunitárias que formavam aquela colônia instituída pelo Estado brasileiro. O termo aldeia, utilizado por Robert Avé-Lallemant, que no mês de junho de 1858 passou pela colônia, reforça a existência dessas interações. É necessário sublinhar a opinião de um dos diretores a respeito dos colonos que prestavam serviços ao Estado. Nas palavras do oficial João Paulo de Miranda, "tirando alguns alemães, e um ou outro dos brasileiros, tudo mais é uma só família, e assim, com certeza me lograram"[659].

A propósito, três acontecimentos foram cruciais para o estudo das relações interpessoais na colônia militar de Santa Teresa. O primeiro: no dia 4 de maio de 1863 o colono de 3.ª classe, João Antônio dos Santos, enforcou-se no interior de sua casa. Nessa ocasião, o diretor afirmou que esse colono havia tentado suicídio outras vezes e os demais moradores observa-

---

[659] CMST. *Ofício n. 262, ao presidente da província, Desembargador João Rodrigues Chaves*. João Paulo de Miranda, capitão diretor. Colônia militar de Santa Teresa, 23 de outubro de 1881. Acervo IHGSC.

vam nele sinais de alucinação[660]. O segundo: na primavera do ano de 1863 o diretor relatava ao presidente de província que alguns soldados estavam ocupados na guarda de dois presos da colônia. Um deles era o colono José Joaquim da Silva. Esse estava preso porque no dia 21 de agosto daquele ano havia assassinado a sua esposa, a jovem Sebastiana Lacerda. O outro preso era o soldado João Pereira Ramos, por ter participado desse assassinato[661]. O terceiro acontecimento: em fins de outubro de 1882, pela manhã, João, com apenas 17 anos de idade, filho do colono Porfírio Muniz de Moura, suicidou-se com um tiro de pistola. O diretor relatou que João cometera suicídio porque seus pais haviam proibido o seu casamento, por considerarem muito jovem[662].

Também despertam interesse os artigos 44, 45 e 55 do regulamento da colônia, por fornecem pistas sobre possíveis interações. O artigo 44 proibia a existência de escravos no território da colônia, com exceção daqueles proprietários de terras que possuíam terrenos naquela localidade antes da instalação da colônia. Essa disposição também não compreendia os escravos dos empreiteiros e administradores do caminho entre Desterro e Lages. Já o artigo 45 proibia o diretor, o vice-diretor, o capelão e o médico de possuírem terras na colônia. Esses também não poderiam fazer comércio ou se tornarem sócios de estabelecimentos comerciais. O artigo 55, enfim, determinava a existência de uma prisão na colônia, a qual deveria ser cômoda, com separação de sexos, para a detenção dos criminosos e desobedientes.

As informações contidas nos documentos pesquisados permitem organizar a análise dessas relações em duas partes, quais sejam: as relações estabelecidas entre os moradores da colônia e as pessoas que não viviam nela; e o convívio entre os moradores da colônia.

---

[660] CMST. *Relatório dos serviço feitos na colônia militar de Santa Teresa, e alterações havidas na mesma no mês de maio de 1863.* João Francisco Barreto, tenente coronel diretor. Colônia militar de Santa Teresa, 1.º de junho de 1863. Acervo IHGSC.

[661] CMST. *Relatório dos serviço feitos na colônia militar de Santa Teresa, e alterações havidas na mesma no mês de agosto de 1863.* João Francisco Barreto, tenente coronel diretor. Colônia militar de Santa Teresa, 1.º de setembro de 1863. Acervo IHGSC.

[662] CMST. *Ofício n. 293, ao presidente da província, Antônio Gonçalves Chaves.* João Paulo de Miranda, capitão diretor. Colônia militar de Santa Teresa, 28 de outubro de 1882. Acervo IHGSC.

## 5.1 O CHEIRO BUGRE TÃO TEMIDO: AS PESSOAS QUE VIVIAM PARA ALÉM DAS CERCAS DA COLÔNIA MILITAR DE SANTA TERESA

A partir de agora, serão narrados os acontecimentos que envolveram os oficiais, os soldados e os colonos de Santa Teresa, assim como outros personagens que habitavam os arredores da colônia ou que apenas passavam por ali em seus deslocamentos entre o litoral e o planalto da província de Santa Catarina. Os primeiros indícios dessas interações estão relacionados à presença de um importante caminho que cortava a colônia de leste a oeste, facilitando o acesso ao interior do território provincial. Em 15 de abril de 1863, o diretor da colônia observou que, por estar situada no centro da estrada entre a capital da província e a cidade de Lages, e por ser um local de fiscalização, a colônia recebia "inúmeros transeuntes e tropas imensas"[663].

Os diversos mapas do movimento do caminho, produzidos todos os meses na colônia, indicam a quantidade de pessoas não residentes que circulavam por lá. No mês de maio de 1865, por exemplo, passaram pela colônia 4.640 animais cargueiros e 726 mulas e cavalos de montaria. Desses, 2.326 cargueiros e 431 mulas e cavalos de montaria desciam a serra e iam para o litoral da província. No mesmo período, foram para Lages, vindos do litoral, 1.588 cargueiros e 295 mulas e cavalos de montaria[664]. Esses mapas revelam apenas quem eram os tropeiros que conduziam as tropas de gado e mercadorias entre o litoral e o planalto da província, mas é provável que essas mesmas tropas incluíssem outras pessoas que auxiliavam os tropeiros na condução dos animais e das mercadorias pelo caminho. Em outubro de 1863, o diretor da colônia relatou ao presidente de província que a frequência de tropeiros na colônia era muito alta e que todos sempre

---

[663] CMST. *Ofício ao presidente da província, Pedro Leitão da Cunha.* João Francisco Barreto, tenente coronel diretor. Desterro, 15 de abril de 1863. Acervo IHGSC.

[664] CMST. *Relação do movimento da estrada da Capital e Lages no mês de maio de 1865.* João Francisco Barreto, tenente coronel diretor. Colônia militar de Santa Teresa, 1.º de junho de 1865. Acervo IHGSC.

precisavam tratar de algum assunto com o diretor da colônia, tanto nas viagens de ida quanto nas de volta[665].

A convivência entre os moradores da colônia e os tropeiros que passavam por lá nem sempre foi pacífica. Em março de 1864, o diretor defendeu-se de acusações de um tropeiro, referentes ao estado precário do caminho entre Desterro e Lages nas proximidades da colônia. O diretor afirmou ao presidente de província que as queixas do tropeiro Policarpo Pereira de Andrade eram excessivas e desonestas. Conforme o diretor:

> [...] porquanto na compreensão da légua quadrada que pertence a Colônia, que se conta da porteira da olaria, onde começa a sede do estabelecimento, não alcança a Jararaca; e o que está dentro dessa área, mesmo um dos morros Cadeado, tenho tido sempre o cuidado de mandar compor o melhor possível, a dar livre transito, pois é lugar que eu e todos da colônia frequentam por ser o que conduz dela a todos os pontos para baixo, até esta Capital: quanto porém da porteira da olaria para diante em seguida para cima, e principalmente, o segundo morro Cadeado, que se começa subir desde a saída da casa do dito Serafim acha-se em verdadeiro mau estado há muito tempo; e aquele mesmo tropeiro tendo-me por várias vezes feito queixa daquele estado de ruína, eu, lhe tenho feito ver que exijam o reparo do dono da terra, que é aquele Serafim: por cuja porta passam, e ali fazem pouso muitas vezes a espera que o rio baixe, e possam passar; e é neste caso que classifico a informação, ou queixa de desleal[666].

As reclamações referentes às más condições do caminho nas proximidades da propriedade do senhor Serafim, de acordo com o diretor, também eram exageros do tropeiro. Havia, sim, um pontilhão desmoronado. Porém, o senhor Serafim abriu um desvio "enxuto e sólido" para tornar pos-

---

[665] CMST. *Ofício ao presidente da província, Pedro Leitão da Cunha.* João Francisco Barreto, tenente coronel diretor. Desterro, 1.º de outubro de 1863. Acervo IHGSC.

[666] CMST. *Ofício ao presidente da província, Francisco José d'Oliveira.* João Francisco Barreto, tenente coronel diretor. Desterro, 22 de março de 1864. Folhas 1 e 2. Acervo IHGSC.

sível o trânsito de tropas leves pelo caminho, o que poderia ser comprovado por outras pessoas que há pouco haviam utilizado o caminho. Mesmo assim, o diretor comprometeu-se em prestar auxílio nos trabalhos de retificação do Morro do Cadeado, apesar de o senhor Serafim, proprietário das terras no referido morro ter "escravos, três filhos homens de todo serviço e agregados"[667].

Entretanto, em fevereiro de 1865 o diretor afirmou que o senhor Serafim Muniz de Moura, proprietário de terras próximas ao caminho, não se importava com os serviços de manutenção da estrada, apesar das queixas frequentes dos viajantes. Os tropeiros reclamavam ao diretor para fazer reparos no caminho e, como o diretor não desejava que tais reclamações chegassem ao presidente da província, realizava consertos em alguns trechos para além da colônia. O diretor temia que, por maldade ou por ignorância, fossem feitas reclamações contra a direção da colônia, a qual era responsável apenas pelos "reparos da légua de estrada que atravessa a colônia"[668]. O diretor também almejava que o presidente da província ordenasse aos proprietários de terras que esses realizassem os reparos necessários no caminho, ou que esses consertos fossem custeados pela Fazenda Provincial, pois nenhum outro diretor de colônia era obrigado a consertar estradas fora de suas colônias sem o devido pagamento aos trabalhadores[669].

Em relação ao caminho e seus usuários, em agosto de 1861, o diretor informava ao presidente de província que alguns soldados da colônia estavam trapaceando os tropeiros que passavam por lá, bem como outros moradores de localidades próximas[670]. Uma das faces da tensão entre os moradores

---

[667] CMST. *Ofício ao presidente da província, Francisco José d'Oliveira.* João Francisco Barreto, tenente coronel diretor. Desterro, 22 de março de 1864. Folha 2. Acervo IHGSC.

[668] CMST. *Relatório dos serviços feitos na colônia militar de Santa Teresa, e alterações havidas na mesma no mês de janeiro de 1865.* João Francisco Barreto, tenente coronel diretor. Colônia militar de Santa Teresa, 1.º de fevereiro de 1865. Acervo IHGSC.

[669] CMST. *Relatório dos serviços feitos na colônia militar de Santa Teresa, e alterações havidas na mesma no mês de janeiro de 1865.* João Francisco Barreto, tenente coronel diretor. Colônia militar de Santa Teresa, 1.º de fevereiro de 1865. Acervo IHGSC.

[670] CMST. *Ofício ao presidente da província, Ignácio da Cunha Galvão.* João Francisco Barreto, tenente coronel diretor. Colônia militar de Santa Teresa, 15 de agosto de 1861. Folha 2. Acervo IHGSC.

da colônia, os seus vizinhos e os tropeiros que utilizavam o caminho entre Desterro e Lages, pode ser representada pela existência de cercas e de porteiras que objetivavam o controle de acesso e de saída da colônia. Sabe-se que a construção de duas porteiras na colônia, ambas no caminho, auxiliavam o trabalho de fiscalização e cobrança de impostos dos tropeiros que passavam por lá. Em junho de 1864 o presidente da província ordenou que o diretor restabelecesse as cercas e portões da colônia "a fim de obstar que os tropeiros passassem de noite desapercebidamente furtando-se do imposto"[671]. Aliás, com a existência das porteiras e das cercas, os habitantes da colônia também estavam protegidos de alguns ataques, pois o acesso à colônia pela mata era bastante difícil.

Porém, as ameaças de ataques indígenas, especialmente dos Xokleng que habitavam toda a região da colônia, não diminuíram com a construção de porteiras e cercas. Esses ataques também impactaram a vida das pessoas que ali residiam. As ameaças de ataques exigiram, algumas vezes, reforços do Exército brasileiro.

O diretor da colônia, em fins de outubro de 1879, relatou ao presidente de província que no mês de junho daquele ano os indígenas atacaram uma tropa de gado no local denominado Avencalzinho. De acordo com o diretor, os ataques indígenas eram frequentes e sempre causavam estragos, sobretudo nos animais de criação. Naquele mês, o diretor descreveu que os indígenas apareceram no caminho e que, um dos moradores da fazenda Bom Retiro, amedrontado, mudou-se para a colônia. Nessa ocasião foram encontrados dois animais mortos[672].

Antes disso, o diretor relatou que os indígenas, em grande número, saíram na estrada geral, bem próximo à entrada da colônia, e atacaram com flechas, a tropa de cargueiros de Francisco Ferreira de Souza Mello, que da Capital seguia para Lages. Também atacaram o primeiro morador

---

[671] SANTA CATARINA. *Ofício do presidente de província, Alexandre Rodrigues da Silva Chaves, para o diretor da colônia, João Francisco Barreto*. Palácio do Governo da Província de Santa Catarina, 27 de junho de 1864. Acervo: APESC. Fundo: Registro dos presidentes de província para os diretores de colônias (1863/1864). Folha 71v.

[672] CMST. *Ofício n. 167, ao presidente da província, Antônio d'Almeida Oliveira*. João Paulo de Miranda, capitão diretor. Colônia militar de Santa Teresa, 30 de outubro de 1879. Acervo IHGSC.

da colônia, o colono Francisco Rodrigues da Silva, que conseguiu escapar. O diretor lembra ao presidente de província que "estes selvagens quase sempre aparecem e algumas vezes causam mal como a dois anos passados aqui mataram dois filhos de um alemão"[673]. Nessa ocasião o diretor remeteu à Capital uma arma indígena que foi empregada em um dos animais no combate que tiveram com a tropa de Francisco Ferreira de Souza Mello.

Os documentos dão sinais de que havia na colônia, porventura, algum reforço policial para proteger os seus habitantes de ataques indígenas[674]. Desses conflitos, pode ser destacado aquele ocorrido em setembro de 1862. Era uma quinta-feira, entre o meio-dia e uma hora da tarde, os indígenas atacaram quatro escravos, três de Francisco José Martins, contratante de obras de estradas, e um do capitão Sebastião, os quais trabalhavam na derrubada da floresta preparando o terreno para o plantio de milho e feijão na propriedade do senhor Serafim Muniz de Moura, vizinho da colônia militar de Santa Teresa. Um dos escravos, que se chamava Malaquias, conseguiu escapar do ataque. Malaquias correu até a casa do diretor da colônia para pedir ajuda para os seus companheiros que haviam ficado no local da derrubada, no combate contra grande número de indígenas. O senhor Serafim levou ao diretor uma flecha indígena ensanguentada, sem a parte perfurante, a qual o diretor supôs ter sido quebrada pela vítima. Com a notícia do ataque, ordenou-se que os soldados da colônia tocassem o sino da capela, pois naquele horário muitos moradores haviam deixado os seus trabalhos para almoçarem. O diretor convocou 16 pessoas e os proveu de munição. Desses, 8 colonos acompanharam o senhor Serafim, o qual havia deixado em casa seus filhos e agregados, e foram em busca dos escravos que não haviam voltado do local da derrubada. Depois disso, os mesmos colonos deveriam seguir o grupo de indígenas para apanhá-los, ou, pelo menos, afugentá-los. Os demais colonos

---

[673] CMST. *Ofício n. 154, ao presidente da província, Antônio d'Almeida Oliveira.* João Paulo de Miranda, capitão diretor. Colônia militar de Santa Teresa, 13 de junho de 1879. Acervo IHGSC.

[674] CMST. *Ofício ao presidente da província.* João Francisco Barreto, tenente coronel diretor. Colônia militar de Santa Teresa, 31 de maio de 1864. Acervo IHGSC.

permaneceram na colônia para proteger os moradores da praça do povoamento, na qual habitava a maior parte das famílias, que por conta do ataque estavam "sobremaneira atemorizadas"[675]. Enquanto o diretor aguardava o retorno dos 8 colonos enviados com o senhor Serafim, os trabalhos da colônia foram suspensos. Nessa ocasião foram solicitados mais armamentos ao presidente de província.

No fim do dia, próximo das 17 horas, a expedição que acompanhara o senhor Serafim voltou para a colônia. Eles trouxeram a notícia de que haviam encontrado três escravos mortos, "muito flechados, e com grandes ferimentos de lança e cacete; nus inteiramente, e sem os machados com que estavam trabalhando"[676]. Os colonos que participaram dessa expedição relataram também que os indígenas haviam deixado os cabos das ferramentas utilizadas pelos escravos, além de dois arcos indígenas. No dia seguinte o diretor ordenou ao senhor Serafim que providenciasse o sepultamento dos três mortos. Todos foram sepultados no local da derrubada, onde haviam sofrido o ataque dos indígenas, por ser impossível conduzir os três corpos até o cemitério da colônia.

O medo havia tomado conta dos habitantes da colônia. O diretor, nas noites seguintes ao ataque, aquartelou a população na praça e estabeleceu patrulhas até o dia clarear. Durante os dias, os matos que circundavam aquela praça eram explorados. Isso porque havia informações de que os indígenas, depois do ataque, tinham sido vistos em lugares próximos da colônia. O diretor temia que o pânico tomasse conta da população.

Nessas explorações constatou-se que os indígenas haviam se retirado pelo mesmo caminho por onde tinham vindo. Eles haviam utilizado a nova picada aberta para a retificação do traçado do caminho para Lages, que entrou bastante nas florestas habitadas pelos Xokleng. A abertura dessa picada atravessou dois antigos acampamentos indígenas. E, por não ter soldados suficientes, o diretor não empreendeu expedição

---

[675] CMST. *Ofício ao presidente da província, Conselheiro Vicente Pires da Motta.* João Francisco Barreto, tenente coronel diretor. Colônia militar de Santa Teresa, 6 de setembro de 1862. Folha 2. Acervo IHGSC.
[676] *Idem.*

para atacar esses acampamentos, pois tinha notícias de que um grupo de indígenas, composto por mais de 300 pessoas, fora visto passar pelo caminho, próximo da colônia[677].

No mesmo mês de setembro de 1862 os moradores avistaram fogueiras feitas pelos indígenas nas cercanias da colônia. Essas fogueiras foram feitas em três pontos diferentes, todas em pontos altos, a oeste da colônia. Mesmo com a defesa da colônia em prontidão, as famílias ficavam muito assustadas com esses indícios da presença de indígenas tão próximos. Em virtude desses vestígios, e dos sinais de que os indígenas observavam e cercavam a colônia, o diretor ordenou aos soldados e colonos paisanos que permanecessem na praça da colônia e deixassem suas roçadas nos sítios[678]. Porém, ao reunir a população da colônia em sua praça para protegê-la dos ataques indígenas, especialmente nos últimos meses do ano, entre a primavera e o verão, todas as plantações corriam risco. Tanto as áreas preparadas para o plantio quanto aquelas que começavam a ser roçadas foram deixadas para trás pelos colonos.

Sobre esse evento, o diretor da colônia relatou que:

> No conflito, com a pouca gente que tinha, e essa mal armada, dei as providências de segurança de que podia dispor enquanto apelei à Presidência, a qual enviando-me pederneiras, que não tínhamos, ao mesmo tempo ordenou-me a requisição do que julgou-se preciso acerca do armamento mais próprio para lidar-se no mato, e em seguida um destacamento do Batalhão de Depósito, ao comando de um Alferes, para bater os matos, e afugentar o gentio. Essa expedição que veio a cargo do dito Alferes, em instrução a ele dada, por ter partido da Capital antes da chegada das minhas participações, e por notícia unicamente de caminho por ser este lugar uma estrada diariamente frequentada por grande número de tropeiros; além de não ser própria ao entranhamento dos bosques que nos cercam, em razão do peso das armas, e mais apetrechos

---

[677] Idem, folha 4.

[678] CMST. *Ofício ao presidente da província, Conselheiro Vicente Pires da Motta.* João Francisco Barreto, tenente coronel diretor. Colônia militar de Santa Teresa, 10 de setembro de 1862. Acervo IHGSC.

só próprios para campo raso, e mesmo pelo atrofiamento do pessoal, dado só a certos exercícios de parada e guarnição a pés calçados nada mais fizeram que duas investidas; uma de dia e meio de demora no mato, e a outra de um no período de 14 dias [...] sem mais descobrirem, ou encontrando que já tenham-me visto desde o dia da agressão, em que fiz seguir ao lugar do ataque 10 pessoas, 6 colonos ativos e 4 paisanos da colônia a afugentar o gentio, e descobrir as vítimas; e o restante na guarda da praça, e mais no atalho à passagem dos agressores ao fundo da colônia, onde existiam famílias desapercebidas, no trabalho em seus sítios. O susto e a perturbação geral obrigaram-me a mandar suspender as roçagens que tinham começado e recolherem-se a este centro onde nos conservamos em atitude bélica até que veio a mencionada expedição: desde quando em parte foi entrando a confiança e o desengano da ausência do gentio; mas sem coragem de tornarem ao antigo trabalho nos sítios circunscrevendo-se cada um ao serviço em roda de casa, ao pé e a vista das famílias[679].

Um ano depois, em setembro de 1863, o tropeiro Fidelis Luiz Ferreira, ao passar por Santa Teresa, informou ao diretor de que havia encontrado, pouco acima da colônia, "uma porção de bugres na estrada, que avaliou em número de 10, afora os que estavam no mato, que lhe figurou maior quantidade, segundo o murmúrio que viram no taquaral"[680]. O diretor não desprezou a notícia trazida pelo tropeiro pois, além dessa, havia outros indícios da presença indígena nas proximidades da colônia e em pousos de tropeiros. Todas essas informações o diretor comunicou ao presidente da província porque considerava estarem em perigo todos os habitantes da colônia[681].

Em outubro de 1865, a propriedade do senhor Serafim Muniz de Moura, residente no distrito da colônia, estava, outra

---

[679] CMST. *Ofício ao presidente de província*. João Francisco Barreto, tenente coronel diretor. Colônia militar de Santa Teresa, 12 de janeiro de 1863. Folhas 5 e 6. Acervo: IHGSC.

[680] CMST. *Ofício ao presidente da província, Pedro Leitão da Cunha*. João Francisco Barreto, tenente coronel diretor. Colônia militar de Santa Teresa, 2 de setembro de 1863. Acervo IHGSC.

[681] *Idem.*

vez, sob ameaça de um ataque indígena. Para coibir essa tentativa, o diretor enviou 10 colonos para explorarem os matos próximos da colônia. Nessa expedição foram encontrados, em diferentes lugares, vestígios da presença indígena bem próximos da casa do senhor Serafim. O diretor acreditava que esses eram sinais de que os indígenas espreitavam aquela casa há algum tempo, sem que seus moradores percebessem a presença indígena tão próxima[682].

Depois dessa, por "pressentir" que os indígenas permaneciam nas matas próximas da colônia, o diretor empreendeu nova expedição. Nessa foram encontrados vestígios da presença indígena, além daqueles encontrados nas vizinhanças da casa do senhor Serafim, em outros locais nos arredores da colônia[683].

No mês de outubro de 1875, o presidente da província recomendou ao diretor que "faça bater as matas"[684] existentes na fazenda do senhor José Antônio de Abreu Júnior, com o intuito de afastar os indígenas daquela região e, por consequência, manter a tranquilidade dos seus habitantes e daqueles que usavam o caminho entre Desterro e Lages. No dia 19 daquele mês, o presidente da província recebeu, por meio do diretor da colônia, uma carta do cidadão José Antônio de Abreu Júnior, proprietário da fazenda "Bom Retiro", próximo da colônia, na qual relatava que os indígenas tinham causado danos em sua propriedade.

Em dezembro de 1875, o presidente da província comunicou ao ministro da Guerra outro ataque indígena contra a colônia militar de Santa Teresa. Nessa ocasião os indígenas assassinaram dois filhos de um colono que se achavam trabalhando na derrubada de árvores, nas proximidades de sua residência, pouco distante da sede da colônia. De acordo com o presidente da província, os indígenas, depois de terem

---

[682] CMST. *Relatório dos serviços feitos na colônia militar de Santa Teresa, e alterações havidas na mesma no mês de outubro de 1865.* João Francisco Barreto, tenente coronel diretor. Colônia militar de Santa Teresa, 1.º de novembro de 1865. Acervo IHGSC.

[683] *Idem.*

[684] SANTA CATARINA. *Ofício do presidente de província para o diretor da colônia militar de Santa Teresa.* Palácio do Governo da Província de Santa Catarina, 21 de outubro de 1875. Acervo: APESC. Fundo: Ofícios dos presidentes de província para os diretores de colônias (1875). Folha 52.

atacado os dois jovens, foram à casa do colono e a saquearam, "consumindo tudo quanto nela existia, inclusive quatrocentos mil réis (400$000) em papel e vinte mil réis (20$000) em ouro, ficando o infeliz colono e sua família, que a muito custo se sobraram, reduzidos a roupa do corpo"[685].

Em novembro de 1880, o presidente da província autorizou a contratação de quatro homens para afugentar os indígenas em Santa Teresa devido ao "aparecimento de bugres nessa colônia"[686]. Ele também enalteceu o esforço e a coragem da moradora da colônia Maria Bertha, que "salvou uma criança na luta que teve com esses selvagens, do que ficou doente"[687].

No início do ano de 1881, o diretor afirmava ao presidente da província que a presença dos indígenas na colônia era frequente e incomodava os moradores[688]. No primeiro dia de julho de 1881 o diretor recebeu notícias de que os indígenas haviam atacado a fazenda de João Barboza, no lugar denominado Bom Retiro, pouco acima da colônia militar. Nesse ataque os indígenas levaram o gado e outros animais da fazenda. João Barboza e alguns ajudantes seguiram o rastro deixado pelos animais e os resgataram, não todos, mas a maior parte deles. Em represália, os indígenas voltaram à fazenda de João Barboza e atacaram a sua casa. O diretor também foi comunicado de que os indígenas haviam "passado a cordilheira do Norte que costeia esta colônia"[689]. Ao transmitir tais fatos ao presidente da província, o diretor afirmou que "se [os indígenas] ficam impunes, sem dúvida, mais ou menos se cortará o comércio de Lages por esta estrada. Esses selvagens não obstante suas armas serem insignificantes, amedrontam não só os moradores como os transeuntes"[690].

---

[685] SANTA CATARINA. *Ofício do presidente da província de Santa Catarina ao Ministério da Guerra.* Desterro, 22 de dezembro de 1875. Acervo: APESC. Fundo: Correspondências Presidente da Província para o Ministério da Guerra (1875-1878).

[686] SANTA CATARINA. *Ofício do presidente de província para o diretor da colônia, João Paulo de Miranda.* Palácio do Governo da Província de Santa Catarina, 30 de novembro de 1880. Acervo: APESC. Fundo: Registro dos presidentes de província para os diretores de colônias (1880). Folha 135.

[687] *Idem*, folha 135v.

[688] CMST. *Ofício n. 230, ao presidente da província, Desembargador João Rodrigues Chaves.* João Paulo de Miranda, capitão diretor. Colônia militar de Santa Teresa, 1.º de janeiro de 1881. Acervo IHGSC.

[689] CMST. *Ofício n. 247, ao presidente da província, Desembargador João Rodrigues Chaves.* João Paulo de Miranda, capitão diretor. Colônia militar de Santa Teresa, 1.º de julho de 1881. Acervo IHGSC.

[690] Idem.

Dois dias depois, o diretor informou ao presidente da província que, diante das "notícias mais aterradoras do vexame em que se acha João Barboza por estar sitiado pelos bugres", ele e 5 colonos iriam proteger a saída daquele morador e de seus familiares em Bom Retiro[691]. Na noite do dia 3 de julho, depois de despachar a mala do correio, o diretor e os colonos seguiram para a casa de João Barboza. Na manhã do dia seguinte o diretor alcançou a propriedade do senhor Barboza e constatou que esse e sua família já estavam na casa do senhor José de Abreu, fazenda vizinha à de João Barboza, que também estava abandonada em consequência de ataques indígenas, os quais causaram grande mal[692]. O senhor Barboza juntou o gado e outros animais que haviam restado e os conduziu até o lugar denominado João Paulo.

Quando regressava para a colônia, o diretor avistou alguns indígenas e foi informado de que "com eles andam desertores e culpados"[693]. Conforme o diretor:

> Faz dó ver o homem laborioso como é João Barboza a ser obrigado a perder o serviço que, a custo de suores e sacrifícios, tem feito, desprezando aquilo de que tirara o pão para subsistência de sua família, por causa da malvadeza de tais bugres ou quadrilha de ladrões![694]

O diretor considerava os indígenas desaforados e acreditava que eles eram capazes de cometer os maiores atentados[695]. Meses depois desses acontecimentos, o diretor nomeou alguns colonos para explorarem os matos próximos, com o intuito de afugentar os indígenas que tentavam atacar a colônia[696].

---

[691] CMST. *Ofício n. 248, ao presidente da província, Desembargador João Rodrigues Chaves.* João Paulo de Miranda, capitão diretor. Colônia militar de Santa Teresa, 3 de julho de 1881. Acervo IHGSC.

[692] CMST. *Ofício n. 249, ao presidente da província, Desembargador João Rodrigues Chaves.* João Paulo de Miranda, capitão diretor. Colônia militar de Santa Teresa, 7 de julho de 1881. Acervo IHGSC.

[693] *Idem.*

[694] *Idem.*

[695] *Idem.*

[696] CMST. *Ofício ao presidente da província, Desembargador João Rodrigues Chaves.* João Paulo de Miranda, capitão diretor. Colônia militar de Santa Teresa, 20 de outubro de 1881. Acervo IHGSC.

Os ataques descritos ilustram apenas a existência desses eventos na colônia militar de Santa Teresa. Entre os documentos pesquisados, existem outros indícios de ataques à colônia. Por ser a vanguarda de ocupação de um sertão pouco explorado, acredita-se que outros ataques tenham ocorrido e que notícias de outras investidas indígenas contra a colônia estejam presentes em acervos documentais não pesquisados.

Mesmo assim, os relatos desses eventos mostram como a colônia desempenhava um papel de apoio crucial para os moradores das proximidades e para aqueles que utilizavam o caminho. Assim, o diretor informou ao presidente da província que, no dia 6 de julho, o tropeiro Ignácio Coelho d'Ávila, ao acampar na localidade de Barro Branco, foi perseguido por indígenas. Devido a essa ameaça, ele precisou interromper o pouso e seguir, durante a noite, para o Morro do Cadeado, próximo à colônia militar[697].

Por estar localizada nas margens de um caminho que conectava o litoral da província de Santa Catarina ao seu interior, a colônia de Santa Teresa transformou-se, desde a sua criação, em um importante ponto de apoio aos que transitavam pelo caminho. A presença de um médico na colônia contribuía bastante no cumprimento dessa função de apoio. Com isso, na colônia também eram atendidas pessoas doentes que estavam em trânsito entre a Capital e a cidade de Lages.

Um soldado da Companhia de Pedestres, em diligência na colônia, quando deveria seguir o rio Itajaí abaixo com seu comandante, teve que permanecer na colônia para tratar de sua doença[698]. Em fevereiro de 1859 o diretor comunicou ao presidente da província que um paisano vindo de Lages, que iria tratar de sua enfermidade em São José, por ter piorado o seu estado de saúde durante a viagem, teve de permanecer na colônia "por não poder seguir o seu destino"[699].

---

[697] CMST. *Ofício n. 249, ao presidente da província, Desembargador João Rodrigues Chaves.* João Paulo de Miranda, capitão diretor. Colônia militar de Santa Teresa, 7 de julho de 1881. Acervo IHGSC.

[698] Esse soldado permaneceu em tratamento na colônia por 6 dias, até falecer. CMST. *Ofício ao presidente da província.* João Xavier de Souza, capitão diretor interino. Colônia militar de Santa Teresa, 28 de fevereiro de 1857. Acervo IHGSC.

[699] CMST. *Ofício ao presidente da província, João José Coutinho.* João Xavier de Souza, capitão diretor. Colônia militar de Santa Teresa, 12 de fevereiro de 1859. Acervo IHGSC.

Entre os ofícios do diretor para o presidente de província encontram-se outros exemplos da assistência prestada pela colônia, de preferência aos soldados de outros batalhões do Exército brasileiro que passavam por lá. Em 1879 o diretor oficiou ao presidente da província que o soldado Germano Ludovico dos Santos permaneceu doente na colônia por alguns dias e depois seguiu para a Capital para juntar-se ao seu batalhão. Além desse soldado, permanecia na colônia, em tratamento, o anspeçada Manoel Joaquim de Sant'Anna[700].

Muitos soldados, sem poderem continuar suas jornadas, permaneciam na colônia por períodos curtos. Assim foi com o cabo Jesuíno Ferreira de Jesus, do batalhão do Depósito, que voltava do destacamento de Lages, onde já estava doente, chegou à colônia sem ter condições de seguir sua viagem até a Capital da província. Logo que melhorou, o referido cabo deu continuidade ao seu deslocamento e apresentou-se ao seu batalhão[701].

Em junho de 1857 um soldado desertor da 4.ª Companhia do Batalhão de Depósito da Corte apresentou-se ao diretor da colônia. Contudo, ele não o encaminhou para a Capital da província porque o soldado estava bastante doente e em tratamento na colônia[702].

Nesse sentido, é interessante ressaltar o seguinte excerto, no qual se relata o resgate de seis desertores no caminho para Lages:

> [...] no dia 13, ainda por baixo de mau tempo, tive de mandar a busca de três desertores que me constava irem com destino de se me apresentarem, mas que se achavam a quase uma légua, caídos de bexiga na estrada em abandono; e pedindo a caridade que os não deixasse perecer ao desamparo, mandei-os buscar, e cuidar deles até que se ponham em estado de os conduzir; quando porém se achavam em princípio de

---

[700] CMST. *Ofício n. 150, ao presidente da província, Antônio d'Almeida Oliveira.* João Paulo de Miranda, capitão diretor. Colônia militar de Santa Teresa, 17 de maio de 1879. Acervo IHGSC.

[701] CMST. *Ofício ao vice-presidente de província, tenente coronel Francisco José d'Oliveira.* João Francisco Barreto, tenente coronel diretor. Colônia militar de Santa Teresa, 29 de maio de 1865. Acervo IHGSC.

[702] CMST. *Ofício ao presidente de província, João José Coutinho.* João Xavier de Souza, capitão diretor interino. Colônia militar de Santa Teresa, 9 de junho de 1857. Acervo IHGSC.

convalescença, chegam-me mais três, de volta da fazenda Bom-retiro, no dia 23, em estado lastimoso, e de se não poderem pôr a caminho com menos de 5 a 6 dias de descanso; e banhos desinflamatórios nos pés[703].

Contou o diretor que se viu obrigado a salvar os três desertores que vinham do litoral para a colônia para apresentarem-se a ele, "os quais se achavam fortemente atacados de bexigas; expostos aos temporais e faltos de socorro"[704]. Assim que chegaram à colônia foram colocados em tratamento e, conforme o diretor, foram "milagrosamente salvos"[705]. Dias depois, apresentaram-se ao diretor outros três desertores que chegaram na colônia na companhia do estafeta da mala do correio. Esses estavam na fazenda Bom Retiro, "em estado lastimoso de fome, sarnas, estropiamento e resfriados"[706].

A passagem de pessoas doentes pela colônia também preocupava a diretoria. A infecção dos três primeiros desertores, por exemplo, espalhou-se entre a população da colônia, onde desenvolveu-se bastante e causou sérios prejuízos[707].

Por ser um local de passagem, vários desertores do Exército brasileiro eram ali capturados. Em meados de 1865, o diretor da colônia ao justificar a impossibilidade de apresentar-se na Capital, afirmou que:

[...] a ocorrência da deserção de soldados dessa Capital é espantosa e assustadora para lugares como este, desampará-lo e deixar a mercê dos trânsfugas; que armados e incorporados como é sabido andam, e podem fazer distúrbios e desacatos nesta pequena povoação, não estando nela quem saiba impor respeito, prevenir e fazer face as perversas tentativas dos desertores[708].

---

[703] CMST. *Ofício ao presidente de província, Adolpho de Barros Cavalcante d'Albuquerque.* João Francisco Barreto, tenente coronel diretor. Desterro, 14 de setembro de 1865. Folha 2. Acervo IHGSC.

[704] CMST. *Ofício ao vice-presidente de província, tenente coronel Francisco José d'Oliveira.* João Francisco Barreto, tenente coronel diretor. Colônia militar de Santa Teresa, 24 de agosto de 1865. Acervo IHGSC.

[705] *Idem.*

[706] *Idem.*

[707] *Idem.*

[708] CMST. *Ofício ao vice-presidente de província, tenente coronel Francisco José d'Oliveira.* João Francisco Barreto, tenente coronel diretor. Colônia militar de Santa Teresa, 9 de julho de 1865. Acervo IHGSC.

Para o·historiador Fábio Faria Mendes, a vasta extensão do território brasileiro favorecia a fuga dos desertores, que se refugiavam nos sertões e matas. A mobilidade intensa da população proporcionava-lhes proteção, permitindo que se confundissem com os errantes. A fronteira aberta servia tanto como um poderoso incentivo à deserção quanto como a principal dificuldade para o recrutamento[709].

Depois de capturados, esses desertores eram enviados aos seus corpos do Exército. Em setembro de 1856 três desertores do Batalhão do Depósito, da Capital, apresentaram-se ao diretor da colônia. Dois deles desertaram mais uma vez e foram capturados um dia depois por quatro praças da colônia, em Bom Retiro, na fazenda do Coronel Neves[710]. E, em junho de 1857, o presidente da província comunicou para o assistente do ajudante-general do Exército na província de Santa Catarina que o soldado Manoel José Bezerra, desertor do Batalhão do Depósito, apresentou-se ao comandante da colônia militar de Santa Teresa[711].

Em agosto de 1865 o diretor da colônia encaminhou para a Capital três desertores do Exército. Interessante ressaltar no ofício que acompanhou esses três é que dois deles, e mais um soldado inválido da colônia, fizeram a guarda de um dos desertores que seguiu para a Capital na condição de preso. Esse fora capturado pelos dois desertores quando tentava ir para Lages[712].

Nos documentos pesquisados, é comum a menção a desertores capturados pelos soldados da colônia. Em meados de 1864 foram capturados três desertores do Batalhão do Depósito. Esses passaram pela colônia durante a madrugada e furtaram roupas que estavam a quarar nos gramados às

---

[709] MENDES, Fábio Faria. *Recrutamento militar e construção do Estado no Brasil imperial.* Belo Horizonte: Argumentum, 2010. p. 43.

[710] CMST. *Ofício ao presidente de província, João José Coutinho.* João Xavier de Souza, capitão diretor interino. Colônia militar de Santa Teresa, 14 de setembro de 1856. Acervo IHGSC.

[711] SANTA CATARINA. *Ofício do presidente de província, João José Coutinho, ao assistente do ajudante--general do Exército na província de Santa Catarina, Pedro Maria Xavier de Oliveira Meirelles.* Palácio do Governo de Santa Catarina, 12 de junho de 1857. Acervo: APESC. Fundo: Registro Pres. de província para o Exército (1857/1860).

[712] CMST. *Ofício ao vice-presidente de província, tenente coronel Francisco José d'Oliveira.* João Francisco Barreto, tenente coronel diretor. Colônia militar de Santa Teresa, 2 de agosto de 1865. Acervo IHGSC.

margens do rio. O diretor ordenou que dois soldados e dois colonos perseguissem, a cavalo, os desertores. Alguns dos desertores foram capturados em Bom Retiro e outros um pouco mais além, na localidade de João Paulo, onde foram capturados com a ajuda de um destacamento militar instalado naquela localidade. Quando retornaram à colônia, permaneceram presos[713].

No ano anterior, um desertor do Batalhão do Depósito tentou passar pela colônia encostado à tropa de Francisco José Martins, que seguia para Lages. Porém, o desertor fora visto pelos soldados da colônia e capturado[714]. Em junho de 1865 ocorreu outra captura de desertores do Exército na colônia, conforme descreve o diretor em ofício encaminhado ao vice-presidente da província:

> Faço seguir presos os desertores Antônio Pereira da Silva e João Gomes digo, João Gomes Pereira da Silva, dos quais tendo, eu, notícia ontem à tarde por um tropeiro de virem dois homens que ficaram no lugar chamado Gaiolas, légua e meia acima desta colônia, e que pelos visos[715] mostravam ser desertores, que à sombra da noite pretendiam escapar por este lugar a ganharem os campos de Lages: a essa mesma hora 4 da tarde chamei por sinal os trabalhadores que tinha em serviço, e expedi duas escoltas para os dois morros de entrada e saída desta colônia a espera-los; e por volta das 5 horas da manhã, vindo eles a descer o morro Cadeado, foram apanhados pela escolta que estava dessa parte, composta dos soldados-colonos Ricardo José da Rosa, Camilo Rodrigues da Silva e Manoel Joaquim Correia[716].

---

[713] CMST. *Ofício ao presidente de província, Alexandre Rodrigues da Silva Chaves.* João Francisco Barreto, tenente coronel diretor. Colônia militar de Santa Teresa, 27 de julho de 1864. Acervo IHGSC.

[714] CMST. *Ofício ao Ajudante de Ordens da Presidência da Província, capitão João Peres Gomes.* Francisco Ramires Cardoso, tenente ajudante da colônia. Colônia militar de Santa Teresa, 1.º de maio de 1863. Acervo IHGSC.

[715] Modo de apresentar-se; aparência, aspecto, fisionomia.

[716] CMST. *Ofício ao vice-presidente de província, tenente coronel Francisco José d'Oliveira.* João Francisco Barreto, tenente coronel diretor. Colônia militar de Santa Teresa, 18 de junho de 1865. Acervo IHGSC.

Conforme o ofício do diretor, esses desertores tinham vindo há um mês da província do Ceará, que eram do Corpo da Polícia e faziam parte do Batalhão de Voluntários da Pátria da capital da província de Santa Catarina. Esses desertores seguiram escoltados para a capital por um cabo da Guarda Nacional vindo de Lages e que já levava um outro desertor[717]. Todos receberam carne e farinha para a viagem[718].

Desse mesmo grupo de desertores, haviam sido capturados, dias antes, outros dois desertores. Porém, nessa circunstância, o diretor contabilizava em 11 o número de desertores que haviam escapado, "inclusive um furriel e 4 cabos"[719], que conseguiram escapar para a fazenda Bom Retiro durante a alta madrugada.

Por isso, é necessário ressaltar o episódio em que um desertor, ao tentar escapar da colônia militar, foi preso e delatou um colono que auxiliava os desertores em suas fugas. Era noite de inverno quando três desertores tentaram escapar da colônia. Ao serem percebidos pelos soldados que patrulhavam a colônia, atiraram-se no rio e correram para o mato e, aproveitando-se "da noite umbrosa[720] e úmida"[721], não foram perseguidos. Entretanto, um dos desertores não sabia nadar e o local em que atravessaram o rio era bastante profundo. Ao gritar por ajuda, o desertor foi capturado pelos soldados da colônia. Enquanto permaneceu preso, o desertor declarou ao diretor que ele e os outros dois desertores haviam sido instruídos sobre qual caminho deveriam percorrer para não serem capturados pelos soldados da colônia. As informações foram repassadas, conforme o desertor, pelo soldado Manoel Joaquim Correia, que possuía a regalia de buscar mantimentos para a sua família em Santo Amaro do Cubatão[722] e que

---

[717]  Idem.

[718]  Na documentação referente ao envio de desertores para a Capital é recorrente a menção quanto às porções de carne seca e farinha para a viagem entregues aos desertores. Os gastos decorrentes dessas porções eram descontados dos vencimentos do desertor.

[719]  CMST. *Ofício ao vice-presidente de província, tenente coronel Francisco José d'Oliveira.* João Francisco Barreto, tenente coronel diretor. Colônia militar de Santa Teresa, 10 de julho de 1865. Acervo IHGSC.

[720]  Noite sombria, escura.

[721]  CMST. *Ofício ao presidente da província, Pedro Leitão da Cunha.* João Francisco Barreto, tenente coronel diretor. Colônia militar de Santa Teresa, 4 de julho de 1863. Folha 1. Acervo IHGSC.

[722]  Atual município de Santo Amaro da Imperatriz.

participava das patrulhas e de piquetes noturnos montados na colônia[723].

Alguns desertores, conforme o diretor, arrependiam-se da deserção. Isso talvez tenha sido uma estratégia para diminuir as penalidades que recaíam sobre eles. Em julho de 1865 o soldado João Estevão da Silva apresentou-se ao diretor da colônia. Na ocasião, o soldado afirmou pertencer à 7.ª Companhia de um batalhão que estava na Capital da província, do qual ignorava o número ou designação, declarando que estava arrependido de ter se ausentado do batalhão e que fora seduzido por outros para empreender a deserção. João Estevão era natural da vila de Bom Jesus do Livramento, da província de Minas Gerais[724]. Em setembro daquele ano alguns soldados dos corpos do Exército da Capital apresentaram-se ao diretor da colônia e afirmaram estar arrependidos de cometerem a deserção. Por terem alcançado a colônia em más condições de saúde, "alguns doentes e todos estropiados", o diretor deixou que esses desertores descansassem antes de voltarem para a Capital, pois essa viagem era feita a pé[725].

Embora os soldados da colônia capturassem desertores do Exército que utilizavam o caminho entre Desterro e Lages para fugir, alguns colonos também abandonavam a colônia. O colono paisano José Correia de Souza, por exemplo, em setembro de 1867 escapou da colônia militar e escondeu-se na fazenda do Coronel Neves, no distrito de Santo Amaro do Cubatão. Esse colono fugia, na verdade, do recrutamento do Exército, pois o diretor o considerava recrutável "por estar em todas as circunstâncias exigíveis para esse fim, solteiro robusto e sadio"[726]. Tempos antes, o diretor o havia encontrado na casa do senhor Serafim Muniz de Moura, onde era agregado. O colono José Correia possuía mãe e irmãos em

---

[723] Idem.

[724] CMST. *Ofício ao vice-presidente de província, tenente coronel Francisco José d'Oliveira.* João Francisco Barreto, tenente coronel diretor. Colônia militar de Santa Teresa, 25 de julho de 1865. Acervo IHGSC.

[725] CMST. *Ofício ao presidente de província, Adolpho de Barros Cavalcante d'Albuquerque Lacerda.* José Félix de Morais, 2.º Cirurgião diretor interino. Colônia militar de Santa Teresa, 12 de setembro de 1865. Acervo IHGSC.

[726] CMST. *Relatório dos serviços feitos na colônia militar de Santa Teresa, e alterações havidas na mesma no mês de agosto de 1867.* João Francisco Barreto, coronel diretor. Colônia militar de Santa Teresa, 1.º de setembro de 1867. Acervo IHGSC.

Biguaçu, no litoral da província, bem próximo da Capital. Na colônia ele não possuía casa própria "pernoitando muitas vezes ora em casa de um, ora em casa de outro, tocando viola e atordoando a colônia com seus berros a que ele dá o nome de canto"[727]. O diretor avisou a todos os párocos de Santo Amaro e Biguaçu que o referido colono buscava se casar apenas para ser dispensado do recrutamento para o qual o diretor havia determinado. Ele também alertou ao chefe de polícia e ao subdelegado de Santo Amaro acerca de necessidade de se capturar aquele colono.

O colono José Correia de Souza possuía advogado e por meio desse elaborou uma lista de acusações contra o diretor da colônia. O diretor defendeu-se das acusações de que ameaçava o colono com o recrutamento e de que perseguia a viúva Anna Fernandes, futura esposa do colono. O advogado desse colono acusou o diretor de viver em concubinato com aquela viúva. O diretor comunicou ao presidente da província que aquela viúva apenas cuidava de suas roupas e de suas aves domésticas. E mais, questiona-se como é que nessa condição, caso fosse verdade, o colono mantinha intenções de se casar com a viúva? O diretor terminou sua defesa com a afirmação de que tinha consciência de que havia realizado um bom trabalho para dar ao Exército um ótimo recruta[728]. Ou seja, os diretores da colônia também estavam atentos ao recrutamento de soldados para o Exército brasileiro.

A narrativa acima confirma a hipótese do historiador norte-americano Peter Beattie de que, embora o recrutamento forçado afetasse apenas um pequeno número de homens, as operações de captura acabavam deslocando muitos mais. Adultos e adolescentes fugiam ou resistiam quando as tropas da polícia, do Exército ou da Guarda Nacional se aproximavam[729].

E, pela colônia militar de Santa Teresa transitavam vários homens do Exército brasileiro. Esse deslocamento de

---

[727] Idem.

[728] CMST. *Ofício ao presidente de província, Comendador Francisco José d'Oliveira*. João Francisco Barreto, coronel diretor. Colônia militar de Santa Teresa, 9 de setembro de 1867. Folha 3. Acervo IHGSC.

[729] BEATTIE, *op. cit.*, p. 203.

militares que passavam por lá, desertores ou não, serve para conhecer melhor uma face importante das possíveis relações estabelecidas entre as pessoas que viviam lá. É necessário ter em mente, ao fazer a tentativa de compreensão do cotidiano dessas pessoas, que a colônia se configurava como um importante entreposto militar no interior da província de Santa Catarina.

Percebe-se, diante da documentação analisada, que as expedições do Exército que passavam pela colônia causavam transtornos ao diretor. Em fins de 1862, uma expedição do Batalhão do Depósito chegou para auxiliar no combate aos indígenas que circundavam as imediações da colônia. Com a chegada desse batalhão, conforme o diretor, os preguiçosos da colônia aproveitaram a oportunidade para pedirem baixa do serviço militar na expectativa de realizarem novo engajamento no Batalhão do Depósito, pois almejavam, na verdade, o recebimento da gratificação de voluntários e o prêmio de quatrocentos mil réis. Assim, o diretor afirmava que "a colônia com a passagem dos superintendentes, e de outros iguais só perde em número"[730].

Houve também situações nas quais o diretor precisava prestar auxílio financeiro aos militares que passavam pela colônia, como aconteceu em novembro de 1881. Conforme o ajudante do diretor, no dia 5 daquele mês chegou à colônia

> [...] uma escolta composta de um cabo e seis soldados conduzindo dois presos da cidade de Lages para essa Capital, apresentou-se me o cabo comandante da dita escolta e disse-me que só tinham sidos abonados de etapa até o mencionado dia 5 em que chegaram a esta colônia pedindo-me para eu abonar-lhe mais cinco dias de etapa visto já não terem mais dinheiro; pois que só da dita cidade até esta colônia, traziam dez dias de viagem em consequência do mau tempo, e que, ao contrário, tinham de sofrer fome sem terem outro recurso[731].

---

[730] CMST. *Ofício ao presidente da província, Conselheiro Vicente Pires da Motta*. João Francisco Barreto, tenente coronel diretor. Colônia militar de Santa Teresa, 27 de setembro de 1862. Folha 2. Acervo IHGSC.

[731] CMST. *Ofício n. 264, ao presidente da província, Desembargador João Rodrigues Chaves*. João Bartho da Silveira, alferes ajudante. Colônia militar de Santa Teresa, 6 de novembro de 1881. Acervo IHGSC.

No mês anterior, o diretor havia fornecido dois animais aos guardas policiais que se dirigiam para Lages, pois os animais com que cavalgavam estavam cansados demais para continuar viagem[732].

Porém, por vezes, a passagem desses militares podia contribuir com os serviços do diretor, como o envio de presos, sobretudo de desertores capturados na colônia, para a Capital da província. No inverno de 1863, por exemplo, o alferes do corpo policial Jesuíno Antônio de Mello, vindo de Lages, acompanhou o soldado Elisário de Souza Nunes, desertor da 4.ª Companhia do Batalhão do Depósito, capturado na colônia[733].

Ademais, a ida de militares para a colônia também servia no auxílio às buscas de desertores e contraventores que circulavam pela região. Em setembro de 1863 apresentaram-se na colônia um cabo e 6 soldados do Batalhão 12 de Infantaria os quais seriam "empregados contra a correria dos Bugres, captura de vagabundos e desertores"[734].

O trânsito de militares do Exército brasileiro pela colônia militar de Santa Teresa, que estavam de passagem ou que iam para lá prestar auxílio, exigia dos diretores habilidades de negociação. O contato entre os diretores e outras autoridades, militares ou civis, evidencia um campo de disputas de poder. Nos documentos analisados, quase todos escritos pelos diretores da colônia, sobressai o caráter conflituoso desses contatos. Contudo, há, também, relações harmoniosas, mas que no acervo pesquisado aparece com menos frequência.

Em novembro de 1881, uma escolta de militares que conduzia dois presos para a Capital da província pernoitou na casa de um colono. Durante a noite os militares embriagaram-se e causaram incômodo ao colono que os hospedava. Um dos soldados, Eduardo Alves de Castilho, havia deitado mais cedo. Quando estavam todos muito bêbados, o soldado

---

[732] CMST. *Ofício n. 263, ao presidente da província, Desembargador João Rodrigues Chaves*. João Paulo de Miranda, capitão diretor. Colônia militar de Santa Teresa, 28 de outubro de 1881. Acervo IHGSC.

[733] CMST. *Ofício ao presidente da província, Pedro Leitão da Cunha*. João Francisco Barreto, tenente coronel diretor. Colônia militar de Santa Teresa, 4 de julho de 1863. Folha 1. Acervo IHGSC.

[734] CMST. *Ofício ao presidente da província, Pedro Leitão da Cunha*. João Francisco Barreto, tenente coronel diretor. Colônia militar de Santa Teresa, 26 de setembro de 1863. Folha 1. Acervo IHGSC.

de 1.ª classe Rosendo Antônio Alexandre atacou o soldado Eduardo com pontapés e com uma arma deu-lhe um soco no peito, com o qual o soldado Eduardo perdeu suas forças, "botando sangue pela boca e bastante machucado"[735]. Não bastasse o ato cometido contra o soldado Eduardo, Rosendo atirou várias vezes contra uma das janelas da casa do colono, sob a qual dormia uma das filhas dele. O alferes ajudante da colônia informou ao presidente da província que aqueles mesmos militares, ao passarem pela fazenda Bom Retiro, abateram um terneiro sem autorização.

Por ser uma barreira de cobrança de impostos no caminho para Lages, era frequente o contato entre o diretor da colônia e os agentes da coletoria de São José. Nas correspondências que tratam desse assunto, é bastante comum encontrar menção às cercas que fechavam a colônia. Os gastos com a construção e manutenção dessas cercas, "uma ao poente de menor dimensão no lugar denominado Olaria, e a outra de maior amplitude a leste"[736], também causavam conflitos. Em outubro de 1865, por exemplo, o diretor reclamava ao presidente de província de que havia construído as duas cercas da colônia e que o coletor de São José se negou a ressarcir o diretor por uma das duas cercas, pois o coletor afirmava ter solicitado apenas a construção de uma delas[737].

Entretanto, os conflitos entre os diretores da colônia e o coletor de São José se destacam. Em outubro de 1863, o diretor relatou ao presidente de província que sentia os funcionários públicos de São José invadirem sua autoridade na colônia. Nessa ocasião, o diretor trata do respeito que é necessário se manter entre autoridades distintas. Lembra ao presidente de província que o diretor da colônia militar é a única autoridade nela, sujeito apenas ao governo da província. Contudo, autoridades judiciais de São José haviam mandado notificar testemunhas na colônia para comparecerem naquela

---

[735] CMST. *Ofício n. 265, ao presidente da província, Desembargador João Rodrigues Chaves*. João Bartho da Silveira, alferes ajudante do diretor. Colônia militar de Santa Teresa, 10 de novembro de 1881. Acervo IHGSC.

[736] CMST. *Ofício ao presidente de província, Adolpho de Barros Cavalcante d'Albuquerque*. João Francisco Barreto, tenente coronel diretor. Desterro, 6 de outubro de 1865. Acervo IHGSC.

[737] *Idem.*

cidade sem o consentimento do diretor. E mais, o coletor de São José também fazia ameaças quanto à coleta de impostos na colônia (do comércio na colônia, por exemplo). Nas palavras do diretor:

> [...] muitas arbitrariedades sofre a miserável classe ignorante por funcionários não mais avisados que ela. Como é que um coletor de São José sem ter ido ao lugar longínquo da colônia, sem informar-se da autoridade que ali manda; sem saber da peculiaridade local, manda de sua casa, a quem mora a 17 léguas de mau caminho, venha em 8 dias, a contar da data do mandato, satisfazer o que lhe pareceu impor, com comunicação de pena.

> Protesto pois ante V. Exa., como primeira autoridade da Província, contra o procedimento ilegal injusto do dito coletor: ilegal pela incompetência de coletar em uma colônia, cujos foros são militar, a indivíduos dela que com licença de seu diretor fazem pequenos negócios, inclusive o de venderem alguma bebida; em cujo gozo de exceção de taxa tem estado a colônia desde o primeiro quitandeiro que para ali foi, desde sua fundação, e que ainda existe no lugar, o paisano José Cardoso da Silva Berto, afora a casa do cidadão Serafim Muniz de Moura, onde também tudo vendiam, e ainda hoje vendem e injusto por recair unicamente o imposto sobre uma mulher, ao passo que além dos dois acima mencionados, vendem também bebidas o colono militar aleijado de uma mão Manoel João Pereira, e o paisano Francisco Antônio de Lima; mas todos sob o indulto colonial em que nos temos conservado, e onde se precisa de todo o alívio e favor[738].

Com esse ofício, o diretor solicitava ao presidente de província que, por meio da Diretoria-Geral da Fazenda Provincial, advertisse o coletor de São José de que a coleta de impostos não fosse realizada na colônia militar enquanto essa não fosse "convertida em regular povoação"[739].

---

[738] CMST. *Ofício ao presidente da província, Pedro Leitão da Cunha*. João Francisco Barreto, tenente coronel diretor. Desterro, 28 de outubro de 1863. Folha 2. Acervo IHGSC.

[739] *Idem*, folha 3.

Em 1864, o diretor delatou atos abusivos cometidos pelo coletor de São José. Naquele ano, o coletor nomeou o tenente ajudante da colônia como contador do gado que passasse pelo caminho. O diretor não concordava com a ordem do coletor e ficou ressentido por não ter sido comunicado pelo presidente da província dessa decisão e encargo dado a um oficial do Exército. Conforme o diretor:

> Se eu sou, na forma do Regulamento, a primeira autoridade da colônia, como é V. Exa. a primeira da Província, não posso consentir ousadias que ferem a importância do lugar que me foi confiado; e muito principalmente partindo de um despeitoso coletor, que busca amesquinhar minha autoridade, por se ter visto contrariado na administração do Exmo. Sr. Leitão da Cunha, na questão de uma coleta injusta e parcial a uma única pessoa nesta colônia, por vender bebidas espirituosas[740].

E ele terminou esse ofício ao presidente de província com a afirmação de que o ajudante da colônia, o tenente Francisco Ramires Cardozo, não poderia ser encarregado da contagem dos animais e sugeriu que esse trabalho poderia ser realizado pelo escrivão da colônia[741]. Em maio de 1865 o diretor recebeu, uma vez mais, a mesma exigência do diretor-geral da Fazenda, oportunidade na qual o diretor afirmou ao presidente de província "que eu aqui não sou contador de tais gados sujeitos a imposto, e que quem o exerce no lugar, por nomeação do coletor de São José, é o escrivão desta colônia [...] o qual, além de fornecer as guias aos tropeiros, todos os meses envia essas relações a coletoria"[742].

No mesmo período, ainda por conta do imposto cobrado sobre os animais que utilizavam o caminho entre Desterro e Lages, o diretor também estava em conflito com o diretor-geral da Fazenda Provincial. Os indícios dessa intriga estão

---

[740] CMST. *Ofício ao presidente de província, Alexandre Rodrigues da Silva Chaves.* João Francisco Barreto, tenente coronel diretor. Colônia militar de Santa Teresa, 7 de julho de 1864. Folha 1. Acervo IHGSC.

[741] *Idem*, folha 3.

[742] CMST. *Ofício ao vice-presidente de província, tenente coronel Francisco José d'Oliveira.* João Francisco Barreto, tenente coronel diretor. Colônia militar de Santa Teresa, 18 de maio de 1865. Folha 2. Acervo IHGSC.

refletidos em ofício no qual o diretor afirma ao presidente de província que as exigências feitas pelo diretor-geral da Fazenda eram banais e envolviam puerilidade. Isso porque em setembro de 1864 o diretor-geral da Fazenda Provincial exigia ao diretor da colônia o envio mensal das relações de animais que desciam de Lages. Porém, desde maio de 1864, por meio da Lei n.º 547, a coletoria de São José era responsável pela cobrança do imposto sobre os animais. E, a partir de então, o coletor de São José estava "autorizado a nomear e pagar a pessoa de sua confiança nesta colônia para a contagem dos animais sujeitos ao imposto de passamento de guias aos condutores"[743]. Para o diretor, a essa pessoa incumbia o dever de enviar à diretoria da Fazenda Provincial as relações mensais de animais que desciam de Lages.

No mesmo ofício, o diretor imprimiu sinais de insatisfação por desempenhar a função de direção. O diretor João Francisco Barreto afirmou ter aceitado o convite porque, tanto ele quanto o presidente de província Francisco Carlos d'Araújo Brusque, que o convidara para o cargo, ignorava o peso e a quantidade de incômodo que enfrentaria no desempenho das funções de diretor de uma colônia militar e responsável por uma barreira de cobrança de impostos. Ao fim do ofício o diretor afirmou que era obrigado, há quatro anos, a carregar

> [...] essa cruz gratuitamente, que além de tudo me acarretava dispêndio, e comprometimentos; porque a diligência da maioria dos tropeiros é iludir o fisco, e passar por alto quanto podem: e quando se é, como deve exigente a benefício da Fazenda vão propalando o quanto lhes parece de mau[744].

No entanto, a partir de fevereiro de 1870, a responsabilidade pela cobrança dos impostos passou para a Coletoria de São José. Baseado nas disposições da lei n.º 499, de 22 de maio de 1860, o presidente da província, com o intuito de

---

[743] CMST. *Ofício ao presidente de província, Alexandre Rodrigues da Silva Chaves*. João Francisco Barreto, tenente coronel diretor. Colônia militar de Santa Teresa, 14 de setembro de 1864. Folha 2. Acervo IHGSC.

[744] *Idem*, folha 3.

aumentar a receita provincial, criou uma agência de coletoria uma légua acima da colônia militar de Santa Teresa[745].

Os diretores da colônia, perante os presidentes de província, também faziam reclamações. Em meados de 1862, o diretor reclamava ao presidente de província acerca do não recebimento da retribuição do serviço de arrecadamento do imposto sobre o gado que era transportado pelo caminho, desde a criação de uma agência recebedora de impostos no Passa Vinte, próximo da Capital. Para o diretor, a colônia militar era o único lugar conveniente para a fiscalização e cobrança desse imposto. Embora o imposto continuasse a ser cobrado na colônia, assim como a contagem dos animais e a expedição de guias para pagamento de imposto também eram feitas lá, o governo provincial não previa nenhum tipo de gratificação por conta desses serviços prestados na barreira de Santa Teresa[746].

Mas a relação entre os diretores da colônia e os presidentes de província nem sempre eram harmoniosas. Embora os presidentes de província nomeassem os diretores das colônias, a relação entre eles era, em determinados períodos, bastante propensa a conflitos. Em fevereiro de 1882, o diretor afirmou que não era mais possível manter a dignidade dele sem o auxílio de policiais. Os distúrbios entre os maus colonos colocavam em risco o sossego de quase todos os moradores da colônia. Conforme o diretor, "entre os maus tem aqui meia dúzia de atrevidos e ladrões da paciência dos bons com os quais já tenho esgotado os meios de estímulo que tenho empregado no regime desta colônia"[747]. E relata ao presidente da província que o colono Zeferino Antônio Ferreira Júnior, expulso da colônia com recomendação de que fosse para uma casa de correção, estava vivendo, de novo, naquele assentamento. O diretor interpretou esse fato como repreensão do presidente porque o diretor havia dito

---

[745] SANTA CATARINA. *Ato de 15 de fevereiro de 1870, criando uma agência de coletoria na estrada que da cidade de São José segue para Lages.* André Cordeiro d'Araújo Lima. Palácio do Governo, 15 de fevereiro de 1870. Acervo: Arquivo Histórico Municipal de São José. Fundo: Coletoria. Série: Correspondências recebidas. Subsérie: diversos órgãos. Caixa 12.

[746] CMST. *Ofício ao presidente da província, Conselheiro Vicente Pires da Motta.* João Francisco Barreto, tenente coronel diretor. Desterro, 23 de julho de 1862. Acervo IHGSC.

[747] CMST. *Ofício n. 279, ao presidente da província, Desembargador João Rodrigues Chaves.* João Paulo de Miranda, capitão diretor. Colônia militar de Santa Teresa, 22 de fevereiro de 1882. Acervo IHGSC.

que "a volta desse ente inútil à sociedade importaria minha demissão"[748]. Conforme o diretor, ele não conseguia conter o colono Zeferino e não estava disposto a lutar com "bêbados e insolentes"[749]. Por não ter cumprido nenhum tipo de penalidade, de acordo com o diretor, o colono voltou muito pior do que era antes, tanto que "a sua volta causou a morte de sua mãe que morreu no dia 12 do mês passado, de um ataque fulminante, por paixão de ver aqui andar bêbado, armado de pistola e faca fazendo distúrbios, sem que o pudesse conter pois ela própria o temia"[750].

A relação delicada entre o diretor da colônia e o presidente da província fica bastante clara neste excerto:

> [...] em estado de embriaguez, depois de incomodar os residentes da povoação da colônia, foi a casa de sua falecida mãe, e fez correr para a rua sua irmã que ficou com a carga da casa, visto ele por seu mau procedimento, de nada servir. Ora, isto não tem jeito! Quanto a mim, não obstante ele propalar que me há de matar, isso não me importa porque uma vez que como empregado não tenho segurança individual, procurarei me defender conforme puder até que V. Exa. se digne dar providências[751].

Em outubro de 1875, o presidente da província, ao enviar o relatório de inspeção da colônia militar de Santa Teresa ao Ministério da Guerra, afirmou que o estado lamentável em que se encontrava a colônia era o resultado de nomeações malfeitas, tanto de soldados quanto de oficiais. Para o presidente da província, os oficiais nomeados para a colônia revelaram-se "faltos de inteligência, zelo e tino administrativo necessário para dirigir uma colônia"[752]. Por sinal, o presidente lamentava que o cargo de diretor era considerado, muitas vezes, como

---

[748] *Idem.*

[749] *Idem*, verso.

[750] CMST. *Ofício n. 279, ao presidente da província, Desembargador João Rodrigues Chaves.* João Paulo de Miranda, capitão diretor. Colônia militar de Santa Teresa, 22 de fevereiro de 1882. Verso. Acervo IHGSC.

[751] *Idem.*

[752] SANTA CATARINA. *Relatório de inspeção da colônia militar de Santa Teresa, do presidente da província de Santa Catarina ao Ministério da Guerra.* Desterro, 9 de outubro de 1875. Folha 2-3. Acervo: APESC. Fundo: Correspondências Presidente da Província para o Ministério da Guerra (1875-1878).

um meio de conceder "vantagens a velhos oficiais reformados, que cansados não tem a atividade desejável, e muito menos ambição de qualquer recompensa"[753]. Dessa forma, o presidente sugere ao Ministério da Guerra o seguinte:

> Assim julgo cumprir meu dever declarando a V. Exa. que é inconveniente a continuação do diretor e escrivão da colônia, os quais se limitam a perceber os seus vencimentos, pois que, conforme V. Exa. dignar-se-á de ver das respostas do primeiro aos ofícios do tenente coronel inspetor, não tem ele a inteligência necessária para dirigir a colônia, e muito menos o tino para fazê-la prosperar, sendo que o segundo doente e de idade adiantada não cumpre seus deveres e mantém a escrituração atrasada e defeituosa[754].

É exemplar o ofício do diretor João Paulo de Miranda que, em junho de 1879, justificava a situação precária em que estava a colônia militar de Santa Teresa nos seguintes termos:

> 1.º por ser militar, 2.º porque o Governo não se lembra desta. Com as colônias civis nesta Província o Governo gasta mensalmente centenas de contos de réis, satisfaz todas as requisições dos respectivos diretores a bem do melhoramento das mesmas, e pensa nestas. Quanto a esta velha e pobre militar, não manda dar quantia alguma para conserto de estradas, abertura de picadas, e conserto das seis casinhas pertencentes a nação nas quais moram os empregados, cujas tanto precisam de reparo, assim também para a edificação de uma capela o que muito influi para chamar gente a estabelecerem-se na colônia, o que não acontece assim, que os atuais habitantes não tem onde ouvirem missa, casarem e batizarem seus filhos e [ilegível], e que tendo isso fazem fora do tempo com grande despesa sendo preciso irem daqui muitas léguas em Santo Amaro, ou na cidade de São José[755].

[753] *Idem*, folha 3.
[754] *Idem*.
[755] CMST. *Ofício n. 153, ao presidente da província, Antônio d'Almeida Oliveira*. João Paulo de Miranda, capitão diretor. Colônia militar de Santa Teresa, 2 de junho de 1879. Folha 1. Acervo IHGSC.

Baseado nesse excerto, além de esclarecer a respeito das reclamações feitas pelos diretores aos presidentes de província, pode-se pensar como era a relação entre o diretor da colônia e a administração das colônias alemãs instaladas nas proximidades de Santa Teresa. Nesse caso, fica claro que o diretor se mantinha informado sobre o progresso das outras colônias, e isso faz pensar a respeito das possíveis relações estabelecidas entre os moradores da colônia militar e os moradores das colônias alemãs instaladas nas margens do caminho entre Desterro e Lages.

Em novembro de 1862, o diretor da colônia militar solicitou ao presidente de província que não prosseguisse a dúvida lançada pelo diretor da colônia de Santa Isabel a respeito da posse de duas casas construídas por colonos militares na colônia-filial de Santa Maria, na localidade de Morro Chato[756]. Uma das casas era coberta "de telhão de madeira, tapada de barro, com portas e janelas"[757] e a outra era "coberta de palha, assoalhada de madeira"[758], com portas de janelas. Os colonos militares que moravam nessas casas mudaram-se para Santa Teresa e o diretor da colônia de Santa Isabel ocupou as casas com colonos alemães, sem pagar-lhes qualquer indenização[759].

Mas não era apenas o diretor que mantinha contato com outras colônias próximas da colônia militar de Santa Teresa. As colônias alemãs instaladas nas margens do caminho entre Desterro e Lages serviram, muitas vezes, como alternativa para o cumprimento de determinados serviços da colônia militar. Em março de 1864, por exemplo, o diretor de Santa Teresa contratou um imigrante alemão da colônia Santa Isabel para transportar os pertences de soldados que chegavam à colônia[760].

Para as colônias alemãs também eram mandados os filhos de alguns colonos para realizarem os seus estudos. Esse

---

[756] Localidade do atual município de Rancho Queimado.

[757] CMST. *Ofício ao vice-presidente da província, João Francisco de Souza Coutinho*. João Francisco Barreto, tenente coronel diretor. Desterro, 29 de novembro de 1862. Acervo IHGSC.

[758] *Idem.*

[759] *Idem.*

[760] CMST. *Ofício ao vice-presidente da província, Francisco José d'Oliveira*. João Francisco Barreto, tenente coronel diretor. Desterro, 17 de março de 1864. Acervo IHGSC.

foi o caso de um filho de um colono de terceira classe que estudava na colônia de São Pedro de Alcântara em 1867[761].

Enfim, os contatos que os moradores da colônia militar de Santa Teresa mantinham com as pessoas que não viviam lá são diversificados. Alguns em tons de interdependência e outros em tons de conflito. Conhecendo-se um pouco disso, pode-se refletir, então, a respeito de como eram as relações interpessoais entre os moradores da colônia.

## 5.2 O CONVÍVIO ENTRE OS MORADORES DA COLÔNIA MILITAR DE SANTA TERESA

A embriaguez dos colonos, um termo recorrente nos relatórios e ofícios dos diretores, estava associada a diversos eventos que ocorreram na colônia. O comércio de aguardente, segundo os diretores, representava um dos principais fatores que ameaçavam a tranquilidade e a manutenção da ordem. Assim, é comum encontrar menções a esse comércio nos documentos selecionados. A partir dessas referências, é possível refletir sobre as relações interpessoais estabelecidas entre colonos, oficiais e comerciantes na colônia.

Em meados de 1862, o diretor comunicou ao presidente da província a existência de casas de comércio na colônia pertencentes a soldados do Exército que ainda recebiam salário. Essa situação ampliava consideravelmente o comércio de aguardente. O diretor também expôs ao presidente da província "a necessidade de acabar na colônia com tais quitandas dos colonos estipendiados; ficando, assim, livre tal comércio aos paisanos do lugar ou a qualquer outro que buscasse estabelecer-se ali com um negócio"[762].

No entanto, anos mais tarde, em 5 de março de 1864, o diretor comunicou ao presidente de província que seria con-

---

[761] CMST. *Relatório dos serviços feitos na colônia militar de Santa Teresa, e alterações havidas na mesma no mês de novembro de 1867*. João Francisco Barreto, coronel diretor. Colônia militar de Santa Teresa, 1.º de dezembro de 1867. Acervo IHGSC.

[762] CMST. *Ofício ao presidente da província, Conselheiro Vicente Pires da Motta*. João Francisco Barreto, tenente coronel diretor. Desterro, 10 de julho de 1862. Acervo IHGSC.

veniente limitar ou restringir a venda de aguardente. Apesar das advertências feitas pelo diretor aos vendedores, de não venderem aguardente a determinados colonos, o comércio de bebidas na colônia não possuía restrições. De acordo com o diretor, "tais traficantes em vendo moeda em mão do pobre e desgraçado vicioso o não deixam sair sem que larguem o último vintém a troco da perniciosa bebida"[763]. O diretor afirmava também que os colonos viciados, mesmo aqueles que possuíam mulher e filhos, e tinham de prestar serviços à colônia, não se importavam com mais nada além da embriaguez[764].

Junto do ofício encaminhado pelo diretor ao presidente de província, enviou-se também uma cópia da ordem do diretor, pela qual o comércio de aguardente seria controlado pela diretoria da colônia:

> Cumprindo-me velar sobre o sossego das famílias e moralização pública, e ao mesmo tempo promover os interesses da Fazenda Provincial: pessoa alguma desta Colônia, de hoje em diante, poderá vender aguardente em casa pública, ou particular sem licença por escrita desta Diretoria, que será concedida segundo a confiança que o pretendente mereça da mesma Diretoria a respeito de semelhante comercio, de que tanto se tem abusado, e que tanto transtorno e incômodo tem causado a muitos indivíduos do lugar dados ao vício de bebidas espirituosas; cuja licença, aos que forem concedida, servirá de título para o pagamento do respectivo imposto na Coletoria do Município. [...] Os contraventores da presente ordem além de incorrerem na pena de desobediência, e por isso a prisão, lhes será apenada a porção de líquido que for encontrada em suas casas, que exceda a uma módica e razoável quantidade para uso particular: sendo a porção embargada posta em lugar onde haja licença de a vender, e o seu produto aplicado em benefício do altar da capela desta mesma Colônia; e em caso de reincidência serão mandados retirar do lugar, como perniciosos a ele, na forma autorizada pelo Regulamento[765].

---

[763] CMST. *Ofício ao vice-presidente da província, Francisco José d'Oliveira*. João Francisco Barreto, tenente coronel diretor. Colônia militar de Santa Teresa, 5 de março de 1864. Acervo IHGSC.

[764] Idem.

[765] CMST. *Cópia de ordem*. João Francisco Barreto, tenente coronel diretor. Colônia militar de Santa Teresa, 5 de março de 1864. Acervo IHGSC.

Alguns documentos da administração da colônia deixaram rastros importantes a respeito do comportamento dos colonos que viviam em Santa Teresa, em particular sobre as relações estabelecidas entre eles. Em julho de 1859, o diretor comunicava ao presidente de província a retirada do soldado Antônio Pantaleão do Lago. Nesse ofício o diretor afirmou que o soldado iludia aos demais praças que viviam na colônia com dizeres contrários ao regulamento da colônia e à disciplina militar. Com isso, o soldado conduzia outros praças a negligenciarem os serviços que deveriam ser prestados à colônia[766].

Entre os familiares dos colonos também havia conflito. No dia 19 de março de 1857 o diretor comunicou ao presidente da província o falecimento de Catharina Drummer, esposa do soldado oleiro Christiano Martins Othon. Na mesma ocasião, o diretor afirmou que a filha desse soldado, Anna Emília, exigia permissão para retirar-se da colônia. A justificativa para o pedido era de que a filha não poderia permanecer com o pai "por ter ele abandonado a família, não tratando dela, e nem com isso se importa"[767].

Interessante é a queixa de um colono de 1.ª classe contra um cabo de esquadra da colônia. Conforme o ajudante do diretor, o colono de 1.ª classe, em meados de 1859, "foi advertido por outro colono de que o cabo de esquadra Fernando José Bento difamava sua família falando da honra de sua filha"[768]. Certa noite, entre 22 e 23 horas, o colono de 1.ª classe encontrou o cabo de esquadra encostado na parede de sua casa escutando o que se falava no interior da moradia. O colono perseguiu o cabo de esquadra na tentativa de agarrá-lo, mas não o alcançou.

Em setembro de 1863, o diretor da colônia comunicou ao presidente de província o envio de dois presos para a Capital:

---

[766] CMST. *Ofício ao presidente da província, João José Coutinho.* João Xavier de Souza, capitão diretor. Colônia militar de Santa Teresa, 1.º de julho de 1859. Acervo IHGSC.

[767] CMST. *Ofício ao presidente da província, João José Coutinho.* João Xavier de Souza, capitão diretor. Colônia militar de Santa Teresa, 19 de março de 1857. Acervo IHGSC.

[768] CMST. *Ofício ao presidente da província, João José Coutinho.* Francisco Ramires Cardoso, tenente ajudante e servindo de comandante interino. Colônia militar de Santa Teresa, 2 de setembro de 1859. Acervo IHGSC.

o soldado João Pereira Ramos por provocar inquietações e ser sedutor de mulheres casadas e solteiras da colônia e o colono José Joaquim da Silva por ter assassinado a esposa[769].

O soldado João Pereira Ramos era casado e fez com que sua esposa o abandonasse. Os pais de sua esposa viviam no Cubatão (Santo Amaro da Imperatriz), para onde ela foi viver depois de ter deixado a colônia. Depois disso o soldado passou a intrometer-se e a tomar parte em questões familiares. Suas intromissões tornavam pequenas contendas em grandes conflitos familiares, a ponto de causar a separação de casais.

Pouco tempo depois de a esposa tê-lo deixado, o soldado João comprou uma casa ao lado da residência do colono Manoel Joaquim Lacerda. Esse colono possuía esposa, uma filha de 18 anos chamada Sebastiana, um filho um pouco mais novo e uma menina ainda criança. De acordo com o diretor, o soldado João adquiriu a casa ao lado da do colono Manoel porque estava interessado pela jovem Sebastiana. Embora a esposa não vivesse mais com aquele soldado, ele ainda era casado. Em face disso, para aproximar-se de Sebastiana ele utilizava o termo "comadrinha". Para aproximar-se mais ainda de Sebastiana e afastá-la de sua família, o soldado João convidou o colono José Joaquim da Silva, viúvo, para morar em sua casa. O intento do soldado era casar o colono José Joaquim com a jovem Sebastiana, pois o soldado desejava que a jovem saísse da casa dos pais. Esses não aceitavam o casamento. João fez com que Sebastiana, mesmo sem gostar de José Joaquim, saísse da casa dos pais para morar na casa de João. Os três foram até a fazenda Bom Retiro, próximo da colônia, para realizarem o casamento.

A desigualdade do casal era notável. Não só os pais de Sebastiana ficaram aborrecidos com o casamento, mas todos os moradores da colônia. Isso tudo fez com que a família de Sebastiana deixasse a colônia, pelo menos por algum tempo, conforme afirmava o colono Manoel Joaquim, pai de Sebastiana. Ao deixarem a colônia, os pais, com muito pesar,

---

[769] CMST. *Ofício ao presidente da província, Pedro Leitão da Cunha.* João Francisco Barreto, tenente coronel diretor. Colônia militar de Santa Teresa, 1.º de setembro de 1863. Folha 1. Acervo IHGSC.

cobriram a filha mais velha "de pragas, que em menos de dois meses foram verificadas"[770].

Sebastiana insistiu em não voltar para a casa dos pais. Conforme o diretor da colônia, pouco tempo depois, a jovem, "seduzida a desobediência, e ao mais que me é impróprio narrar, por aquele sedutor"[771], foi assassinada pelo seu marido, o colono José Joaquim. No dia 29 de agosto de 1863, o diretor chegou à casa onde viviam os três (João, Sebastiana e José Joaquim) e narrou o seguinte: "esperando a infeliz vítima entre as mãos de perverso soldado, e em sua própria casa, a minha chegada contemplando o cadáver ensanguentado, e ele como estátua enfumaçada encostado na parede sem ação, o mandei imediatamente recolher à prisão"[772]. O diretor finaliza o ofício com a sugestão de que esse soldado seja enviado para outra província porque "os inválidos da Corte são mandados a esta Província, assim os daqui podem ser mandados para ali, ou outra parte"[773].

Dois anos antes, na colônia filial instalada na localidade de Morro Chato onde viviam quatro soldados, no dia 6 de janeiro de 1861, três colonos com suas esposas e "mulheres de vida" seguiram para a localidade de Rio Bonito para uma casa de bebidas com o objetivo de festejarem o dia de Reis. Na volta, todos estavam bastante embriagados e seguiam a pé para a colônia quando o soldado Antônio José esmurrou sua esposa, ferindo-a na face. O soldado Justino Pereira, encarregado pela colônia filial, intrometeu-se na contenda apartando o casal com insultos e ameaças ao seu colega de trabalho. O soldado Antônio José, "retorquindo às proposições ofensivas com outras iguais[774]", atacou o soldado Justino, que com uma faca, ferindo com gravidade o ventre do soldado Antônio José.

Quando Justino soube que o soldado Antônio José estava em casa e ferido, dirigiu-se para lá para prendê-lo. Justino tam-

---

[770] *Idem*, folha 4.

[771] *Idem*.

[772] *Idem*, folha 5.

[773] *Idem*.

[774] CMST. *Ofício ao presidente da província, Francisco Carlos de Araújo Brusque.* João Francisco Barreto, tenente coronel diretor. Colônia militar de Santa Teresa, 21 de janeiro de 1861. Folha 2. Acervo IHGSC.

bém comunicou ao diretor que o soldado Antônio José havia caído sobre a própria faca. O diretor ordenou a transferência do ferido para a prisão da colônia, o que não pôde ser feito devido à gravidade do ferimento. O soldado Justino recolheu, nas margens do caminho, a faca de Antônio José. Antes de entregá-la ao diretor, tratou de quebrar o cabo da faca, talvez na tentativa de tornar mais coerente a versão que havia contado a respeito dos fatos ocorridos na noite do dia 6 de janeiro.

O terceiro soldado, Jacintho Viana, que estava junto dos outros dois e que presenciou tudo, afirmou ao diretor que, além dele, a viúva do colono Pedro Francisco poderia ser testemunha daquele acontecimento. Mas, ela havia adiantado que, no caso de ser chamada para testemunhar, não diria nada pois não queria comprometer-se. O diretor, como parte da resolução do caso, ordenou que aqueles soldados, considerados "mandriões entregues a si mesmos a embriaguez e a calote aos tropeiros que me atordoam com queixas"[775], regressassem para a sede da colônia militar de Santa Teresa.

Em 1865, o diretor da colônia solicitou ao presidente da província que a saúde do soldado Justino Pereira fosse inspecionada por ser ele um inválido e atrair viciosos para a sua casa. Na verdade, a intenção do diretor era a de expulsar esse soldado da colônia e fazê-lo regressar aos corpos do Exército brasileiro. De acordo com o diretor, na maior parte do tempo esse soldado se mantinha embriagado

[...] dando lugar, no rancho em que mora, a outros da mesma qualidade viciosos, a se embebedarem, a cair e faltarem ao cumprimento de seus deveres: acrescendo além disso o não menos pernicioso vício do jogo, que tanto o exerce fora como no próprio rancho onde reside[776].

Esse soldado possuía uma propriedade com uma pequena casa, a qual era descrita pelo diretor como uma choça ou covil

---

[775] CMST. *Ofício ao presidente da província, Francisco Carlos de Araújo Brusque*. João Francisco Barreto, tenente coronel diretor. Colônia militar de Santa Teresa, 21 de janeiro de 1861. Folha 3. Acervo IHGSC.

[776] *Ofício ao presidente de província, no qual se questiona o pedido feito pelo diretor da colônia*. Documento incompleto. Acervo IHGSC.

de vícios. Em sua propriedade havia plantação de milho e feijão, plantados pelos demais viciados em bebida que iam até lá para se "encachaçar".

O soldado Justino Pereira estava na colônia desde o ano de 1857. Quem redige o documento que questiona o pedido feito pelo diretor de expulsar esse soldado da colônia indaga o porquê de nos relatórios anteriores ao pedido não constar informação a respeito dos vícios desse soldado. Por outro lado, quem redige, ou dita o documento, tece relação entre essas acusações súbitas e a impossibilidade de o soldado ter direito às suas terras, por ser expulso da colônia. São ponderações interessantes, pois sabe-se que em 1861 o soldado Justino desferiu um golpe de faca em um outro colono. O autor desse ofício não leva em consideração esse fato? O diretor omitiu os maus comportamentos de Justino em seus relatórios anteriores? O diretor poderia obter alguma vantagem com a venda das terras desse soldado, que expulso da colônia não teria mais direitos às suas terras?

O autor do ofício questiona a forma como o soldado foi expulso: o próprio soldado, sem saber, levou ao presidente da província, a pedido do diretor da colônia, o ofício que o acusava. Ele não poderia ter sido expulso por mau comportamento sem o prévio consentimento do presidente de província. Para esse procedimento "fora preciso que nesse curto espaço, o soldado se portasse de um modo tão insólito que sua presença na colônia se tornasse muito prejudicial"[777]. Caso assim fosse, o soldado deveria ter sido preso na colônia, e não enviado para a Capital, como de fato ocorreu.

A escrita desse documento foi motivada pela queixa da esposa de um colono que fez reclamações ao presidente da província acerca da expulsão arbitrária desse soldado. Essa mulher acusou o diretor da colônia de ter motivado a expulsão do soldado porque o diretor almejava vender a casa e a roça do soldado a um colono paisano que havia chegado na colônia há pouco tempo[778].

---

[777] *Idem*.

[778] *Idem*, folha 2.

De acordo com o autor do documento, o diretor não mencionou essa transação em nenhum dos seus relatórios. E mais, percebeu-se que o diretor estava confeccionando relatórios idênticos, seguindo um "padrão perpétuo como se os indivíduos não sejam susceptíveis de mudança de condição, para melhor ou pior"[779].

Outras contradições foram levantadas pela presidência da província. Meses antes dessa denúncia, a presidência chamou a atenção do diretor quando esse propôs a retirada do colono Venâncio Borges que, "apesar de beber, era muito trabalhador"[780], ao mesmo tempo que relatava características piores acerca de outros colonos e não propunha a retirada deles. Esse documento, além de deixar claro que as informações do diretor eram, por vezes, tendenciosas, torna evidente que nem sempre a relação entre os diretores da colônia e a presidência da província eram harmoniosas. Conforme o autor do documento, diante de correspondências infundadas do diretor pelas quais mantinha as decisões tomadas "conheceu-se nisto o capricho do Diretor em não se dar por vencido pela Presidência, e querer triunfar"[781].

De acordo com a documentação analisada, sugere-se que as relações interpessoais entre os oficiais do Exército, notadamente o diretor, e os colonos foram marcadas por importantes discordâncias. Há um documento, dos primeiros anos da colônia, que reflete bem a existência dessas duas forças que entravam em choque com frequência. Em dezembro de 1857, o diretor da colônia, o capitão João Xavier de Souza, relatou ao presidente de província que:

> Ao amanhecer para o dia 15 de novembro próximo findo apareceu o cavalo madrinha pertencente à nação, morto no largo da Praça desta Colônia com um grande rombo no vazio feito com faca grande, ou facão: fiz a diligência para descobrir quem foi o autor desse delito, e não houve quem me informasse disso: sem dúvida foi alguma das praças que

[779] *Idem*, folha 3.
[780] *Idem*, folha 4v.
[781] *Idem*, folha 4-5.

se retiraram da Colônia com passagem para a Guarnição dessa Capital, que é em quem eu suspeito por ter entre elas quatro que são malfazejos e muito capazes de praticar desses malefícios; talvez com o dia de se retirarem da Colônia foi que se atreveram a isso, por quanto não havendo ainda aqui perto da Colônia plantações em ponto dos animais comerem, e nem sendo esse animal chacareiro, e também duvidando eu que outra alguma praça isso fizesse, é de supor que fosse esse delito feito por algum dos quatro que suspeito; no entretanto que não pude saber quem foi o autor para ser punido[782].

Na tentativa de conter as ações de colonos considerados desordeiros, o diretor da colônia militar de Santa Teresa, desde o ano de 1861 solicitava ao presidente da província a autorização para aplicar castigos corporais. Em agosto de 1862, o diretor relatou o caso do soldado Jeremias Pereira de Medeiros e reiterou o pedido de autorização para a aplicação de castigos na colônia. De acordo com o diretor,

Este soldado nunca foi, e nem será jamais próprio para um estabelecimento colonial, pela negação absoluta ao trabalho, pelo estado de embriaguez em que constantemente vive; tanto que não sendo aproveitável em serviço de cultura sua particular, ou aos trabalhos públicos da colônia, o tenho consentido na condução da mala do correio; como único serviço que dele se podia tirar. Incide porém, que com a continuação das viagens dessa Capital a Lages bebendo desregradamente aguardente por todas as paragens onde a encontra, à oferta e à venda, se tem tornado um bêbado desatencioso e insolente, dando espetáculo neste colônia, todas as vezes que nela chega, com gritos desordenados e descomposturas não só à sua família, como a todos do lugar, por qualquer pequena dúvida, e isto sempre com ameaças da inseparável faca que traz consigo a título de instrumento indispensável para a viagem[783].

---

[782] CMST. *Ofício ao presidente da província, João José Coutinho*. João Xavier de Souza, capitão diretor. Colônia militar de Santa Teresa, 3 de dezembro de 1857. Acervo IHGSC.

[783] CMST. *Ofício ao presidente da província, Conselheiro Vicente Pires da Motta*. João Francisco Barreto, tenente coronel diretor. Colônia militar de Santa Teresa, 10 de agosto de 1862. Acervo IHGSC.

Ainda relatou que o soldado cometia atos públicos de desobediência e de desrespeito ao diretor, "tudo isso de faca em punho"[784]. Caso o diretor pudesse aplicar "castigos fisicamente correcionais", aquele soldado, conforme o diretor, poderia se tornar exemplo para a colônia, o que desencorajaria a ação de outros colonos que almejassem cometer os mesmos delitos. Desse modo, chama a atenção o fato de que a aplicação de castigos não era prática corriqueira nas colônias militares, caso contrário, o diretor não teria realizado esse pedido.

Os oficiais, por outro lado, bem como os soldados, quando cometiam irregularidades, também eram submetidos aos Conselhos de Guerra, como no caso do tenente reformado ajudante da colônia Francisco Ramires Cardozo. De acordo com o Ajudante General do Exército, em outubro de 1860 o presidente da província de Santa Catarina mandou

> [...] responsabilizar perante o Conselho de Guerra o Tenente reformado do Exército Francisco Ramires Cardozo, ajudante da colônia militar de Santa Maria [filial da colônia militar de Santa Teresa] naquela província, por haver retido indevidamente em seu poder os vencimentos que recebeu da Tesouraria Provincial para pagar as praças da mesma colônia; e me parece que sendo um oficial que assim procede é menos próprio para comissões da natureza da em que se acha o tenente Cardozo, deve ser ele exonerado de tal comissão[785].

Porém, nesse caso, é necessário destacar alguns acontecimentos que precederam o processo contra o oficial Francisco Ramires Cardozo. Em 23 de setembro de 1860, o diretor, João Francisco Barreto, informou ao presidente da província, por meio de ofício[786], que o ajudante da colônia, o tenente Cardozo, havia comprado, com o dinheiro referente ao ven-

---

[784] *Idem*, verso.

[785] BRASIL. *Quartel General do Exército na Corte*. Ofício n. 9007, do Ajudante General do Exército, Barão de Suruhy, ao ministro da Guerra, Conselheiro Sebastião do Rego Barros. Barão de Suruhy, Ajudante General do Exército. Quartel General do Exército na Corte, 27 de outubro de 1860.

[786] CMST. *Ofício ao presidente de província, Francisco Carlos de Araújo Brusque*. João Francisco Barreto, tenente coronel diretor da colônia. Desterro, 23 de setembro de 1860. Acervo: Arquivo Nacional.

cimento do mês de julho dos colonos Antônio José e Jacinto Viana, gêneros de primeira necessidade para os dois colonos. Entretanto, durante o mês de agosto, os dois colonos, que residiam na colônia filial de Santa Maria, foram à sede da colônia de Santa Teresa para batizar seus filhos e naquela circunstância reclamaram ao diretor que não haviam recebido seus vencimentos relativos ao mês de julho. Em 27 de fevereiro de 1861, a 2.ª Diretoria-Geral do Ministério dos Negócios da Guerra ordenou ao presidente da província de Santa Catarina que processasse o tenente reformado do Exército Francisco Ramires Cardozo pelo Conselho de Guerra, a fim de ser responsabilizado pela irregularidade dos pagamentos às praças de Santa Teresa[787].

Entretanto, no mesmo ano, o oficial Francisco Ramires Cardozo foi considerado inocente da acusação, conforme a sentença do Conselho de Guerra:

> Tendo-se nesta cidade do Desterro, capital da província de Santa Catarina, o processo verbal do réu tenente reformado Francisco Ramires Cardoso, ajudante da colônia militar de Santa Teresa, auto de corpo de delito, testemunhas sobre eles perguntadas, interrogatórios feitos ao mesmo réu tenente reformado Francisco Ramires Cardoso, sua defesa, decidiu-se uniformemente que a sobredita culpa não se acha provada e nem o réu dela convencido, por ser improcedente a acusação que lhe foi feita, à vista do depoimento das testemunhas inquiridas neste processo, os documentos com que fundamentou o réu sua defesa, e portanto, e pelo mais que dos autos consta, absolvem o réu[788].

Nesse sentido, e de acordo com Michel de Certeau, o homem ordinário, ou o homem comum, encontra diversas formas de escapar das ideias e atividades impostas por grupos distintos, como é o caso dos colonos em relação aos oficiais

---

[787] MINISTÉRIO DA GUERRA. *Ofício ao presidente da província de Santa Catarina.* Rio de Janeiro, 27 de fevereiro de 1861. Acervo: Correspondências Ministério da Guerra para Presidente de Província. APESC.

[788] MINISTÉRIO DA GUERRA. *Cópia da sentença proferida pelo Conselho de Guerra e Supremo Militar de Justiça no processo do tenente reformado do Exército Francisco Ramires Cardoso.* Desterro, 20 de agosto de 1861. Acervo: Correspondências Ministério da Guerra para Presidente de Província. APESC.

do Exército. Essa capacidade de reverter o jogo dos outros, ou seja, de subverter o espaço instituído por outros, caracteriza a atividade sutil, tenaz e resistente de grupos que, por não terem uma identidade própria, precisam navegar por uma rede de forças e representações já estabelecidas. Nessas manobras, permanece uma arte dos golpes e das estratégias, bem como um certo prazer em alterar as regras do espaço opressor[789].

É importante mencionar um fato, ocorrido no ano anterior, com soldado Jeremias. Esse soldado, como foi visto, era o condutor da mala de correio e, em abril de 1861, ao levar a mala da Capital para Lages, apresentou-se na colônia com a mala em desordem, com três argolas (de fechamento) a menos. O soldado afirmou que o animal que carregava a mala havia escorregado na estrada e por isso ocasionado o incidente. Algumas correspondências de papel foram danificadas. Nessa ocasião, o diretor, além de relatar o fato, questionou ao secretário da presidência da província se a despesa provocada pelos prejuízos deveria ser descontada dos vencimentos daquele soldado[790].

Nesse mesmo ano, o diretor defendeu-se dos colonos responsáveis pela mala do correio, os quais foram ao presidente da província cobrar pela realização desse serviço. O diretor afirmou ter pagado, com regularidade, pelo serviço, e que considerava esse pedido um "abuso da parte desses exigentes e trapaceiros colonos"[791].

Em janeiro de 1865, ao tratar do número de soldados que serviam na colônia, e da necessidade de aplicação de castigos físicos, o diretor afirmou que:

> Conheço a dificuldade com que ora temos de lutar para encontrar no atual estado de nosso exército, e no apuro em que nos vimos com os inquietos vizinhos do Estado Oriental,

---

[789] CERTEAU, Michel de. *A invenção do cotidiano*: 1. artes de fazer. Tradução de Ephraim Ferreira Alves. 2. ed. Petrópolis: Vozes, 1996. p. 79.

[790] CMST. *Ofício ao secretário da presidência da província, Sr. Manoel da Costa Pereira*. João Francisco Barreto, tenente coronel diretor. Colônia militar de Santa Teresa, 6 de abril de 1861. Acervo IHGSC.

[791] CMST. *Ofício ao secretário da presidência da província, Sr. Olympio Adolpho de Souza Pitanga*. João Francisco Barreto, tenente coronel diretor. Colônia militar de Santa Teresa, 15 de agosto de 1861. Acervo IHGSC.

com praças nas condições de virem aqui servir, e deles tirarem-se bons colonos, pela imoralização a que os tem levado a suspensão dos castigos corporais por meio de vara e a juízo dos chefes, e passar a juízo de um Conselho Peremptório, para autorizar na maior parte das vezes a aplicação de 10 ou 12 pranchadas, como se ainda nos achássemos nos bons tempos de moralidade em que foi decretado os Artigos de Guerra; em que um soldado para se dar por corrigido bastava a vergonha de ser levado ao círculo da punição[792].

No mesmo dia, o diretor comunicou ao presidente da província que:

[...] visto a classe de que ainda infelizmente é composto o nosso Exército, que não pode dispensar os castigos corporais a fim de conter nos limites da ordem indivíduos sem educação moral nem religiosa, e perdidos em toda sorte de vícios e maus costumes, como são os que a polícia recruta para o nobre serviço das armas; e mesmo muitos dos voluntários que pouco diferem daqueles[793].

Para o diretor, ao solicitar autorização para aplicar 10 ou 12 pranchadas (golpe aplicado com prancha de espada), não haveria nada mais proveitoso para a disciplina imediata desse contingente do que a imediata punição pelos delitos cometidos na colônia[794]. Entretanto, caso não pudesse castigar os colonos desordeiros, restaria a ele, conforme o regulamento da colônia, sugerir ao presidente da província a expulsão desses colonos[795]. Por vezes, porém, essa não era uma boa solução, pois a expulsão de vários colonos poderia colocar em risco a existência da própria colônia.

---

[792] CMST. *Ofício ao ministro e secretário de Estado dos Negócios da Guerra.* João Francisco Barreto, tenente coronel diretor. Colônia militar de Santa Teresa, 11 de janeiro de 1865. Acervo IHGSC.

[793] CMST. *Ofício ao presidente da província, Alexandre Rodrigues da Silva Chaves.* João Francisco Barreto, tenente coronel diretor. Colônia militar de Santa Teresa, 11 de janeiro de 1865. Folha 8. Acervo IHGSC.

[794] *Idem*, folha 9.

[795] *Idem*.

De acordo com Ricardo Salles, a disciplina nos corpos militares formados durante o século XIX ia além das diferenças de competência e comando, havia também a diferença social, baseada, muitas vezes, na aplicação de castigos e na oferta de recompensas por parte dos oficiais superiores aos seus subalternos, que, em alguns casos eram incapazes de se adaptar e vivenciar as normas e padrões de comportamento necessários. Desse modo, a tensão e a violência eram a marca mais forte nessas relações disciplinares[796].

O historiador Ricardo Salles, ao analisar a relação entre oficiais e soldados no século XIX, observa que os padrões de disciplina nos exércitos eram extremamente rigorosos, refletindo normas herdadas do século anterior. No exército imperial, essa rigidez não apenas garantiu a coesão interna da instituição militar, mas também surgiu das particularidades de uma sociedade escravista e excludente, com capacidade limitada de integrar novas camadas sociais aos direitos de cidadania. Além disso, essa sociedade almejava um estágio civilizatório semelhante ao europeu. Assim, a relação entre oficiais e soldados transcendia a hierarquia militar, manifestando as tensões sociais da época, em que a luta por direitos e cidadania se entrelaçava com aspirações de um desenvolvimento civilizatório inspirado nos modelos europeus[797].

Com isso, os critérios de manutenção e/ou expulsão de soldados/colonos da colônia não eram claros. É comum encontrar entre os documentos pesquisados os pedidos de expulsão motivados pelo mau comportamento dos soldados. Mas, há documentos que colocam em dúvida as reais intenções de expulsão ou manutenção de colonos naquela colônia. Há indícios de que os diretores emprestavam dinheiro a alguns soldados e esses, enquanto não saldavam as suas dívidas, não poderiam sair da colônia, embora constasse em alguns relatórios serem esses soldados incorrigíveis e prejudiciais à colônia[798].

Alguns soldados regressavam para a colônia, como forma de punição e de controle, e outros eram expulsos por

---

[796] SALLES, *op. cit.*, p. 146.

[797] *Ibid.*, p. 142-143.

[798] *Ofício ao presidente de província, no qual se questiona o pedido feito pelo diretor da colônia*. Documento incompleto. Folha 5. Acervo IHGSC.

mau comportamento. Em março de 1865, o diretor pedia autorização ao presidente de província para retirar da colônia um soldado por ter "mau comportamento habitual acerca de furtos; por ser dado a bebidas e desordeiro"[799]. Esse soldado era casado e antes de servir na colônia prestou serviço no Batalhão 12 de Infantaria. A esposa e filha desse soldado eram vítimas de maus tratos, tanto que a filha, ainda bebê, e a esposa faleceram na colônia. O diretor, por conta disso, o considerava próprio para o Exército e não para os serviços de colonização, "onde faltam os meios de corrigir homens dessa ordem"[800]. O diretor também prendeu esse soldado porque ele havia furtado um chapéu e o vendeu para comprar aguardente.

Em fins de 1881, o diretor expulsou um cadete reformado por ser um homem de conduta incorrigível. Esse oficial, de acordo com o diretor, era bêbado e desordeiro. Era comum que esse oficial atacasse a todos da colônia: moradores, soldados e oficiais. O diretor, em ofício que comunicou ao presidente da província a expulsão desse cadete, impôs uma condição: na colônia, ou ficava o cadete ou o diretor, os dois não poderiam continuar no mesmo lugar[801].

Entretanto, não eram apenas soldados e colonos que eram expulsos da colônia. Em agosto de 1861 o diretor solicitou ao presidente da província a expulsão da "parda Carolinda Cândida de Jesus, mulher do colono paisano Francisco Rodrigues por se ter tornado [...] um escândalo vivo de imoralidade conjugal, admitindo sem cautela ou recato em sua casa e leito homens estranhos"[802]. Aliás, Carolinda tratava mal o marido, que com frequência era insultado e desprezado por ela. Em certa ocasião, ela afirmou que não queria viver com o marido e que de sua casa não sairia. O diretor advogou, nesse caso, a favor do colono, o qual era considerado "um homem pacífico,

---

[799] CMST. *Ofício ao presidente de província, Alexandre Rodrigues da Silva Chaves.* João Francisco Barreto, tenente coronel diretor. Colônia militar de Santa Teresa, 1.º de março de 1865. Acervo IHGSC.

[800] *Idem.*

[801] CMST. *Ofício n. 261, ao presidente da província, Desembargador João Rodrigues Chaves.* João Paulo de Miranda, capitão diretor. Colônia militar de Santa Teresa, 17 de outubro de 1881. Acervo IHGSC.

[802] CMST. *Ofício ao presidente da província, Ignácio da Cunha Galvão.* João Francisco Barreto, tenente coronel diretor. Colônia militar de Santa Teresa, 15 de agosto de 1861. Folha 3. Acervo IHGSC.

laborioso, que tem vistas de permanecer no lugar buscando legalmente por vencer seu lote de terras"[803]. O diretor, além de solicitar a expulsão de Carolinda, sugeriu ao presidente da província que a guarda do filho do casal, ainda menino, permanecesse com o pai. Embora Carolinda, há tempos, afirmasse que o menino não fosse filho de Francisco Rodrigues.

Os documentos pesquisados tornam possível observar que alguns soldados também formalizavam reclamações contra os oficiais da colônia. Há um ofício do diretor, de janeiro de 1865, no qual ele se defende de possíveis acusações feitas pelos soldados. Ao proteger-se das queixas de um soldado, o diretor afirmou que

> Quanto a queixa, que de mim dá, de injustiças para com ele praticados por esta Diretoria, de mandar-lhe fazer desconto em seus vencimentos, sem ele nada dever, é uma calúnia e uma velhacada estudada e aconselhada por aquele seu sócio de contínuas crápulas, Justino Pereira, que enviei a inspeção de saúde, e com retirada desta colônia[804].

O diretor argumentou que uma moradora da colônia, a qual possuía uma casa de negócios, fez reclamações a respeito do soldado. A comerciante afirmou que o soldado comprava em sua casa e pagava suas contas passadas e tomava fiado outra vez, como de costume. Contudo, fazia três meses que aquele soldado não pagava mais suas contas e não oferecia nenhuma explicação à vendedora. A partir desse momento, o soldado, sempre que possível, cortava caminho para não se encontrar com a vendedora. Diante disso, conforme o diretor, ordenou-se o pagamento da dívida do soldado mediante desconto em seus vencimentos. O diretor também afirmou que "porque é sob esse crédito que aqui com os soldados se contrata e se lhes fia. O soldado, por insistir em não receber os seus vencimentos com aquele desconto, foi preso"[805].

---

[803] *Idem.*

[804] CMST. *Ofício ao presidente de província, Alexandre Rodrigues da Silva Chaves.* João Francisco Barreto, tenente coronel diretor. Colônia militar de Santa Teresa, 29 de janeiro de 1865. Folhas 1 e 2. Acervo IHGSC.

[805] *Idem*, folha 3.

Em novembro de 1864, o diretor descreveu o perfil de alguns colonos, dentre os quais pretendia expulsar uns e manter outros. Embora não se conheça a relação estabelecida entre os soldados e o diretor, é possível aproximar-se um pouco mais do cotidiano dessas pessoas por meio das descrições oferecidas pelos diretores. Na colônia havia soldado considerado de "índole cigana", pois vendia tudo o que tinha e vivia a negociar, até mesmo a sua casa vendeu para morar de favor na casa de conhecidos. Havia também colonos trapaceiros e de condição preguiçosa, os quais não permaneciam em suas terras, conduta justificada, às vezes, pelo temor aos ataques indígenas. Existia na colônia soldados que se mantinham embriagados quase o tempo todo e que trabalhavam para outros colonos a troco de aguardente. Esses, conforme o diretor, eram considerados "viciosos pacíficos" porque "a embriaguez deles não dá para desordem ou desacato à pessoa alguma e vão vivendo no lugar mansamente"[806].

Isso torna evidente que as relações interpessoais entre os diretores da colônia e os seus moradores eram propensas a conflitos. Há um ofício do diretor, do ano de 1880[807], no qual ficam mais claras as relações entre ele e alguns moradores da colônia, bem como apenas entre os moradores da colônia. De acordo com o diretor, havia na colônia, desde a sua criação, uma família de sobrenome Capistrano, engajada "indevidamente". Para ele, essa família era "o azar da colônia". Os membros dessa família, por serem brancos, e viverem em uma colônia composta na maior parte por pessoas pardas e negras, "carregam eles grande orgulho, não se lembrando que são os que cometem maiores faltas como seja atacarem cidadãos que passam pela estrada, esbordoarem uns, atirarem em outros"[808], e devido à bondade dos antigos diretores, viviam impunes na colônia.

O diretor também era branco, mas não concordava "com o sistema de desprezar os meus semelhantes de cores,

---

[806] *Ofício ao presidente de província, no qual se questiona o pedido feito pelo diretor da colônia.* Documento incompleto. Nota 2. Acervo IHGSC

[807] CMST. *Ofício n. 189, ao presidente de província, Antônio de Almeida Oliveira.* João Paulo de Miranda, capitão diretor. Colônia militar de Santa Teresa, 3 de março de 1880. Folhas 1-4. Acervo IHGSC.

[808] *Idem*, folha 1.

só pela cor"[809]. Ele argumenta em seu ofício que "faço justiça a todos porque considero que branco é aquele que boas ações pratica, e que o branco malévolo, devasso, injusto e [ilegível], é mais negro que o negro"[810].

Mas o ofício desse oficial foi motivado por conta de um dos membros da família Capistrano, que se chamava Fernando, ter desferido bordoadas em um colono alemão. De acordo com o diretor, Fernando e seus familiares, acostumados a não serem punidos pelos atentados que cometiam na colônia, procuraram realizar um abaixo-assinado contra a administração da colônia. No entanto, aquela família não encontrou apoio entre os moradores, nem mesmo de alguns parentes seus. Diante disso, Fernando passou a importunar o seu sogro, que possuía numerosa família (e que conforme o diretor era um homem virtuoso e de bons costumes) e o ameaçou de colocá-lo para fora de casa, pois queria o sítio que havia vendido ao sogro, e que devolveria o dinheiro recebido.

Fernando tinha sido colono de 3.ª classe na colônia e era casado pela segunda vez e tinha filhos do primeiro casamento. Ele tinha direito a um lote de terras na colônia e vendera a metade ao seu sogro (a outra metade pertencia aos filhos do primeiro casamento). Fernando não morava mais na colônia há 5 anos. Ora vivia na localidade de Sepultura, próxima da colônia, ora vivia em Lages. De acordo com o diretor, toda vez que passava pela colônia provocava distúrbios. Não satisfeito com a decisão do diretor, que proibiu o desfazimento do negócio relativo ao lote de terras, Fernando vendeu o mesmo lote para seu irmão José Guilherme, "para assim adquirir direito com o fim de poder incomodar a seu sogro"[811].

Pode-se inferir que havia casos em que o diretor defendia os colonos e dos oficiais que serviam na colônia. Em abril de 1865, ele informou ao presidente da província que a maior parte dos colonos devia a ele dez mil réis, uma dívida contraída pelos soldados para que eles pudessem se vestir.

---

[809] *Idem.*

[810] *Idem,* folha 2.

[811] CMST. *Ofício n. 189, ao presidente de província, Antônio de Almeida Oliveira.* João Paulo de Miranda, capitão diretor. Colônia militar de Santa Teresa, 3 de março de 1880. Folha 4. Acervo IHGSC.

O diretor destacou que, "por uma injustiça inqualificável"[812], os colonos de Santa Teresa não recebiam vencimento de fardamento. Antes disso, em julho de 1861, ele havia solicitado ao presidente da província o adiantamento dos pagamentos dos colonos, devido ao inverno rigoroso daquele ano[813].

No entanto, não é possível refletir sobre o cotidiano da colônia sem considerar os possíveis conflitos entre os colonos devido à religiosidade, a partir do momento em que a colônia começou a receber imigrantes alemães. Há um documento de 1876 que trata da permissão para construir um cemitério para os alemães não católicos no mesmo lugar onde foram sepultados dois alemães assassinados pelos indígenas. Ora, se existia, há tempos, um cemitério na colônia, isso quer dizer que os primeiros alemães luteranos que faleceram em Santa Teresa não puderam ser sepultados no cemitério da colônia[814].

E, desde o ano de 1861, os diretores da colônia militar solicitavam ao presidente da província o envio de mais imigrantes alemães para a colônia. De acordo com o diretor João Francisco Barreto,

> Longe estou de entrar em detalhe da colonização estrangeira na Província, mas se possível for, desejaria que V. Exa. para aqui destinar alguns dos colonos alemães, que talvez já não haja lugar para os acomodar em Teresópolis, ou outra parte, vindo entre eles algum intérprete, e fazendo-me esse Governo saber a lotação de terras que a cada família toca[815].

E, com a entrada de novos colonos, em especial dos imigrantes alemães, o cenário construído pela população da colônia militar de Santa Teresa ao longo das primeiras déca-

---

[812] CMST. *Ofício ao presidente da província, Alexandre Rodrigues da Silva Chaves.* João Francisco Barreto, tenente coronel diretor. Colônia militar de Santa Teresa, 20 de abril de 1865. Folha 3. Acervo IHGSC.

[813] CMST. *Ofício ao presidente da província, Ignácio da Cunha Galvão.* João Francisco Barreto, tenente coronel diretor. Desterro, 13 de julho de 1861. Acervo IHGSC.

[814] SANTA CATARINA. *Ofício do presidente de província, João Capistrano Bandeira de Melo Filho, ao ministro e secretário de Estado dos Negócios da Guerra, Duque de Caxias. Desterro, 8 de abril de 1876.* Acervo Arquivo Nacional.

[815] CMST. *Ofício ao presidente da província, Ignácio da Cunha Galvão.* João Francisco Barreto, tenente coronel diretor. Colônia militar de Santa Teresa, 15 de agosto de 1861. Folha 3. Acervo IHGSC.

das de sua existência ganhou novos contornos. O número de colonos militares diminuiu aos poucos e novos personagens entraram em cena. Dessa forma, outros costumes foram introduzidos naquele lugar, outras práticas se consolidaram e um novo contexto se formou, o que reforça os objetivos de criação dessa colônia.

Um exemplo emblemático dessa relação pode ser encontrado em notas de jornal dos primeiros meses de 1870. Nessas matérias, é relatado que o diretor da colônia estaria oferecendo benefícios a uma imigrante alemã. De acordo com a segunda nota publicada,

> Duro e repugnante é, na verdade, para o militar que ama a classe a que pertence, ser testemunha de ver que um velho soldado, depois de ter prestado relevantes serviços à pátria, esteja hoje servindo como escravo a uma alemã que reside na colônia militar Santa Teresa, fazendo-lhe serviços indecorosos, até aqueles que a decência manda calar, à uma alemã infame, que desprezou seu marido para viver mantida por outro homem, que tem mais para dar-lhe e satisfazer sua ambição. Esta alemã é a feliz Adolpha Drummer que está com negócio em uma casa pertencente ao Estado, donde figura como dona, e o soldado é o infeliz Antônio Corrêa Feio, da Companhia dos Inválidos. Ao digno comandante desta Companhia pertence evitar tais abusos, recorrendo à primeira autoridade da província para o mandar retirar daquela colônia, donde não presta serviço algum ao Estado.
>
> O macuco do Pedro[816].

Em fins de janeiro de 1870, o diretor defendeu-se das acusações assinadas pelo "Demônio com asas cortadas" e pelo "macuco do Pedro". Em sua defesa, o coronel João Francisco Barreto revela intrincada teia de conflitos na colônia. Nas palavras do diretor, há certa intolerância em relação à nacionalidade da Sr.ª Drummer. Quanto ao soldado que estaria sendo escravizado por ela, o oficial afirmou tratar-se de

---

[816] *O Despertador*, n. 728, ano VIII, desterro, 18 de janeiro de 1870. Hemeroteca Digital Brasileira.

militar bastante "trapaceiro", que havia prejudicado outros colonos ali residentes. Embora não sejam apontados os verdadeiros nomes dos autores das notas, o diretor faz acreditar que seja apenas uma pessoa e bastante conhecida por ele[817].

Esses múltiplos fios tecem a trama cotidiana da colônia militar de Santa Teresa. Os momentos tensos e conflituosos foram os que mereceram algum registro em documentos administrativos ou em periódicos que circulavam na província de Santa Catarina durante a segunda metade do século XIX. Entretanto, esses registram apenas uma pequena parcela dos conflitos que existiram naquela colônia. As comemorações e a passagem de pessoas que animavam a colônia, por exemplo, não foram documentadas. Ainda restam lacunas sobre o dia a dia das pessoas que lá viviam, mas há pistas...

---

[817] *O Despertador*, n. 734, ano VIII, desterro, 8 de fevereiro de 1870. Hemeroteca Digital Brasileira.

# CONSIDERAÇÕES FINAIS

As trajetórias de vida dos soldados e oficiais do Exército brasileiro, mencionadas nesta obra, revelaram aspectos cruciais da colônia militar de Santa Teresa. Elas iluminam não apenas a diversidade dos grupos humanos que compunham a colônia, mas também o cotidiano dos homens que ali viviam no século XIX.

Os documentos analisados, de modo especial as correspondências do diretor da colônia, trouxeram à luz informações vitais sobre a história da colônia militar de Santa Teresa. Essas fontes, utilizadas na construção desta obra, podem servir a outros estudos historiográficos com diferentes enfoques, uma vez que oferecem amplas possibilidades de análise. Dessa vasta documentação, composta por mais de mil documentos transcritos, surgiram os temas que estruturam os capítulos deste livro. As matérias selecionadas nesses manuscritos orientaram a escrita dos quatro últimos capítulos. O primeiro capítulo, distinto dos demais, baseou-se em relatórios ministeriais, Falas dos presidentes da província de Santa Catarina e na coleção de leis do Império brasileiro. O segundo capítulo foi fundamentado em uma mistura de documentos, incluindo manuscritos da colônia militar de Santa Teresa, relatórios e Falas dos presidentes da província.

Sem detalhar os objetivos específicos deste livro, o primeiro capítulo ofereceu uma visão geral do sistema de colonização militar brasileiro. Essa análise revelou a interconexão entre o projeto governamental de meados do século XIX, a

Lei de Terras, a extinção do tráfico de escravos e o domínio do território pelo governo central. Enquanto alguns ministros, tanto do Império quanto da Guerra, eram entusiastas desse projeto, outros expressaram em seus relatórios críticas às iniciativas de colonização militar em território brasileiro.

Naquele período, também estava associado ao Exército o domínio dos territórios. As iniciativas de povoamento do interior do império por meio de colônias militares, em especial na década de 1850, exemplificam a combinação das funções do Exército de guardar o território e de estabelecer um campo de experiência no qual seriam levantadas informações importantes sobre o país (relevo, hidrografia, recursos naturais, deslocamento de mercadorias e de pessoas etc.). Essas colônias, além de expandirem a área de colonização, pois assegurariam a existência de colônias civis espalhadas pelo interior, também reforçaram a manutenção das atuais linhas fronteiriças do Brasil. De acordo com o ministro do Império, João de Almeida Pereira Filho, em seu relatório do ano de 1859:

> Com o fim de proteger a população de certas localidades do interior contra correrias dos índios selvagens e facilitar as comunicações e o comércio, têm sido criadas estas colônias, mas podem tais estabelecimentos prestar ainda outro serviço importante: o de auxiliar os núcleos coloniais civis que se fundarem em suas vizinhanças[818].

Do mesmo modo, a colônia militar de Santa Teresa cumpriu essas funções. Em meados do século XIX, os tropeiros e viajantes que utilizavam o caminho que comunicava o litoral e o planalto catarinenses – importante via para a economia da província, enfrentavam sérios riscos, tanto pelas más condições desse itinerário (grandes desfiladeiros, áreas alagadiças, mata fechada etc.) quanto pelos frequentes ataques indígenas. Com o objetivo de alterar esse cenário, o governo provincial instalou, na metade do percurso entre as vilas de São José e

---

[818] BRASIL. *Relatório do ano de 1852 apresentado à Assembleia-Geral Legislativa na 4.ª sessão da 10.ª legislatura.* João de Almeida Pereira Filho, ministro do Império. Rio de Janeiro: Tipografia Nacional, 1860. p. 64.

Lages, a colônia militar de Santa Teresa. O estabelecimento desse núcleo militar no interior da província também tornaria possível a cobrança dos impostos sobre as mercadorias transportadas por aquele caminho. Chama a atenção que, ao longo de quase 30 anos (1854-1883), essa colônia cumpriu seus principais objetivos, quais sejam: manter o caminho entre as vilas de São José e Lages; dar suporte para a colonização da região; e cobrar os impostos sobre as mercadorias transportadas entre o litoral e o planalto catarinenses.

Para cumprir essas funções, eram necessários vários colonos-militares. No terceiro capítulo, ao debruçar-se sobre a formação humana da colônia, tornou-se evidente que, embora algumas pessoas que vivessem lá fossem provenientes de várias províncias do Brasil e do exterior, a maior parte da população era oriunda da província de Santa Catarina. Vale mencionar que, diferente de outras colônias instaladas nessa província durante o século XIX, a colônia militar de Santa Teresa era composta, sobretudo, por pessoas classificadas, naquela época, como pardas. As porcentagens de pessoas pardas, negras e brancas eram bastante semelhantes aos números que caracterizavam a formação do Exército brasileiro no mesmo período. Nessa parte da obra foi possível a aproximação de uma camada social que, durante muitos anos, permaneceu excluída dos mercados de trabalho: os homens livres pobres. As formas de entrada e saída da colônia também foram exploradas nesse capítulo. Também foram analisados os motivos que levaram aqueles homens a fixarem residência em uma colônia militar, bem como os motivos pelos quais alguns deixavam a colônia. A possibilidade de posse do lote de terras pareceu bastante importante para a escolha de viver em um assentamento militar.

Os manuscritos dos diretores da colônia e os relatórios dos ministros do Império e da Guerra e dos presidentes da província de Santa Catarina demonstraram a manutenção, ao longo da segunda metade do século XIX, de uma mesma opinião a respeito dos soldados do Exército brasileiro e, por consequência, pertencentes também às colônias militares. A caracterização das más qualidades dessas pessoas permeia quase todos os documentos analisados e sugere uma versão intensa para a descrição das relações entre elas. Muitas vezes, isso leva à interpretação da história das colônias militares no Brasil, ao reforçar a ideia de fracasso desse sistema de colonização, vinculado ao tipo de pessoa que formaria essas colônias.

Entre as principais atividades desenvolvidas pelos colonos que viviam na colônia militar de Santa Teresa estava a de desbravar as matas que dominavam a paisagem da colônia. Os colonos também trabalhavam na manutenção do caminho e auxiliavam os oficiais nas atividades relacionadas a cobrança dos impostos das mercadorias transportadas pelo caminho. No entanto, os documentos analisados permitiram o conhecimento de outras atividades, as quais não estavam relacionadas ao cumprimento dos deveres militares. Quanto aos diretores – oficiais do Exército brasileiro –, percebeu-se que esses atuaram como mediadores entre a comunidade local e as exigências burocráticas do sistema de colonização militar. Foram sublinhados nos manuscritos dos diretores da colônia as atividades desempenhadas pelos colonos em seus lotes de terra. As atividades de construção de casas, a preparação da terra para a agricultura, os trabalhos na olaria, no engenho, na coleta de frutas, no fazimento de cercas etc., estão contemplados em vários relatórios encaminhados para os presidentes da província de Santa Catarina. Sendo assim, é necessário ressaltar o papel do soldado como um trabalhador compulsório. Apesar de serem homens livres, os soldados-colonos estavam sujeitos à autoridade do diretor da colônia, expressa no Regulamento e na disciplina militar.

No último capítulo, foram descritos casos que ilustram as diversas possibilidades de relações interpessoais na colônia. Esses foram costurados a partir das relações hierárquicas presentes nas colônias militares, bem como nas relações entre os moradores da colônia e aquelas pessoas que não viviam lá. Essas descrições narram, em geral, relações conflituosas. Nessa parte do texto, foi possível aproximar-se, ainda mais, das pessoas que formavam a colônia militar de Santa Teresa, talvez como continuidade do terceiro capítulo.

Agora, é o momento de reunir as observações feitas ao longo destes cinco capítulos e refletir sobre a colônia. Cada capítulo, incluindo o primeiro, revelou diferentes aspectos da história da colônia militar de Santa Teresa. A integração das informações apresentadas permite formar uma compreensão abrangente sobre a colônia e sua importância para a história de Santa Catarina, de modo especial na consolidação de um importante caminho que permitiu, durante toda a segunda metade do século XIX, a comunicação entre o litoral e o planalto catarinenses.

Esta obra, portanto, apresenta novos elementos para a interpretação da colonização do território catarinense. A análise dos documentos permitiu ir além dos dados estatísticos e econômicos encontrados na historiografia catarinense, oferecendo uma nova perspectiva sobre o desenvolvimento da colônia e das pessoas envolvidas nesse processo, além da consolidação do caminho entre as vilas de São José e Lages e dos métodos empregados na colonização do território de Santa Catarina. De fato, o debate em torno desse tema propiciou reflexões importantes a respeito da relação estabelecida entre a formação dos Estados na segunda metade do século XIX e a necessidade de mão de obra para a realização dos projetos estatais. Apesar de alguns documentos apontarem, na época, o fracasso das colônias militares, essas foram essenciais na formação de muitas cidades brasileiras e de ligações entre elas, como também foram peças importantes na definição do atual território brasileiro. Em relação aos estados de Santa Catarina e Paraná, importa lembrar, por exemplo, o papel cumprido pelas colônias militares de Chopim e Chapecó na disputa de parte do oeste desses Estados com os argentinos. A existência dessas duas colônias foi fundamental para a definição do território no sul do Brasil.

Por fim, embora não existam muralhas de pedra e cal para marcar a presença da colônia militar de Santa Teresa na paisagem interiorana de Santa Catarina, as plantações, rodovias e cidades nos arredores da antiga praça colonial confirmam sua existência e o cumprimento de seus objetivos.

Porto, outono de 2024.

# REFERÊNCIAS

ABREU, J. Capistrano. *Caminhos antigos e povoamento do Brasil*. Belo Horizonte: Itatiaia; São Paulo: Editora da USP, 1988.

ALVES, Cláudia. Formação militar e produção do conhecimento geográfico no brasil do século XIX. *Scripta Nova. Revista electrónica de geografía y ciencias sociales*, Barcelona: Universidad de Barcelona, v. X, n. 218, p. 60. Disponível em: http://www.ub.es/geocrit/sn/sn-218-60.htm. Acesso em: 2 fev. 2010.

BAUMAN, Zygmunt. *Comunidade*: a busca por segurança no mundo atual. Tradução de Plínio Dentzien. Rio de Janeiro: Jorge Zahar, 2003.

BEATTIE, Peter M. *Tributo de sangue*: exército, honra, raça e nação no Brasil, 1864-1945. Tradução de Fábio Duarte Joly. São Paulo: Editora da Universidade de São Paulo, 2009.

BOITEUX, Henrique. *Santa Catarina no Exército*. Vol. 2. Rio de Janeiro: Biblioteca Militar, 1942.

BORGES, Nilsen C. Oliveira. *Terra, gado e trabalho*: sociedade e economia escravista em Lages, SC (1840-1865). 2005. Dissertação (Mestrado em História) – UFSC, Florianópolis, 2005.

BRÜGGEMANN, Adelson André. *Ao poente da Serra Geral*: a abertura de um caminho entre as capitanias de Santa Catarina e São Paulo no final do século XVIII. Florianópolis: Editora da UFSC, 2008.

BRÜGGEMANN, Adelson André. Os nós de um caminho: imigração alemã na Grande Florianópolis. *In: Anais [...]* III Simpósio sobre imigração e cultura alemãs na Grande Florianópolis: história, língua e cultura. Florianópolis: Nova Letra, 2009, p. 189-205.

CABRAL, Oswaldo R. *História de Santa Catarina*. 2. ed. Florianópolis: Laudes, 1970.

CAMPOS, Rafael Ramos. A atuação militar da colônia militar de São Pedro de Alcântara no Maranhão oitocentista. *In: Anais [...]* 35.º Encontro Anual da Associação Nacional de Pós-Graduação e Pesquisa em Ciências Sociais (ANPOCS). São Luís, 2011. Disponível em: http://www.anpocs.org/portal/index.php?option=com_docman&-task=doc_view&gid=986&Itemid=353. Acesso em: 5 mar. 2012.

CARVALHO, J. M. *Forças Armadas e Política no Brasil*. Rio de Janeiro: Zahar, 2005.

CARVALHO, José Murilo de; NEVES, L. M. B. (org.). *Repensando o Brasil do Oitocentos*: cidadania, política e liberdade. Rio de Janeiro: Civilização Brasileira, 2009.

CARVALHO, José Murilo de. *A construção da ordem*: a elite política imperial. *Teatro de sombras*: a política imperial. 3. ed. Rio de Janeiro: Civilização Brasileira, 2007.

CASTRO, Celso; IZECKSOHN, Vitor; KRAAY, Hendrik (org.). *Nova História Militar Brasileira*. Rio de Janeiro: FGV; Bom Texto, 2004. v. 1.

CAVALCANTI, Helenilda; GUILLEN, Isabel. *Atravessando fronteiras*: movimentos migratórios na história do Brasil. Disponível em: http://200.144.182.150/neinb/files/Movimentos%20migratórios%20na%20história%20do%20Brasil.pdf. Acesso em: 30 nov. 2012.

CERTEAU, Michel de. *A invenção do cotidiano*: 1. Artes de fazer. Petrópolis: Vozes, 1994.

COSTA, Licurgo. *O Continente das Lagens* – sua História e Influência no Sertão da Terra Firme. Florianópolis: Fundação Catarinense de Cultura, 1982.

COSTA, Samuel Guimarães da. *Formação democrática do Exército brasileiro*. Rio de Janeiro: Biblioteca do Exército, 1957.

COSTA, Wilma Peres. *A espada de Dâmocles*: o exército e a Guerra do Paraguai. São Paulo: HUCITEC, 1996.

DIAS, Maria Odila Leite da Silva. *A interiorização da metrópole e outros estudos*. São Paulo: Alameda Casa Editorial, 2005.

DIAS, Maria Odila Leite da Silva. A interiorização da metrópole, 1808-1853. *In*: MOTA, Carlos Guilherme (org.). *1822*: Dimensões. São Paulo: Perspectiva, 1972. p. 160-184.

DIAS, Maria Odila Leite da Silva. *Quotidiano e Poder em São Paulo no século XIX*. 2. ed. São Paulo: Brasiliense, 1995.

DIAS, Maria Odila Leite. Hermenêutica do Cotidiano na historiografia contemporânea. *Projeto História. Trabalhos da memória*, São Paulo, n. 17, 1998, p. 223-258.

DOLHNIKOFF, Miriam. Elites regionais e a construção do Estado Nacional. *In*: JANCSÓ, I. (org.). *Brasil*: Formação do Estado e da Nação. Estudos Históricos. São Paulo/Ijuí: Hucitec/Unijui, 2003.

DOLHNIKOFF, Miriam. O poder provincial: política e historiografia. *Revista de História* v. 122, 1990, p. 71-95.

ELIAS, Norbert; SCOTSON, John L. *Os estabelecidos e os outsiders*: sociologia das relações de poder a partir de uma pequena comunidade. Tradução de Vera Ribeiro. Rio de Janeiro: Jorge Zahar Editores, 2000.

FRANCO, Maria Sylvia de Carvalho. *Homens livres na ordem escravocrata*. 4. ed. São Paulo: Fundação Editora da Unesp, 1997.

FREITAG, Liliane da Costa. Impressões de um dirigente: relatos e relatórios da Colônia Militar de Foz do Iguaçu. *Revista de História Regional*, v. 12, p. 191-224, 2007.

GHIRARDELLO, Nilson. Estabelecimento naval e colônia militar do Itapura, ápice do pensamento urbanístico-militar do império brasileiro. *In: Anais [...]* SHCU 1990 - Seminário de História da Cidade e do Urbanismo, v. 9, n. 2, 2006. Disponível em: http://www.anpur.org.br/revista/rbeur/index.php/shcu/article/view/1135. Acesso em: 3 jul. 2012.

GOULARTI FILHO, Alcides. *Caminhos, estradas e rodovias em Santa Catarina*. São Paulo: Hucitec, 2022.

GOUVÊA, Maria de Fátima. Política provincial na formação da monarquia constitucional brasileira: Rio de Janeiro, 1820-1850. *Almanack Brasiliense*, São Paulo, IEB – USP, n. 7, maio 2008.

KOWARICK, Lúcio. *Trabalho e vadiagem*: a origem do trabalho livre no Brasil. 2. ed. Rio de Janeiro: Paz e terra, 1994. p. 75.

LEVI, Giovanni. Sobre a micro-história. *In*: BURKE, Peter (org.). *A Escrita da história* – novas perspectivas. Tradução de Magda Lopes. São Paulo: Editora Unesp, 1992.

MATTOS, Ilmar Rohloff de. *O tempo saquarema*: a formação do Estado Imperial. São Paulo: Hucitec, 1987.

MENDES, Fábio Faria. *Recrutamento militar e construção do Estado no Brasil imperial*. Belo Horizonte: Argumentum, 2010.

MOTTA, Márcia Maria Menendes. Caindo por terra (historiografia e questão agrária no Brasil do século XIX). *In*: GIRBAL-BLACHA, Noemí; VALENCIA, Marta (coord.). *Agro, tierra y política*. Debate sobre la historia rural de Argentina y Brasil. La Plata: Red de Editoriales Universitarias, 1998. p. 65-79.

MOTTA, Márcia Maria Menendes. *Nas fronteiras do poder*: conflito de terra e direito à terra no Brasil do século XIX. Rio de Janeiro: Vício de Leitura; Arquivo Público do Estado do Rio de Janeiro, 1998.

MYSKIW, Antônio Marcos. *A fronteira como destino de viagem*: a colônia militar de Foz do Iguaçu (1888/1907). 2009. Tese (Doutorado em História) – Universidade Federal Fluminense: Niterói, 2009.

NASSAR, Raduan. *Lavoura Arcaica*. São Paulo: Cia das Letras, 1998.

OBERACKER Jr., Carlos Henrique. *Jorge Antônio von Schaeffer*. Criador da primeira corrente emigratória alemã para o Brasil. Porto Alegre: Editora Metrópole, 1975.

OLIVEIRA, Maria Luiza Ferreira de. As colônias militares na consolidação do Estado Nacional, 1850-1870. *In: Anais [...]* XXVI Simpósio Nacional de História – ANPUH. São Paulo, julho de 2011. Disponível em: http://www.snh2011.anpuh.org/resources/anais/14/1300216724_ARQUIVO_TextoANPUH2011.pdf. Acesso em: 18 mar. 2012.

PIAZZA, Walter F. A colônia militar Santa Teresa. *Revista do Instituto Histórico e Geográfico de Santa Catarina*, 3ª fase, n. 2, 1980.

PIAZZA, Walter F.; HÜBENER, Laura Machado. *Santa Catarina*: história da gente. Florianópolis: Ed. Lunardelli, 1997.

PIAZZA, Walter Fernando. *A colonização de Santa Catarina*. 2. ed. Florianópolis: Lunardelli, 1988.

PIAZZA, Walter Fernando. *Santa Catarina*: sua história. Florianópolis: Lunardelli, 1983.

PIAZZA, Walter: *Dicionário Político Catarinense*. Florianópolis: Assembleia Legislativa do Estado de Santa Catarina, 1985.

PINTO, Clarice de Paula Ferreira. O Visconde do Uruguai e o Regresso Conservador: A política de centralização na construção do Estado Imperial. *In: Anais [...]* XV Encontro Regional de História da Anpuh-Rio. Disponível em: http://www.encontro2012.rj.anpuh. org/resources/anais/15/1338428095_ARQUIVO_OViscondedoUruguaieoRegressoConservador.pdf. Acesso em: 12 dez. 2012.

REVEL, Jacques (org.). *Jogos de escalas*: a experiência da microanálise. Tradução de Dora Rocha. Rio de Janeiro: Editora Fundação Getúlio Vargas, 1998.

ROSA, João Guimarães. *Grande Sertão*: veredas. São Paulo: Nova Aguilar. 1994.

SALLES, Ricardo. *Guerra do Paraguai*. Memórias & imagens. Rio de Janeiro: Edições Biblioteca Nacional, 2003. v. 1.

SALLES, Ricardo. *Guerra do Paraguai*: escravidão e cidadania na formação do exército. Rio de Janeiro: Paz e Terra, 1990.

SALOMON, Marlon. *O saber do espaço*. Ensaio sobre a geografização do espaço em Santa Catarina no século XIX. 2002. Tese (Doutorado em História) – UFSC, Florianópolis, 2002.

SANTOS, Arthur Roberto Germano. Fronteira e formação do Estado: colonização militar em meados do oitocentos a partir de uma província do Norte. *In: Anais [...]* XXVI Simpósio Nacional de História – ANPUH. São Paulo, julho 2011. Disponível em: http://www.snh2011.anpuh.org/

resources/anais/14/1300891918_ARQUIVO_TrabalhoAnpuh-Arthur-RobertoGermanoSantos.pdf. Acesso em: 18 mar. 2012.

SCHULZ, John. *O exército na política*: origens da intervenção militar – 1850-1894. São Paulo: Editora da Universidade de São Paulo, 1994.

SCIADINI, Patricio. *Teresa D'Ávila*. 3. ed. São Paulo: Edições Loyola, 2001.

SILVA, Maria Apparecida. *Itapura* – estabelecimento naval e colônia militar (1858-1870). 1972. 160f. Tese (Doutorado em História) – FFLCH, Universidade de São Paulo, São Paulo, 1972.

SODRÉ, Nelson Werneck. *História militar do Brasil*. 2. ed. São Paulo: Expressão Popular, 2010.

SOUZA, Adriana Barreto de. *O Exército na consolidação do Império*: um estudo sobre a política militar conservadora. Rio de Janeiro: Arquivo Nacional, 1999.

VANIN, Alex Antônio; TEDESCO, João Carlos (org.). *As sentinelas dos sertões*: as colônias militares do Império do Brasil. Passo Fundo: Acervus Editora, 2024.

WERNER, Antônio Carlos. *Caminhos da integração catarinense*. Do caminho das tropas à rodovia BR 282: Florianópolis-Lages. Florianópolis: Ed. do Autor, 2004.

WISSENBACH, Maria Cristina Cortez. Da escravidão à liberdade: dimensões de uma privacidade possível. *História da Vida Privada no Brasil*. Vol. 3. Coordenador geral da coleção Fernando A. Novais; organizador do volume Nicolau Sevcenko. São Paulo: Cia. das Letras, 1998.

WOOD, David Lyle. *Abortive panacea*: Brazilian military settlements, 1850 to 1913. 1972. Tese (Doutorado em História) – Salt Lake City: University of Utah, 1972.

# FONTES DE PESQUISA

## FONTES MANUSCRITAS

### Instituto Histórico e Geográfico de Santa Catarina – IHGSC

CMST. *Mapas do movimento da estrada da Capital para Lages* – 1856, 1857, 1858, 1859, 1861, 1862, 1863, 1864, 1865, 1867, 1878, 1879, 1880 e 1881.

CMST. *Mapas mensais de pessoal e de doentes da colônia* – 1856, 1857, 1858, 1859, 1861, 1862, 1863, 1864, 1865, 1867, 1878, 1879, 1880 e 1881.

CMST. *Relatórios de serviços feitos na colônia* – 1856, 1857, 1858, 1859, 1861, 1862, 1863, 1864, 1865, 1867, 1878, 1879, 1880 e 1881.

CMST. *Ofícios do diretor da colônia para o presidente da província de Santa Catarina* – 1856, 1857, 1858, 1859, 1861, 1862, 1863, 1864, 1865, 1867, 1878, 1879, 1880 e 1881.

CMST. *Exposição do estado da colônia militar de Santa Teresa, referente ao ano de 1856.* João Xavier de Souza, capitão diretor interino. Colônia militar de Santa Teresa, 9 de janeiro de 1857.

CMST. *Mapa anual do pessoal da colônia militar de Santa Teresa na margem direita do rio Itajahy na estrada de Lages pertencente ao ano de 1860.* João Francisco Barreto, tenente coronel diretor. Colônia militar de Santa Teresa, 1.º de janeiro de 1861.

CMST. *Mapa anual do pessoal da colônia militar de Santa Teresa na margem direita do rio Itajahy na estrada de Lages pertencente ao ano de 1861.* João Francisco Barreto, tenente coronel diretor. Colônia militar de Santa Teresa, 1.º de janeiro de 1862.

CMST. *Mapa da despesa que se fez com gratificações de exercício dos empregados da colônia militar de Santa Teresa no mês de janeiro de 1862.* João Francisco Barreto, tenente coronel diretor da colônia. Colônia militar de Santa Teresa, 1.º de fevereiro de 1862.

CMST. *Mapa da população da Colônia Militar de Santa Teresa no ano de 1864.* João Francisco Barreto, tenente coronel diretor. Colônia Militar de Santa Teresa, 1.º de janeiro de 1865.

CMST. *Mapa da produção agrícola da colônia militar de Santa Teresa.* João Francisco Barreto, tenente coronel diretor. Colônia militar de Santa Teresa, 1 de janeiro de 1862.

CMST. *Mapa demonstrativo do número de praças de linha que se acham na colônia militar Santa Teresa com clareza as que são ativas, ou inválidas, e em que caráter existem na mesma colônia no mês de março de 1865.* João Francisco Barreto, tenente coronel diretor. Colônia militar Santa Teresa, 1.º de abril de 1865.

CMST. *Mapa demonstrativo do número de praças de linha que se acham na colônia militar Santa Teresa com clareza as que são ativas, ou inválidas, e em que caráter existem na mesma colônia no mês de outubro de 1864.* João Francisco Barreto, tenente coronel diretor. Colônia Militar Santa Teresa, 1.º de novembro de 1864.

CMST. *Mapa dos nascimentos e óbitos que tiveram lugar nesta colônia desde a sua fundação em 19 de janeiro de 1854 até 30 do findo mês de setembro do corrente ano de 1862:* dado em virtude da ordem do Exmo. Governo da Província datada de 12 do dito mês de setembro. João Francisco Barreto, tenente coronel diretor. Colônia militar de Santa Teresa, 1.º de outubro de 1862.

CMST. *Observações do relatório da colônia militar de Santa Teresa dirigido ao Governo Imperial pela 3.ª Diretoria do Ministério dos Negócios da Guerra.* João Francisco Barreto, tenente coronel diretor da colônia. Colônia militar de Santa Teresa, 1.º de janeiro de 1865.

CMST. *Ofício ao Ajudante de Ordens da Presidência da Província, capitão João Peres Gomes.* Francisco Ramires Cardoso, tenente ajudante da colônia. Colônia militar de Santa Teresa, 1.º de maio de 1863.

CMST. *Ofício ao ministro e secretário de Estado do Negócios da Guerra, pela 4.ª Diretoria do Ministério dos Negócios da Guerra.* João Francisco Barreto, tenente coronel diretor da colônia. Colônia militar de Santa Teresa, 11 de janeiro de 1865.

CMST. *Ofício ao ministro e secretário de Estado dos Negócios da Guerra.* João Francisco Barreto, tenente coronel diretor. Colônia militar de Santa Teresa, 11 de janeiro de 1865.

CMST. *Ofício ao Ministro e Secretário do Estado dos Negócios de Guerra.* João Francisco Barreto, tenente coronel diretor. Colônia militar de Santa Teresa, 12 de janeiro de 1863.

CMST. *Ofício do diretor da colônia, João Francisco Barreto, para a 4.ª Diretoria do Ministério dos Negócios da Guerra.* Colônia militar de Santa Teresa, 11 de janeiro de 1865.

CMST. *Ofício n. 138, ao vice-presidente da província, Joaquim da Silva Ramalho.* Policarpo Vieira da Cunha Brasil, tenente diretor. Colônia militar de Santa Teresa, 22 de fevereiro de 1879.

CMST. *Ofício n. 140, ao vice-presidente da província, Joaquim da Silva Ramalho.* Policarpo Vieira da Cunha Brasil, tenente diretor. Colônia militar de Santa Teresa, 13 de março de 1879.

CMST. *Relação das praças e colonos da colônia militar Santa Teresa com as declarações em cada um na forma abaixo especificada, e conforme a ordem do Exmo. Sr. Presidente da Província comunicado em ofício de seu ajudante de ordens de 4 de novembro de 1864.* João Francisco Barreto, tenente coronel diretor. Colônia militar de Santa Teresa, 21 de novembro de 1864.

CMST. *Relação nominal das praças da colônia que finalizaram o tempo de praça no mês de janeiro de 1862.* João Francisco Barreto, tenente coronel diretor. Colônia militar de Santa Teresa 1.º de fevereiro de 1862.

CMST. *Relação nominal dos colonos militares e paisanos existentes na colônia militar de Santa Teresa estabelecida na margem direita do rio*

*Itajahy na estrada de Lages com declaração dos colonos quer militares quer paisanos que vencem diárias por conta do Governo no mês de setembro de 1862.* João Francisco Barreto, tenente coronel diretor. Colônia militar de Santa Teresa 1.º de outubro de 1862.

CMST. *Relatório circunstanciado do estado da colônia.* João Francisco Barreto, tenente coronel diretor. Colônia militar Santa Teresa, 11 de janeiro de 1865.

CMST. *Relatório da colônia militar de Santa Teresa dirigido ao Governo Imperial pela 3.ª Diretoria do Ministério dos Negócios da Guerra.* João Francisco Barreto, tenente coronel diretor da colônia. Colônia militar de Santa Teresa, 11 de janeiro de 1865.

CMST. *Relatório da colônia militar de Santa Teresa, dirigido ao Governo Imperial pela 2.ª Diretoria do Ministério dos Negócios da Guerra, correspondente ao ano de 1864 e apresentado ao Exmo. Governo desta província de Santa Catarina.* João Francisco Barreto, tenente coronel diretor. Colônia militar Santa Teresa, 11 de janeiro de 1865.

CMST. *Relatório da fundação, progresso e estado da Colônia militar Santa Teresa na Província de Santa Catharina, apresentado ao Ilmo. e Exmo. Sr. Presidente da Província,* pelo Capitão João de Souza Mello e Alvim Diretor interino da mesma Colônia, 1856.

CMST. *Relatório.* João Xavier de Souza, capitão diretor da colônia. Colônia militar de Santa Teresa, 15 de janeiro de 1859.

CMST. *Tabela das praças da colônia militar de Santa Teresa que foram nomeadas para a condução da mala do correio da Capital e Lages.* João Xavier de Souza, capitão diretor. Colônia militar de Santa Teresa, 1.º de setembro de 1857.

SANTA CATARINA. *Ofício ao presidente de província, no qual se questiona o pedido feito pelo diretor da colônia.* Documento incompleto.

SANTA CATARINA. *Ofício do presidente da província ao diretor da colônia militar de Santa Teresa, João Francisco Barreto.* Desterro, 10 de abril de 1865.

ARQUIVO PÚBLICO DO ESTADO DE SANTA CATARINA – APESC

**349**

MINISTÉRIO DA GUERRA. *Cópia da sentença proferida pelo Conselho de Guerra e Supremo Militar de Justiça no processo do tenente reformado do Exército Francisco Ramires Cardoso.* Desterro, 20 de agosto de 1861. Correspondências Ministério da Guerra para Presidente de Província.

MINISTÉRIO DA GUERRA. *Correspondências do ministro da guerra para o presidente da província de Santa Catarina* – 1858, 1861, 1863, 1869, 1870, 1871, 1872, 1875, 1876.

SANTA CATARINA. *Ofícios do presidente da província de Santa Catarina ao ministro da guerra* – 1857, 1863, 1864, 1875, 1864, 1880.

SANTA CATARINA. *Regulamento para a colônia militar de Santa Teresa.* João José Coutinho, presidente da província de Santa Catarina. Palácio do Governo de Santa Catarina, 12 de agosto de 1857. Registro do presidente de província para Ministério do Império (1854/1858).

SANTA CATARINA. *Relatório de inspeção da colônia militar de Santa Teresa, do presidente da província de Santa Catarina ao Ministério da Guerra.* Desterro, 9 de outubro de 1875. Fundo: Correspondências Presidente da Província para o Ministério da Guerra (1875-1878).

ARQUIVO HISTÓRICO MUNICIPAL DE SÃO JOSÉ

CMST. *Documentos relativos à Coletoria de Rendas Provinciais de São José.* 1866, 1868, 1869, 1874, 1875 e 1879.

CMST. *Ofício.* Colônia militar de Santa Teresa, 8 de julho de 1868. Fundo: Coletoria. Série: Correspondências recebidas. Caixa 01.

FAZENDA PROVINCIAL DE SANTA CATARINA. *Ofício do Diretor-Geral da Fazenda Provincial de Santa Catarina, Antônio Justiniano Esteves, em 12 de maio de 1868.* Fundo: Coletoria. Série: Correspondências recebidas. Caixa 01.

FAZENDA PROVINCIAL DE SANTA CATARINA. *Ofício do Diretor-Geral da Fazenda Provincial de Santa Catarina, Francisco Leitão de Almeida, em 31 de maio de 1870.* Acervo: Arquivo Histórico Municipal de São José. Fundo: Coletoria. Série: Correspondências recebidas. Caixa 01.

SANTA CATARINA. *Ato de 15 de fevereiro de 1870, criando uma agência de coletoria na estrada que da cidade de São José segue para Lages.* André Cordeiro d'Araújo Lima. Palácio do Governo, 15 de fevereiro de 1870. Fundo: Coletoria. Série: Correspondências recebidas. Subsérie: diversos órgãos. Caixa 12.

SANTA CATARINA. *Ofício do inspetor da Tesouraria de Fazenda da Província ao coletor de rendas da cidade de São José.* Desterro, 12 de junho de 1888. Fundo: Coletoria. Série: Correspondências recebidas. Subsérie: Da Tesouraria da Fazenda Provincial.

SANTA CATARINA. *Ofício do Palácio do Governo da Província de Santa Catarina ao Diretor-Geral da Fazenda Provincial.* Antônio Luiz do Livramento. Desterro, 7 de julho de 1871. Fundo: Coletoria. Série: Correspondências recebidas. Caixa 01.

### ARQUIVO HISTÓRICO DO EXÉRCITO

BRASIL. *Quartel General do Exército na Corte.* Ofício n. 9007, do Ajudante General do Exército, Barão de Suruhy, ao ministro da Guerra, Conselheiro Sebastião do Rego Barros. Barão de Suruhy, Ajudante General do Exército. Quartel General do Exército na Corte, 27 de outubro de 1860.

CMST. *Relação nominal dos oficiais militares que servem na colônia militar de Santa Teresa.* Fernando Antônio Cardozo, capitão diretor. Colônia militar de Santa Teresa, 1.º de julho de 1876.

CMST. *Relatório da colônia militar de Santa Teresa.* João Francisco Barreto, coronel diretor da colônia. Colônia militar de Santa Teresa, 1.º de janeiro de 1866.

ARQUIVO NACIONAL

BRASIL. *Ofício ao Ministro e Secretário de Estado dos Negócios da Guerra, Senador Joaquim Delfino Ribeiro da Luz.* Antônio Ernesto Gomes Carneiro, major. Quartel de inspeção da colônia militar de Santa Teresa, na província de Santa Catarina, 8 de outubro de 1887.

BRASIL. *Ofício n. 8517, ao ministro e secretário de Estado dos Negócios da Guerra, Conselheiro Sebastião do Rego Barros.* Barão de Suruhy, ajudante general do Exército. Quartel General do Exército na Corte, 8 de agosto de 1860.

CMST. *Informações acerca do estado da colônia militar de Santa Teresa enviadas ao Ministério dos Negócios da Guerra.* João Paulo de Miranda, capitão diretor. Colônia militar de Santa Teresa, 1.º de janeiro de 1881.

CMST. *Mapa mensal do pessoal da colônia militar de Santa Teresa no mês de abril de 1857.* João Xavier de Souza, capitão diretor. Colônia militar de Santa Teresa, 1.º de maio de 1857.

CMST. *Mapa mensal do pessoal da colônia militar de Santa Teresa no mês de fevereiro de 1858.* João Xavier de Souza, capitão diretor. Colônia militar de Santa Teresa, 1.º de março de 1858.

CMST. *Ofício ao presidente de província, Francisco Carlos de Araújo Brusque.* João Francisco Barreto, tenente coronel diretor da colônia. Desterro, 23 de setembro de 1860.

CMST. *Pedido de fardamento para os praças da colônia militar de Santa Teresa.* Colônia militar de Santa Teresa, 1.º de janeiro de 1855. Affonso d'Albuquerque e Mello, major diretor da colônia.

CMST. *Relatório da colônia militar de Santa Teresa, apresentado ao Ilmo. e Exmo. Sr. Barão de Muritiba, ministro e secretário de Estado dos Negócios da Guerra.* João Francisco Barreto, coronel diretor. Colônia militar de Santa Teresa, 1.º de janeiro de 1869.

SANTA CATARINA. *Ofício do presidente de província, Francisco Carlos de Araújo Brusque, ao ministro e secretário de Estado dos Negócios da Guerra, Conselheiro Sebastião do Rego Barros.* Palácio do Governo da Província de Santa Catarina, 1.º de agosto de 1860.

FONTES DE PESQUISA

SANTA CATARINA. *Ofício do presidente de província, Francisco Carlos de Araújo Brusque, ao ministro e secretário de Estado dos Negócios da Guerra, Conselheiro Sebastião do Rego Barros.* Palácio do Governo da Província de Santa Catarina, 3 de agosto de 1860.

SANTA CATARINA. *Ofício do presidente de província, João Capistrano Bandeira de Melo Filho, ao ministro e secretário de Estado dos Negócios da Guerra, Duque de Caxias.* Desterro, 8 de abril de 1876.

## FONTES IMPRESSAS

### Coleção de leis

BRASIL. *Coleção das leis da República dos Estados Unidos do Brasil.* Rio de Janeiro: Imprensa Nacional, 1893. Lei n. 39 A.

BRASIL. *Coleção das leis da República dos Estados Unidos do Brasil.* Rio de Janeiro: Imprensa Nacional, 1895. Lei n. 360.

BRASIL. *Coleção das leis do Império do Brasil de 1850.* Rio de Janeiro: Tipografia Nacional, 1851. Lei n. 555, de 15 de junho de 1850.

BRASIL. *Coleção das leis do Império do Brasil de 1850.* Rio de Janeiro: Tipografia Nacional, 1851. Lei n. 601, de 18 de setembro de 1850.

BRASIL. *Coleção das leis do Império do Brasil de 1850.* Rio de Janeiro: Tipografia Nacional, 1851. Decreto 585, de 6 de setembro de 1850.

BRASIL. *Coleção das leis do Império do Brasil de 1851.* Rio de Janeiro: Tipografia Nacional, 1852. Decreto 750, 2 de janeiro de 1851.

BRASIL. *Coleção das leis do Império do Brasil de 1851.* Rio de Janeiro: Tipografia Nacional, 1852. Decreto n. 820, 12 de setembro de 1851.

BRASIL. *Coleção das leis do Império do Brasil de 1865.* Rio de Janeiro: Tipografia Nacional, 1866. Decreto 3.371, de 7 de janeiro de 1865.

BRASIL. *Coleção das leis do Império do Brasil de 1877.* Rio de Janeiro: Tipografia Nacional, 1877. Decreto n. 2.706.

BRASIL. *Coleção de leis do Brasil de 1859*. Rio de Janeiro: Tipografia Nacional, 1860. Decreto 2.504, de 16 de novembro de 1859.

BRASIL. *Coleção de leis do Império de 1824*. Rio de Janeiro: Tipografia Nacional, 1825. Decreto de 1.º de dezembro de 1824.

BRASIL. *Coleção de leis do Império do Brasil 1853*. Rio de Janeiro: Tipografia Nacional, 1854. Decreto n. 1.266, de 8 de novembro de 1853.

BRASIL. *Coleção de leis do Império do Brasil de 1830*. Rio de Janeiro: Tipografia Nacional, 1831. Decreto de 20 de dezembro de 1830.

BRASIL. *Coleção de leis do Império do Brasil de 1849*. Rio de Janeiro: Tipografia Nacional, 1849. Decreto n. 662.

BRASIL. *Coleção de leis do Império do Brasil de 1850*. Rio de Janeiro: Tipografia Nacional, 1851. Decreto n. 729, de 9 de novembro de 1850.

BRASIL. *Coleção de leis do Império do Brasil de 1854*. Rio de Janeiro: Tipografia Nacional, 1854. Decreto n. 1.363.

BRASIL. *Coleção de leis do Império do Brasil de 1858*. Rio de Janeiro: Tipografia Nacional, 1858. Decreto n. 2.125, de 13 de março de 1858.

BRASIL. *Coleção de leis do Império do Brasil de 1861*. Rio de Janeiro: Tipografia Nacional, 1862. Decreto n. 2.747, de 16 de fevereiro de 1861.

RELATÓRIOS DO MINISTÉRIO DA GUERRA[819]

BRASIL. Ministério da Guerra, ministro Carlos Affonso de Assis Figueiredo. *Relatório do ano de 1882 apresentado à assembleia geral legislativa na 3.ª sessão da 18.ª legislatura*. Rio de Janeiro: Tipografia Universal de Laemmert, 1883.

BRASIL. Ministério da Guerra. Ministro José Egydio Gordilho de Barbuda, Visconde de Camamu. *Relatório do ano de 1864*. Rio de Janeiro: Tipografia Universal de Laemmert,1865.

---

[819] Esses documentos foram consultados na página de internet do Projeto de Imagens de Publicações Oficiais Brasileiras, do *Center for Research Libraries*. Disponível em: http://www.crl.edu/brazil. Acesso em: 1 jul. 2023.

BRASIL. Ministério da Guerra. Ministro José Maria da Silva Paranhos, Visconde do Rio Branco. *Relatório do ano de 1870*. Rio de Janeiro: Tipografia Universal de Laemmert, 1871.

BRASIL. Ministério da Guerra. Ministro José Maria da Silva Paranhos, Visconde do Rio Branco. *Relatório do ano de 1871*. Rio de Janeiro: Tipografia Universal de Laemmert, 1872.

BRASIL. Ministério da Guerra. Ministro Polidoro da Fonseca Quintanilha Jordão. *Relatório do ano de 1862 apresentado à Assembleia Geral Legislativa*. Rio de Janeiro: Tipografia Universal de Laemmert, 1863.

BRASIL. Ministério da Guerra. Ministro Visconde de Pelotas. *Relatório do ano de 1879 apresentado à Assembleia Geral Legislativa*. Rio de Janeiro: Tipografia Nacional, 1880.

BRASIL. *Relatório do ano de 1861 apresentado à Assembleia-geral legislativa na 2.ª sessão da 11.ª legislatura*. Luís Alves de Lime e Silva, Marquês de Caxias, ministro da Guerra. Rio de Janeiro: Tipografia Universal de Laemmert, 1862.

BRASIL. *Relatório do ano de 1863, do Ministro e Secretário de Estado dos Negócios da Guerra José Marianno de Mattos*. Rio de Janeiro: Tipografia Universal de Laemmert, 1864.

BRASIL. *Relatório referente ao ano de 1897, do Ministro da Guerra, João Thomaz Cantuária*. Rio de Janeiro, 1.º de maio de 1898.

### Relatórios do Ministério do Império[820]

BRASIL. Ministério do Império. Ministro Sérgio Teixeira de Macedo. *Relatório do ano de 1858 apresentado a Assembleia Geral Legislativa na 3.ª Sessão da 10.ª Legislatura*. Rio de Janeiro: Tipografia Universal de Laemmert, 1859.

BRASIL. Ministério do Império. *Relatório do ano de 1850 apresentado à Assembleia-Geral Legislativa na 3.ª sessão da 8.ª legislatura*.

---

[820] Esses documentos foram consultados na página de internet do Projeto de Imagens de Publicações Oficiais Brasileiras, do *Center for Research Libraries*. Disponível em: http://www.crl.edu/brazil. Acesso em: 1 jul. 2023.

Visconde de Mont'alegre, ministro do Império. Rio de Janeiro: Tipografia Nacional, 1851.

BRASIL. Ministério do Império. *Relatório do ano de 1851 apresentado à Assembleia-Geral Legislativa na 4.ª sessão da 8.ª legislatura.* Visconde de Mont'alegre, ministro do Império. Rio de Janeiro: Tipografia Nacional, 1852.

BRASIL. Ministério do Império. *Relatório do ano de 1852 apresentado à Assembleia-Geral Legislativa na 1.ª sessão da 9.ª legislatura.* Francisco Gonçalves Martins, ministro do Império. Rio de Janeiro: Tipografia Nacional, 1853.

BRASIL. Ministério do Império. *Relatório do ano de 1854 apresentado a Assembleia Geral Legislativa na 3.ª Sessão da 9.ª Legislatura.* Ministro e Secretário de Estado dos Negócios do Império Luiz Pedreira do Couto Ferraz. Rio de Janeiro: Tipografia Universal de Laemmert, 1855.

BRASIL. Ministério do Império. *Relatório do ano de 1856 apresentado a Assembleia Geral Legislativa na 1.ª sessão da 10.ª legislatura.* Ministro Luiz Pedreira do Coutto Ferraz. Rio de Janeiro: Tipografia Universal de Laemmert, 1857.

BRASIL. Ministério do Império. *Relatório do ano de 1857 apresentado a Assembleia Geral Legislativa na 2.ª Sessão da 10.ª Legislatura.* Ministro e Secretário de Estado dos Negócios do Império Jeronymo Francisco Coelho. Rio de Janeiro: Tipografia Universal de Laemmert, 1858.

BRASIL. Ministério do Império. *Relatório do ano de 1858 apresentado a Assembleia Geral Legislativa na 3.ª Sessão da 10.ª Legislatura.* Ministro e Secretário de Estado dos Negócios do Império Sérgio Teixeira de Macedo. Rio de Janeiro: Tipografia Universal de Laemmert, 1859.

RELATÓRIOS E FALAS PROVINCIAIS[821]

CEARÁ. *Relatório apresentado à Assembleia Legislativa Provincial do Ceará em sua reunião extraordinária em 1.º de dezembro de 1866 pelo*

---

[821] Esses documentos foram consultados na página de internet do Projeto de Imagens de Publicações Oficiais Brasileiras, do *Center for Research Libraries.* Disponível em: http://www.crl.edu/brazil. Acesso em: 1 jul. 2023.

*presidente da mesma província, João de Souza Mello e Alvim.* Fortaleza: Tipografia Brasileira de João Evangelista, 1867.

MARANHÃO. *Relatório do presidente da província do Maranhão, Eduardo Olímpio Machado, na abertura da Assembleia Legislativa Provincial no dia 3 de maio de 1855.* Maranhão: Tipografia Const. de I.J. Ferreira, 1855.

PARÁ. *Fala dirigida pelo Exmo. Sr. Conselheiro Jeronimo Francisco Coelho, presidente da província do Pará, à Assembleia Legislativa Provincial na abertura da segunda sessão ordinária da sexta legislatura no dia 1.º de outubro de 1849.* Pará: Tipografia de Santos & filhos, 1849.

PARÁ. *Relatório feito pelo conselheiro Jeronimo Francisco Coelho, presidente da província e entregue ao 1.º vice-presidente em exercício, Ângelo Custodio Corrêa, no dia 1.º de agosto de 1850.* Pará: Tipografia de Santos & filhos, 1850.

RIO GRANDE DO SUL. *Aditamento feito ao relatório que, perante a Assembleia Provincial do Rio Grande de São Pedro do Sul, dirigiu o Exmo. vice-presidente da província em 4 de março de 1848, pelo Exmo. presidente da província e comandante do exército em guarnição, Francisco José de Souza Soares de Andréa.* Porto Alegre: Tipografia do Commercio, 1848.

RIO GRANDE DO SUL. *Relatório com que o Exmo. Sr. Dr. João Sertório, presidente da província do Rio Grande do Sul, passou a administração da mesma ao Exmo. Sr. Dr. João Capistrano de Miranda e Castro, 1.º vice-presidente, no dia 29 de agosto de 1870.* Porto Alegre: Tipografia Rio Grandense, 1870.

SANTA CATARINA. *Discurso pronunciado pelo presidente, o brigadeiro João Carlos Pardal, na abertura da Assembleia Legislativa da Província de Santa Catarina na 1.ª sessão ordinária da 2.ª legislatura provincial, em 1.º de março 1838.* Cidade do Desterro: Tipografia Provincial, 1838.

SANTA CATARINA. *Fala dirigida à Assembleia Legislativa Provincial de Santa Catarina em 25 de março de 1874 pelo presidente da província, João Thomé da Silva.* Cidade do Desterro: Tipografia de J.J. Lopes, 1874.

SANTA CATARINA. *Fala do senhor José Joaquim Machado de Oliveira, presidente da província de Santa Catarina, na abertura da 3.ª sessão da 1.ª legislatura provincial, em 1.º de março de 1837.* Cidade do Desterro: Tipografia Provincial, 1837.

SANTA CATARINA. *Fala que o presidente da província de Santa Catarina, João José Coutinho, dirigiu à Assembleia Legislativa Provincial na abertura de sua sessão ordinária em 1.º de março de 1856.* Rio de Janeiro: Tipografia Universal de Laemmert, 1856.

SANTA CATARINA. *Fala que o presidente da província de Santa Catarina, João José Coutinho, dirigiu à Assembleia Legislativa da mesma província, por ocasião da abertura de sua sessão ordinária em 1.º de março de 1853.* Cidade do Desterro: Tipografia do Conservador, 1853.

SANTA CATARINA. *Fala que o presidente da província de Santa Catarina, João José Coutinho, dirigiu à Assembleia Legislativa Provincial na abertura de sua sessão ordinária em 1.º de março de 1857.* Rio de Janeiro: Tipografia Imp. e Const. de J. Villeneuve e C., 1857.

SANTA CATARINA. *Fala que o presidente da província, João José Coutinho, dirigiu à Assembleia Legislativa da mesma província, por ocasião da abertura da sua sessão ordinária em 1.º de março de 1850.* Desterro: Tipografia Catharinense de Emilio Grain, 1850.

SANTA CATARINA. *Relatório apresentado à Assembleia Legislativa Provincial de Santa Catarina, na sua sessão ordinária, e ao 1.º vice-presidente, comendador Francisco José de Oliveira, por ocasião de passar-lhe a administração o presidente Adolpho de Barros Cavalcanti de Albuquerque Lacerda no ano de 1868.* Rio de Janeiro: Tipografia Nacional, 1868.

SANTA CATARINA. *Relatório apresentado à Assembleia Legislativa Provincial de Santa Catarina na 2.ª sessão de sua 26.ª legislatura, pelo presidente Francisco José da Rocha, em 11 de outubro de 1887.* Rio de Janeiro: Tipografia União de A.M. Coelho da Rocha & C., 1888.

SANTA CATARINA. *Relatório apresentado ao 1.º vice-presidente da província de Santa Catarina, o comendador Francisco José d'Oliveira pelo presidente Pedro Leitão da Cunha por ocasião de passar-lhe a administração da província em 19 de dezembro de 1863.* Desterro: Tipografia Commercial de J. A. do Livramento, 1863.

SANTA CATARINA. *Relatório apresentado ao Vice-presidente da província de Santa Catarina, Esperidião Eloy de Barros Pimentel, pelo presidente João José Coutinho.* Desterro: Tipografia de J. J. Lopes, 1859.

SANTA CATARINA. *Relatório com que ao Exmo. Sr. Dr. Joaquim da Silva Ramalho, 1.º vice-presidente, passou a administração da província de Santa Catarina ao exmo. sr. Dr. José Bento de Araújo, em 14 de fevereiro de 1878.* Desterro. Tipografia Regeneração, 1878.

SANTA CATARINA. *Relatório com que o 1.º vice-presidente, Herminio Francisco do Espírito Santo, passou a administração da província de Santa Catarina a Alfredo d'Escragnolle Taunay.* Desterro: Tipografia de J. J. Lopes, 1877.

SANTA CATARINA. *Relatório do presidente da província de Santa Catarina, Francisco Carlos de Araujo Brusque, apresentado à Assembleia Legislativa Provincial na 1.ª sessão da 10.ª legislatura.* Rio de Janeiro: Tipografia do Correio Mercantil, 1860.

SANTA CATARINA. *Relatório do presidente da província de Santa Catarina, o senhor João José Coutinho, em 19 de abril de 1854.* Cidade do Desterro: Tipografia Catharinense, 1854.

SANTA CATARINA. *Relatório do presidente da província de Santa Catarina, Alexandre Rodrigues da Silva Chaves, apresentado à Assembleia Legislativa Provincial na 2.ª sessão da 12.ª legislatura em 1.º de março de 1865.* Desterro, Tipografia Catharinense de Avila & Rodrigues, 1865.

SANTA CATARINA. *Relatório do presidente da província de Santa Catarina, o conselheiro Vicente Pires da Mota, apresentado à Assembleia Legislativa Provincial na 1.ª sessão da 11.ª legislatura.* Desterro, Tipografia Desterrense de J.J. Lopes, 1862.

SANTA CATARINA. *Relatório do presidente da província de Santa Catarina em 1.º de março de 1855.* João José Coutinho.

SANTA CATARINA. *Relatório do presidente da província de Santa Catarina, o senhor José Mariano de Albuquerque Cavalcanti, na abertura da 2.ª sessão da 1.ª Legislatura Provincial, em 5 de abril de 1836.* Cidade do Desterro: Tipografia Provincial, 1836.

SANTA CATARINA. *Relatório do presidente da província de Santa Catarina, Francisco Carlos d'Araujo Brusque, apresentado à Assembleia Legislativa Provincial na 2.ª sessão da 10.ª legislatura.* Rio de Janeiro: Tipografia de Pinheiro e Comp., 1861.

SANTA CATARINA. *Relatório apresentado a Assembleia Legislativa da província de Santa Catarina na 1.ª sessão de sua 26.ª legislatura pelo presidente, Dr. Francisco José da Rocha, em 21 de julho de 1886.*

## PERIÓDICOS

*O Despertador*, n. 723, ano VIII, desterro, 1.º de janeiro de 1870. Hemeroteca Digital Brasileira.

*O Despertador*, n. 728, ano VIII, desterro, 18 de janeiro de 1870. Hemeroteca Digital Brasileira.

*O Despertador*, n. 734, ano VIII, desterro, 8 de fevereiro de 1870. Hemeroteca Digital Brasileira.

*O Despertador*, n. 882, ano IX, desterro, 11 de julho de 1871. Hemeroteca Digital Brasileira.

## FONTES BIBLIOGRÁFICAS

AVÉ-LALLEMANT, Robert. *Viagens pelas províncias de Santa Catarina, Paraná e São Paulo (1858).* Belo Horizonte: Editora Itatiaia; São Paulo: Editora da Universidade de São Paulo, 1980.

COELHO, M. A. *Província de Santa Catharina: informações sobre sua povoação, cidades, vilas, freguezias, rios, minas, lagoas, etc.* Desterro, 1869.

COELHO, Manoel Joaquim de Almeida. *Memória Histórica da Província de Santa Catarina.* Desterro, Tip. Catarinense, 1877.

MAFRA, Manuel da Silva. *Exposição histórico-jurídica por parte do Estado de Santa Catarina sobre a questão de limites com o Estado do Paraná.* Rio de Janeiro: Imprensa Nacional, 1899.

MAGALHÃES, José Vieira Couto. *Memória sobre as colônias militares, nacionais e indígenas.* Rio de Janeiro: Tipografia da Reforma, 1875.

MAGALHÃES, José Vieira Couto. *O selvagem.* Rio de Janeiro: Tipografia da Reforma, 1876.

OURIQUE, Jacques. Esboço topográfico da colônia militar de Itapura. *Revista do Exército Brasileiro*, ano 4. Rio de Janeiro: Tipografia da Revista do Exército Brasileiro, 1885.

## FONTES ICONOGRÁFICAS

*Carta do Império do Brasil.* Reduzida no Arquivo Militar em conformidade da publicada pelo coronel Conrado Jacob de Niemeyer em 1846, e das especiais das fronteiras com os Estados limítrofes organizadas ultimamente pelo conselheiro Duarte da Ponte Ribeiro. Rio de Janeiro, 1873. Acervo: Biblioteca Digital Mundial.

*Configuração da parte do Certão pertencente ao Governo da Ilha de Santa Catarina que fica entre o rio Biguassú e o rio Cubatão, aonde se intentão fazer as novas povoaçoens.* Cópia no acervo da Assembleia Legislativa de Santa Catarina, original no Arquivo Histórico Ultramarino em Lisboa.

LEDE, Charles van. *Mapa da província de Santa Catarina, parte da província de São Paulo e da província de Rio Grande do Sul e parte da República do Paraguai.* Bruxelas, 1842. Acervo: Biblioteca Nacional (Brasil).

TAULOIS, Pedro Luiz. *Mapa da província de Santa Catarina servindo para indicar os vários pontos onde se acham colocadas as diversas colônias.* Rio de Janeiro, 1867. Acervo: Arquivo Histórico do Exército.

RIVIERRE, Carlos; SAMPAIO, Manoel da Cunha; ODEBRECHT, Emílio; TAULOIS, Pedro Luiz; KREPLIN, Henrique. *Mapa topo-*

*gráfico de parte da província de Santa Catarina.* Litografia Imperial S.A. Rio de Janeiro, 1872. Acervo: Biblioteca Nacional (Brasil).

JANNASCH, R. *Karte von Santa Catharina und Paraná*: nach den neuesten quellen. Berlin [Berlim, Alemanha]: Lith. Anst. v. Leop. Kraatz, [1900?]. Acervo: Biblioteca Nacional (Brasil).

*Planta da casa para o capelão e para a escola de primeiras letras da colônia.* Acervo: IHGSC.